Maria G. Baier-D'Orazio

Leben wagen bis ins hohe Alter

Es ist im Alter viel mehr möglich, als wir glauben ...

W0236103

Zu diesem Buch

Wir sind ein sehr sicherheitsorientiertes Land. Wir planen gern und sind der Meinung, dass man für alles im Leben vorsorgen kann. Auch für das Alter. Inwieweit aber garantiert uns materielle Vorsorge, dass wir im Alter glücklich sein werden? Vorsorge geht von einem Bild zukünftigen Mangels und zukünftiger Beschränkung aus. Das polt auf eine Negativsicht vom Alter hin, die in unserer Gesellschaft tief verankert ist. Vorsorge garantiert uns im Alter den Ausgleich eines Mangels, nicht aber Entfaltung. Die Gesellschaft fordert von alten Menschen, dass sie in Würde altern sollen. Inwieweit aber achtet die Gesellschaft die Würde alter Menschen? Negative Stereotype, ein mechanisiertes Pflegesystem und eine für alte Menschen minimalistisch gewordene medizinische Fürsorge sprechen Bände für den, der es zu sehen und zu hören weiß. Wenn wir als Individuen ein anderes Ergebnis wollen, müssen wir uns selbst mehr vertrauen als Versicherungs- oder Vorsorgesystemen und uns an mutigen, positiv ausgerichteten Menschen hohen Alters orientieren. Gleichzeitig sollten wir uns für Veränderung in der Gesellschaft einsetzen. Wir könnten uns dabei von Sicht- und Lebensweisen in anderen Ländern inspirieren lassen: vom Humor der Briten, dem sozialen Miteinander der Italiener, dem Antidiskriminierungsgeist der Amerikaner. Und ein Blick nach Asien oder Afrika würde uns zeigen, wie Achtung vor dem Alter aussehen kann.

Maria G. Baier-D'Orazio, Jahrgang 1952, befasste sich schon in jungen Jahren mit Recherchen zum Potenzial von Menschen hohen Alters. Nach einem Studium der Rechtswissenschaften arbeitete die Autorin viele Jahre als Entwicklungshelferin in Südamerika und Afrika. Die Begegnung mit fremden Kulturen führte zu ihrem Engagement gegen Vorurteile und Diskriminierung. Thematiken nicht nur geografisch-kulturell, sondern auch vom Denkansatz her aus einer anderen Perspektive zu betrachten, ist ein Kennzeichen vieler ihrer Publikationen.

Die Autorin ist heute als freie Gutachterin und Beraterin tätig. Sie lebt in Pforzheim und Genua.

Maria G. Baier-D'Orazio

Leben wagen
bis ins hohe Alter

Es ist im Alter viel mehr möglich, als wir glauben ...

FRICK VERLAG GmbH – Postfach 447
D-75104 PFORZHEIM

Bibliografische Information Der Deutschen Bibliothek
Die Deutsche Bibliothek verzeichnet diese Publikation in der
Deutschen Nationalbibliografie; detaillierte bibliografische Da-
ten sind im Internet über http://dnb.ddb.de abrufbar

Lektorat: Felicitas Jung

2012
Erste Auflage

Coverbild: Im Sophienkeller, Dresden
Foto: Maria G. Baier-D'Orazio
Foto der Autorin: Ute Karen Seggelke
Covergestaltung: Brigitte Jach
Druck: ScandinavianBook, Bremen

ISBN 978-3-939862-23-9

Das Alter gräbt uns mehr Falten
in den Geist als in das Gesicht.

Michel de Montaigne

Um wirklich jung zu sein,
braucht man eine sehr lange Zeit.

Pablo Picasso

Meiner Mutter gewidmet,
die mir zeigte, was im Geiste jung bleiben heißt,
zu einer Zeit,
da noch niemand von jungen Alten sprach.

Vom Stein der Jugend bei der großen Eiche

Die Jugend ist nicht ein Abschnitt des Lebens,
sie ist ein Zustand der Seele,
der in einer bestimmten Form des Willens besteht,
in einer Bereitschaft zur Phantasie,
in einer gefühlsmäßigen Kraft;
im Überwiegen des Mutes über die Zaghaftigkeit
und der Abenteuerlust über die Liebe zur Bequemlichkeit.
Man wird nicht alt wegen der einfachen Tatsache,
dass man eine bestimmte Zahl von Jahren gelebt hat,
sondern nur, wenn man sein eigenes Ideal aufgibt.
Wenn die Jahre ihre Spuren auf den Körper zeichnen,
so zeichnet der Verzicht auf die Begeisterung
sie auf die Seele.
Der Abscheu, der Zweifel, das Fehlen von Sicherheit,
die Furcht und das Misstrauen
sind lange Jahre, die das Haupt beugen
und den Geist zum Tode führen.
Jung sein bedeutet, mit sechzig oder siebzig Jahren
die Liebe zum Wunderbaren bewahren,
das Erstaunen für die leuchtenden Dinge
und die strahlenden Gedanken;
den kühnen Glauben,
den man den Ereignissen entgegenbringt,
den unstillbaren Wunsch des Kindes für alles, was neu ist,
den Sinn für die angenehme und fröhliche Seite des Daseins.
Ihr werdet so lange jung sein, wie euer Herz die Botschaft
der Schönheit, der Kühnheit und des Mutes aufnehmen wird;
die Botschaft der Größe und der Stärke,
die euch von der Welt, von einem Menschen
oder von der Unendlichkeit geschenkt werden.
Wenn alle Fasern eures Herzens gerissen sein werden,
und wenn sich auf ihnen der Schnee des Pessimismus
und das Eis des Zynismus gehäuft haben werden,
erst dann werdet ihr alt sein,
und dann möge Gott sich eurer Seele erbarmen.

Inschrift im Parco Giardino Sigurta bei Verona

Inhaltsverzeichnis

Vorwort –
Warum ich dieses Buch geschrieben habe

Alter als eine einzige „Abwärtsbewegung", hin zu Beschränkung, Unfähigkeit, Verlust? Bereits als junger Mensch fand ich, dass an dieser sogenannten Realität des Alters etwas nicht stimmen konnte. Wie war es möglich, dass auf der einen Seite alte Menschen gemeinhin als unproduktiv und unfähig abgeschrieben wurden, es aber auf der anderen Seite überall in Wissenschaft, Kunst oder Politik brillante Köpfe gab, die alles andere als jung waren und die Geschichte schrieben? Ob diese nun Albert Einstein, Leonardo da Vinci, Giuseppe Verdi, Mahatma Gandhi, Golda Meir, Konrad Adenauer oder Winston Churchill hießen – sie alle waren berühmt, verehrt, gefürchtet, bewundert. Und sie alle waren „alt". Allein mit Blick auf die Politiker erschien mir dies als ein wahres Paradox der Realität. Wenn Menschen mit 70 und 80 Jahren eine ganze Nation leiten konnten, musste viel mehr im Alter möglich sein, als man gemeinhin annahm. Der Unterschied musste darin liegen, wie diese Menschen sich selbst wahrnahmen, wie sie ihr Leben ansahen. Politische Funktion bei den einen, Lebensaufgabe bei den anderen, brachte es sie offensichtlich dazu, nicht mit 60 Jahren einen geistigen Schlusspunkt in ihrem Leben zu setzen. Somit musste es für jeden möglich sein, das Alter anders zu leben. Ich stellte mir die Frage, ob es auch Menschen wie du und ich gab, die ihr Alter auf bewundernswerte Weise meisterten und die nicht zu den Großen aus Politik und Wissenschaft zählten? Ich begann, Ausschau danach zu halten. Hulda Crooks, eine Amerikanerin, die mit 91 Jahren den Fujiyama bestieg, war die erste, die ich entdeckte. Das war 1987, ich war damals 35 Jahre alt. Danach begann ich systematisch, Berichte über ungewöhnliche alte Menschen zu sammeln. Wer hätte jedoch vor zwanzig, dreißig Jahren ein Buch über alte Menschen lesen wollen? Heute ist das Thema in aller Munde. Wer aber meint, nun viele Bücher zu finden, die zu couragiertem und vor allem unkonventionellem Handeln im Alter ermutigen, wird eines Besseren belehrt. Das ist nicht das Thema, auch heute nicht. Dass man in unserer Zeit gern aktive Hundertjährige porträtiert, heißt nicht auch, dass Stereotype und negative Vorstellungen vom Alter verschwunden sind. Zwar erkennen wir, nach und nach, dass Alter nicht unbedingt so verlaufen muss, wie wir es bisher im Kopf hatten. Doch negative Stereotype gibt es noch zuhauf. Sie sind fest verankert, in der Gesellschaft wie auch in uns als Individuen. So habe ich meinen ursprünglichen Plan, in diesem Buch nur Beispiele bewundernswerter alter Menschen vorzustellen, bald revidiert. Ich erkannte, dass man positives Alter nicht diskutieren kann, ohne die Kehrseite dessen zu beleuchten: die Vorurteile und Stereotype gegenüber dem Alter. Als Autorin haben mich Stereotype schon früh beschäftigt. Die Tatsache, dass ich zwischen zwei Nationen aufgewachsen bin, hat dazu ebenso beigetragen wie später mein Beruf, der einen weltweiten Radius hat. Ich bewege mich seit Jahrzehnten zwischen den Kulturen, lernte andere Denk- und Lebensweisen kennen. Über den Tellerrand hinauszublicken, kann so manche Erkenntnis bringen. Allein ein Blick über den Ärmelkanal würde schon genügen. Großbritannien wie auch die USA sind uns im Hinblick auf Vorurteilsfreiheit gegenüber dem Alter um einiges voraus. Dieses Buch, mit seiner Vielzahl von Beispielen, will zeigen, dass wir uns selbst im hohen Alter nicht vom Leben zu verabschieden brauchen. Aus meiner Perspektive geht es dabei weniger darum, das äußere Leben zu verlängern, als darum, dem „inneren Leben" kein Ende zu setzen. Ändern wir die Sichtweise: denken wir uns das Alter nicht als eine Abwärtslinie, sondern als Aufwärtslinie in unserer Entwicklung als Mensch, was immer wir darunter auch verstehen mögen. Das verschafft uns Kraft, Mut und Lebensfreude. Und es wird eine humanere Welt für jene schaffen, die schon alt sind. Dann nämlich werden wir auch in ihnen das Lebendige sehen, ganz gleich, wie alt oder krank sie im Außen auch wirken mögen. In diesem Sinn wünsche ich allen Lesern und Leserinnen eine spannende Entdeckungsreise.

Maria G. Baier-D'Orazio
Im Mai 2012

Einführung

Staunend hören wir von ihnen, den dynamischen Alten, die alle Bilder außer Kraft setzen, die wir vom Alter haben. Mit 91 Jahren einen Viertausender-Gipfel besteigen? Mit 96 Jahren ein Forschungsinstitut gründen? Mit 102 Jahren noch im eigenen Geschäft stehen und Kunden bedienen? Wir können es kaum glauben. Wir sind es gewohnt, Alter als Beschränkung zu sehen, als Weg, der nach unten führt und nicht nach oben. Fitness, beruflicher Erfolg, Leistungsfähigkeit und Kreativität verbinden sich in unserem Denken nicht mit dem Wort Alter. Auch wenn die heute Sechzig- und Siebzigjährigen dabei sind, dieses Bild zurechtzurücken: dynamische, aktive alte Menschen betrachten wir immer noch als Ausnahme. Somit fällt es den meisten von uns schwer, dieses Wunder an Lebenserfüllung als machbar anzusehen, spukt doch in uns die Negativ-Vision von Pflegefall und Altersheim umher wie ein nicht tot zu kriegendes Gespenst. Blicken wir um uns, scheint die Realität es zu bestätigen, sehen wir doch um uns herum mehr kranke, gebrechliche und pflegebedürftige alte Menschen als fidele und aktive Alte. Da wir trotzdem tief in unserem Inneren hoffen, eine dieser Ausnahmen sein zu können, oder zumindest hoffen, im Alter noch so fit zu sein, dass das Leben nicht zur Bürde wird, stürzen wir uns auf das, was uns hierfür als Mittel am vertrautesten ist: Bewegung, Sport, gesunde Ernährung, Gehirnjogging. Wir folgen dem Rat des Arztes, nicht mehr so viel und so fett zu essen, schlucken Vitaminpillen, schwitzen bei Walking, Trekking, Body Shaping. Wir trainieren bei jeder Zugfahrt mit Sudoku, bauen uns auf mit Yoga oder Tai Chi. Und in der Tat, wir fühlen uns damit vitaler und hoffen, das Alter meistern zu können. Doch haben wir damit auch die unterschwellig schleichende Angst vor dem Alter besiegt – die Angst, die uns gerade dazu bringt, all dies zu tun? Gehen wir trotzdem nicht als blendend aussehende Dreißigjährige bereits auf die Suche nach den ersten Falten? Haben wir nicht als topfitte Vierzigjährige das Gefühl, uns rechtfertigen zu müssen, wenn wir uns noch zu den

Jungen zählen? Sehen wir uns als erfolgreiche Fünfzigjährige beruflich nicht schon unwiderruflich auf dem absteigenden Ast?

Das Fatale ist, dass die Angst vor dem Alter uns mehr bestimmt, als wir es wahrhaben wollen. Damit ist sie unser mächtigster Gegner. Denn die Wunder der fitten, dynamischen und beruflich aktiven Achtzig- und Neunzigjährigen werden für uns so lange unerreichbare Visionen bleiben, wie wir bereits als junge Menschen ängstlich auf jedes Anzeichen von Alter starren, wie wir uns von einer scheinbar so überzeugenden Realität leiten lassen. So lange auch, wie wir uns von Gesellschaft und Umwelt in eine Denkweise drängen lassen, die Anderen mehr dient als uns selbst. Der junge Schweizer Philosoph Alexandre Jollien hat dazu etwas Bemerkenswertes gesagt: „Auf ein Handicap schließt man vor allem durch die Sichtweise der Anderen – und durch sich selbst, wenn man sich diese Sichtweise der Anderen zu eigen macht."[1] Das sollte man sich immer vor Augen halten. Das Handicap des jungen Jollien ist die körperliche Behinderung. Alter als Handicap, darum geht es hier. Auf dem Weg zu einem selbstbestimmt glücklichen Alter werden wir es oft genug mit diesem Hindernis der Fremdbestimmung zu tun haben, dessen sollten wir uns bewusst sein. „Leute mit Mut und Charakter sind den anderen Leuten immer sehr unheimlich", schrieb schon Hermann Hesse. Das gilt auch für mutige alte Menschen, wenn sie es wagen, unkonventionell zu werden. Eine 80-Jährige, die Ballettunterricht gibt, ein 90-Jähriger, der den Doktortitel macht, eine 100-Jährige, die noch arbeitet? Toll. Jeder mag das bewundern. Was aber, wenn es derselben alten Dame, die wir soeben noch bewunderten, plötzlich einfällt, sich mit 80 Jahren rote Strähnchen ins Haar färben zu lassen, ein eng anliegendes Kleid zu tragen oder gar allein in eine Tanzbar zu gehen? Was, wenn uns die 85-Jährige gesteht, sie habe sich verliebt, der 90-Jährige uns auf den Kopf zusagt, er vermisse den Sex? Wird die Bewunderung auch dann noch halten?

Gesellschaften sind mit ordnenden Rollenzuweisungen schnell bei der Hand, zumal dann, wenn sie als solche schon normierungsfreudig sind. Diese Rollenzuweisungen verfestigen sich zu Mustern, werden zur Überzeugung und kehren sich letztlich um in Stereotype. Es engt ein, doch es kommt uns auch zugute, oberflächlich betrachtet. Denn wo Ordnung herrscht, braucht man keine Angst zu haben, kann man sich in einem scheinbar sicheren Lebensrahmen bewegen. Insofern sind wir als Deutsche vielleicht stärker als andere Nationen geneigt, uns solchen Mustern zu unterwerfen, denn Sicherheit hat bei uns einen hohen Stellenwert. In anderen Ländern und anderen Kulturen wird Alter in vielerlei Hinsicht anders gesehen. Auf dem afrikanischen Kontinent ist Alter eng mit Respekt verknüpft. Im Kampfsport Asiens steht Alter für Meisterschaft. In Argentinien sind es nicht die Jungen, die den leidenschaftlichen Tango am besten tanzen. Und im Land der unbegrenzten Möglichkeiten, den USA, ist Wollen und Können wichtiger als die Tatsache, dass man alt ist. Bei uns scheint es so, als seien die Menschen ständig hin- und hergerissen zwischen der Angst vor Alzheimer (nirgendwo in Europa, so könnte man meinen, sieht man so viele Menschen im Zug über Sudoku gebeugt wie in Deutschland) und der vagen Hoffnung, später vielleicht doch zu den fitten Best Agers gehören zu können, von denen zunehmend die Rede ist. Das Problem ist nur, dass die unterschwellige Angst vor dem Alter dieser Hoffnung wenig Chancen gibt. Vor allem dann nicht, wenn der Sinn des Daseins über die Erwerbsarbeit definiert wird und man einer Nation angehört, in der Vorsorge gleichzeitig Bevormundung bedeutet: mit 65 Jahren hat man Anspruch auf Rente, denn dann ist man alt und nicht mehr leistungsfähig. Verschiebt sich diese Grenze, wie gerade jetzt, hat das weniger mit einer anderen Einstellung zu tun als mit dem Zustand der Rentenkassen. Lediglich die Selbstständigen, die Künstler und Personen des öffentlichen Lebens erlauben sich den Luxus der Selbstbestimmung, der – von jung an – viel mit Risiko zu tun hat. Interessanterweise sind gerade unter ihnen, später im Alter, am häufigsten dynamische Männer und Frauen anzutreffen. Der „Ruhestand" als Endstation, viele empfinden es so. Von da ab kann die Lebenskurve nur noch nach unten gehen. Bestenfalls bringt man den letzten Lebensabschnitt mit sinnvoller Beschäftigung, mit Kreuzfahrten, Kaffeekränzchen, Skatabenden und Enkelkindern hinter sich; schlimmstenfalls mit Apathie, Passivität, Krankheit, Gebrechlichkeit oder Demenz.

Nun mehren sich in den letzten Jahren Gegenstimmen zu diesem Bild. Das Alter wird mehr und mehr als Potenzial entdeckt. Inwieweit aber können wir diesem Sinneswandel trauen? Manche führen ihn auf die 68er-Generation zurück, die sich, schon immer rebellisch, Alterszuweisungen nicht gefallen lassen will. Genau besehen, scheinen jedoch andere Gründe ausschlaggebender zu sein. Gewinnmaximierung zum Beispiel. Die Alten von heute stellen ein Kaufpotenzial dar, das durch eine auf Jugend getrimmte Werbung lange vernachlässigt wurde. Ein Markt droht verloren zu gehen, die Wirtschaft sputet sich. Ältere Gesichter tauchen auf Plakaten auf, gut erhaltene Senior-Models dürfen Foto-Shootings machen. Die Werbung beginnt, sich auf die neuen alten Kunden einzustellen. Alter wird salonfähig, darf sogar als relative Schönheit sichtbar werden.

Ein anderer Grund für das positiver werdende Bild ist die simple Notwendigkeit: wir sind eine alte Gesellschaft, rein statistisch gesehen. Lebensmuster früherer Zeiten greifen nicht mehr. Versorgung wird ein Problem, wenn die bisherige Einstellung zum Alter beibehalten wird. Soziale Lasten drohen uns zu begraben, wenn ältere und alte Menschen aus dem Lebens- und Wirtschaftsgefüge unserer Gesellschaft herausgekippt werden. Somit rücken die Alten zwangsweise ins Visier. Es muss etwas geschehen mit ihnen. Die Zeichner von Horrorszenarien, die sie am liebsten entsorgen würden, sind zum Glück in der Minderheit. Das Augenmerk richtet sich stärker darauf, die Alten möglichst lange autonom sein zu lassen, sie gesund und fit zu erhalten – damit sie so wenig wie möglich zur Last fallen. Oder sie, andersherum gesehen, wieder zu integrieren, damit sie einen Teil der Last bewusst mittragen.

Die Anhebung des Rentenalters, die gerade stattgefunden hat, gibt genau das wieder. Tendenzen, die gewiss am Bild des Alters etwas ändern werden. Ändern sie auch am Bild des Menschen etwas? Wird es Stereotype auflösen? Wird es alte wie junge Menschen dazu ermutigen, das Alter anders zu sehen? Vielleicht. Vielleicht aber auch nicht. Nicht immer vermögen von außen gesteuerte Veränderungen auch Denkmuster aufzulösen. Prompt erheben sich die ersten Gegenstimmen, beklagen sich über den Zwang, heute als älterer Mensch fit und dynamisch sein zu *müssen*. Geradeso als sei es eine Qual, zu Gesundheit und Lebensintensität aufgerufen zu werden. Alte solle man doch alt sein lassen. Sie sollen ein Recht auf Bequemlichkeit und Passivität haben, sollen jammern und krank sein dürfen. Diese Stimmen kommen vermehrt aus den Reihen von Psychotherapeuten, Ärzten, Pflegepersonal, werden diese doch täglich mit dem geballten Jammer des Alters konfrontiert. So gut diese Einstellung als Schutzschild für die wirklich Gebrechlichen auch sein mag, Alter mit seinen Beschränkungen wird damit zur Gesetzmäßigkeit stilisiert, der man sich ab einem bestimmten Zeitpunkt unterordnen sollte. Diese Einstellung tritt „für" die Alten ein, aber tut man ihnen damit einen Gefallen? Hilft es einem alten Menschen, „krank sein zu dürfen"? Oder reflektiert diese Hilfe nicht doch etwas von der Denkweise, dass Krankheit, Schwäche und Gebrechlichkeit untrennbar zum Alter gehören? Spätestens hier merkt man: der Wandel im Denken ist noch nicht eingetreten. Es gibt sie noch, die Schubladen der Stereotypen und Vorurteile, und das zuhauf. Auf ihnen kleben Etiketten, die in etwa so beginnen: „in deinem Alter –?", „sie kann ihr Alter nicht annehmen...", „man soll in Würde altern", „nicht um jeden Preis jung sein wollen". Was aber heißt: in Würde altern? Könnte es heißen: *Tue ja nur das, was andere als schicklich ansehen*? Und was heißt es, das Alter anzunehmen? Bedeutet es, die Pantoffeln hinter dem Ofen hervorholen? Keinen Lippenstift mehr zu benutzen? Nur noch lange Unterhosen zu tragen? Und wenn ja: ab wann soll dies gültig sein? Vielleicht dann, wenn die ersten Falten erscheinen? Dann müssten manche Damen schon mit Dreißig auf den Lippenstift verzichten. Oder sind die grauen Haare das Kennzeichen? Pech nur, dass dann so manch ein Zwanzigjähriger zu Pantoffeln und langen Unterhosen verdammt wäre. Man kann sich des Eindrucks nicht erwehren, dass Denkmuster und Normierungen am Wirken sind. Dinge haben so zu sein, weil irgendjemand es so bestimmt hat. Wir haben so zu sein, wie andere es bestimmen.

Nicht von ungefähr also, dass jene Alten, die uns als Vorbilder erscheinen, sich genau diesen Denkmustern nicht unterordnen. Sie haben den Mut, anders zu sein – sie selbst zu sein.

Sie lassen sich nicht von der Umwelt definieren, sie definieren sich selbst. Sie tun das, worin sie sich als Mensch wiederfinden, was ihrem Leben Sinn gibt, und zwar nicht nur als Beschäftigungstherapie. Wenn auch die Lebenskonstellation eines jeden von ihnen völlig anders geartet ist, eines ist ihnen gemeinsam: Alter ist das Thema, das sie am wenigsten beschäftigt. Sie sind wer, können was, haben Ziele und Visionen. Das ist es, was für sie zählt, oft sogar dann noch, wenn Schicksalsschläge sie niederdrückten, wenn Behinderungen körperlicher Art sie einschränken.

„Alt sein an sich ist kein Verdienst: was zählt, ist, ob man was zu sagen hat", ein Ausspruch der Naturwissenschaftlerin Rita Levi Montalcini, die mit über 100 Jahren noch das ehrgeizige Projekt hat, ein Mittel gegen Alzheimer zu finden. Die Alten, um die es in diesem Buch geht, zeigen, wie viel tatsächlich möglich ist. Jeder kann selbst entscheiden, ob er sie nachahmen will oder nicht. Die Nachahmung könnte sich lohnen. Vergessen wir dabei für einen Augenblick die defizitäre Rentenkasse und die Sorgen der Wirtschaft: denken wir an uns selbst, als Menschen, die die Wahl haben, ihr Leben aufwärts oder abwärts zu leben. Denn eines kommt in der Literatur zum Alter selten vor: die Frage danach, wie wir unser Leben als Ganzes sehen. Nicht die Frage „Wer will ich *später im Ruhestand* sein?" sollte die Schlüsselfrage sein, sondern die Frage danach, wie ich mich selbst definiere, was für mich als Mensch und Individuum *Leben* bedeutet. Vielleicht geht es mehr um die Kontinuität der persönlichen Entwicklung als um eine ab einem bestimmten Zeitpunkt auftretende „Weisheit des Alters". Damit verlöre sich auch der krasse Gegensatz alt-jung, würde ersetzt durch die Frage: wer bin ich und was ist die bestmögliche Vervollkommnung, die ich erreichen kann.

Und warum sollte ausgerechnet diese bei irgendeinem Alter stehenbleiben?

Weder *Senioren* noch *Best Agers* –
warum ich das Wort „alt" gebrauche

Dieses Buch hat zum Ziel zu zeigen, wie wenig sich „das Alter" vom übrigen Leben unterscheiden muss, wenn es um Fähigkeiten geht, um Wissen und Können, um Liebe und Schönheit, um Neugier und Schaffenskraft. Somit verzichte ich ganz bewusst darauf, beschönigende Ersatzworte für „alt" zu verwenden. Ich bin der Meinung, dass man nur etwas beschönigen muss, das weniger wert oder weniger gut ist. Menschen wollen bei uns deswegen nicht „alt" sein, weil sich damit negative Verknüpfungen ergeben und weil man *alt* als das Gegenstück zu *jung* ansieht, wobei dieses „jung" gleichgesetzt wird mit dynamisch, gesund, aktiv, schön, leistungsfähig. Da das Buch dazu beitragen möchte, diese falsche Polarisierung aufzuheben, möchte ich konsequenterweise auch keine beschönigenden Ausdrücke verwenden. Sie werden in diesem Buch weder die *Senioren* finden noch die *Best Agers* und auch nicht die *Silver Workers*. Für mich, und für dieses Buch, bedeutet „alt" in erster Linie eine kalendarische Größe, mit der man Menschen bezeichnet, die länger auf Erden sind als andere. Es soll weder eine Wertung hervorrufen noch eine Abgrenzung (wenn ich das Wort „älter" verwende, dann um die kalendarisch definierte Alteretappe der ca. 60-80-Jährigen zu bezeichnen).

Ich möchte ganz bewusst nicht „Verständnispaare" schaffen wie: Seniorin und attraktiv, Best Ager und fit, Silver Worker und leistungsfähig. Ich möchte ein Bewusstsein schaffen für: alt **und** schön, alt **und** fit, alt **und** leistungsfähig. Gleichzeitig soll jung nicht als Gegenstück zu alt erscheinen, denn das wahrhaft „Junge" findet im Kopf statt: es ist ein Bewusstseinszustand und nicht der Widerschein einer Jahreszahl.

Das Buch ist so aufgebaut, dass es im ERSTEN KAPITEL eine Vielzahl von Beispielen aufführt, die illustrieren, dass es auch im sehr hohen Alter möglich ist, fit, leistungsfähig, kreativ und innovativ zu sein und man sich selbst verwirklichen kann, wenn man es will.

Dem folgen im ZWEITEN KAPITEL die Kurzporträts von vier großen Frauen, die auf ganz unterschiedliche Weise – in Wirtschaft, Kultur, Wissenschaft und Spiritualität – gezeigt haben, wie man hohes Alter sinnerfüllt leben kann.

Das DRITTE KAPITEL ist ein Exkurs zu den Meinungen und Ansichten, die in vielerlei Hinsicht das Gegenteil behaupten. Es ist ein Exkurs in die Welt der sogenannten Realität und der Stereotype. Realität deswegen, weil es tatsächlich viele alte Menschen gibt, die diese Leistungen im Alter nicht erbringen. Stereotype deshalb, weil die Gesellschaft, die öffentliche Meinung und schließlich auch wir selbst immer noch an Bildern festhalten, die ganz offensichtlich widerlegt wurden – wenn auch nicht von der großen Masse.

Das VIERTE KAPITEL will klarstellen, dass die positive Sicht vom Potenzial des Alters nicht gleichbedeutend damit ist, andere alte Menschen zu kritisieren oder gar zu verurteilen, die ein dynamisches Alter entweder nicht anstreben oder es zu verwirklichen nicht in der Lage sind.

Das FÜNFTE KAPITEL ist ein kurzer Blick auf die Bilder vom Alter, die wir in den Medien, der Werbung und in Büchern finden.

Das SECHSTE KAPITEL ist der Wissenschaft gewidmet, spezifisch: der Naturwissenschaft, an die die meisten von uns glauben und deren Konzepten und Vorgaben wir oft blind folgen. Doch so manche Wahrheit von heute stellt sich morgen als Irrtum heraus. Auf dem Weg zum Alter schadet es nicht, dies in Erinnerung zu behalten.

Das SIEBTE KAPITEL will die Möglichkeit geben zu einem kreativen Sprung über unsere gewohnten Denkmuster hinaus. So

Vieles in Bezug auf das Alter erscheint uns richtig und absolut wahr, und ist doch oft nur die Sicht aus einer ganz bestimmten Perspektive heraus.

Im ACHTEN KAPITEL wagen wir einen Blick über den nationalen Tellerrand hinaus, um zu sehen, was wir in Bezug auf Alter von anderen Ländern lernen können. Es sind nicht mehr als *spotlights*. Man kann nicht eine ganze Nation auf eine Buchseite quetschen. Dennoch kann auch ein kurzer Blick uns Einsichten und Anregungen verschaffen..

Das NEUNTE KAPITEL stellt uns das – zum Thema Alter – in sich widersprüchliche Italien gegenüber, das weit hinter uns einherhinkt, wenn es um die Auseinandersetzung mit dem Alter geht – und wo man vielleicht trotzdem im Alter lieber leben würde.

Das ZEHNTE KAPITEL ist ein Plädoyer für mehr Aufmerksamkeit – und mehr Rebellentum. Aufmerksam sollten wir sein gegenüber all den kleinen Dingen, die uns mit zunehmendem Alter ganz automatisch ins negative Aus drängen wollen. Rebellisch sollten wir gelegentlich werden, weil nur so eine Breitenwirkung, in Hinsicht auf positive Veränderung des Bildes vom Alter, über unseren individuellen Fall hinaus möglich ist.

Das ELFTE KAPITEL beschäftigt sich mit den „heißen Tipps" von Hundertjährigen – für den, der sich danach richten möchte, sowie der Frage danach, ob das Geheimnis für ein gutes hohes Alter nicht doch woanders liegt als in der Ernährung und den Genen.

Das ZWÖLFTE KAPITEL lenkt den Blick auf Schlüsselfaktoren, auf unsere Gedankenwelt und unseren Selbstwert, auf den roten Faden im Leben: unser Sein. Es geht um Lebensaufgaben, Träume und die Bereitschaft zum Wandel wie auch um Menschen, die uns zeigen, dass Krankheit und Schicksalsschläge kein Todesurteil für ein erfülltes Alter sein müssen.

Im DREIZEHNTEN KAPITEL schließt sich der Kreis der dynamischen Menschen hohen Alters mit dreizehn Porträts von Männern und Frauen, die ich persönlich besucht und interviewt habe.

Das VIERZEHNTE KAPITEL fasst ein paar der spannendsten Grundideen zum Alter zusammen.

Einen Hinweis möchte ich noch geben. Ein Buch wie dieses hat das Problem, dass die Angaben zum Alter und den damit verbundenen Ereignissen einen Schlüsselfaktor darstellen, gerade weil es nachweisen will, wozu alte Menschen fähig sind. Auf der anderen Seite ändern Sachverhalte sich auch. Ich möchte insofern darauf hinweisen, dass alle Angaben, inklusive Altersangaben, auf den jeweiligen Zeitpunkt der damit verbundenen Meldung, Erfahrung oder Lebensgeschichte bezogen sind. Auch kann es sein, dass Personen, über die berichtet wird, inzwischen verstorben sind. Soweit es mir möglich war, habe ich vor Drucklegung noch recherchiert, um das eventuell zu berücksichtigen. Ich bitte um Nachsicht für alle Fälle, die eine noch lebende Person suggerieren, obwohl diese inzwischen verstorben sein mag.

1. Kapitel

Was im hohen Alter möglich ist – allen Unkenrufen zum Trotz

„Alte Menschen sollten sich ihrer Beschränkungen bewusst sein? Das ist nicht die Art, wie man das Leben betrachten sollte." – *Phyllis Self (101 Jahre)*

„At 92, I wanna do certain things. I like to dance!" (Im Alter von 92 Jahren will ich nun gewisse Dinge tun. Ich liebe es zu tanzen.) – *Teilnehmerin an einem Senior Rocking Workshop*

Mehr als die Hälfte der Bevölkerung in unserem Land sieht das Alter als mit Mühen und Beschwerden verbunden. Das hat eine von der Robert Bosch-Stiftung initiierte Studie herausgefunden.[2] „Die spontanen Assoziationen der Bevölkerung zum Alter", so die Bosch-Stiftung, deren Schwerpunkt-Themen Alter und Demografie sind, „beziehen sich überwiegend auf die späte Altersphase, die von geistigem Nachlassen und körperlichen Gebrechen geprägt sein kann, weit weniger auf die frühe Altersphase der oft noch sehr fitten und ihr Leben genießenden aktiven „jungen Alten" zwischen 60 und 69 Jahren."[3]

In der Tat zeigen uns diese jungen Alten, die ehemaligen 68er, ein positives Bild vom Alter. Ob diese dynamische Altersgruppe es geschafft haben wird, negative Vorstellungen über das Alter generell aufzulösen, das werden wir in zwanzig bis dreißig Jahren wissen. Bis dahin wird das Bild vom Alter gespalten bleiben, sind wir mit einer überwiegend negativen Vorstellung vom hohen Alter konfrontiert. Dieses Bild haben wir, bewusst oder unbewusst, in unseren Köpfen. Unsere Umwelt bestätigt uns darin. Positive Gegenbeispiele kennen wir kaum. So schreibt Frank Schirrmacher in seinem Buch *Das Methusalem-Komplott*, dass der alternde Mensch von einem gewissen Zeitpunkt an buchstäblich ohne Vor-Bild sei: „Es ist eine eigentümliche Leere um ihn, die er selten aufzufüllen wagt."[4] Dabei meint Schirrmacher mit dem „alternden Menschen" nicht einmal jene über 65, er setzt viel früher an. Das Gleiche findet man auch im Buch der Italienerin Iaia Caputo, in dem die Schauspielerin Ottavia Piccolo zitiert wird. Die 50 Jahre hätten sie überrascht, angenehm überrascht, sagt sie darin: „Die Wahrheit ist, dass meine Generation keine Modelle hat: wir müssen wählen, wie wir sie interpretieren wollen, müssen sie nahezu erfinden. Meine Mutter, meine Großmutter, sie betrachteten sich in diesem Alter schon als alt. Und in der Tat waren sie das auch."[5]

Wir werden also noch am Bild vom höheren Alter polieren müssen, solange dieses mit Begriffen wie fixiert, leistungsschwach, langweilig, phantasielos, zurückgezogen, krank, hilfsbedürftig oder gar dement in Verbindung gebracht wird. Denkmuster ändern sich nicht von heute auf morgen, manchmal ändern sie sich nicht einmal nach Jahrzehnten. Das hat man zur Genüge bei anderen Stereotypen festgestellt, wie bei Vorurteilen gegenüber Frauen, Ausländern, Behinderten. Beim Alter ist jedoch eines anders: es betrifft uns alle. Solange wir noch jung sind und uns das Alter nicht unmittelbar berührt, haben wir nur ein Bild davon. Dieses speist sich aus Tradiertem, Erlebtem und Imaginärem. Das aber, was wir um uns herum sehen, hören und erleben, lässt kaum zu, ein positives Bild vom hohen Alter zu entwerfen. Somit gibt es nicht viel Gelegenheit, dieses Bild zu ändern. Das muss auch junge Menschen erschrecken, denn parallel dazu, dass die Generation der 68er ein positives Bild vom frühen Altersabschnitt 60-70 vorführt, weiß man darum, dass Menschen immer älter werden. Die Phase des hohen Alters verlängert sich unaufhörlich. Altersforscher beginnen schon damit, Tagungen zum Thema „Menschen über 110 Jahre" zu veranstalten. Wenn wir das Alter ab achtzig überwiegend mit Negativvorstellungen belegen, so wie es derzeit noch der Fall ist, verlängert sich durch die „höhere Lebenserwartung" automatisch auch die Altersphase, vor der wir Angst haben müssen.

Dieses Buch hat zum Ziel, genau dafür ein Korrektiv anzubieten. Es will die Fülle an Beispielen von positiv gelebtem hohem Alter aufzeigen, die es bereits gibt, ohne dass wir sie kennen. Und ich kann Ihnen versichern: wenn man einmal damit angefangen hat, seine Aufmerksamkeit darauf zu richten, tut sich ab irgendeinem Zeitpunkt eine schier endlose Flut vor einem auf. Ich jedenfalls hatte Mühe damit, in dieser Berichterstattung endlich einen Schlusspunkt zu setzen. Immer noch versuchte ich Beispiele durch ähnlich gelagerte Fälle zu ergänzen, eine neu entdeckte Meldung noch unterzubringen, den einen spannenden Fall noch in das Kapitel einzufädeln, das schon längst fertig geschrieben war.

Dieses erste Kapitel des Buches ist somit einzig und allein Beispielfällen gewidmet, soll erahnen lassen, was alles im hohen Alter *möglich* ist. Auch wenn der eine oder andere trotzdem nicht daran glauben mag, dass es generell im Alter so sein kann: allein die Tatsache, Differenzierung im Denken zuzulassen, kann ein positives Ergebnis der Lektüre sein, wenn dadurch einglcisige Vorstellungen zum Alter abgebaut werden. Altersforscher unterstreichen es immer wieder: kein Abschnitt im menschlichen Lebensverlauf sei durch so große Unterschiede zwischen den einzelnen Menschen gekennzeichnet wie die Phase des Alters, und zwar mit Blick auf fast alle physischen und psychischen Merkmale.[6]
Das heißt: alles ist möglich, auch wenn nicht für jeden. *Einige* Menschen sind jedenfalls erwiesenermaßen in der Lage, hohes Alter anders zu leben. Wenn die Beispiele es vermögen, Stereotype über das Alter ins Wanken zu bringen, ist allein damit schon viel gewonnen. Fühlt sich der eine oder andere, ganz individuell, auch zum Nachahmen motiviert, umso besser.

Körperliche Leistungen von
Menschen hohen Alters

„Sie haben das Herz und die Lungen einer
Achtzehnjährigen!" – *sagte der Arzt zur 94-jährigen
Hulda Crooks*

Der Film *Herbstgold*, der im Jahr 2010 in die Kinos kam, zeigt
es deutlich wie nie: alte Menschen können in physischer Hinsicht
etwas leisten. „So sehen wahre Sporthelden aus", heißt es auf
der Webseite Kino-Zeit.de[7] zu diesem Film. „Athleten, die in
Superzeitlupe den Diskus schleudern, die schwere Eisenkugel
stoßen oder die Kurzstrecke sprinten, faszinieren seit jeher und
erinnern in ihrer Ästhetik an griechische Statuen antiker Sportler.
Irritierend ist es nur, wenn die Sportler nicht dem Schönheitsideal
junger, wohlproportionierter Körper entsprechen, sondern deutli-
che Zeichen des Alters tragen."

Wie wahr: für viele ist es irritierend. Wie so oft, wenn es um
das Alter geht, sind es die anderen, die nicht klarkommen mit dem
Phänomen, das sich ihnen bietet. Die Betroffenen selbst haben
damit kein Problem. Die fünf im Film porträtierten Männer und
Frauen trainieren mit Eifer und Begeisterung für die Leichtathletik
Masters in Finnland 2009: Jiri Soukop, der 82-jährige Hochsprin-
ger aus Tschechien, Ilse Pleuger, die 85-jährige Kugelstoßerin
aus Kiel, Herbert Liedtke, der 93-jährige Läufer aus Stockholm,
Gabre Gabic, die 94-jährige Diskuswerferin aus Italien und Alfred Proksch, der 100-jährige Diskuswerfer aus Wien. Freilich
heimsen sie manchmal Goldmedaillen ein, weil es schlichtweg
an Konkurrenz fehlt, so beim 100-jährigen Alfred Proksch. Das
aber nimmt ihrem bewundernswerten Tun nichts an Hingabe und
Leidenschaft. Und eines ist offensichtlich: sie zeigen genau den
gleichen Ehrgeiz, ein bestimmtes Resultat zu erzielen, wie junge
Sportler. Ilse Pleuger wollte die Kugel unbedingt 6 Meter weit
werfen, redet sich den einen Zentimeter, der schließlich dahin
fehlte, einfach gut, denn: haargenau könne man bei einer Kugel

doch sowieso nicht messen. Auch Herbert Liedtke ist ein wenig enttäuscht, dass der Italiener Ugo Sansonetti ihm einfach davongelaufen ist und mit 17,82 Sekunden auf 100 Meter die Goldmedaille geholt hat. Wer nun meint, wenigstens der Gewinner sei zufrieden gewesen, unterschätzt noch einmal den sportlichen Ehrgeiz der alten Herrschaften. Denn auch der flotte, drahtige Italiener, der in so gar nichts wie über 90 aussieht, hadert mit dem Schicksal, in diesem Fall: mit dem Gegenwind, der ihn daran gehindert habe, den Weltrekord zu brechen.

„I just love it, I think if you play a sport you have to love it or you're not going to put your whole life into it" (Ich liebe es einfach, ich denke, wenn man Sport macht, muss man diesen lieben, andernfalls gibt man nicht all sein Leben hinein). Das sagte die Hammerwerferin Ruth Frith anlässlich der Ehrung zu ihrem 102. Geburtstag.[8] Es ist fast so, als äußerte sie das stellvertretend für alle alten Sportler. Die Australierin liebt den Sport dermaßen, dass sie, man möchte es kaum glauben, mit über hundert Jahren täglich im Fitnessstudio trainiert: montags und dienstags Gewichte, mittwochs und donnerstags Hammerwerfen. Ruth Frith war im Jahr 2009 als 100-Jährige an den World Masters in Sydney mit den Disziplinen Kugelstoßen, Hammerwurf und Diskuswerfen angetreten. Mit 4,07 Metern im Kugelstoßen lag sie dabei sehr gut, wenn man bedenkt, dass der absolute Weltrekord für Frauen bei 22,63 Metern liegt – denn immerhin trennen sie gut achtzig Jahre Leben von jenen, die nur fünfmal weiter werfen als sie. Jetzt sind die nächsten World Masters Games ihr Ziel. Ruth Frith trainiert und will 2013 wieder dabeisein.

Meldungen über sportliche alte Menschen hat es schon immer gegeben, nur scheint es so, als habe man früher weniger darauf geachtet. Oder wussten Sie etwa, dass schon bei den Olympischen Spielen im Jahr 1920 im belgischen Antwerpen ein 72-Jähriger dabei war und eine Silbermedaille holte? Es war der Schwede Oscar Swahn, er gewann die Medaille im Schießen. Solches erfährt man heute, da Meldungen über die

Leistungen von Alten und Hochbetagten interessant erscheinen, viel schneller. So die Meldung vom März 2012 über den japanischen Dressurreiter Hiroshi Hoketsu, der sich im Alter von 70 Jahren für die Olympischen Spiele in London 2012 qualifiziert hat.[9] Die Amerikanerin Hulda Crooks bestieg im Jahr 1987, mit 91 Jahren, den Fujiyama, als älteste Frau, die jemals diesen Berg erklommen hat. Ihr Arzt bestätigte ihr noch drei Jahre danach, als 94-Jährige, dass sie das Herz und die Lungen eines 18-jährigen Mädchens habe.

Auf der Ausstellung *FaltenReich* am Grassi Museum für Völkerkunde in Leipzig, die im Jahr 2009 stattfand, erfuhr man von der 87-jährigen Ingeborg K., die noch zwei Jahre davor eine Seniorensportgruppe geleitet hatte.[10] Sie sei topfit, sagte sie in einem Filminterview, und führte gleich ein paar Hantelübungen vor. Auch wenn sich mit „jugendlichem Alter", wie sie scherzhaft sagte, verschiedene Gebrechen einstellten, stecke sie das ein. Ihren Humor verliere sie sowieso nicht, und das künstliche Kniegelenk, das sie vor Jahren hätte bekommen sollen, das habe sie bei ihrem Arzt in der Vitrine stehen lassen.

Auch Ruth Angelis könnte vermutlich das eine oder andere „bei ihrem Arzt in der Vitrine stehen lassen", musste dieser doch der 83-Jährigen die „Blut- und Körperwerte einer Vierzigjährigen" attestieren. Ruth Angelis hat schon viele Goldmedaillen im Laufsport angesammelt. Bei den Leichtathletik-Weltmeisterschaften der Senioren im finnischen Lahti im Jahr 2009 ging sie als Erste ins Ziel.

Die 100-jährige Australierin Dorothy de Low, die seit 50 Jahren Tischtennis spielt, gewann 1992 die Seniorenweltmeisterschaft. Sie ist international bekannt geworden als älteste Tischtennisspielerin der Welt. In den letzten 15 Jahren, also als sie bereits über 85 Jahre alt war, reiste sie zu Spielen quer über den Globus.

Madonna Bruder, eine als „eiserne Nonne" bekannt gewordene Ordensschwester aus den USA, bewältigte ihren ersten Ironman-Wettbewerb mit 55 Jahren. Ein Ironman ist ein Langstreckendistanz-Triathlon, bestehend aus einem Marathon-Lauf, 180 km Radfahren und 3,8 km Schwimmen. Im Alter von heute 81 Jahren hat sie über 350 Triathlons, davon 45 Ironman-Entfernungen, hinter sich. Sie ist die älteste Frau, die jemals einen Ironman-Wettkampf zu Ende brachte.

Doch wir wollen nicht nur auf die absoluten Champions blicken. Im Buch *100 Jahre Leben* von Stefan Schreiber und Andreas Labes berichtet die 1905 geborene Rosa Eichner, dass sie sich, als leidenschaftliche Bergwanderin, zu ihrem 95. Geburtstag einen Ausflug gewünscht habe, und zwar auf den Lusen, einen der wenigen Gipfel im Bayerischen Wald, den sie noch nicht erklommen hatte. Diesen sei sie dann, zum Erstaunen aller, gut hochgekommen, sagt sie darin.[11] Im selben Buch erzählt die drei Jahre jüngere Rosl Persson, dass sie mit 60 erst das Bergsteigen entdeckt habe. Der Großglockner war ihr erster bezwungener Dreitausender; mit 86 Jahren ist sie das letzte Mal auf einen Viertausender gestiegen. Sport, Akrobatik, Körperkultur hatten im Leben der ehemaligen Artistin schon immer eine wichtige Rolle gespielt. Mit 95 Jahren, so sagt sie, habe sie noch Kopfstände gemacht.[12]

    In Großbritannien, wo so vieles möglich ist, was bei uns schlecht denkbar wäre, fällt es selbst Menschen, die bereits im Altersheim leben, noch im hohen Alter ein, sich sportlich zu zeigen. Margaret Hill und Winnie Hudson, sie sehen aus wie achtzig, mit strahlender Miene, im Sportdress, die Faust keck zum Gruß erhoben. So brachte die britische Zeitung *The Sun* im Jahr 2009 das Foto der beiden alten Damen, die in einem Altersheim in York leben. Doch die beiden sind keine achtzig mehr. Margaret ist zu jener Zeit 100, Winnie 102 Jahre alt. Sie liefen einen 5 km langen Wettlauf für Wohltätigkeitszwecke. Winnie hatte bereits das Jahr zuvor, als 101-Jährige teilgenommen und hatte so ihre hundertjährige Freundin Margaret inspiriert, ebenfalls teilzunehmen.

Beschreibungen von Naturwissenschaftlern zur „Realität" des Alters lesen sich anders, betrachten sie doch gemeinhin Organismus und Körper, gelegentlich auch den Menschen selbst, als das bloße Zusammenspiel von biologischen Abläufen. Bezogen auf Alter liest sich diese Denkweise in etwa so: „Der Begriff Altern wird nicht einheitlich gebraucht. Wir verstehen darunter, dass sich im Lauf der Jahre in den Bausteinen des Lebens zufällige Schäden anhäufen, insbesondere in der Erbsubstanz, den Proteinen, Kohlehydraten und Lipiden. Defekte ereignen sich von Jugend an, doch irgendwann werden die Selbstreparaturmechanismen des Organismus damit nicht mehr fertig. Nach und nach beeinträchtigt das Funktionen von Zellen, Geweben, Organen und Systemen, was den Organismus einerseits krankheitsanfälliger macht, zum anderen die typischen Altersabbau-Erscheinungen und Leistungseinbußen hervorruft. Diese manifestieren sich u.a. im Verlust von Muskel- und Knochenmasse, im Rückgang der Reaktionsschnelligkeit sowie des Seh- und Hörvermögens und in verminderter Hautelastizität."[13]

Wie aber kann es dann sein, dass es Männer und Frauen gibt, bei denen auch im hohen Alter diese Phänomene nicht auftreten? Wie können Margret und Winnie mit über hundert Jahren noch 5 km laufen? Wieso schafft eine 100-Jährige es, eine 4 kg schwere Kugel vier Meter weit zu werfen? Was ist mit den „altersbedingten Zellschäden" bei einer 91-Jährigen, die einen 4000er-Gipfel besteigt? Wie steht es mit dem Altersabbau bei der 100-jährigen Dorothy de Low? Und was ist zum Rückgang der Reaktionsschnelligkeit zu sagen bei der 104-jährigen Silat-Meisterin Inyiak Upiak Palatiang aus Sumatra, der man „die Schnelligkeit und die Geschmeidigkeit einer 30-40-Jährigen" nachsagte?

Besteht der Organismus dieser Menschen aus anderen Bausteinen, in etwa so wie in früheren Zeitaltern Menschen glaubten, dass das Blut von Afrikanern nicht rot sein könne? Haben sie sich aus heimlichen Quellen einen Passierschein der Natur geholt oder ihren Organismus überreden können, anders zu ticken als der Rest der Welt? Oder gibt es doch wesentlich mehr Möglichkeiten im Leben, wie im Altern, die sich vielleicht nicht immer zu hundert Prozent aus der Wissenschaft ableiten lassen? Es soll ja Langlebigkeitsgene geben. Aber bedeutet Langlebigkeit auch automatisch, gesund sein und 4000er-Gipfel besteigen können?

Blickt man nach Osten, wird man in den Kampfkünsten Asiens viele alte Menschen finden. Im Karate hat es schon immer siebzig-, achtzig-, ja auch noch neunzigjährige Schwarzgurtträger gegeben. Ähnlich im Aikido. So zum Beispiel verstarb vor Kurzem im Alter von 77 Jahren einer der ganz Großen des Aikido, Nobuyoshi Tamura, ein hochrangiger japanischer Aikido-Lehrer, 8. Dan, der noch in 2009, also mit 76 Jahren, Trainings leitete; ebenso Motomichi Anno, auch er 8. Dan, der mit nunmehr 79 Jahren noch diese Sportart lehrt, die eigentlich kein „Sport" sein sollte. Auch Takamitsu Ota, ein japanischer Judomeister 8. Dan, unterrichtet noch mit 84 Jahren. Mitsunosuke Kosaka, ebenfalls japanischer Judomeister, unterrichtete bis zu seinem Tod – er starb mit 91 Jahren.

Mit dem Einzug östlicher Praktiken in Europa gibt es heute auch bei uns immer mehr Menschen, die eine asiatische Kampfsportart trainieren oder sich anderen östlichen Disziplinen zugewandt haben. Immer mehr alte Menschen wagen, ihren Fuß in ein Dojo zu setzen, auch über 80-Jährige.[14] Menschen wie die 83 Jahre alte Tai Chi-Meisterin Christa Proksch haben diesen philosophisch-sportlichen Weg schon viel früher für sich entdeckt. Im Buch *Wir haben viel erlebt!* spricht Christa Proksch über das Wohlgefühl in ihrem Leben: „Das Taijiquan hält mich lebendig", sagt sie. „Ich unterrichte heute an zwei Tagen in der Woche sieben Unterrichtseinheiten von je eineinhalb Stunden und organisiere Workshops im In- und Ausland. Dabei stelle ich die Flüge und alles Mögliche mit meinem Computer wie ein Tourismus-Unternehmen zusammen. Mein Leben ist also noch sehr ausgefüllt."[15]

Im Jahr 2004 erschien im *Courier International* ein Artikel über die 104-jährige Inyiak Upiak Palatiang, Meisterin des Silak, eine Kampfkunst aus Sumatra, die sie zu jener Zeit noch ausübte und lehrte. Ihre Bewegungen seien höchst lebhaft, hieß es in dem Artikel, und ihr Blick durchdringend. Das Silat stammt aus der Tradition der Minangkabau, einer matriarchalischen Gesellschaft. Der Wesenszug des Silat sind blitzartig schnelle Reflexe in der Selbstverteidigung. „Egal mit was für einer Waffe jemand auf dich zielt, mit einer blitzartig schnellen Bewegung bringst du ihn dazu, seine Waffe fallen zu lassen" – Silat, das sei: im Außen den Freund suchen, im Innern Gott, so die Meisterin Upiak Palatiang. Ihr Gedächtnis, die Augen und Ohren funktionierten ausgezeichnet und waren sehr geschärft. Sie machte alles im Haus alleine und ging selbst auf das Reisfeld. Alle 79 Meister des Silat, die es zu jener Zeit dort gab, waren über 70 Jahre alt. [16]

Gegenüber diesen Meldungen von alten Athleten und Sportlerinnen nehmen sich Nachrichten wie jene von der 64-jährigen Australierin, die den Ärmelkanal durchschwamm, banal aus. Verglichen mit all den Hochbetagten ist sie ja wirklich noch etwas jung. Aber so ist es eben: Vieles ist eine Frage der Relation, und je mehr Informationen man zur Verfügung hat, umso mehr vermag man Dinge im rechten Verhältnis zu sehen – oder sie in ein neues Verhältnis zueinander zu setzen.

Vermutlich wird die Wissenschaft viel später erst diese Überzeugung zulassen. Es ist kein unbekanntes Phänomen, dass Ergebnisse, die gängigen wissenschaftlichen Überzeugungen widersprechen, lange, manchmal sehr lange brauchen, um Akzeptanz zu finden und Eingang in die Heiligen Hallen des Gelehrtentums. Wir wollen dazu nicht Kopernikus und Galilei bemühen, jüngere Beispiele aus der Schulmedizin tun es auch. All das, was Ärzte von Menschen wie Hulda Crooks, Ruth Angelis oder Inyiak Upiak Palatiang sagen – Herz und Lunge einer Achtzehnjährigen, die Blut- und Körperwerte einer Vierzigjährigen, Schnelligkeit und Geschmeidigkeit einer 30-40-Jährigen – würde es jemals in einer wissenschaftlichen Arbeit als medizinische *Tatsache* zu finden sein, als „revolutionäre Entdeckung" gar? Manche Wahrheiten sind schlichtweg unbequem. Es bewahrheitet sich nur allzu oft die alte Redensart: Was nicht sein kann, darf nicht sein.

Indes haben wir als Individuum die Möglichkeit, sprintende Neunzigjährige und Wettläufe laufende Hundertjährige als eine Realität zu betrachten. Und wenn wir dies eines Tages getan haben, könnten wir zur nächsten Stufe übergehen und bei der wiedergebenden Beschreibung solcher Menschen Begriffe weglassen, deren Verwendung wir uns angewöhnt haben, wenn es um Menschen über achtzig (gelegentlich auch schon über 70) geht. Das Wort „rüstig" zum Beispiel. Nicht, dass etwas gegen das Wort rüstig als solches einzuwenden wäre, wird es doch als „kräftig, frisch, tatkräftig" definiert. Aber haben Sie schon einmal von einem rüstigen Zwanzigjährigen gehört? Das Problem liegt darin, dass man rüstig verwendet, um dadurch insgeheim die Verwunderung auszudrücken darüber, dass es „so etwas noch gibt". Männer und Frauen wie Hulda, Winnie, Ruth, Inyiak, Jiri, Motomichi verdienen andere Adjektive. Wie wäre es mit „sportlich", „athletisch", „leistungsstark"?

Geistige Leistungen von Menschen hohen Alters

> „Ich musste ihr die Höchstnote geben, und glauben Sie mir: es war nicht aus Mitleid!" –
> *Alessandro Bondi, Juraprofessor, über die 93-jährige Doktorandin Adriana Jannilli*

Aus allen Ecken der Welt kommen sie, die Nachrichten zu hochbetagten Universiätsabsolventen und Doktoranden. Was aber machen all diese alten Menschen an einer Universität, wenn die Gesellschaft doch so davon überzeugt ist, dass „in ein altes Hirn nichts mehr hineingeht", man sogar daran zweifeln muss, ob es überhaupt noch funktioniert? „Die extremistischste Unterstellung, die den älter werdenden Menschen in unserer Gesellschaft trifft, sind die Zweifel an seinem Gehirn", schreibt Frank Schirrmacher. „Sie können sportlich sein und gute Blutwerte haben, Berge besteigen und Weltmeere durchkreuzen: der Zweifel an ihrem Gehirn sitzt wie Gift in ihrem Körper. Schon der 35-Jährige gilt in vielen Betrieben als „festgelegt"; später bemängelt man fehlende Ideen und Inspirationen."[17]

Wenden wir uns also von Sport und Bergbesteigungen ab, hin zur Schaltzentrale unserer Daseinsberechtigung, dem Kopf. Auch hier das Gleiche. Man weiß es heute, und es ist inzwischen hundert- und tausendfach bewiesen: die Lernfähigkeit lässt bis ins hohe Alter nicht nach, man kann geistig fit bleiben und sogar Höchstleistungen vollbringen. Was uns daran hindert, es zu glauben, das sind vor allem drei Faktoren: die überdimensionierte Betonung der Alzheimergefahr, die von einem einseitigen Verständnis gelenkten und die Arbeitswelt bestimmenden Interessen der Wirtschaft sowie unsere eigenen Vorstellungen vom Alter. Die Wissenschaft hat einiges dazu beigetragen, diese Vorstellungen in uns zu erzeugen. Und tut es bisweilen immer noch. Ist es nicht auch heute noch an der Tagesordnung, Sätze zu lesen wie: „Im Alter lernt es sich nicht mehr leicht", „Der Abbau des Gehirns beginnt schon mit 25 Jahren" oder gar „Jeden Tag sterben Hunderttausende Zellen im Gehirn ab"?

Zum Glück hat es immer Menschen gegeben, die gar nicht daran dachten, sich diesen medizinischen „Wahrheiten" zu beugen. Es gab sie schon in früheren Jahrhunderten. Alte Meister der Kunst haben mit ihrem Leben und ihrer Schaffenskraft schon damals zur Genüge bewiesen, dass diese Wahrheiten nur relative sein können. Leider hat man sie da aber nicht zur Kenntnis genommen. Heute haben wir es besser. Denn inzwischen ist sich die Wissenschaft gar nicht mehr so sicher, dass dieses absolute „Verfalls-Urteil" über das Gehirn wirklich stimmt. *Die Nervenbahnen sind festgelegt, abgeschlossen und nicht veränderbar. Alles kann sterben, nichts kann regeneriert werden.* So lautete das symbolische Todesurteil für unser Gehirn noch Anfang des letzten Jahrhunderts, wenn es um die Nervenzellen und Vernetzungen im Gehirn ging. Und da dies Ramón y Cajal, ein Nobelpreisträger, sagte, wurde es auch lange nicht in Frage gestellt.[18] Heute lesen sich Aussagen zur Leistungsfähigkeit des Gehirns schon ein wenig anders. Man erkennt mehr und mehr, dass das Gehirn nicht eine Art Vollautomat ist, der bei allen und in jedem Fall auf Abbau programmiert ist. Das Umfeld, die Nutzung und Beanspruchung des Gehirns sowie die verschiedensten Impulse, die es erhält, haben eine Wirkung auf seine Leistungsfähigkeit. Heute tendiert man mehr und mehr dazu, bei der Funktion des Gehirns die „Gebrauchsabhängigkeit"[19] zu betonen.

So entschließen immer mehr ältere und alte Menschen sich, noch ein Studium zu machen. Allein in Deutschland waren in 2006, nach einer Information des *Spiegel*,[20] an diversen Hochschulen 20 000 Studenten über 60 und weitere 10 000 über 70 Jahren eingeschrieben. Als Gasthörer aber können sie kaum Abschlüsse machen. So öffnete inzwischen als erste Hochschule nur für Ältere, das „Europäische Zentrum für universitäre Studien der Senioren in Bad Meinberg", seine Tore. Wie lange wird sich das Stereotyp, dass Ältere nichts mehr aufnehmen können, wohl noch halten? Die Fakten stützen es jedenfalls schon lange nicht mehr. Denn viele dieser Männer und Frauen bestehen nicht nur die Prüfungen und verteidigen ihre Doktorarbeiten mit Bravour, sie schließen ihr Studium manchmal auch in Rekordzeit ab. Und um das nächste Vorurteil gleich in die Schranken zu weisen: die *laudatio* wird ihnen nicht etwa geschenkt, weil sie alt sind. „Ich habe ihr die Höchstnote geben müssen, 110 mit Auszeichnung, aber glauben Sie mir: nicht aus Mitleid!" Das soll, laut *Spiegel Online*, Alessandro Bondi, Strafrechtsprofessor an der Universität von Urbino in Italien, über seine Doktorandin gesagt haben.[21] Er spricht von Adriana Jannilli, die bei ihm ihren Doktor in Jura gemacht hat. Da war sie 93 Jahre alt.

Wenn jemand glaubt, geistig leistungsfähig könne man vielleicht noch mit 60, allenfalls mit 70 Jahren sein, dann aber sei Schluss, den belehren Adriana Jannilli und viele andere Männer und Frauen hohen Alters eines Besseren. So machte auch der pensionierte Lehrer Heinz Ulbricht aus Braunschweig im Jahr 2005 seinen Doktor mit Auszeichnung. Seine Arbeit, die er mit 80 Jahren schrieb, handelte von Kodierung.[22] Etwas älter als er war der pensionierte Studiendirektor Karl Lermer aus München, der es im Jahr 2007 mit 85 Jahren schaffte, seine Doktorarbeit an der Fernuniversität Hagen zu beenden.[23] Der Architekt Franz Schrage verteidigte im Jahr 2009 gar als 90-Jähriger erfolgreich seine Dissertation über Edith Stein, und das, obwohl er fast blind war.[24]

All jenen, die meinen, alte Menschen seien zwar lernfähig, aber gewiss um Vieles langsamer und umständlicher als Junge, zeigt Allan Stewart aus Australien, dass sie ihr Vorurteil überdenken sollten. Der 91-Jährige habe seinen Studienabschluss in Rechtswissenschaften in Rekordzeit geschafft, so meldete *Spiegel Online* im Jahr 2006.[25] Statt sechs Jahre brauchte er nur viereinhalb. Zwar war die treibende Motivation die Angst, es vielleicht nicht mehr zu Lebzeiten zu schaffen. Doch was zählt, ist das Ergebnis. Was möglicherweise auch noch zählt, ist die andere Einstellung zum alten Menschen, die in Australien zu herrschen scheint. Die werde, so ist auf der Webseite des Büros gegen Altersdiskriminierung zu lesen, auch an den *standing ovations* der wesentlich jüngeren KollegInnen deutlich, die Allan Stewart damals erhielt. Hierzulande müssten ältere StudentInnen nicht nur höhere Studiengebühren als Jungstudenten bezahlen, so heißt es weiter, sie würden auch oft als überflüssige Hörsaalsitzplatzwegnehmer betrachtet.[26] Auch im kommunikationsfreudigen Italien schaut man nicht aufs Alter zuerst, so, wenn die 93-jährige Adriana Jannilli in den Hörsaal kommt. Sie fühle sich pudelwohl und von den jungen Studenten und Studentinnen akzeptiert, sagt sie.

Wer nun meint, dass der 91-jährige Allan Stewart und die 93-jährige Adriana Jannilli die ältesten Leistungsfähigen gewesen seien, täuscht sich auch hier. In meiner Sammlung findet sich eine Nachricht über Dr. Dr. Dr. h.c. Friedrich-Wilhelm von Rauchhaupt, in der Zeitschrift, in welcher der Artikel erschien, als „ältester Professor Deutschlands" betitelt. Das war vor vielen, vielen Jahren. Das genaue Datum ist nicht mehr feststellbar, denn damals achtete ich nicht auf die Erfassung von Quellen. Wie es sich für unser Land gehört, mit 65 Jahren in den Ruhestand geschickt, hatte der emeritierte Professor für Völkerrecht sich danach erst recht in seine wissenschaftliche Arbeit gekniet. Mit 107 Jahren hatte er sich zum Ziel gesetzt, noch einen Doktor zu machen, in Weltraumrecht.

Hochschulstudium, Prüfungen, Doktorarbeiten – das stellt hohe Anforderungen an die geistige Kapazität. Man mag geneigt sein zu glauben, dass diese Männer und Frauen Ausnahmen seien, dass sich die geistige Fähigkeit vielleicht nur bei jenen so zeige oder entwickle, die sich für wissenschaftliches Arbeiten interessieren. Weit gefehlt. Es gibt sie in allen Bereichen und in allen Kulturen. Nehmen wir das populäre Quiz-Spiel, das weit genug von wissenschaftlicher Arbeit entfernt ist. Da schaffte es doch eine Hundertjährige, zusammen mit einer Freundin, in der Jubiläumssendung von Jörg Pilawa im März 2009 einen Gewinn von 50 000 € nach Hause zu tragen. In einer Quizsendung zu gewinnen, dazu gehört immer auch eine Portion Glück. Aber mit Glück allein, ohne Wissen und gutes Gedächtnis, würde man es wohl nie schaffen. Und es gar als 100-Jährige zu wagen, dazu gehört Mut und die Gewissheit, dass man etwas vorzuweisen hat.

Einer anderen Art von Gedächtnisleistung begegnet man bei zwei Hundertjährigen, die das ZDF im Jahr 2008 im Film *Und plötzlich war ich 100* porträtierte.[27] Sie habe alle Telefonnummern im Kopf, sagte Ilse Pohl, und die ebenfalls hundertjährige Emmely war stolz darauf, alle Spieler der Nationalmannschaft zu kennen. Außerdem spielte sie auch Bridge, wurde als überdurchschnittlich gute Spielerin charakterisiert, die oft gewann. Viele dächten, das sei für gelangweilte alte Damen, sagte sie, doch sie spiele Turnierbridge, das seien 52 Karten, die man im Kopf halten müsse, da müsse man schwer aufpassen.

In eine andere Richtung geistiger Leistung geht das Beispiel von Konrad Thurano, dem zu Lebzeiten ältesten aktiven Artisten der Welt (er starb im November 2007 im Alter von 98 Jahren). Thurano war ein Drahtseilartist, der gern seine Kunst bis zuletzt auch Journalisten vorführte. Man könnte ihn bei den körperlich fitten Alten aufführen, doch Drahtseilartistik erfordert enorme Geschicklichkeit. Diese ist ohne Konzentration nicht möglich. Konzentration aber gehört zum Geist.

Egal wohin man blickt, in jeder Nation findet man sie, die betagten Männer und Frauen, die in einem Alter geistige Leistungen erbringen, in dem man solche nach landläufiger Meinung niemals erwartet hätte. Oft steckt ein lang gehegter Lebenswunsch als treibende Kraft dahinter. Ob es der Kenianer Kimani Maruge ist, der sich mit 84 Jahren einschult, oder der sizilianische Bauer Antonio Sola, der mit 89 Jahren seinen Grundschulabschluss nachholt, ob die 98-jährige Amerikanerin Josephine Belasco die High School abschließt oder der Japaner Yoshimichi Harada sich mit 82 Jahren in Wirtschaftswissenschaften einschreibt – sie alle prägt eines: sie wollten sich einen tiefen Lebenswunsch erfüllen und fanden sich nicht zu alt dafür.

Die Motivationen waren durchaus verschieden, so berichtet *Spiegel Online*, wo über mehrere Jahre hinweg diese Nachrichten erschienen. Der Afrikaner Kimani Maruge fand, dass nun, im Jahr 2004, endlich jeder Kenianer das Recht habe, eine Schule zu besuchen, etwas, das ihm als Kind verwehrt geblieben war. Seine ganz persönliche Motivation: er wollte herausfinden, ob das, was in der Bibel steht, auch das ist, was man ihm erzählt hatte. Er wollte es selbst lesen und wissen, ob sie die Wahrheit gesagt hatten. Nachdem er seinen Grundschulabschluss gemacht hatte, wurde er zu einer Art „Bildunsgapostel", reiste als Botschafter für freie Bildung durch Kenia und 2005 sogar nach New York zur UN-Vollversammlung. Er hatte danach noch große Pläne, wollte Tiermedizin studieren und ein Buch über Freiheitskämpfer schreiben. Leider starb er mit 89 Jahren an Krebs.[28] Antonio Sola, der Sizilianer, hatte eine ganz andere Motivation, mit 89 Jahren die Schulbank zu drücken. „Ich wollte diese Wette mit mir selbst annehmen", sagte er, „und ich glaube, ich habe sie gewonnen."[29] Josephine Belasco, eigentlich eine Landsmännin von Sola, denn sie wanderte im Alter von 17 Jahren von Italien in die USA aus, hatte immer das Gefühl gehabt, etwas verpasst zu haben.[30] Den Japaner Yoshimichi Harada trieb die Sehnsucht an die Universität. Er hatte in seinem Leben nur fünf Jahre lang die Schule besucht und hatte sich schon immer danach gesehnt, zur Schule zu gehen, um eine höhere Bildung zu bekommen. Als er im Alter von 76 Jahren von seinem Beruf im Bauwesen pensioniert wurde, schrieb er sich sechs Jahre später in Wirtschaftswissenschaften ein.[31]

Und dann gibt es noch George Dawson aus Dallas, ein ganz besonderer Fall. Er lernte nicht nur mit 98 Jahren überhaupt erst das

Schreiben; er brachte, mit 102 Jahren, unterstützt von einem Lehrer, sogar ein Buch heraus. „Life is so good" ist der Titel des Buches, das schon in der ersten Auflage die Hunderttausend erreichte. Dawson hatte sieben Kinder und alle waren zur Universität gegangen, er selbst aber kam lange nicht auf die Idee, das Schreiben zu lernen, obwohl er sehr unter dem Analphabetentum litt.

Schließlich wären da noch all die großen Denker und Denkerinnen, die Schriftsteller, Dichter, Autoren, die im Prinzip alle hierher gehören, in dieses Kapitel des leistungsfähigen Gehirns, auch wenn sie im Kapitel zur Kreativität ihren Platz finden mussten. Nicht zu vergessen die selbstständigen Anwälte, Wirtschaftsberater, Architekten, Mediziner, Therapeuten oder Wissenschaftler, die oft bis ins hohe Alter hinein tätig sind. Und die Unternehmer, Bankchefs, Aufsichtsratsvorsitzenden, findet man doch auch hier eine Reihe ergrauter Köpfe. Oder braucht man als Bankchef etwa kein funktionierendes Hirn? Und dabei sind wir noch nicht einmal am Ende unserer Liste angelangt, denn es fehlen ja genau jene, die mich schon sehr früh auf das stereotypbeladene Thema Alter brachten: die Politiker und Staatsmänner. Hier auch noch die Kirche unterbringen zu wollen, mit all ihren grauen Eminenzen, das ginge zu weit. Obwohl – einen Papst Benedikt, der ja dankenswerter Weise sogar Deutscher ist, den muss man einfach erwähnen. Dass der Vatikan von alten Männern beseelt wird, hat nicht selten zu Kritik an der katholischen Kirche geführt. Doch ganz gleich, wie man zu Papst Benedikt und seinen Ansichten steht, man kann kaum leugnen, dass er hochintellektuell ist. Er hat eine Vielzahl von Büchern publiziert und ist, mit seinen 85 Jahren, ein scharfer Denker. Da wünscht sich so manch einer seiner Gegner und Kritiker, dieser Papst möge ein wenig mehr dem Altersstereotyp eines verständnisvollen Großvaters gleichkommen.

Es ist schon seltsam, wie sehr wir uns vom Vorurteil über die geistige Fähigkeit, besser gesagt: die mangelnde Fähigkeit bei älteren Menschen leiten lassen, obwohl es sie doch allerorten gibt, die lebenden Gegenbeweise. Irgendwann, ab einem bestimmten Punkt der Recherchen, beginnt man sich als Autor dafür zu schämen, dass man für etwas „plädieren" muss, das eine so offensichtliche Tatsache ist.

Arbeitsleistungen von über Achtzigjährigen

> „Warum soll ich langsamer machen, nur weil ich über hundert bin? Ich weiß, was das Beste ist, und das ist: Arbeiten", – *Connie Brown, Wales, 102 Jahre*

Wo körperliche Leistungsfähigkeit und geistige Fitness zusammenkommen, befindet man sich in der Arbeitswelt. In dieser hatten, bei uns in Deutschland, Menschen über 65 Jahre (von Achtzigjährigen ganz zu schweigen) bis dato nichts verloren, zumindest dann nicht, wenn es um abhängige Beschäftigung geht. Das ist in erster Linie keine Frage des Wollens, Glaubens, Könnens: das gängige „Rentenalter" und die Pensionierung bei Beamten sehen es einfach so vor. Punkt. Da das Rentenalter keine Erfindung aus dem Jahr 2000 ist, sondern bereits viele Jahrzehnte existiert und somit seine Spuren in unserem Denken hinterlassen hat, erscheint die Grenzziehung „Rente" in der Arbeitswelt automatisch als Synonym zu „nichts mehr leisten können". Ob Senioren da draußen Medaillen im Kugelstoßen gewinnen, Berge besteigen, Doktortitel machen oder was auch immer, das interessiert in dieser gesetzlich definierten Arbeitswelt niemanden. Davor retten können sich lediglich die Selbstständigen. Oder eben Menschen in anderen Nationen, wo man in dieser Hinsicht anders denkt, in den USA oder Großbritannien zum Beispiel. Buster Martin, der wohl älteste Arbeitnehmer Großbritanniens, arbeitete bis zu seinem Tod. Da war er 97 Jahre alt.[32] Der Amerikaner Chester Reed ging mit 95 Jahren in Rente, Arthur Winston mit 100. Solche Meldungen werden in Deutschland oft mit der Kritik quittiert, in den USA *müsse* man auf Grund der schlechten sozialen Absicherung so lange arbeiten. Das mag sein und bleibe hier dahingestellt: es ändert jedenfalls nichts daran, das Menschen bis ins hohe Alter hinein arbeiten *können* und *dürfen*. Allein darum geht es in diesem Kapitel.

Frühere Forschung und in der Folge eine Unzahl von Autoren haben den Abbau der Leistungsfähigkeit im Alter als unumgängliche Tatsache hingestellt. Heute gibt es eine Vielzahl von Studien, die andere Töne verlauten lassen. „Forscher, die in den letzten Jahren und Jahrzehnten untersucht haben, ob ältere Menschen schlechter, unkonzentrierter, ineffizienter oder unzuverlässiger arbeiten, fanden – zumindest was die unter 80-jährigen betrifft – fast nie Anhaltspunkte für diese Behauptung", schreibt Frank Schirrmacher.[33] Einhundert Studien zur Job-Effizienz hätten nachgewiesen, so der *Spiegel,* „dass es keine signifikanten Unterschiede zwischen der Arbeitsleistung älterer und jüngerer Arbeitnehmer gibt, wenn als Maßstab das erbrachte Arbeitsergebnis zugrunde gelegt wird".[34]

Weitergehend als die bloße Verteidigungsstellung zugunsten Älterer: die Studie des Marktforschungsinstituts Psychonomics, nach welcher Arbeitgeber älteren Mitarbeitern deutlich mehr Fachwissen, eine höhere soziale Kompetenz, aber auch eine tendenziell höhere Leistungsbereitschaft attestieren.[35]

Tja, und nun? Ändert es etwas daran, dass ältere und gar alte Menschen als nicht leistungsfähig angesehen werden? Das bleibt abzuwarten. Bis dahin werden uns, hier in Deutschland, die Beispiele von Selbstständigen jedenfalls öfter Vorbild sein können als die wenigen Fälle alter Beschäftigter. Während, einer Statistik aus dem Jahr 2008 zufolge, bei Arbeitern und Angestellten die Zahl der Beschäftigten nach dem 65. Lebensjahr auf ein paar Prozent abfällt, bleiben bei den Selbstständigen 25% nach dem 65. Lebensjahr noch erwerbstätig.[36] Je höher das Alter, umso weiter wird die Schere zwischen abhängig Beschäftigten und Selbstständigen zugunsten Letzterer auseinandergehen, wobei zu vermuten ist, dass bei uns die Zahl abhängig Beschäftigter bei den über 80-Jährigen gegen Null tendiert. Bei den Freiberuflichen und Selbstständigen kann man dagegen auch im hohen Alter noch aktive Berufstätige finden. So wie der Berliner Geschäftsmann Walter Jonigkeit aus dem ZDF-Film *Und plötzlich war ich 100*[37], der mit seinen hundert Jahren noch jeden Tag in sein kleines Büro ging. Der Gründer des Delphi-Filmpalastes in Berlin pflegte einen disziplinierten Lebensstil, arbeitete jeden Tag. Er sei nie krank gewesen, habe nie Beschwerden gehabt und sei mit 90 Jahren noch Auto gefahren, so hieß es. Er hat immer Erfolg haben wollen, das war ihm wichtig. Und den hatte er, und zwar nicht nur bis zu seinem 65. Geburtstag. Auch die Beispiele, die der *Spiegel*[38] bringt, zählen hierher, so wie die Unternehmer Hans Riegel und Berthold Beitz. Ersterer ein überaus erfolgreicher Süßwarenfabrikant, besser unter *Haribo* bekannt. Letzterer einer der ganz großen Industriemagnate: Chef der Essener Krupp-Stiftung, Ehrenvorsitzender des Aufsichtsrates von Thyssen Krupp. Hans Riegel ist 88 Jahre alt, doch Ruhestand, das sagt ihm nichts. Berthold Beitz, zehn Jahre älter, zieht sich erst mit 96 Jahren langsam zurück. Wer würde es wohl wagen, solchen Männern ins Gesicht zu sagen, sie seien „hochbetagte Greise, die in der Arbeitswelt nichts mehr erbringen können"?

Die einen bewundern solche Menschen, andere dagegen beäugen betagte agile Unternehmer skeptisch. „Die sollen gehen und Jüngeren den Platz überlassen", so könnte ein Kommentar aus der Arbeitswelt lauten. „Können die nicht loslassen?", monieren Psychologen. Bleibt zu sehen, ob das Unternehmen ohne diese Alten genauso erfolgreich weiterlaufen würde. Und was das Loslassen anbelangt: wer kann sich eigentlich das moralische oder wie auch immer geartete Recht herausnehmen, einem Menschen vorschreiben zu wollen, wann er was zu beenden hat – zumal dann, wenn dieser sich seine Existenz selbst aufgebaut hat?

Bei vielen Selbstständigen und Freiberuflern ist es die Lust an der Arbeit, die sie dazu bringt, weiterzumachen. Manche geleitet vom Erfolg, andere von der Sinngebung für ihr Leben und die dritten schließlich von der Freude, vom Spaß an der Sache. Allen drei Kategorien liegt das Wort Erfüllung vermutlich sehr nahe. Connie Brown, Phyllis Self, Christian und Ursula Gruhl oder Friedrich

Thimm gehören hierher, genauso wie Elisabeth Hintrager oder Hilda Kemp. Sie alle sind über 80 Jahre alt, manche von ihnen weit über achtzig (Einzelporträts im Kapitel XIII). Für sie alle war das hohe Alter kein Grund, mit der Arbeit aufzuhören, war kein Hindernis dafür, eine neue Tätigkeit aufzunehmen. Connie Brown, aus Pembroke in Wales, betrieb ihren Fish & Chips-Kiosk bis zu ihrem Tod. Sie starb im Jahr 2010 mit 102 Jahren. Auch Phyllis Self sitzt mit 101 Jahren noch auf ihrem Bürosessel in ihrem Garten-Center in Chippenham. Friedrich Thimm aus Lambsheim reist mit 86 Jahren als Senior Expert noch rund um den Globus und das Ehepaar Gruhl aus Dresden eröffnete mit über 80 Jahren ein kleines Restaurant für Vollwertkost. Elisabeth Hintrager und Hilda Kemp haben sich freie Dauerbeschäftigungen gesucht, die eine als teilweise bezahlte Stadtführerin in Tübingen, die andere zu hundert Prozent ehrenamtlich als Verkaufskraft im Krankenhausshop. Elisabeth Hintrager ist 87 Jahre alt, Hilda Kemp 98 Jahre.

Eine 102-Jährige, die in ihrem Laden steht und Fish & Chips verkauft, das muss man gesehen haben. Ich reiste dafür bis nach Wales. „Warum soll ich langsamer machen, nur weil ich über hundert bin? Ich weiß, was das Beste ist, und das ist: Arbeiten." So knapp und kurz fasste Connie Brown zusammen, warum sie immer noch hinter der Theke stand. Eine einfache Frau aus einer Kleinstadt, unprätentiös, schlicht, bescheiden. Eine Frau aus dem Volk. Sie hätte es nicht nötig gehabt zu arbeiten, es machte ihr einfach Spaß. Es erscheint bisweilen unverständlich, warum Kritiker so oft „innere Zwangszustände" hinter beruflicher Tätigkeit im Alter vermuten und so selten den Faktor Spaß und Freude sehen. Vielleicht weil wir Arbeit so selten mit Spaß in Verbindung bringen? Doch es gibt Menschen, die ihre Arbeit, ihren Beruf als Freude bringend empfinden, weshalb sie diesen auch bis ins hohe Alter ausüben. So wie der Galerist und Kunsthändler Florian Karsch, über den die Zeitung *Neues Deutschland* berichtete, ein Mann von Bedeutung in der Kunstszene, bekannt dafür, Otto Dix, George Grosz und Otto Mueller zum Durchbruch verholfen zu haben. Florian Karsch steht, auf seinen Ausgehstock gestützt, als „ganz schlichter Alter" in seiner Galerie und sagt lachend zum Besucher: „Ich bin doch ein Powerkerl!"[39] Und dem Besucher bleibt der Atem weg, da er sich inmitten dieser Schätze der Kunst befindet – mit Expertise zusammengetragen und mit Liebe gehütet von einem 84-Jährigen. Nicht viel anders die Modistin Irma Arndtmann, die im Buch *Die besten Jahre* vorgestellt wird. Sie ist 89 Jahre alt und führt noch immer ihren Hutladen, „Oft werde ich gefragt, warum ich immer noch arbeite", sagt sie. „Aber was soll ich allein zu Hause in meiner Wohnung sitzen? Ich mache meine Arbeit sehr gern und mit viel Liebe. Ich brauche meine Kundschaft und meine Hüte einfach."[40] So wie Connie Brown bedeutet auch Irma Arndtmann ihr Laden alles. Sie hat viele alte Stammkunden, freut sich, diese zu sehen.

Wenn Arbeitgeber in der Welt der abhängig Beschäftigten dem Aspekt Liebe zur Arbeit mehr Augenmerk schenken würden, anstatt nur auf Sollerfüllung zu schauen, könnten sie mehr als das Soll erwarten – ganz auf der Linie jener Studien, die bei älteren Arbeitnehmern eine höhere Leistungsbereitschaft feststellen. Bei einem Freiberufler drückt sich dieses höherwertige Ergebnis in etwa so aus, wie Anita Kästner es im Buch *Wir haben viel erlebt!* umschreibt: „Ich freue mich, dass ich hier meine Werkstatt habe und noch meinem Beruf nachgehen kann", sagt die 86-jährige Papierrestauratorin und Meisterin ihres Faches. „Damals wie heute stehe ich vor jeder Arbeit in Demut, egal ob sie sehr wertvoll oder nur ein Liebhaberstück ist, und sage mir: Ich will das Beste daraus machen und mein ganzes Können dafür einsetzen."[41]

Ähnliches könnten Arbeitgeber auch von ihren Angestellten hören, wenn sie Arbeitswillige denn in höherem Alter noch aufnähmen. Die Maßstäbe für Leistung werden aber meist anders gesetzt. Da höheres Alter immer noch als Risikofaktor und weniger als Potenzial gesehen wird, bleibt diese Erfahrungswelt weitgehend unentdeckt. Nur dort, wo die Jungen sich nicht locken lassen, merkt man plötzlich, was alte Menschen zu geben imstande sind. Der MDR brachte dazu im Jahr 2010 eine interessante Reportageserie.[42] So wurde vom 87-jährigen Konrad Mauersberger in Meißen berichtet, der in seinem auf Intarsienarbeiten spezialisierten Betrieb Lehrlinge ausbildet, von der 81-jährigen Freia von Gostomski, die ihren kleinen Dorfladen im Lausitzer Ort Crostau seit über 60 Jahren führt, oder von Wolfgang Liebe, dem 91-jährigen Apotheker von Bad Liebenwerda, einer Kleinstadt im Brandenburgischen, deren Wappen von drei Herzen geziert wird. Das Land braucht Betriebe, die ausbilden, das Dorf braucht seine Freia und die Kleinstadt mit den Herzen im Wappen ihren Apotheker. Was zählt da das Alter?

Unternehmer, Geschäftsleute, Ingenieure, Ärzte – die haben im Alter leicht reden, wird so manch einer vielleicht denken. So sehr sich Menschen für das Leben von bekannten, besser gestellten Persönlichkeiten interessieren, so wenig können sie sich gemeinhin vorstellen, diese nachzuahmen. Vermutet wird, dass Menschen aus der Oberschicht es „von klein auf leichter hatten", sie „begünstigt waren" und „mit haufenweise Geld auf die Welt gekommen" seien. Das wird automatisch auf die Fähigkeit projiziert, das Alter aktiver und dynamischer leben zu können. Dass diese Projektion nicht immer stimmt, hindert die Überzeugung nicht.

Im Grunde waren bisher schon etliche Beispiele in diesem Kapitel aus dem Volk gegriffen. Denn Fische frittieren ist nicht gerade akademisch und Krankenschwestern zählen meist nicht zur besser gestellten Oberschicht. Doch es gibt noch mehr Beispiele unter „einfachen Leuten". „Ich freue mich jedes Mal, wenn aus so einem Stück Stoff etwas geworden ist", sagt Hildegard Sawallisch, wenn sie aus alt neu macht oder einen Stoff der Kundin in ein Kleid verwandelt. *Brigitte Woman* hatte die Frau mit dem ungewöhnlichen Beruf einer Hausnäherin ausfindig gemacht[43], stellt die Frau vor, die in nichts anders wirkt als eine Oma von nebenan. Der Schein trügt. Hildegard Sawallisch mit ihren 88 Jahren ist zwar vom Alter und von ihrer Schlichtheit her eine „Oma von nebenan", doch das, was sie tut, zeigt, dass sie mit Freude und Kreativität bei der Sache ist, immer auf der Höhe der Zeit, was moderne Materialien und Nähtechniken angeht. Man muss nicht reich und berühmt sein, um im Alter aktiv bleiben zu können: Freude an dem, was man tut, ist eine treibende Kraft, die weder etwas kostet noch einen Akademikergrad erfordert. Das beweist uns auch Hermann, der Hühnerzüchter aus dem Rothaargebirge. Wäre Hermann nicht mit seinem Quad verunglückt, hätte die Welt vermutlich nie von ihm erfahren. Das wäre schade gewesen. Denn Hermann fuhr auf besagtem Unglücksquad mehrmals täglich zu einem 800 m entfernten Gelände, wo er 80 Hühner, 5 Schafe, 2 Kaninchen und einen Gemüsegarten versorgte. Und das mit 101 Jahren.

Gewiss gibt es noch genügend alte Kneipenwirte, Bauern und Dorfhandwerker. Man kennt sie nur nicht, weiß nichts von ihnen. Wer läuft schon umher, um in Kleinstädten oder abgelegenen Dörfern nach Alten zu suchen, die mit 80 Jahren noch schneidern, tischlern oder Hühner züchten? Wenn wir heute über Arbeit und Alter reden, scheinen wir vergessen zu haben, dass das Alter in früheren Zeiten in Handwerk und Landwirtschaft kein Thema war, es oft aus der Notwendigkeit heraus keines sein konnte. Das wird, in Umkehrung der Argumentation, heute gern jenen Nationen vorgehalten, in denen alte Menschen noch in abhängiger Beschäftigung arbeiten, so wie Großbritannien oder die USA. Selbst wenn es so sein sollte, dass die Mehrzahl dort aus wirtschaftlichen Gründen im Alter noch arbeitet: Fakt ist, dass genau in diesen Nationen das Alter weniger diskriminiert wird.

Die Fähigkeit, mit neuer Technologie umzugehen

„I heard about Facebook and wanted to know what it is about. I love being online and it beats writing with a pen", – *Ivy Bean, Bradford, 102 Jahre*

„Ich hatte von Facebook gehört und wollte wissen, was es damit auf sich hat. Ich liebe es, online zu sein, das ist besser als per Hand schreiben." Kein Ausspruch einer Vierzig- oder Fünfzigjährigen, sondern einer Frau von über hundert Jahren. Dabei ist diese Aussage von Ivy Bean schon ein wenig überholt. Denn sie stammt aus dem Jahr 2008.[44] Ein Jahr später brachte die britische Zeitung *The Sun* erneut einen Artikel über sie, diesmal mit dem Titel: „Silver surfer Ivy Bean has become the oldest UK user of Twitter – at 103 years."[45] Ivy Bean war inzwischen zur ältesten Twitter-Nutzerin des Königreiches geworden, mit 103 Jahren. Sie war des Facebook überdrüssig geworden: es wurde ihr mit Facebook, wo sie Kontakte zu 4800 Freunden aufgebaut hatte, zu langweilig. Sie ließ einen IT-Fachmann kommen, der ihr das Twittern erklären sollte. Nicht dass Sie meinen, Ivy Bean sei jemand Besonderes. Laut *The Sun* war sie früher Fabrikarbeiterin. Ivy Bean, die im Jahr 2010 im Alter von 104 Jahren starb, lebte in einer Seniorenresidenz in Bradford, wo man sehr angetan war von Ivys Innovationsfreude. „Sie zeigt den anderen, dass sie vor neuer Technologie keine Angst zu haben brauchen", sagte der Leiter der Residenz. Es ist eben alles möglich, auch dass jemand mit über hundert Jahren beginnt, einen Computer zu benutzen, und als 103-Jährige das Twittern erlernt.

Auch die Schweizerin Jeanne Pasche-Fasel lebt in einem Heim. Auch sie hat den Computer spät entdeckt. „Mein Sohn lebt in Thailand", sagt sie im Buch *Oui, je sais qu'un bonhomme a marché sur la lune...* (Ja, ich weiß, dass ein Mann auf dem Mond war...). „Also, wenn man sich da vorstellt, dass ich ihm jetzt mit 95 Jahren schreiben kann, dass ich das abschicke und sehen kann, wie der Brief bei ihm ankommt, also das ist schon was... einfach so, in ein paar Sekunden. Wir haben ja so was nicht gelernt, nicht wahr! Das ist es, was so wunderbar ist!"[46] Etwas prosaischer drückt sich die 91-jährige Ilse Thee aus: „Ich spiele am Computer gern Doppelkopf oder Solitär. Oft schreibe ich auch kurze Berichte von meinen vielen Reisen in mehr als 90 Länder der Erde", sagt die Altenheimbewohnerin in einer Ausgabe des Senioren-Ratgebers. Und was ist mit Videospiel-Konsolen? Sicher nicht etwas für Hochbetagte. Oder doch? Erika Lemme und Erika Reimert, die wohl eher zufällig denselben Vornamen tragen, sind für das „doch". Die eine mit 91 Jahren, die andere mit 89, sind sie begeisterte Wii-Nutzer: Bowling per Konsole. Mit ihrem Damenteam aus dem städtischen Seniorenzentrum Köln-Riehl holten sie doch tatsächlich bei der 2. deutschen „Wii Sports Bowling Seniorenmeisterschaft" den Pokal. Probleme mit der Technik haben sie gar keine. „Das ist doch wie für uns gemacht", meinen sie nur.[47]

Sind auch Mischpulte „wie gemacht" für ältere Damen? Die 71-jährige Wika Schmidt aus Warschau hat damit jedenfalls kein Problem. Sie begann nach ihrer Pensionierung als DJ zu arbeiten, hat sich die Bedienung der ganzen Technik selbst beigebracht. „Es gibt nichts Schlimmeres als stehenzubleiben", sagt sie in einem Video über ihre Tätigkeit in einem Club, in dem zwar überwiegend ältere Herrschaften auf der Tanzfläche zu sehen sind, der es aber mit Diskokugel, Farbenspiel und Lautstärke locker mit einem Club der Jungen aufnehmen kann.[48]

Dass alte Menschen mit neuer Technologie nicht umgehen können, ist eine Mär. Dass viele es nicht *wollen* oder sich dies nicht zutrauen, das entspricht der Realität. Der 86-jährige Hermann Pünder, ein Augenarzt im Ruhestand aus Hamburg, dessen Profil im Kapitel XIII beschrieben wird, kann diesen Unterschied wunderbar belegen. Neue Technik? Internet? Digitale Fotografie? Er kennt dafür nur ein Wort: phantastisch. Neues hat ihn schon immer gereizt, und die Technik fürchtet er nicht. So war er schon über siebzig, als er erlernte, mit dem PC umzugehen. Seitdem aber hört er nicht auf, unter Altersgenossen für dieses Medium zu werben. Er trifft nicht immer auf Gegenliebe, viele wollen sich einfach nicht mehr mit so etwas befassen, so auch sein 4 Jahre jüngerer Bruder. Immerhin aber gelang es ihm, seinen zweiten, 8 Jahre jüngeren Bruder zu überreden.

Aus mangelnder Nutzung auf begrenzte Fähigkeiten älterer Menschen zu schließen, ist eine verkürzte Schlussfolgerung. Logisch gesehen allein schon deswegen, weil man dadurch zu bizarren Ergebnissen gelangen kann, zum Beispiel im Hinblick auf Internet-Nutzung. Wollte man hier von mangelnder Nutzung auf mangelnde Fähigkeit schließen, würde dies zum Ergebnis führen, dass unter-20-Jährige nicht in der Lage seien, das Internet zu nutzen – eine hanebüchene Schlussfolgerung, da gerade diese Generation mit dem Computer und Internet aufgewachsen ist. Einer deutschen Internetstudie zufolge sieht es aber so aus, als seien über 60-Jährige öfter im Netz unterwegs als junge Menschen unter 20.[49]

Zur Mär, dass alte Menschen mit neuer Technologie prinzipiell nicht umgehen könnten, gehört eine zweite Mär, vom anderen Ende her: der Glaube, dass junge Menschen jedwede neue Technologie im Handumdrehen meisterten. Interessant ist in diesem Zusammenhang, einmal zu hören, was eine Vertreterin der jungen Generation selbst dazu schreibt. In ihrem Buch *heult doch* beschreibt Meredith Haaf, Jahrgang 1983, wie ihre Generation sich auf die permanente Innovation dermaßen eingestellt hat, dass sie sich die Welt gar nicht mehr anders vorstellen könne. Und doch, so fährt sie fort, seien sie „überfordert von der Kurzlebigkeit der technischen Innovationen, die in immer kürzer werdenden Abschnitten unseren Lebenswandel mitbestimmen. […] Solange man einen Knopf daran drücken oder einen App darauf installieren kann, findet meine Generation das Neue grundsätzlich gut. Ansonsten aber begegnet sie dem Neuen und der Veränderung mit einer passiv-aggressiven Verunsicherung, mit der Vierjährige reagieren, wenn man ihnen etwas Unbekanntes zu essen anbietet.“[50] Das schreibt eine Achtundzwanzigjährige! Solches sollte man gelegentlich den so selbstverständlich vorgebrachten Forderungen gegenüberstellen, die man an Menschen höheren Alters richtet. Alten Menschen vorzuhalten, sie seien nicht fit – was hier heißt: nicht intelligent und lernfähig genug, um neue Technologie zu begreifen –, ist nicht nur eine grob unzulässige Verallgemeinerung, es ist auch eine Verzerrung der Wirklichkeit. Wie man sieht, ist der technologische Wandel in unserer Zeit so rasant, dass auch genügend jüngere Menschen nicht mehr lückenlos Schritt halten können.

Eines ist dagegen wahr, nicht wenige der älteren Menschen fürchten die Technik. Zum einen sind sie damit nicht aufgewachsen. Zum anderen trauen sie sich den Umgang mit neuer Technologie oft auch deswegen nicht zu, weil andere ihnen schon mit dieser vorgefassten Meinung entgegentreten. Psychologen nennen dies

„selbstwertdienliche Unteranpassung" – man fürchtet, nicht mithalten zu können, und tut somit lieber gleich von vornherein so, als interessiere es einen nicht. Wo diese Grenzziehung nicht vorherrscht, weil es Vorbilder gibt, die einem die Angst nehmen, oder weil es einen äußeren Zwang gibt, mit neuen Technologien umzugehen, funktioniert es oft doch. So bezeichnete Allan Stewart aus Australien, der mit 91 Jahren seinen Studienabschluss in Rechtswissenschaften in Rekordzeit schaffte, das Internet als größte Herausforderung seines Studiums, da er sich bis dahin nie mit Computern beschäftigt hatte. Mit anderen Worten: er musste mit 87 Jahren in diese völlig neue Technologie einsteigen. Offenbar hat er dies recht gut geschafft, denn seinen Bachelor of Laws, den erhielt er. Das Beispiel von Ivy Bean, die den Computer erst im Pflegeheim zu nutzen begann, zeigt, dass man dies auch mit über hundert Jahren noch erlernen kann. Es veranschaulicht darüber hinaus, was ein Vorbild bewirken kann: denn sie motivierte andere Heimbewohner dazu, es ihr nachzutun. Etliche registrierten sich in der Folge für Facebook, andere meldeten sich für Computerkurse an.

Auch die Spanierin Maria Amelia Lopez, im Jahr 2009 älteste Bloggerin der Welt, erlernte den Umgang mit dem Computer erst spät, mit 95 Jahren. Der Graue Star behinderte sie, doch sie behalf sich mit einem Diktiergerät. Ihr letzter Eintrag, eine Hördatei, soll gelautet haben: „Dieses Internet ist etwas ganz Tolles, es ist wie ein offenes Buch."[51] Es habe ihr „eine ganz neue Welt eröffnet", sagte sie.

    Die Australierin Olive Riley, die lange Zeit als älteste Bloggerin aller Zeiten galt[52] und die im Juli 2008 im Alter von 108 Jahren starb, begann das Bloggen mit 107 Jahren. Wikipedia schreibt dazu, dass ihr der Blog von einem Journalisten vorgeschlagen worden war, der selbst Ende 80 war und daran interessiert war zu zeigen, dass man nie zu alt sei fürs Internet.[53]

Neues denken und wagen auch in hohem Alter

„In diesem Film mitzuwirken war das Schönste,
was mir in meinem Leben passiert ist!" –
Valeria De Franciscis, Laiendarstellerin, bei der
Preisverleihung, 93 Jahre

Eines der Stereotype, das sich besonders hartnäckig hält, lautet: ältere und alte Menschen interessieren sich nicht mehr für Neues. Damit ist nicht nur neue Technologie gemeint, sondern generell Neues, ganz gleich, ob es um neue Produkte, neue Erfahrungen, neue Denkweisen oder gar neue Verhaltensweisen geht. In vielen Fällen trifft es zu. Doch auch hier, wie bei allen anderen Vorstellungen über das Alter, gibt es eine Vielzahl von Gegenbeispielen.

Man könnte mit Daisy Miller beginnen, einer Schottin, die mit 103 Jahren ihren ersten Flug machte. Sie habe schon immer mal fliegen wollen, berichtete damals *The Straits Times*, sei aber bis dahin „zu beschäftigt" gewesen. Ein wenig waghalsiger als sie, die sich „nur" von einem Flugzeug transportieren ließ: der 97-jährige Brite George Moyse. Er springt, kurz vor seinem 98. Geburtstag, zusammen mit einem Fallschirmlehrer zum ersten Mal aus 3000 m Höhe aus einem Flugzeug, die Hälfte der Strecke in freiem Fall bei Tempo 190. Es sei dies das erste, aber sicher nicht das letzte Mal gewesen, dass er dies gemacht habe, wurde der alte Herr in der Pressemitteilung zitiert. Er war durch seine Courage offenbar auf den Geschmack gekommen. Er habe es genossen und habe keine Angst gehabt. Er sitze aber auch ansonsten nicht bloß herum, soll er dann präzisiert haben, sondern gehe jeden Tag spazieren, koche, wasche und bügle noch selbst.
    Nicht alle neuen Unternehmungen müssen auf den ersten Blick so spektakulär sein wie ein Fallschirmsprung. Die Britin Hilda Kemp, deren Porträt im Kapitel XIII dargestellt ist, erzählte während des Interviews, dass sie immer freitags zur Gymnastik gehe. Das klingt ungewöhnlich für eine 98-Jährige, aber man sagt sich,

dass sie dies vielleicht aus Gewohnheit tue. Dann aber antwortet sie auf die Frage, wann sie damit begonnen habe, mit: „Oh, it was six months ago!" (Oh, das war vor sechs Monaten.) Wie vielen würde es wohl in den Sinn kommen, sich mit 97 Jahren noch in einen Gymnastikkurs einzuschreiben, wagt man doch oft nicht einmal mehr jenseits der 50, sich bei einem Tanzkurs anzumelden oder in einem Karate-Dojo zu erscheinen.

Nun mag es Leute geben, die sagen: solche Dinge kann man schon mal im Alter ausprobieren, vielleicht aus einer plötzlichen Anwandlung heraus. So kommentierte jemand den Fallschirm-sprung des 98-Jährigen lakonisch mit: *Naja, da kommt es wohl auch nicht mehr darauf an, falls es schiefgehen sollte.* Eine wahrhafte Umstellung im Denken aber, das gäbe es im Alter nicht mehr. Das ist in der Tat oft die Realität, der wir begegnen, das kann und soll hier nicht bestritten werden. Das aber heißt nicht auch automatisch, dass es immer so sein muss. Es gibt Menschen, die sich im Alter gezielt Neues erschließen, ganz nach dem Motto der 105-jährigen Elisabeth Pietruschok, die im Buch *100 Jahre Leben* zitiert wird: „Ohne Vorurteile an alles rangehen. Zum Beispiel Musik. Ich mag Rex Gildo genauso gern wie Mickael Jackson."[54] Michael Jackson ist vermutlich nicht ganz der Musikgeschmack von Dr. Pünder aus Hamburg, er aber kann mit anderen Dingen aufwarten. Er erlernte nicht nur den Umgang mit dem PC und die digitale Fotografie im fortgeschrittenen Alter, sondern schrieb sich im Ruhestand auch 3 Jahre lang als Gasthö-rer für Neuere Geschichte ein und erlernte mit über 80 Jahren das Bridge-Spielen. Auch der 83-jährige Heinrich S. aus Nordrhein-Westfalen zeigt uns, dass „junges Denken" im Alter möglich ist. Er schrieb sich in fortgeschrittenem Alter in Theologie ein, studierte es neun Semester lang, schlicht und einfach, weil er „es wissen wollte". Aus „preußisch-puritanischem Elternhaus mit pietistischer Prägung", wie Heinrich S. sein Zuhause beschreibt, hatte er mehr und mehr Zweifel, ob dieser fundamentalistisch-pietistische Weg der richtige sei. „Ich wollte einfach Klarheit haben", sagt er. Die bekam er in seinem späten Studium, das er mit 70 Jahren begann. Es sei für ihn wie eine späte Befreiung gewesen, dass die jungen Professoren nicht mehr verlangten, den Wunderglauben der Bibel zu glauben, meint er. Fasziniert ist er nun von den jungen, progressiven Pfarrern, deren Einstellungen ihn regelrecht zum Schwärmen bringen: „Sie gehen neue Wege. Sie sind für mich glaubhafter!" Wer sagt, dass man sich im Alter nicht mehr für neue Gedanken öffnen kann!

George Dawson, der erst mit 98 Jahren das Lesen und Schreiben lernte, bringt es in einen Satz: „Ein kluger Mensch kann sich ändern, nur ein dummer bleibt immer gleich." Das war seine Lebenseinstellung. Dawson war weder reich noch gebildet, wie allein schon die Tatsache seines Analphabetentums zeigt. Er war ein einfacher Mann von der Straße, der Zeit seines Lebens darunter gelitten hatte, immer nur ein X als Unterschrift zu setzen und auf andere angewiesen zu sein, wenn es um einen Straßennamen, einen Aushang, den Beipackzettel eines Medikamentes ging. Von selbst war ihm nie die Idee gekommen, Lesen und Schreiben zu lernen. Doch als jemand von der Lincoln Instruction School eines Tages an die Tür des 98-Jährigen klopft und ihn fragt, ob er es nicht lernen wolle, sagt er ja.

Sich für Neues öffnen, Neues selbst schaffen – wo könnte man das öfter antreffen als in der Kunst. Kunst und Kreativität gehören zusammen. Kreativität aber wird älteren Menschen äußerst hartnäckig abgesprochen – ein Vorurteil, das eng gekoppelt ist an die Vorstellung, alte Menschen verlören an Flexibilität, an Wendigkeit im Geist, an Fähigkeit wie auch an der Lust, Neues zu entdecken. Und nun versuchen Sie sich einmal vorzustellen, ein Regisseur geht für ein Filmprojekt auf die Suche nach Laiendarstellern in höherem Alter. Er findet vier Damen zwischen 85 und 93 Jahren und macht einen Film mit ihnen. Bei diesem Film spielen die vier alten Damen sich sozusagen ein wenig selbst und improvisieren nahezu alle Texte. Dieser Film gewinnt dann mehrere Preise. Unvorstellbar? Geschehen in Italien, mit dem Film „Pranzo di Ferragosto" (Das Festmahl im August) von Gianni Di Gregorio, ein Film, der im März 2009 in die Kinos kam. Die älteste Darstellerin,

Valeria De Franciscis, 93 Jahre alt, sagte bei der Preisverleihung in Venedig: „In diesem Film mitzuwirken, war das Schönste, was mir in meinem Leben passiert ist!"

Neues denken und erdenken bedeutet auch Innovation und Erfindung. Damit führt es, in der Vorstellung vieler Menschen, sozusagen obligatorisch weg vom Alter, hin zur Jugend. Innovativ sein, das, so meinen viele, können nur junge Menschen. Falsch gedacht. Christian Gruhl und Edward Melcarek beweisen, dass auch diese Vorstellung ein Stereotyp über das Alter ist. Der 83-jährige Christian Gruhl, der im Jahr 2008 mit seiner Frau ein kleines Vollwertkost-Restaurant in Dresden eröffnete, ist ein Erfinder und Visionär. Unablässig gärt es im Kopf des Ingenieurs. Er sprüht nur so vor Tatendrang, all seine Ideen umzusetzen. Kaum hat er ein Projekt beendet, schmiedet er bereits das nächste. Eine Einrichtung zum Kartenlesen in Fahrzeugen, der mechanische Vorläufer zum heutigen GPS, hatte er bereits 1964 zum Patent angemeldet. Dabei blieb es nicht. Sieben Ordner mit Ideen hat er heute zu Hause stehen. Woher also nimmt man das Recht zu sagen, ein Mensch könne im Alter keine neuen Ideen entwickeln?

Der Kanadier Edward Melcarek ist mit seinen 62 Jahren zwar um Vieles jünger als Christian Gruhl, begann dafür aber seine Ideenfinder-Karriere wesentlich später als dieser. Der Physiker und promovierte Ingenieur war Anfang Fünfzig, als er auf die Straße gesetzt wurde. Das ist, besonders aus der Sicht der Wirtschaft, ein Dinosaurier-Alter. Jahre danach hat er sich „zu einem der erfolgreichsten Troubleshooter der Unternehmenswelt gemausert".[55] Das heißt: er hat die zündenden Ideen für die technischen Probleme von Firmen, die diese online auf einer Plattform veröffentlichen und für deren Lösung sie Preise ausschreiben. Edward Melcarek hat seitdem schon sieben Preise gewonnen und bietet inzwischen sogar dem US-Verteidigungsministerium Lösungen an.[56]

Kreativität im Alter

„Don't ever assume your best work is behind you."

„Gehen Sie niemals davon aus, dass Ihr bestes Werk hinter Ihnen liegt!" Mit diesen Worten beginnt die Prämisse eines Artikels mit dem Titel „Artful Aging" in einer Ausgabe der amerikanischen Zeitschrift *Newsweek* und wird vervollständigt durch: „Scientists are finding that creativity often peaks in our later years."[57] (Wissenschaftler finden gerade heraus, dass Kreativität oft ihren Höhepunkt in späten Jahren hat.) Nicht zu glauben, dass ihre beste Zeit hinter ihnen läge und auf ihre Kreativität auch im hohen Alter vertrauen, das taten all jene, die in der Folge zitiert werden: Michelangelo, der seine letzten Fresken in der paulinischen Kapelle mit 75 fertigstellte, Benjamin Franklin, der bifokale Gläser im Alter von 78 Jahren erfand, Giuseppe Verdi, der seine letzte Oper kurz vor seinem 80. Geburtstag fertigstellte. Ebenso Georgia O'Keeffe, die noch malte, als sie schon in den 90er Jahren war, und Frank Lloyd Wright, der am Guggenheim-Museum bis zu seinem Tod mit 91 Jahren arbeitete. Wenn man produktiv sei, gebe es keine Altersgrenze, so auch die Komponistin Grete von Zieritz, als sie im Jahr 1999 in Berlin zu ihrem hundertsten Geburtstag interviewt wird.[58] Sie habe das Komponieren jedenfalls nie aufgegeben. Als „weiblicher Komponist" hatte sie es, nach eigener Aussage, sehr schwer im Leben, musste lange um Anerkennung kämpfen, da sich kein Mann mit der Tatsache abfinden konnte, dass es komponierende Frauen gibt. Erst im hohen Alter, als sie bereits achtzig Jahre alt war, hatte sie den internationalen Durchbruch. Auch die im Jahr 2008 im ZDF-Film *Und plötzlich war ich Hundert*[59] vorgestellte 100-jährige Ilse Pohl ist ein Beispiel dafür, dass das Alter der Produktivität keine Grenzen setzt. Ilse Pohl hatte Zeit ihres Lebens eine Leidenschaft für das Schreiben. Diese Sehnsucht habe sie nie losgelassen, sagt sie in dem Film, doch ihr Ehemann, ein erfolgreicher Wissenschaftler, habe nichts von dieser Leidenschaft gehalten. Im Alter von 67 Jahren beginnt sie ein Fernstudium, um das literarische Schreiben zu erlernen. Mit 77 Jahren richtet Ilse Pohl einen Literaturkreis für Senioren für die Stadt Dreieich ein und leitet diesen 12 Jahre lang. Bis zuletzt ging Ilse Pohl ihrer Leidenschaft nach. Mit 103 Jahren noch arbeitete sie an einem neuen Buch über Zeitkritik.

Dass Menschen im Alter nicht kreativ sein können, ist ein Stereotyp, das tiefer verwurzelt zu sein scheint als alles andere. Dabei gibt es so viele Künstler in hohem Alter, dass ich das Aufzählen an dieser Stelle vermeiden möchte, um nicht Langeweile aufkommen zu lassen. Wer es gern genau wissen möchte, kann eine lange Liste mit über 60 Namen im Buch von Frank Schirrmacher als Anhang finden[60]. Dort begegnet man Tolstoi mit der Zahl 82 und Richard Strauss mit der Zahl 85 dahinter, Shaw glänzt mit 94 Jahren, Tizian gar mit 99. Und natürlich kennt jeder Jopie Heesters, der mit über 100 Jahren noch auf der Bühne stand. Er fehlt in der langen Liste, da zum einen darin keine Schauspieler vorkommen, zum anderen jene großen Namen aus einem Vortrag stammen, den der Dichter Gottfried Benn zu einer Zeit hielt, da Jopie Heesters noch lange nicht zu den Alten gehörte.

Gerade im Hinblick auf Kreativität zeigt sich sehr deutlich, wie stereotypes Denken funktioniert, und leider auch: wie wenig es sich von Fakten beeinflussen lässt. Genauso wie weiter oben Bezug genommen wurde auf die lange Liste von alten und sehr alten Meistern der Kunst, könnte man auch auf die Modewelt verweisen. Kreationen sind das A und O in der Mode, Modeschöpfer kreieren per se. Wie viele der ganz Großen haben mit vierzig Jahren aufgehört zu kreieren? Karl Lagerfeld ist 1933 geboren, Giorgio Armani 1934. Coco Chanel arbeitete bis zu ihrem 87. Lebensjahr an einer neuen Kollektion. Giorgio Armani wurde in einem Interview für eine dem Alter gewidmete Sonderausgabe von *VOGUE – Hommes International* die Frage gestellt: „Was hält Ihre Leidenschaft (für die Mode) intakt?" Die Antwort des 77-Jährigen war: „Das Bedürfnis zu kreieren, das ich in den Genen habe, und der Geschmack an der Herausforderung und daran, sich in Frage zu stellen. Immer wenn ich ein Projekt fertig habe, tendiere ich dazu, nur das zu sehen, was ich hätte besser machen können. Ich bin nie zufrieden. Das ist ein ausgezeichneter Motor, um voranzukommen." Und er fügt etwas später hinzu: „Nichts ist gefährlicher als zu glauben, es sei einem gelungen, sich auf ein Podest zu stellen. Ich arbeite, um mein Unternehmen florieren zu lassen, was eher banal ist, aber ich tue alles, um jeden Tag in mir die Kraft, die Begeisterung und die Neugier zu finden. Natürlich stellt man sich die Leute in meinem Alter gern im Ruhestand vor, satt, mit ihrem Garten beschäftigt, von ihren Hunden umgeben. Das interessiert mich nicht." [61]

Viele wollen gern alles akzeptieren, was mit den Fähigkeiten älterer und alter Menschen einhergeht, Fitness, Kompetenz, Leistungsfähigkeit, alles, nur nicht, dass sie kreativ sein könnten. Selbst jene, die die Fahne für dynamisches Alter hochhalten, so wie der *Spiegel* in seinem Dossier *Jung im Kopf*, kommen irgendwann einmal, und sei es nur in einem kleinen Nebensatz, zu Aussagen wie: „Kreativität ist hingegen meist kein herausstechendes Merkmal älterer Hochschullehrer".[62] Es geht bei dem in Frage kommenden Artikel nicht um einen Vergleich von Hochschullehrern mit anderen Berufen, sondern um den Unterschied alt-jung. Zum einen wäre dabei die Frage zu stellen, ob Hochschullehrer in unserem Land generell zu Kreativität neigen, zum zweiten, ob jüngere Hochschullehrer automatisch kreativer sind als ältere. Ich habe Rechtswissenschaften studiert und würde das Wort Kreativität als Fremdwort für mein ganzes Studium bezeichnen. Kreativität kann meines Erachtens nur am Individuum festgemacht werden. Dass es kreative und weniger kreative Menschen gibt, ist eine Tatsache. Hier aber ist das Problem, dass man Kreativität am Faktor Alter festmacht. Dieses hartnäckige Festhalten an einem vermeintlichen Kreativitäts-Defizit bei alten Menschen ist angesichts der Vielzahl eloquenter Beispiele, die das Gegenteil zu beweisen vermögen, erstaunlich.

Älteren Menschen die Fähigkeit zur Kreativität abzusprechen, und „älter" beginnt hier schon bei 40, hält sich besonders in der

Arbeitswelt als ein hartnäckiges Stereotyp. Dabei könnte man wetten, dass eine ganze Reihe derer, die in diesen Chor einstimmen, Bücher von de Bono zu Hause stehen haben, hat dieser doch, laut Wikipedia, über 80 Bücher veröffentlicht, die in 40 Sprachen übersetzt wurden.[63] Edward de Bono gilt als einer der führenden Lehrer für kreatives Denken. Er hat seine Bücher nicht mit der Kreativität der Jugend geschrieben, die von der Arbeitswelt als so absolut angesehen wird. Seine große 7-teilige BBC-Fernsehreihe *De Bono's Thinking Course* („De Bonos Kurs im Denken") hat er mit 49 Jahren produziert, also in einem „Kreativ-Dinosaurieralter", wenn man der landläufigen Meinung folgen wollte. Laut Wikipedia hatte Edward de Bono bis 2009, also bis zum Alter von 76 Jahren, 62 Bücher geschrieben. Drei Jahre später (Januar 2012), da de Bono 79 Jahre alt ist, hat sich die Anzahl seiner Bücher auf 86 erhöht.

Etwas jünger als de Bono, im Hinblick auf die Negation von Kreativität aber ebenso im Dinosaurieralter: Julia Cameron, eine kreative Frau ersten Ranges. Auch ihre Bücher haben tausende von Menschen bei sich zu Hause stehen. Das Buch, das sie vermutlich berühmt gemacht hat, schrieb auch sie erst jenseits der vierzig: *Der Weg des Künstlers*, eine Kreativ-Werkstätte, wie sie schwer ein zweites Mal zu finden ist.

Interessanterweise widmet Rita Montalcini, Neurobiologin und Nobelpreisträgerin, die Hälfte ihres Buches *Ich bin ein Baum mit vielen Ästen*, in dem es um die Fähigkeiten des Gehirns geht, der Beschreibung des Lebens von fünf Größen der Welt- und Kulturgeschichte.[64] Das zeugt von einer unglaublichen Fähigkeit zu holistischem Denken, was nicht jedem Naturwissenschaftler gegeben ist. Sie will damit zeigen, dass das menschliche Gehirn selbst in hohem Alter kreativ sein kann. „Das menschliche Gehirn ist auch in weit fortgeschrittenem Alter mit einer Fülle von Möglichkeiten ausgestattet, die ungleich vielfältiger sind als das, was man ihm zubilligt", schreibt sie. „Die fünf angeführten Persönlichkeiten – Michelangelo, Galilei, Russell, Ben Gurion und Picasso

– haben in entscheidenden Epochen der Menschheitsgeschichte gelebt. So unterschiedlich die Gebiete waren, auf denen sich ihr Schaffen entfaltete, so unterschiedlich ihr Umfeld und die sozialen Bedingungen – gleich waren bei allen das Engagement, der Mut und die Kreativität, die ihr ganzes Wirken gekennzeichnet haben. Und diese Gaben sind auch in den letzten Phasen ihres langen Weges unverändert geblieben."[65] Von Pablo Picasso schreibt Rita Montalcini im biografischen Abriss seiner Person, dass die Jahre 1969-1970 „die produktivsten Jahre in Picassos Leben" gewesen seien. Da war er 88 und 89 Jahre alt. Die intensive schöpferische Tätigkeit von Michelangelo habe auch im Greisenalter nicht abgenommen. In diesem Zeitabschnitt sei seine außerordentliche Kreativität nicht nur in der Bildhauerei, sondern auch in architektonischen Werken zum Ausdruck gekommen. Er war 86 Jahre alt, als er den Vertrag für den Bau der Porta Pia in Rom unterzeichnete. Einen Monat später wird der Grundstein gelegt für den Bau der Kirche Santa Maria degli Angeli. Im selben Jahr 1561 stellt er auch das große Holzmodell für die Kuppel von Sankt Peter fertig. Es sei hervorgehoben, dass er solche Arbeiten in den vorausgegangenen Phasen seines Lebens niemals ausgeübt hatte.[66]

Mit diesem letzten Beispiel von Rita Montalcini kann auch jenen entgegengetreten werden, die als Argument gegen schöpferische Tätigkeit im Alter gern anführen, der Künstler habe im Alter ja „nur noch das weitergeführt, was er zuvor schon machte", das aber sei keine Kreativität. Abgesehen davon, dass an sich bezweifelt werden kann, ob dieses Argument das Wesen schöpferischen Tuns voll erfasst, stimmt es, wie wir sehen, auch so nicht. Es gibt viele ältere Menschen, die ihre Kreativität sehr spät entdecken – manche, weil sie diese ein Leben lang nicht zu zeigen wagten. Denn wenn es um Neues, um Kunst und Kreativität geht, wird die Alters-Messlatte altersmäßig sehr niedrig angesetzt. Kreativität wird als die Hochburg der Jungen angesehen. Bereiche, die für Kreativität stehen, man denke neben der Kunst auch an Film, Erfindung oder die Werbebranche, haben wie ein Bollwerk gegen Ältere dichtgemacht. So lassen viele sich entmutigen und versuchen erst gar nicht, ihre Talente zu entfalten. Julia Cameron schreibt in ihrem Buch *Der Weg des Künstlers*[67]: „Seit ich selbst an einer Filmschule unterrichte, ist mir bewusst geworden, dass meine besten Studenten oft diejenigen sind, die spät zur künstlerischen Arbeit gefunden haben."

Schönheit im Alter

„Jetzt habe ich einen Model-Job. Das ist der Clou!"
– Marina Lippke, 88 Jahre

Dieses Kapitel war ursprünglich nicht vorgesehen. Nicht etwa, weil Schönheit und Alter Widersprüche wären, sondern weil „schön" (oder nicht schön) kaum von subjektiver Wertung zu trennen ist, während es für körperliche Fitness, Leistung, Kreativität oder Courage objektiv zugängliche Beweise gibt. Ich persönlich bin der Meinung, dass es sehr schöne alte Menschen gibt. Jemand anders aber wird auf Runzeln und faltige Haut blicken und fragen: „Das soll schön sein?" Was mich dazu brachte, dieses Kapitel „Schönheit" einzufügen, war etwas anderes. Es gab eine bestimmte Kategorie von Aktivitäten, für die ich in meinem Buch einfach nicht den passenden Ort finden konnte. Die Abschnitte, die ich über diese Aktivitäten geschrieben hatte, wanderten in meinem Manuskript unaufhörlich umher, vom Kapitel „Körperliche Fitness" zu „Kreativität", dann wieder von Kreativität zu Arbeit und schließlich von dort wieder zu körperlicher Fitness. Ich spreche von Tanz und Ballett. Damit wird erklärlich, warum ich diese Schwierigkeit hatte, die entsprechenden Aktivitäten unterzubringen: sie vereinen körperliche Fitness mit Kreativität, drücken sich bei professionellen Tänzern und Choreographen in Arbeit aus und reflektieren als Endprodukt Schönheit.

Tanz und Ballett sind gewiss nicht die Domäne, in der man Alte zu sehen gewohnt ist oder zu sehen wünscht, gelten Schönheit,

Grazie und Eleganz doch als Inbegriff der Tanzkunst, die ihrerseits mit Jugend und Frische assoziiert wird. Ein Foto, das ich vor vielen Jahren einmal in der Berliner Zeitung *taz* sah, ist in meinem Kopf haften geblieben: es zeigte Waltenina Ziruljowa mit 74 Jahren beim Unterricht in der Ballettakademie St. Petersburg. Die Anmut, mit der sie dastand, die Miene vom lebendigen Ausdruck der Hingabe leuchtend. Ob da nun schwarz auf weiß stand: die vierundsiebzigjährige oder nicht, ich sah keine alte Frau. Ich sah eine Meisterin. Ähnlich beschreibt auch die Fotografin und Autorin Ute Karen Seggelke in ihrem Buch *Wir haben viel erlebt!* ihre Eindrücke, als sie die Ballettmeisterin Irina Jacobsen mit der Kamera beim Unterricht begleitete. Sie sei tief beeindruckt gewesen von der Energie und der eleganten Leichtfüßigkeit dieser Fünfundachtzigjährigen, so schreibt sie im Vorwort über diese unvergessliche Begegnung, die dazu führte, dass sie das Bild von Irina Jacobsen für das Cover wählte.[68] Grazie, Eleganz, Schönheit in körperlicher Ausdrucksform – man muss dazu nicht zwanzig sein. Die Kraft hierfür kommt von innen.

Gerade beim Tanz wird ein Paradox unserer Vorstellungen deutlich. Tänzer haben ihr ganzes Leben lang den Körper trainiert, und zwar nicht in erster Linie auf punktuelle Hochleistung wie in vielen Sportarten, sondern in Harmonie von Ausdauer und Beweglichkeit, gepaart mit der Energie von innerer schöpferischer Ausdruckskraft. Dennoch sehen wir in unserem Geist kaum eine Frau über dreißig, wenn wir an Tänzerin denken. Wir könnten aber zum Beispiel Martha Graham vor uns sehen, eine US-amerikanische Tänzerin und Choreografin, die noch mit 76 Jahren tanzte. Martha Graham gilt als die entscheidende Neuerin des Modern Dance und ist damit eine der bedeutendsten Choreografinnen des 20. Jahrhunderts.[69] Noch mit 96 Jahren choreografierte sie ihre Tanzstücke. Margot Fonteyn, oft auch die „Königin des Tanzes" genannt, zog sich viel früher zurück. Doch immerhin wurde sie, mit 42 Jahren, noch die Partnerin des 19 Jahre jüngeren Rudolf Nurejew am Royal Ballet in London. Auch das will viel heißen in diesem Kunstbereich. Marika Rökk, die populäre, temperamentvolle Ungarin, stand mit 83 Jahren noch auf der Bühne. Anna

Harplin, eine umstrittene, da kompromisslos eigenwillig kreative Performance-Tänzerin aus den USA, tanzt noch heute mit 91 Jahren – und das sei hinzugefügt: beiliebe keinen „Seniorenstil"!

Kommen wir von den großen, bekannten Künstlern zu den „normalen" Menschen wie du und ich. Werfen wir einen Blick über den Ozean, hinüber nach Argentinien, dem Land des sinnlichen Tango. Wie kaum ein anderer Tanz strahlt der Tango Leidenschaft und Erotik aus. Doch wer sind und waren die Tänzer in Argentinien? Sind es schnittige Charmeure und hübsche junge Frauen? Nein, ganz und gar nicht. So sinnlich-mondän der Tango heute oft wirkt, er entstammt ursprünglich einem Milieu von Arbeitslosigkeit, Kleinkriminalität und Prostitution, war Ausdruck existentieller Not und menschlicher Einsamkeit. So sagte Carmen Calderón, eine der großen Tänzerinnen des letzten Jahrhunderts, einmal: „Der Tango kommt aus den Slums, nicht vom Parkett. Wenn man das nicht mehr sieht oder spürt, dann ist er tot."[70] Das bedeutet, er wurde und wird auch vom Volk, oder gerade vom Volk getanzt. Und zwar ohne jede Altersbeschränkung. Carmen Calderón selbst, die hundert Jahre alt wurde, wirkte als professionelle Tänzerin bis in das hohe Alter hinein in ihrem Beruf. „Ich sah sie noch tanzen, als sie schon sehr alt war", schrieb ein spanischer Journalist über sie. „Sie tanzte mit einem jungen Mann, Juancito Averna, doch in ihr waren noch genau dasselbe Feuer und dieselbe Präzision des Rhythmus. Sie schwang zu den Takten der Musik und den unberechenbaren Figuren ihres jungen Partners mit ebenso altbekannter wie neuer innerer Erregung. Ihre Körpersprache war einzigartig, voller Gefühl, die elegante Einfachheit, die nicht in Tanzschulen erworben werden kann."[71]

Das Feuer von innen, das die Schönheit beim Tanz ausmacht. Könnte es universell sein, vielleicht auch für das Ballett gelten? Ballett ist, wie bereits oben gesagt, fürwahr nichts für alte Menschen, und alt ist man da schon ab Mitte dreißig. Doch die vier ehemaligen Tänzer und Tänzerinnen der Leipziger Oper, zwei Männer und zwei Frauen, die eine junge Choreografin vor ein paar Jahren einmal auf die Bühne holte, zeigen, was von innen kommende Schönheit der Bewegung heißt. Völlig perplex sei sie gewesen, sagte die Choreografin Heike Hennig in einem Fernsehbeitrag über ihr Experiment. Nie hätte sie erwartet, sich so berührt zu sehen von der Leistung der Tänzer und sich gleichzeitig so betroffen zu fühlen von dem, was sie nun als eigene Vorurteile bzw. falsche Vorstellungen gegenüber dem Alter wahrnahm. Aus dem Stück „Zeit – Tanzen seit 1927", das vom Publikum mit Begeisterung aufgenommen wurde, entstand im Jahr 2007 der Film „Tanz mit der Zeit". Der jüngste Tänzer war zu der Zeit 64, die beiden Frauen 80 Jahre alt. Mit Ausnahme der physischen Höchstleistung ist in deren Tanz, den Gesten und Improvisationen alles enthalten, was Tanz und Bewegung schön macht: Grazie und Harmonie, Zartheit und Hingabe, Sinnlichkeit, Leidenschaft und Lebensintensität. Es war alles da, im Ausdruck dieser nicht mehr jungen Tänzer und Tänzerinnen.

Es ist schade, dass es so wenig kreative, experimentelle Möglichkeiten für Tanz im Alter gibt. Ein Theaterprojekt mit Laien über 65 wie „Der alte Tanz" von Jacqueline Kornmüller, die in 2006 dabei Regie führte, zeigt, welche Chancen darin stecken könnten. „Die Darsteller zeigen eine große Bereitschaft, Erlebtes ins Spiel zu bringen", sagte sie in einem Interview mit einer Zeitschrift für Senioren.[72] „Sie wittern die Möglichkeit, Unverarbeitetes zu verarbeiten, noch einmal etwas Außergewöhnliches, vielleicht etwas Anarchisches zu tun, auch um etwas zu korrigieren, vielleicht ihre Grenzen?" Doch vor lauter Fixiertheit auf Jogging und Walking, das uns bis ins hohe Alter fitzuhalten verspricht, wird das Tanzen übersehen. So schreibt auch Professor Ingo Füsgen, Inhaber des Lehrstuhls für Geriatrie an der Universität Witten/Herdecke, auf einer Internetseite zum Gesundsein: „Beim körperlichen Training werden gerne Schwimmen, Radfahren, Joggen, Walking empfohlen. Nicht jeder Ältere aber kann sich für eine solche Aktivität entscheiden. Völlig vergessen wird dabei das Tanzen."[73] Tanzen birgt eben ein bisschen mehr als nur „sportliche Ertüchtigung", wie wir bereits beim Tango sahen. Vielleicht ist es gerade dieses „mehr", was es ausmacht, dass das

Tanzen für das Alter so leicht übersehen wird. Denn dieses *mehr* hat zu tun mit Lebensfreude und Sorglosigkeit, mit Geschmeidigkeit und Sinnlichkeit, mit Flirt und Erotik, Attribute, die bei der Betrachtung hohen Alters irgendwann auf der Strecke bleiben. Die Leichtigkeit des Lebens – wer Tanz und Musik liebt, er kennt sie. Doch wenn er die achtzig überschritten hat, muss er manchmal um diese Liebe kämpfen. So wie die 87-jährige Gisela Lauenroth, deren Porträt in Kapitel XIII vorgestellt wird, eine Frau, die noch in 2010 als älteste DJ Deutschlands bekannt war. Hunderte von Tanztees hat sie mit ihrer Musik belebt, am Plattenteller stehend und im Rhythmus der Musik mitschwingend. Auf das Verständnis ihrer näheren Umwelt konnte sie, wie sie in einem Interview für dieses Buch bemerkte, jedoch nie zählen. „Das Lockere, das kennen die nicht", sagt sie, ein wenig traurig. „Dieses wunderbare Leben, sie kennen es nicht."

Wenn es bei der Tanzkunst vielleicht das Können, die Grazie oder die Ausdruckskraft sind, die das Gefühl von „Schönheit" auch beim Betrachten einer alten Tänzerin zulassen, wird Schönheit doch selten *per se* in Verbindung gebracht mit Alter. Spricht man von Frauen höheren Alters, kommt es maximal zu Bemerkungen wie „Sie hat sich viel von ihrer *früheren* Schönheit bewahrt" oder gar „Man kann noch ahnen, wie schön diese Frau einmal *war*", will heißen: das wirklich Schöne ist Vergangenheit.

Künstler wie Frederick Franck, ein spiritueller Maler und Zeichner, der mit 97 Jahren starb, gibt es vielleicht nicht viele. Er zeigt uns, wie man Alter und Schönheit auch „anders" sehen kann. In seinem Buch *Zen in der Kunst des Sehens* findet man viele alte Gesichter und alte Körper, hängende Brüste und dicke Bäuche. Er zeichnete Gesichter und Körper, wie sie waren. Doch liegt in diesen Zeichnungen so viel Menschlichkeit, dass in jeder von ihnen eine ganz eigene Art von Schönheit sichtbar wird, auch wenn man weder den Körper noch das Gesicht als im landläufigen Sinn „schön" bezeichnen würde. „Jeder scheint zu wissen, was einen ‚schönen' Körper, einen ‚gut proportionierten' Körper ausmacht", schreibt er. „Aber ein schöner Körper ist natürlich nicht nur ein mit idealen

Rundungen ausgestatteter. Die Modelle, die ich gerne zeichne, sind weder unbedingt jung noch gut proportioniert. Hübsche Dinger, synthetische ‚pin-ups' und Fotomodelle mit ‚Idealmaßen', die gekonnt posieren, langweilen mich. Das menschliche Wesen hinter dieser glatten, exhibitionistischen Fassade bleibt verborgen, ich finde nichts als Anmaßung und Narzismus: ‚Bin ich schön?' Der Geist ist es, der im Menschen, im menschlichen Körper, die Bewegung eines jeden Muskels dirigiert."[74] Eine beeindruckende Szene auch der Ausschnitt im Film „Breath made visible", in dem die seinerzeit 83-jährige Tänzerin Anna Harplin eine Natur-Performance darbietet. Wurzelgestrüpp auf dem Kopf, sitzt sie inmitten der Natur, den nackten Körper blau bemalt, einen Baum oder sich selbst als Natur symbolisierend. „It's a beautiful old body (Es ist ein schöner alter Körper)", sagt sie, indem sie den nackten Körper liebevoll mit Erde bestreicht.[75]

Man könnte es späte Schützenhilfe aus jungem Munde nennen, was im Jahr 2010 aus Spanien kam und durch die Presse ging. „Ich bin es leid, immer nur 20-jährige Models zu sehen. Von meiner bescheidenen Position aus verteidige ich die Ansicht, dass die Schönheit nicht mit 40 oder 50 Jahren aufhört." Das sagte jemand, der im Zentrum jugendzentrierter Präsentation steht: der Modewelt. Und Juan Duyos, ein spanischer Designer, der auf der Madrider Modemesse seine Kollektionen präsentierte, handelt auch danach: er ließ seine Schöpfungen von vier älteren Damen vorführen. Prompt titelte die spanische Presse: „Großmütter auf dem Laufsteg". Die deutschen Blätter gaben ihren Meldungen einen Hauch Positives, so wie die Hamburger Morgenpost mit „Oma-Models überzeugen auf dem Laufsteg"[76] oder die Süddeutsche Zeitung mit „Oma ist die Schönste".[77] Doch sie alle blieben beim Ausdruck „Oma". So nett „Oma" im familiären Kreis auch sein mag, ist der Kontext hier völlig unpassend – in meinen Augen eine überflüssige Bezeichnung, man könnte auch sagen: eine respektlose Wortwahl.

Wie so oft, wenn es um das Alter geht, sind die Briten um Nasenlängen voraus. Dort setzte nämlich *Dove* im Jahr 2005 für eine

Werbekampagne eine ältere Dame ein, die sich als Model zur Verfügung gestellt hatte, gleich nachdem *Dove* damit begonnen hatte, „ältere Models" zu suchen. Wenn Sie nun an eine gut erhaltene Dame um die 50 oder 60 denken oder vielleicht, ganz mutig, sogar das älteste Model von Juan Duyos vor Augen haben, die 70 Jahre alt sein soll, dann haben Sie die Briten unterschätzt. Die Londonerin Irene Sinclair war 96 Jahre alt. Der Konzern nahm sie und tat recht daran, denn so frech, wie die alte Dame in die Kamera schaut, bricht sie mit allen Stereotypen, dass Alter, und insbesondere hohes Alter, nicht attraktiv sein kann. Auf dem Foto, das im Jahr 2005 von ihr publik wurde, sieht man eine Frau mit Pfiff, die ungeniert mit dem Betrachter flirtet, strahlende Augen, ein seidenes Kopftuch um den Kopf, die Schultern nackt. Und nichts, aber auch gar nichts wirkt anstößig daran. Irene Sinclair sieht höchst normal und absolut sympathisch aus.

Werbung hat unterschwellig große Macht. Wie man sieht, kann diese auch positiv eingesetzt werden. Dove war ein Vorreiter. Eine Reihe von Unternehmen haben nachgezogen, trauen sich nun ebenfalls, „ältere Originale" zu zeigen. Senior Model-Agenturen entstehen, Modelwettbewerbe werden ins Leben gerufen. Ältere Damen beginnen sich für den Laufsteg zu interessieren, nicht als potenzielle Käuferinnen von Mode, sondern als Model. So wie Rosemarie Böttrich, die 2004 in einem Artikel mit dem Titel *Abschied vom Jugendwahn* im *Stern* vorgestellt wurde.[78] Die 74-Jährige träumte davon, Model im Otto-Katalog zu werden, übte schon mal mit einem Reissack auf dem Kopf. Wer weiß, ob sie ihren Traum nicht inzwischen verwirklicht hat, bekommen nun doch selbst Damen Model-Jobs, die um einiges älter sind als sie. So die 88-jährige Marina Lippke. In einem Modelwettbewerb für die Generation 50+ mit dem Titel „Gesichter des Lebens", den im Jahr 2006 der Sozialverband VdK Bayern mit einer Modelagentur und diversen anderen Partnern veranstaltet hatte, gewann die 88-jährige Marina Lippke aus dem Saarland den 2. Platz[79] und wurde umgehend von einem Unternehmen als Model angeworben. Kein Wunder, denn die alte Dame mit dem schlohweißen Haar und den strahlend blauen Augen hat ein Gesicht, das gefangen nimmt, in dem sich Lebendigkeit und Freude am Leben ausdrücken. Sie hat zwei Waldorfschulen gegründet, ist Trägerin des Bundesverdienstkreuzes. Mit 75 Jahren hat sie noch eine Klasse selber geführt, mit 87 noch unterrichtet. „Jetzt habe ich einen Model-Job. Das ist der Clou!" sagte sie ganz erstaunt. In der Tat: es ist ein Clou.

Anfangs schrieb ich, dass dieses Kapitel entstand, weil ich Tanz und Ballett nicht auf befriedigende Weise in einem anderen Kapitel unterbringen konnte. Ähnlich geht es mir mit einer weiteren Kategorie: der Erotik. Im Prinzip müsste sie im folgenden Kapitel erscheinen, wo es um Liebe und Sexualität geht. Doch es scheint mir nicht der richtige Platz zu sein. Ich glaube, dass Erotik viel mit Schönheit, mit Ästhetik zu tun hat. In der Ausstellung „Falten-Reich", die im Jahr 2009 am Grassi Museum für Völkerkunde in Leipzig gezeigt wurde, konnte man Filminterviews mit Männern und Frauen zwischen 60 und 88 Jahren sehen. Eines davon fand ich beeindruckend, das der 81-jährigen Ulla K. aus Hamburg, einer Frau, die man gut auch für 65 halten konnte. Sie wurde im Katalog der Ausstellung beschrieben als „unkonventionelle Seniorin". Eine Frau, die immer recht unabhängig gelebt hat, bis in das fortgeschrittene Alter hinein. „Ich muss so leben, wie ich möchte", sagt sie im Film. „Als jüngerer Mensch hatte ich mir das Alter nicht so positiv vorgestellt, ich fühle mich sauwohl und ungebunden". An ihrer Neugierde und ihrer Offenheit dem Leben gegenüber habe sich nichts geändert, erst seit wenigen Jahren habe sie keine erotischen Beziehungen mehr, so erzählt sie. Sie fange nun an zu denken, dass sie „nicht mehr schön genug" sei.[80] Wohlgemerkt, Ulla K. beginnt an so etwas zu denken, da sie bereits 80 Jahre alt ist. Im Normalfall fangen Frauen Jahrzehnte früher an, sich diesem Gedanken hinzugeben. „Früher habe ich nicht darüber nachgedacht, wie ich beim Sex aussehe", sagte eine Frau in einem Gespräch mit der Zeitschrift *Brigitte Woman*. „Heute mache ich als erstes das Licht aus".[81] Die solches sagte, war 54 Jahre alt.

Vor einigen Jahren erschien ein provokantes Buch auf dem Markt, ein Bildband mit erotischen Fotografien von über 60-Jährigen,

Sechzig Plus von Anja Müller.[82] Ein gewagtes Werk, das Aktbilder von älteren Männern und Frauen aus Berlin zeigt. Vielleicht konnte so ein Buch überhaupt nur in Berlin entstehen. Die Besonderheit dabei ist nicht nur das Alter der Abgelichteten. Die Fotos zeigen „unperfekte Lebendigkeit", wenig Gestelltes, eher den Versuch, das Sein einzufangen. Mit dem, was sie wahrnehme, beweise die Fotografin schwarz auf weiß, dass Erotik alterslos sei, heißt es im Vorwort. Schönheit lassen ihre Bilder sehen, Schönheit des Blicks, des Lächelns, einer Bewegung. Schönheit durch das Blättern der Zeit hindurch. In der Tat begegnet der Betrachter Bildern von Eleganz und von Sinnlichkeit, von Verschmitztheit und von Ernst, man sieht Wildheit und Melancholie, Befangenheit wie Frechheit, zärtliche Zweisamkeit wie verspieltes Miteinander. Die Bilder jener Dame, welche die Fotografin ganz an den Anfang setzt, beeindrucken besonders. Frivol sind sie, frech und schön. Und dabei weiß man nicht einmal, ob sie nicht mit zu den ältesten in diesem Bildband gehören mag. Die Falten im Gesicht könnten dafür stehen – Falten, die der erotischen Ausstrahlung dieser Frau so ganz und gar keinen Abbruch tun.

Liebe und Sexualität im Alter

„Manchmal sollte der Vater auf den Sohn hören"
– aber ist er dabei immer gut beraten?

Vor Kurzem erschien eine Nachricht im Internet, in der ein Foto von Tom Jones neben das seines Sohnes gestellt wurde. „Wer sieht älter aus?" hieß es dazu, „Tom Jones mit 70 Jahren oder der Sohn mit 53 Jahren?"[83] Doch kaum hat man die Zeilen der Verwunderung darüber, dass der Vater nicht viel älter aussehe als der Sohn, gelesen, springt einem das Fazit des Schreibenden ins Gesicht. Dieses lautet nicht etwa, wieso der Sohn mit 53 Jahren schon so alt aussehe. Nein, das Fazit lautet, wie der Vater sich erdreisten kann, so jung auszusehen. Wo käme man denn hin, so

70

der Tenor der Nachricht, wenn man Vater und Sohn nicht mehr auseinanderhalten könne! Der Vater habe gefälligst auf seinen Sohn zu hören, denn dieser habe ihm nahegelegt, zu seinem Alter zu stehen, seine Haare nicht mehr zu färben, von extrem engen Hosen abzusehen und ein reiferes Aussehen an den Tag zu legen. Auch wenn der Beitrag vielleicht eher witzig gemeint war, gibt er doch das wieder, was die meisten Menschen immer noch denken, wenn es um Sex Appeal geht. Vermutlich kein anderes Thema, das mit Alter zu tun hat, wird mit so viel Aggressivität, Kritik und Häme belegt wie das Thema Attraktivität und Sexualität im Alter, im Alltag wie in den Medien. Gern wird dann das Wort „Würde" strapaziert, was in diesem Zusammenhang oft nichts anderes heißt als: wie kannst du es wagen, anders auszusehen oder dich anders zu verhalten, als wir es von dir erwarten. In den Medien fällt die Angriffslust oft umso hämischer aus, je jünger die Berichterstatter sind. Ein Händchen haltendes Rentnerpaar, wie rührend: sie lieben sich noch. Natürlich ist nun alles platonisch. Wie sollte es auch anders sein. Wehe aber, dieses „liebe Rentnerpaar" sähe noch ganz vital aus und würde sagen: wisst ihr was, wir sind zwar achtzig, haben aber immer noch Sex. Wie abstoßend, würde sich so manch einer denken.

Liebe im Alter wird von denen, die es wagen, als etwas Wunderbares empfunden. Und es steht in nichts dem nach, was man mit zwanzig empfinden kann. „Diese Schmetterlinge im Bauch, mit fast siebzig Jahren, das war sehr schön", beschreibt die 70-jährige Sophia Wührer in *Die besten Jahre,* wie sie sich verliebte.[84] Und sie fügt etwas später an: „Mit dem Glück einer neuen Partnerschaft, wenn Mann und Frau auch gesund sind, ist die Sexualität kein Problem und kein Tabu in unserem Alter." Sie hatte es gut, denn ihre Freunde und ihre Familie teilten ihr Glück. Nicht immer ist es so. Leider sind es nicht selten die Kinder, die dem späten Glück der Liebe ihres Vaters oder ihrer Mutter entgegenstehen. Ob aus Angst um das Erbe oder aus Neid über etwas, das sie womöglich selbst nicht mehr leben, wer weiß es schon. So ging vor einigen Jahren ein Fall durch die italienische Presse, der die Nation förmlich aufbrachte gegen Kinder, die ihren Eltern die Liebe nicht mehr gönnen. Ein Mann und eine Frau aus Norditalien, beide Witwer und schon achtzig Jahre alt, hatten sich ineinander verliebt, doch ihre Kinder wollten diese „unwürdige" späte Beziehung nicht akzeptieren. Also machten sich die beiden Verliebten auf und davon, an die Riviera. Nachdem die Kinder ihnen, nun besorgt in ihrer Verantwortlichkeit, ausrichten ließen, dass sie nichts mehr gegen die Beziehung einzuwenden hätten, kehrte das Paar zurück. Doch die Kinder hielten ihr Versprechen nicht. So packten die Verliebten noch einmal ihre Koffer und verschwanden erneut. Diesmal, ohne eine Adresse zu hinterlassen.[85] Ähnlich das Liebespaar im wunderschönen Film des isländischen Regisseurs Friðrik Þór Friðriksson aus dem Jahr 1991: *Children of Nature* (Eine Reise). Zwei alte Menschen begegnen sich im Altersheim, eine Jugendliebe blüht wieder auf. Sie stehlen einen alten Jeep und brechen in das entlegene und fast menschenleere Paradies ihrer Kindheit auf, um in Freiheit zu sterben.

Menschen können sich sehr wohl vorstellen, sich auch im Alter noch zu verlieben. Nur wollte das in der Vergangenheit niemand wahrhaben, und auch heute gibt es noch genügend Menschen, die dem abwehrend gegenüberstehen. Zu viele Tabus, zu viele Vorurteile, zu viele Urteile. Einige mutige Regisseure und Autoren haben vor Jahrzehnten schon begonnen, den Weg zu ebnen, zumindest ein klein wenig. Denn geglättet ist er noch lange nicht. Fassbinders Film „Angst essen Seele auf" gehörte mit zu den ersten. Ziemlich genau 30 Jahre später, im Jahr 2003, kommt erneut ein provokanter Film in die Kinos: die französische Produktion *Diese Liebe* mit der *grande dame* des französischen Kinos, Jeanne Moreau. Sie spielt die Schriftstellerin Marguerite Duras, die am Ende ihres Lebens eine mehrere Jahre währende Beziehung mit einem um 30 Jahre jüngeren Mann lebt, bevor sie mit 82 Jahren stirbt.

Eine andere französische Schriftstellerin, Benoîte Groult, hat mit ihrem freizügigen Roman „Salz auf unserer Haut", der vor nunmehr dreißig Jahren erschien, die Nation schockiert, die sich sonst so gern mit dem Aushängeschild *l'amour* schmückt. Doch wenn eine Frau *l'amour* im Alter von 60 Jahren propagiert, und dann noch ohne ein Blatt vor den Mund zu nehmen, sieht alles ganz anders aus. Wenn es jemanden gibt, der uns Leidenschaft im Alter mit großer Überzeugungskraft vorführt, dann ist es Benoîte Groult. Denn ihr Roman ist nur im schmückenden Beiwerk erfunden. Sie hatte über Jahrzehnte hinweg einen Geliebten und sagt von dieser Liebe: „Uns verband eine große Leidenschaft, die bis zu seinem Tod vor sechs Jahren gehalten hat."[86] Da war Benoîte Groult 82 Jahre alt.

Auch Asta Nielsen, die große Dame der Stummfilmzeit, hat eine unkonventionelle Liebe gelebt, zu einer Zeit, da es vermutlich noch verpönter war. Sie fand im Alter noch einmal das große Wunder der Liebe und heiratete mit 79 Jahren den 88-jährigen Christian Theede. Aus Anlass des 25. Todestages von Asta Nielsen wurde 1997 im Filmmuseum Potsdam das Buch „Liebe mit Achtzig" vorgestellt und Kostproben aus Astas Liebesbriefen vorgelesen. Liebesbriefe, die sich ihre Großeltern in jungen Jahren schrieben, das brachte im Jahr 1995 die amerikanische Autorin und Fotographin Keri Pickett als Buch heraus. Der Titel: *Love in the 90s. The story of a lifelong love.* Das wahrhaft Besondere aber war, dass sie Fotos ihrer neunzigjährigen Großeltern zeigt, die sie in Innigkeit und zärtlichen Posen zeigen. Runzlige Gesichter, die sich küssen? Gewiss nicht etwas, das wir gewohnt sind zu sehen. Das Buch hatte in den USA übrigens einen durchschlagenden Erfolg mit 150 000 verkauften Exemplaren.

Man findet heute viel mehr Artikel, Bücher, Zeitschriften und Filme über Liebe und Sexualiät im Alter, wobei es vorwiegend um attraktive, lebensfrohe 60-Jährige geht, und es gibt heute auch mehr Untersuchungen zum Thema Liebe und Sexualität im Alter. So fand die Umfrage eines Leipziger Psychologen im Jahr 2006 heraus, dass Sex der großen Mehrheit (2/3) der Befragten im Alter von 61 bis 75 Jahren nicht gleichgültig war und sich auch über 75-Jährige noch dafür interessierten.[87] Die Soziologin Ursula Richter sagt, dass über 60% der Scheidungsanträge heute von Frauen zwischen 60 und 65 Jahren gestellt würden und dass viele heirateten – oft auch jüngere Männer.[88]

Ist die Empörung über den zu jung (und zu sexy) wirkenden Tom Jones also nur ein Ausrutscher der Medien? Gehört der Aufschrei über ein Buch wie *Salz auf unserer Haut* der Vergangenheit an? Andreas Dresen, der den im Jahr 2008 erschienenen Film *Wolke 9* gedreht hat, bei dem es um Liebe im Alter geht, scheint nicht dieser Meinung zu sein. Er soll der Deutschen Presseagentur gegenüber geäußert haben: „Es hat mich angeödet, dass die Gesellschaft immer älter wird, es aber nicht die dazugehörigen Bilder gibt – Liebe und Sex hören ab einem bestimmten Alter scheinbar auf zu existieren".[89]

Nun, beim 100-jährigen Alfred Proksch, der im Film *Herbstgold* porträtiert wird, hat der Sex nie aufgehört zu existieren. Die vielen Zeichnungen und Aktstudien, die er in seiner Wohnung hängen hatte, sprechen beredt genug davon. Er wird auch im Film selbst beim Aktzeichnen gezeigt. „Mein Verhältnis zu Frauen", sagt er im Film, „war immer sexuell bedingt." Er unterstreicht es dadurch, dass er von seiner 15 Jahre jüngeren Freundin erzählt, die er bis vor Kurzem gehabt habe und mit der er, so präzisiert er noch, auch Sex hatte.

Es wird noch eine ganze Weile dauern, bis wir soweit sind, älteren Liebespärchen das zuzugestehen, was wir bei jüngeren fraglos akzeptieren. Wenn sie sich gesittet verhalten, so, „wie es sich gehört", haben sie nichts zu befürchten. Ein Paar wie Gisela T. und Rolf R. zum Beispiel, die im Film auf der Ausstellung „FaltenReich" gezeigt wurden: sie ist 81, er 86 Jahre alt. Sie hatten sich anderthalb Jahre zuvor kennengelernt. Er kommt sie in der Seniorenresidenz besuchen, sie gehen gern tanzen, es hält sie jung und bei Laune. Wer wollte da etwas dagegen sagen? Ebenso das alte Pärchen, über das die Pforzheimer Zeitung berichtete.[90] Sie hatten sich ineinander verliebt, er 90 Jahre alt, sie 78. Sie verbringen nun ihren Lebensabend zusammen, schmusen auch gern. Doch Sexualität, das spielt keine Rolle mehr für sie. Damit ist alles in Ordnung. Anders, als es für das ältere Pärchen aus Italien aussah, das sich ebenfalls erst spät gefunden hatte: er war 76 Jahre alt, sie nur wenig jünger. Da sie offenbar bei sich zu Hause keinen

Ort fanden, an dem sie ungestört intim sein konnten, suchten sie sich, wie eine Zeitungsmeldung berichtete, für ihr Schäferstündchen das Auto aus. Dumm nur, dass sie es genau gegenüber einer Grundschule geparkt hatten. Nachdem neugierigen Schülern „verdächtige Bewegungen" im Auto aufgefallen waren, ging die empörte Schulleitung dem nach und schaffte es tatsächlich, das alte Paar wegen Erregung öffentlichen Ärgernisses anzuzeigen. Ob sie wohl auch ein achtzehnjähriges Pärchen angezeigt hätten?

Visionen jenseits der Achtzig

„Je mehr ich mich für neue Herausforderungen öffne, desto jünger fühle ich mich" –
Rosi Gollmann, 80 Jahre

Wer diesen Satz sagte, war nicht etwa eine lebenshungrige 80-Jährige, die sich gerade für einen Kurs im Drachenfliegen eingeschrieben hätte. Nein, es war eine ganz normale, ältere Dame, die genauso alt aussieht, wie sie ist, und auch sonst keine „Jugendallüren" hat. Das, was sie von anderen unterscheidet, liegt im Lebenssinn, die Herausforderung, von der sie spricht, betrifft das Engagement für andere: Rosi Gollmann, die Gründerin der Andheri-Hilfe. „Für mich ist Vergangenheit gleichzeitig Gegenwart, weil meine Vergangenheit Leben war", sagt sie.[91] Auch Inge Deutschkron, eine 88-jährige jüdische Journalistin und Autorin, hat sich Zeit ihres Lebens für hohe Ziele eingesetzt, kämpft gegen Faschismus und Fremdenhass. Sie hat ihre Stiftung mit 84 Jahren gegründet.

Viele derer, die sich Zeit ihres Lebens für ein bedeutendes Anliegen eingesetzt haben, tun dies bis ins hohe Alter hinein, so wie Bertrand Russell, der mit 89 Jahren ein Massen-Sit-in für den Frieden organisierte. Der Philosoph und Mathematiker Russell war Aktivist für den Weltfrieden, verfasste mit 83 Jahren einen von großen

Wissenschaftlern unterzeichneten Appell gegen den Gebrauch von Atomwaffen und organisierte sechs Jahre später, also mit 89 Jahren, besagtes Sit-in in der Whitehall. Er wird damals, zusammen mit seiner Frau, wegen Anstiftung zum zivilen Ungehorsam angeklagt. Im Jahr 1963 gründet er, 91-jährig, die Atlantic Peace Foundation, die sich die Erlangung des Friedens zum Ziel setzt, und ruft im Rahmen dieser Arbeit ein Internationales Tribunal gegen Kriegsverbrechen ins Leben, genannt „Russell Tribunal". Mit 97 Jahren noch schreibt er seinen Bericht „Kriegsverbrechen in Vietnam". Auch der Franzose André Monod engagierte sich, so wie Russell, Zeit seines Lebens für hehre Ziele. Er war ein großer Naturforscher, bekannt für seine „verrückten" Saharaexpeditionen zu Fuß. Aber er war auch ein großer Humanist, der sein ganzes Leben lang gegen Krieg, Gewalt, Jagd und alle anderen lebensverachtenden Dinge gekämpft und sich für den Respekt vor dem Leben eingesetzt hat. Zum 54. Gedenktag anlässlich der Tragödie von Hiroshima trat Monod, in Taverny in Frankreich, in einen dreitägigen Hungerstreik, um für die Abschaffung der Atomwaffen zu demonstrieren.[92] Zu jener Zeit war er 97 Jahre alt.

Nonkonformismus geht einher mit neuem Denken, dem Annehmen von Herausforderungen, mit Dynamik und Aktionsbereitschaft – Attribute, die man gemeinhin mit jungen Menschen verbindet. Doch für Menschen, die in Leidenschaft für ein Anliegen brennen und für dieses kämpfen, gibt es das Wort Alter nicht, wie uns Bertrand Russell und André Monod zeigen. Zum Kampf bereit, das ist auch die ägyptische Menschenrechtsaktivistin Nawal El Saadawi. „I'm 80 years old but I am ready to fight (ich bin 80 Jahre alt, aber ich bin bereit zu kämpfen)!" Das rief sie den Journalisten zu während der Proteste in den Straßen Kairos Anfang 2011.[93] Als Kämpferin für die Menschenrechte und kompromisslose Frauenrechtlerin wurde die Schriftstellerin Nawal El Saadawi in ihrem Leben bedroht, verfolgt, verhaftet. Als 76-Jährige wurde sie zum Vorwurf der Abtrünnigkeit vom Islam verhört, ging kurz darauf ins Exil.

Man muss nicht bekannt oder berühmt sein, um gesellschaftspolitisches Engagement zu leben, wie sich, für alle sichtbar, am viel diskutierten Protest gegen Stuttgart 21 zeigte. Das waren keine Jungrevolutionäre, die da auf die Straße gingen, sondern Menschen aller Altersklassen. Der vielleicht am bekanntesten gewordene Protestierende (weil er dabei schwer verletzt wurde), der Stuttgarter Ingenieur Dietrich Wagner, war kein alter Mann, aber jung würde man zu einem 65-Jährigen wohl auch nicht mehr sagen.

„Wir könnten diese Welt verändern" betitelte die ökumenisch ausgerichtete Zeitschrift *Publik-Forum* einen Artikel, in dem sie über Menschen berichtete, die „statt in den Ruhestand in den sozialen Friedensdienst gehen".[94] Die Motivation dieser Menschen ist unterschiedlich. Manche verspürten schon immer das Bedürfnis, sich für andere einzusetzen, andere entdecken es erst später. Begibt man sich in gewisse Kreise, wird man erstaunt sein, wie viele ältere Menschen man antrifft, ob diese nun im Dritte Welt-Laden verkaufen, in der Bibliothek aushelfen oder in der Kleiderkammer des Roten Kreuzes stehen. Engagement geht oft im Stillen vor sich. Es ist erst eine Erscheinung der jüngeren Zeit, auf die Suche nach „Alltagshelden" zu gehen. Da findet man sie plötzlich: die 70-jährige Ordensschwester, die im Kampf gegen die Willkür gegenüber Asylbewerbern einen ganzen Schweizer Kanton in die Knie zwingt, den 75-jährigen Arzt, der im Hochwassergebiet von Pakistan unterwegs ist, um Kranken zu helfen, oder die 80-jährige Empfängerin des Prix Courage, die unter der Herrschaft der Taliban in Afghanistan ein Hilfswerk aufbaut.

Der Blick in eine parallel dazu seit Jahrhunderten bestehende Welt würde uns zeigen, dass soziales Heldentum uralt ist – im wahrsten Sinn des Wortes. Oder wie anders soll man all die Ordensleute nennen, die oft bis ins hohe Alter hinein auf anderen Kontinenten wirkten?

Ob man missionarisches Wirken für gut hält oder nicht, sei der individuellen Meinung überlassen. Fest steht, dass Missionare unter extremen Bedingungen oft Übermenschliches geleistet haben.

Besonders in früheren Jahren, bevor die Orden dazu übergingen, Altersgrenzen einzurichten, waren viele dieser Missionare noch als Achtzigjährige tätig, oft ohne große Mittel zur Verfügung zu haben – in einem Umfeld, das Helfer heute nur noch mit Handy, Kühlschrank, Auto und Klimaanlage zu überstehen vermögen. Ruth Pfau, eine 81-jährige Ordensfrau und Ärztin, auch „Mutter der Leprakranken" genannt, hat in Karatschi ein Zentrum für Lepra- und Tuberkulosekranke gegründet, hat sich ein Leben lang unter diesen Menschen aufgehalten. Die hundertjährige Sœur Emmanuelle, deren Profil in Kapitel II beschrieben wird, wurde mit achtzig Jahren vom Orden aus den Slums von Kairo zurück nach Frankreich gerufen. Sie gehorchte, jedoch nicht gern. Alsbald in Frankreich zum „Ruhestand" eingetroffen, machte sie sich daran, die Hilfe von Europa aus weiter zu organisieren.

Vieles an „Lebenssinn", der dem Engagement für eine bessere Welt entspringt, hat seine Wurzeln in tiefer Überzeugung, lang gehegten Idealen oder Religiosität. Doch es muss nicht immer so sein. Manche „leben" einfach nur ihr Leben im hohen Alter weiter, auf dieselbe Art und Weise wie immer. Sie spüren, dass sie mit dem, was sie tun, für das Gemeinwesen wichtig sind, ganz gleich, worum es sich bei ihrer Tätigkeit handelt.

„Ich kann doch meine Patienten nicht im Stich lassen", sagt die Landärztin Brunhilde Ziegenhahn in einer Reportage des MDR.[95] Brunhilde Ziegenhahn ist ausgebildete Kinderärztin, wurde mit 70 noch Allgemeinmedizinerin. Sie praktiziert seit 47 Jahren, ist inzwischen 81 Jahre alt. Doch Ruhestand würde bedeuten, Menschen im Stich zu lassen, und das will sie nicht. Ähnlich der in der gleichen Reportageserie vorgestellte Tierarzt Gunter Häse aus Pappritz bei Dresden. Ein paar Jahre älter als Brunhilde Ziegenhahn, ist er seit über 50 Jahren als Landtierarzt tätig. Aufhören? Wer soll dann seinen Platz einnehmen, so fragt er. Kühe und Schweine in einem bäuerlichen Stall sind als Betätigungsfeld weit weniger attraktiv als Edelkätzchen und Rassehunde in der Großstadt. Plötzlich sind wir dankbar dafür, dass die „Alten" in solchen Fällen weniger über ihr Alter nachdenken, als wir es sonst an ihrer Stelle zu tun pflegen. Sie selbst denken gelegentlich so wenig über sich und ihr Alter nach, dass sie so reagieren wie Werner Krüger, der Kirchenmodellbauer aus dem kleinen Ort Garitz in Sachsen-Anhalt. Mit über achtzig Jahren bastelt er Dorfkirchen nach, um die Stiftung zum Erhalt der Dorfkirchen im Kirchenkreis Zerbst zu unterstützen. Als ich für ein Interview nachfragen ließ, kam als Antwort, dass er ein solches als eine Zeitverschwendung ansehe, zumal er nicht daran interessiert sei, berühmt zu werden. Seine Sorge sei, wer sich nach seinem Tod um die Sammlung kümmere. Ein Ausstellungsraum sei ihm wichtiger als ein Interview. Kein Wunder also, dass man von solchen Alten nichts weiß.

Wagnis im Alter

„Es ist nie zu spät, etwas ganz Verrücktes zu wagen."

Mit diesem Zitat der 81-jährigen Französin Hortensia Dupland war ein Artikel überschrieben, den ich vor gut zwanzig Jahren in einer Zeitschrift fand.[96] Darin wurde berichtet, dass die alte Dame mit 80 Jahren das Fallschirmspringen erlernt hatte. Wobei es sich nicht etwa um den famosen „Sprung zum Geburtstag" handelte, bei dem man „einmal im Leben etwas Verrücktes" tut: sie erlernte es von Grund auf, hatte sich in der Fallschirmspringer-Schule von Avignon eingeschrieben. Natürlich hielten alle sie prompt für verrückt, warnten die Achtzigjährige, was alles passieren könne, dass sie sich dabei alle Knochen brechen könne. Doch sie ließ sich nicht beirren. Sie sprang. Ihr Lehrer Marc Lehelley, Mitglied des französischen Weltmeisterschaftsteams von 1987, war überzeugt, dass sie den Kurs mit Bravour abschließen würde. Sie sei mutig, nervenstark und talentiert, soll er über seine betagte Schülerin gesagt haben.

Im Jahr 2005 ging eine noch „verrücktere" Meldung durch die Presse, diesmal aus Australien. Eine 92-Jährige sprang mit dem Surfbrett aus einem Flugzeug. Im gleichen Jahr die Meldung über eine 105-Jährige, der die Kinder einen Gleitschirmflug zum Geburtstag schenkten, weil sie einmal in ihrem Leben das Matterhorn von oben sehen wollte. Drei Jahre später findet man in den britischen Nachrichten die Meldung über Doris Long aus Portsmouth. Die 94-Jährige hat eine Freizeitbeschäftigung ganz eigener Art: sie seilt sich von Hochhäusern ab. Anfangs waren es Häuser mit 70 Fuß Höhe (ca. 20 Meter), doch sie überbietet sich gern selbst. In 2008 brach sie, mit dem 13. Abstieg, ihren eigenen Rekord als weltälteste Abseilerin. Damit nicht genug. „I really like the high ones best (ich mag die höchsten am liebsten)"[97], sagt sie und macht es ein Jahr darauf wieder. Danach gefragt, ob sie es in 2010 noch einmal tun würde, sagte die inzwischen 95-Jährige: „Ich hoffe doch, im nächsten Jahr zur selben Zeit, und danach und danach nochmal, bis ich hundert bin, dann setz' ich mich zur Ruhe."[98] Und in der Tat sieht man die alte Dame auch in 2010 als nunmehr 96-Jährige ein Hochhaus heruntergleiten, nun aus schwindelerregender Höhe, über 21 Stockwerke.[99] Ein junger BBC-Entertainer seilt sich zusammen mit ihr ab. Doch sie muss ihn ständig im Auge haben, denn ihm wird auf halbem Weg recht schummrig bei der Sache. So schwor sich der 44-jährige Chris Evans: nie wieder. „Gott sei Dank war sie an meiner Seite", sagt er unten angekommen, „das hätte ich sonst nicht überstanden." Doris Long sieht das ganz anders: „Es war toll, so erhebend, denn es gab ziemlich Wind und der hat uns immer wieder hin- und hergeschaukelt." Und scherzend fügt sie an: „Ein paarmal schwankte ich so an den Fenstern von Bewohnern vorbei, Gott sei Dank war gerade keiner von ihnen im Badezimmer!"[100] Wer nun meint, die alte Dame müsse irgendwie ein wenig ungewöhnlich oder gar flippig sein – weit gefehlt. Fotos von ihr zeigen eine ganz normale alte Dame mit sorgfältig frisiertem weißem Haar und ganz so gekleidet, „wie es sich mit 96 Jahren gehört". Wie viele ältere Damen in England, engagiert sie sich für Wohltätigkeitszwecke. Das ist das Geheimnis, das hinter ihrer „Verrücktheit" steckt. Für die enormen Summen die sie durch ihre ungewöhnliche *fundraising*-Aktivität zu sammeln vermag, wurde sie in 2009 mit dem Pride of Britain Award ausgezeichnet. Fundraising hat sie schon immer gemacht, doch Abseilen, das begann sie erst mit 85 Jahren. Sie sah in einem Dorf eine Abseilwand und dachte sich, dass das Spaß machen müsste. „Sie mag 95 Jahre alt sein, aber Doris Long ist nicht darauf eingestellt, ihr Leben jetzt schon gemächlicher anlaufen zu lassen", heißt es auf der Webseite von Pride of Britain.[101]

Eine Landsmännin von Doris Long, die ganz anders auftritt, ist die 70-jährige Ruth Flowers. Sie präsentiert sich, schmuckbeladen, mit glitzernder Bomberjacke oder im Leopardenlook, eine überdimensionale Sonnenbrille auf der Nase und einen diamantbesetzten Kopfhörer auf dem nach allen Seiten abstehenden weißen Haar. Ruth Flowers ist DJ im größten Club von Paris. Die atemberaubende Karriere der Britin aus Bristol ging durch alle Medien, bis nach China und Japan, wo ihr Konterfei von Reklamewänden herabsieht. Eine verrückte Alte? Ganz und gar nicht. Sie mag etwas eigenwillig und „exzentrisch" sein, wie die Franzosen sagen, die gerade das an ihr lieben, aber ansonsten ist nicht viel an ihrem Lebenslauf schockierend. Sie ist pensionierte Gesangslehrerin, sang im Kirchenchor, ab und zu auch mal Volkslieder oder klassischen Pop. Als sie einmal ihren Enkel auf eine Party in einem Londoner Club begleitete, sie war da Mitte sechzig, meinte der Türsteher zu ihr: „Da wollen Sie jetzt aber nicht rein, oder!" Sie wollte doch.[102] Und sie blieb bei dem, was sie sofort begeisterte: die Freude der jungen Leute, die Energie, die sie im Raum wahrnahm. „Junge Menschen zum Tanzen bringen und ihnen Freude machen, das kann ich auch", dachte sie sich damals. Ein junger französischer Produzent entdeckte sie, holte sie nach Paris und nahm sie als *Mamy Rock*-Ikone unter Vertrag. Nachdem sie beim Film-Festival von Cannes in einer Jetset-Villa aufgetreten war, gab es kein Halten mehr. So findet man heute unzählige Videos von ihr im Internet, wo man sie sehen kann, hinter immensen Mischpulten stehend, die Arme im Rhythmus schwingend, von tausenden jungen Leuten bejubelt.[103] „Wir verehren Mamy Rock", sagen diese jungen Menschen. „Sie liebt es, uns zum Tanzen zu bringen. Musik bringt alle Generationen zusammen. Wir alle hätten sie gern als unsere Großmutter." Derzeit ist Mamy Rock jenseits des Kanals populärer als in Großbritannien, aber die Engländer hätten sie gern zurück. „Komm nach England, Mamy Rock!" rufen sie ihr zu. Vielleicht schaffen sie es ja eines Tages, doch die begeisterten Franzosen werden sie so schnell nicht gehen lassen. „Elle mixe comme une reine de la nuit! (sie mischt wie eine Königin der Nacht)", sagen sie. „Meet Ruth Flowers. She is 69. She is a fucking great DJ", werben die Briten ungeniert. Ruth Flowers selbst kann das, was sie ausgelöst hat, diese unglaubliche Begeisterung und Bewunderung, kaum glauben. „Es ist eher seltsam, in meinem Alter ein Vorbild zu sein", sagt sie, „aber wenn es eben passiert, so sei es denn."[104]

Zwei Männer, die mit „verrückten" Vorhaben einem Lebenstraum folgen, versuchten ganz andere Dinge. So plante der abenteuerlustige Franzose Michel Freitel im Jahre 2006 mit 82 Jahren eine Atlantik-Überfahrt à la Kolumbus. Er wollte ganz so wie zu Zeiten des großen Entdeckers in einer Elfmeter-Yacht nur solche Instrumente und Nahrungsmittel mitnehmen, wie es sie zu Lebzeiten von Kolumbus vor 500 Jahren gegeben hatte. Ob er seinen Traum jemals verwirklicht hat, ist nicht zu ermitteln. Es war eine Zeitungsnotiz im Jahr 2006, der offenbar keine weiteren Meldungen folgten. Dennoch findet man seinen Namen drei Jahre später in der Zeitung *L'Indépendant*: er ist, nunmehr 85-jährig, mit einem 70-jährigen Freund abgelichtet. Auf einem Katamaran, mit dem sie die Welt umsegeln wollen. „Wir sind geistig und körperlich fit", sagen sie, „und können das machen." Wenn man sie auf dem Foto anschaut, glaubt man es sofort.

Ein anderer Franzose, um einiges jünger als Freitel, verfolgte einen Traum, der ihn länger in Beschlag nahm und ihn viel Geld kostete. So berichtet *Spiegel Online* im Mai 2008, dass Michel Fournier noch nie Dagewesenes wagen wollte: einen Stratosphären-Sprung aus 40.000 m Höhe. Der Aufstieg bis zu dieser Höhe sollte mit einem Heliumballon erfolgen, der anschließende Absprung in einem Druckanzug im freien Fall, mit der manuellen Auslösung des Fallschirms in etwa 3000 m Höhe. Nun ist zwar Fournier erst 64 Jahre alt und dürfte im Prinzip gar nicht in dieser Sammlung von Leistungen Hochbetagter erscheinen, doch angesichts des Verhältnisses von Risiko zu Alter, so meine ich, kann man ihn durchaus hier einreihen. Als erster Mensch den Weg eines Kometen nehmen, eine solche „Verrücktheit" würde man von einem Zwanzig- oder Dreißigjährigen erwarten, nicht aber von einem Mann über 60. Zwar ist Fournier Testpilot und Fallschirmspringer und war früher im Rahmen eines Programms zur Rettung von Raumfahrern für das Experiment eines Sprungs aus hoher Höhe ausgesucht worden, doch das nimmt der Courage nichts. Als das Programm 1992 eingestellt wurde, da war er achtundvierzig, verkaufte er Hab und Gut und machte seitdem auf eigene Faust weiter. Das Alter stoppte ihn nicht. Zweimal war der Versuch bereits gescheitert. Er will es ein drittes Mal probieren. Was dieses Wagnis bedeutet, sei einer sehr plastischen Beschreibung entnommen, die bei *Welt Online* zu finden war: „Wo das letzte Licht der Erde versickert, wo die endlose, lichtlose Schwärze des Weltalls beginnt – da will er los. Als erstes Lebewesen der Erde will der 64-jährige Pilot der französischen Armee, Michel Fournier, den Weg eines Kometen nehmen: durch die Stratosphäre bis hinab zur Erde. Das alles ohne Raumschiff, nur mit einem Spezialanzug und – für die letzten Kilometer – einem Fallschirm. Er wird die Schallmauer durchbrechen, und er muss sich davor hüten, das Schicksal der Sternschnuppen zu teilen. Wie Michel Fournier fallen auch diese vom Himmel – verglühen aber in der Erdatmosphäre."[105] Medizinisch ausgedrückt, hören sich die Risiken wie folgt an. Versagten die Sicherheitssysteme, könnte beim Aufstieg das Blut wegen des Luftdrucks zu kochen beginnen, zudem könnte er dann in nur fünf Sekunden das Bewusstsein verlieren und in drei, vier Minuten Hirnschäden erleiden. Auch die Gefahr einer Lungenembolie drohte, genauso wie jene der Taucherkrankheit bei mangelndem Druckausgleich. Doch nichts davon beeindruckt Fournier. „Ich bin so aufgeregt, mein Traum wird wahr, nach 20 Jahren voller Arbeit und Opfer", schrieb er kurz vor dem Start zum letztem Experiment. Leider scheiterte auch der dritte Rekordversuch am 27. Mai 2008 – der Aufstiegsballon machte sich kurz vor dem Start selbstständig. Sehr wahrscheinlich wird es einen vierten Versuch geben – es sei denn, Fournier ist bis dahin pleite.

Von vielen vielleicht nicht mehr als „verrückt", sondern bereits als „skandalös" angesehen: die Beschäftigung von Hilda Breer aus Nordrhein-Westfalen, die im Oktober 2011 in der Show „Supertalent" von Dieter Bohlen auftrat und mit ihrem Gesang begeisterte. Hilda Breer hatte nämlich davor ihre gefühlvolle Stimme zwei Monate lang einer Telefonsex-Hotline zur Verfügung gestellt. Eine 80-jährige Rentnerin, die für eine Telefonsex-Hotline arbeitet? Die Meldung ging durch die Presse. Ihre ehemalige Chefin hatte mit dem Alter kein Problem: „Ihr machte das am Telefon einfach Spaß, sie hat das sehr locker gemacht. Bei ihr merkt man, dass sie trotz des Alters noch sehr lebenslustig ist."[106] Das erinnert an den Film *Irina Palm* von Sam Garbarski aus dem Jahr 2007, wo eine einfache, biedere Frau, auf die sechzig zugehend, im Rotlichtmilieu landet. Sie tut es, um das Geld für die Operation ihres Enkels aufzubringen, was dem Ganzen nichts an „Skandalösem" nimmt. Fingerfertig befriedigt sie, hinter einer Wand sitzend, die Männer an einem „Glory Hole".

Es gibt verschiedene Gründe, warum ältere Menschen Dinge tun oder wagen, die der normale Bürger, zumal in unserem Lande, für „verrückt" hält. Die einen wollen etwas ausprobieren, die anderen sammeln wie Doris Long Geld für einen guten Zweck, die dritten lässt die Begeisterung über irgendetwas nicht mehr los, die vierten verfolgen einen lang gehegten Lebenstraum. Doch postwendend melden sich hierzu Psychologen und Psychiater, suchen das „abnorme Verhalten" zu erklären. Ihre Schlussfolgerungen sind nicht immer freundlich, das abwertende „Sie können nicht zu ihrem Alter stehen" einer der typischen Kommentare. Einige Nationen kritisieren gern in diesem Sinn. Ich fürchte, unsere gehört dazu. Schade, dass wir nicht mehr von der sprichwörtlichen britischen Toleranz haben oder von dem *laissez-faire*, das ja bezeichnenderweise, als feststehender Begriff übernommen, schon seine

Herkunft verrät. Über das „Verrückte" im Alltag (und wie es im Alter bei vielen verlorengeht) sagte die französische Schriftstellerin Benoîte Groult: „Die junge Frau, die ich einmal war, ist immer noch in mir. Es stimmt nicht, wenn Philosophen behaupten, man werde im Alter weise. Ich würde so gerne mal wieder etwas Verrücktes tun. Doch niemand ruft mehr an und sagt: Lass uns übers Wochenende nach Venedig fahren!"[107]

Eine andere Art von Meldung zu einer recht ungewöhnlichen Entscheidung von Hochbetagten kommt aus den USA. Dort akzeptiert man es offenbar, auch über hundert Jahre alte Menschen noch zu Staatsbürgern zu machen, etwas, das man sich bei deutschen Behörden irgendwie nur schwer vorstellen kann. So wurde im Jahr 1997 eine 117-jährige Türkin US-Bürgerin, in 1999 und in 2000 bekamen zwei jeweils 107-Jährige die Staatsbürgerschaft und im Jahr 2006 ging die Meldung durch die Presse, dass eine Iranerin namens Sona Babai mit 105 Jahren Staatsbürgerin wurde.[108] Sie war erst mit 99 (!) zu ihren Söhnen in die USA gekommen. Verrückt oder eine andere Vision von Leben und Gegenwart?

2. Kapitel

Vier große Frauen

„Wisset, dass das Geheimnis des Glücks die
Freiheit, das Geheimnis der Freiheit aber der Mut
ist." – *Perikles*

„Es ist nicht wahr, dass man im Alter weise wird.
Das ist eine Qualität, die einem angehängt wird.
Man kann nichts Verrücktes mehr tun. Das ist
keine Weisheit, das ist Resignation." –
Benoîte Groult, Schriftstellerin (92 Jahre)

In diesem Kapitel möchte ich vier Frauen porträtieren, die viel geleistet haben und die ihr Alter, jeweils auf völlig verschiedene Weise, dynamisch leben: die Unternehmerin Heidi Hetzer, die Schriftstellerin Benoîte Groult, die Wissenschaftlerin und Nobelpreisträgerin Rita Levi Montalcini sowie die Ordensschwester Sœur Emmanuelle.

„Benzin statt Muttermilch" – ein Porträt der Unternehmerin Heidi Hetzer

Im Grunde ist sie „zu jung", um hier zu erscheinen, denn dieses Buch hat Hochbetagte im Blick. Heidi Hetzer aber ist „nur" 74 Jahre alt. Dennoch finde ich persönlich ihre Geschichte so faszinierend, dass ich sie mit aufnehmen will – auch und gerade, weil Heidi Hetzer gleich mit mehreren Stereotypen aufräumt. Zwei davon nennt sie in einem Artikel über sich selbst, den sie mit „ Benzin statt Muttermilch" überschreibt, gleich im ersten Satz: „Ohne

Autos geht bei mir gar nichts, sie sind meine Leidenschaft: ich verkaufe Autos, fahre Rallyes und sammle Oldtimer. Ohne Auto bin ich amputiert." Autos und Rennfahren? Sind es nicht Männer, die man gemeinhin damit assoziiert? Heidi Hetzer kümmert es wenig, ob jemand dieser Meinung ist. Für sie gab es als Kind nichts Schöneres, als mit dem Vater an Motorrädern und Autos herumzuschrauben. Dass er Motorradrennen fuhr, brachte sie zum Rallyefahren. Ohne ihn wäre sie kaum in dieser Männerdomäne gelandet. Sie macht eine Automechanikerlehre bei ihm, eröffnet bald danach, mit 21 Jahren, eine Autovermietung. Sie habe ihrem Vater beweisen wollen, schreibt sie, dass sie alleine etwas auf die Beine stellen könne. Sie nimmt kein Geld vom Vater, und dieser erklärt denn auch postwendend, dass er nicht für ihre Schulden aufkommen werde.

Es folgen harte Zeiten, als Jungunternehmerin und als Frau in diesem Metier. Mit 32 Jahren übernimmt sie, nach dem Tod ihres Vaters, das Unternehmen Opel-Hetzer, mit 150 Mitarbeitern und umgerechnet zwei Millionen Euro Schulden. Mit immenser Arbeitsanstrengung und der Unterstützung ihrer Mitarbeiter schafft sie es, Opel-Hetzer zu einem der größten Opel-Händler Deutschlands zu machen. Jahrzehnte später tauchen unversehens völlig unverschuldet Probleme auf, die mit dem Grundstück zu tun haben, auf dem sich das Unternehmen befindet, Probleme, die sie an den Rand des Ruins bringen. Heidi Hetzer ringt mit sich: soll sie kämpfen, alles daransetzen, ihr Unternehmen zu retten? Will sie sich das noch zumuten? Zu diesem Zeitpunkt ist die Unternehmerin fast siebzig Jahre alt. „Ich habe die Kurve gekriegt und das Grundstück auch. Nun plane ich einen Neubau und bin voller Ideen", schreibt sie drei Jahre später. „So sind wir, wir Berliner: Nicht bange machen lassen, Ärmel hochkrempeln und vorwärts geht es."

Doch es scheint nicht nur am Berliner Naturell gelegen zu haben, dass sie aus der Talsohle herausfand. Es ist auch der Gedanke an ihre Angestellten. Heidi Hetzer ist vom alten Schlag Unternehmer, für die Verantwortung noch einiges zählt. Meistens entschied sie sich, Durststrecken zusammen mit ihren Mitarbeitern durchzustehen, auch wenn ihre Art dabei mitunter etwas ruppig zu sein scheint und Zeitungen wie den *Tagesspiegel* dazu bringen, einen Artikel über sie mit „Die Autokratin" zu betiteln.[109] In demselben Artikel steht aber auch zu lesen, dass sie stolz darauf ist, ältere Mitarbeiter noch bei sich zu haben, Menschen, die schon dreißig, vierzig, ja fünfzig Jahre in der Firma sind. Sie weiß, dass die Älteren abbauen, dennoch trennt sie sich nicht von ihnen. Das Konzept der Ehre hat sie noch aus vergangenen Unternehmerzeiten herübergerettet. Eigentlich, so schrieb der *Tagesspiegel* im Jahr 2007, könne sie sich Anstand gar nicht mehr leisten, da sie „seit zwei Jahren rote Zahlen" schreibe. Doch die Unternehmerin denkt nicht daran aufzugeben, auch wenn weder die Tochter noch der Sohn Opel-Hetzer übernehmen wollen. Sie hat sich inzwischen einen Geschäftsführer gesucht.

Entschlossenheit und Tempo, zwei Kennzeichen von Heidi Hetzer. Ersteres das Merkmal einer Unternehmerin, letzteres das Kennzeichen einer Rennfahrerin. Im Jahr 1953 nahm Heidi Hetzer erstmals an einer Rallye teil, auf einem Motorroller. Seither hat sie an einer großen Zahl von Wettfahrten, unter anderem mit Oldtimern aus ihrer Sammlung, teilgenommen und bei Rallyes über 150 Preise gewonnen. Unter anderem nahm sie an den Mille Miglia von Brescia nach Rom und zurück, der Rallye Monte Carlo und 2007 an der Rallye Düsseldorf-Shanghai teil. Bei der Carrera Panamericana in Mexiko und der Tour d'Europe 1989 belegte sie jeweils den dritten Platz. Die Rallye Dakar zu fahren, ist ihr großer Traum. Sie hatte damals vor, in 2009 dabei zu sein, wozu es dann nicht kam. Es würde nicht verwundern, wenn sie mit 75 Jahren dabei wäre. „Eine Rallye ist wie ein Unternehmen führen", schrieb der *Tagesspiegel* passenderweise. „Straßen, Wege sind unbekannt, Höchstgeschwindigkeit ist selten möglich, da es Hindernisse und Verkehrsregeln gibt. Man muss die Karte lesen, Entfernungen berechnen, den Überblick behalten. Man braucht einen fähigen Beifahrer."[110] Heidi Hetzer scheut Risiko nicht, auch wenn es sowohl im Unternehmen wie beim Rennen nicht immer gut aussieht. Einmal hat sie sich bei einer Rallye überschlagen und man musste sie schwer verletzt aus dem brennenden Wrack holen.

Die waschechte Berlinerin liebt ihre Stadt, unterstützt Projekte, ist Mitglied in vielen Vereinen. „Ich habe keine Lieblingslokale oder Lieblingsplätze", schreibt sie. „Es gibt hier so viel Schönes und Interessantes und vor allem ständig Neues – das möchte ich erleben. Ich bin ein sehr offener und neugieriger Mensch, der sich für alles interessiert. Deshalb kenne ich auch viele unterschiedliche Menschen, treffe überall alte Bekannte und freue mich über neue Bekanntschaften." Die innere Flexibilität eines jungen Menschen. Geht man auf ihre Homepage, leuchten einem lebensfrohe gelb-rote Farbtöne entgegen und natürlich ein Auto, was sonst. Ein weibliches Rennfahrer-Icon weist auf den flotten Schriftzug ihres Namens. Man könnte auf der Webseite einer Zwanzigjährigen sein. Natürlich ist Heidi Hetzer kalendarisch gesehen keine zwanzig mehr, doch sie hat sich alle Attribute bewahrt, die innere Jugend ausmachen. Auf dem Pressefoto, das sie zu ihrem 70. Geburtstag zeigt, strahlt einem eine Frau entgegen, die – ein paar kleine Falten hin oder her – genausogut 55 sein könnte. Da passt es, dass sie selbst ihren siebzigsten „last minute" plante, „irgendwo am Strand oder im Erdbeerfeld", wie es in der Presse dazu hieß, „heute weg und morgen zurück". Wer das mit siebzig noch kann, braucht auch die neunzig nicht zu fürchten.

„Ich will noch einmal um die Welt fahren, auf den Spuren von Clärenore Stinnes", sagt sie der Berliner Zeitung im Mai 2011 bei einem Besuch der neuen Schau im Technikmuseum.[111] Die Rallyefahrerin Clärenore Stinnes hatte zwischen 1927 und 1929 die Welt umrundet. Heidi Hetzer will es ihr nachtun, aber sie hat es erst mit 78 Jahren vor. Sie suche noch einen Beifahrer, sagt sie, der müsse Mechaniker, Fotograf und Journalist sein und soll ihre Biographie schreiben. Auch müsse dieser so verrückt sein wie sie selbst, er muss „mit dem Leben abgeschlossen haben", andernfalls, so fürchtet sie, würde er vielleicht mittendrin abspringen:

„Viele derer, die sich bewerben, kommen nicht in Frage. Sie sind zu jung. Wie sollen die zwei Jahre komplett aus dem Leben draußen sein? Den ich suche, der darf keine Familie haben, die auf ihn wartet oder um die er sich kümmern muss. Seine Leidenschaft für das Vorhaben muss größer sein als alles andere."

„Heidi Hetzer ist echt ne coole Lady. Ich habe sie in Berlin aufm Oldtimertreffen erlebt. Die ist echt fit und vor allem ein totaler Autofreak", schreibt ein Internetnutzer auf einem Oldtimer-Blog. Und fügt dann mit einem grinsenden Smiley an: „Schade, dass sie fast 30 Jahre älter ist als ich."

„Salz auf unserer Haut" – Benoîte Groult und ihr provokatives Meisterwerk

Als im Jahr 1988 der Roman „Salz auf unserer Haut" von Benoîte Groult in Frankreich erschien, brach eine heftige Diskussion in der Presse und in Literaturkreisen aus. Die unverblümte Sprache provozierte Literaten, die Erotik verstörte Moralisten. Benoîte Groult hatte es gewagt, in sehr freier Sprache die Geschichte einer Sinne verzehrenden Liebe zu erzählen, die sich über alle gesellschaftlichen Konventionen hinwegsetzt: die leidenschaftliche Beziehung zwischen einer Pariser Intellektuellen und einem bretonischen Fischer. Die gut aussehende Schriftstellerin mit dem jungen, lebendigen Blick war damals 68 Jahre alt. Für viele Grund genug, sich an ihrer Stelle zu schämen, zumal der Roman nicht nur reine Erfindung zu sein schien. In der Tat lebte diese frei denkende, selbstbestimmte Frau über fünf Jahrzehnte hinweg eine Parallelbeziehung: in dritter Ehe verheiratet mit dem französischen Schriftsteller Paul Guimard, hatte sie einen Geliebten, den amerikanischen Piloten Kurt Heilbronn. Mit ihrem Mann, der seinerseits anderen Frauen auch nach der Heirat nicht abgeneigt bleiben wollte, hatte sie einen Ehevertrag à la Sartre-Beauvoir abgeschlossen.

Die erotisch leidenschaftliche Beziehung mit ihrem Geliebten hielt ein ganzes Leben lang, bis weit in das hohe Alter hinein. „Ich denke, die moderne Frau der heutigen Zeit nimmt sich die gleiche Freiheit, die sich Männer selbstverständlich schon seit Jahrhunderten nehmen", sagt sie in einem Interview mit *Brigitte Woman*.[112] Benoîte Groult hat ihre beiden Männer geliebt und sie hat beide überlebt. Ihr Ehemann starb zwei Jahre nach ihrem Geliebten. Mit ihrem Geliebten verband sie bis zum Ende eine große Leidenschaft. Als er starb, war sie 82 Jahre alt. Auf die Frage der jungen Journalistin, ob sie sich vorstellen könne, sich noch einmal zu verlieben, lautet ihre Antwort: nein, sie möchte nicht mehr mit einem Mann zusammenleben. Doch einen Gefährten, den hätte sie gern.

Achtzehn Jahre nach *Salz auf unserer Haut* (im Französischen: Les vaisseaux de coeur) bringt Benoîte Groult im Jahr 2006 ein Buch heraus, dessen Titel ähnlich klingt, jedoch nur im Deutschen: *Salz des Lebens* (französisch: La touche étoile). Vielleicht versprach man sich damit in Deutschland einen ähnlichen Erfolg wie beim Roman *Salz auf unserer Haut*, der in Deutschland 4 Jahre lang auf der Bestsellerliste stand. Doch dieser Erfolg war dem späteren Werk nicht vergönnt. „Es geht um die heikle Frage, wie das Altern in Würde vollbracht werden kann. Vom Sex mit Hörrohr und Schrittmacher ist die Rede, auch von jenen Kalamitäten, die der greisen Käuferin eines Computers begegnen", schreibt *Die Zeit*, und endet mit: „Die Symmetrie zu *Salz auf unserer Haut* ist unübersehbar, doch fehlt jeglicher Hinweis darauf, dass Groult sich beherzt selbst zitiert. Am Ende versackt dieser Roman zwischen Liebesgeschichte und Diskurs."[113] Offen bleibt, ob ihr das Thema Alter schlechter gelingt als die Leidenschaft, die ihr Leben prägte, oder ob die Leser das Thema Sex und Erotik nicht lieber losgelöst vom Alter lesen möchten. Interessanterweise hatte dieses Buch aber in Frankreich großen Erfolg. Der Verleger, der anfangs nicht an den Erfolg glaubte, ließ gerade mal 15 000 Exemplare drucken, was ein Hohn ist für eine so bekannte Schriftstellerin. Dann aber verkaufte man 500 000.[114]

Benoîte Groult hat eine ganze Reihe von Büchern geschrieben. Doch noch zwei Jahrzehnte nach Erscheinen von *Salz auf unserer Haut* wird in nahezu jedem Interview mit ihr immer wieder nur oder hauptsächlich auf dieses eine Buch Bezug genommen. Es verkörperte wohl den extremen Ausdruck von Freiheit. Auffallend auch, wie selten dabei ihr Alter ins Visier genommen wird, obwohl gerade das sich anbieten würde. Das lässt zwei Schlüsse zu. Der eine ist, dass es Themen gibt, die noch brisanter zu sein scheinen als Sex im Alter, eine „zügellose" Feministin zum Beispiel. Der andere Schluss aber ist nicht minder interessant. Benôite Groult hat keinen Hehl aus ihrer Einstellung zu Erotik und Sexualität gemacht, es war und ist ein Teil von ihr, den sie mit aller Natürlichkeit lebt, auch und gerade im Alter. Wenn man sie mit 90 Jahren sieht, mit ihrem wachen, frechen Blick und dem breiten Lächeln im Gesicht, würde man ihr eine leidenschaftliche Liebe auch heute noch zutrauen. Passend dazu antwortet sie auf die Frage, ob sexuelles Begehren ab einem bestimmten Alter verschwinde, mit: „Nein, ich denke, es vergeht nie." Das könnte uns lehren, dass wir mit unbequemen Einstellungen und abweichendem Verhalten umso mehr Akzeptanz erzeugen, je natürlicher wir selbst damit umgehen.

„Nur alt zu sein, ist nicht ein Wert in sich: man muss auch etwas zu sagen haben" – Gedanken der Neurobiologin und Nobelpreisträgerin Rita Levi Montalcini

Wenn Benoîte Groult zu Debatten um Freizügigkeit in der Liebe inspiriert und man sich Heidi Hetzer auch noch mit neunzig als spritzige Cabriofahrerin vorstellen kann, gehört Rita Levi Montalcini zu einer ganz anderen Kategorie von Frauen. Dunkelblaues Kostüm, hochgeschlossener Kragen, konservative Frisur, strenge Haltung, hoch erhobener Kopf mit wachsamem Blick – das ist die

Naturwissenschaftlerin Rita Levi Montalcini, die *grande dame* der Hirnforschung. Im Jahr 1986 erhielt die Italienerin, mit 77 Jahren, den Nobelpreis in Medizin; nahezu zwanzig Jahre später gründet sie, mit 96 Jahren, das Forschungsinstitut EBRI (European Brain Research Institute).

Die Neurologin und Neurobiologin Rita Levi Montalcini hat mit der Entdeckung des Nervenwachstumsfaktors die Hirnforschung revolutioniert. Sie wies nach, dass das Dogma vom irreversiblen Verfall der Gehirnzellen nicht stimmt. In ihrem Buch *Ich bin ein Baum mit vielen Ästen* schreibt sie: „Mehr als von allen anderen möglichen Ängsten werden wir von der Angst vor dem Tod beherrscht, dem normalerweise die Lebensphase vorausgeht, die wir mit dem Begriff des Alters bezeichnen. Die längere Lebensdauer des Menschen in jüngerer Zeit hat die Angst, sich mit den Beschwernissen des Alters, wie dem Verfall des Körpers und seiner stufenweisen Verminderung der geistigen Fähigkeiten, auseinandersetzen zu müssen, um ein Vielfaches verstärkt. Die Hypothese von einem irreversiblen Verfall ist jedoch nicht als unwiderleglich bewiesen worden."[115]

Auch wenn man sich mit den Beschwernissen des Alters und dem Verfall des Körpers auseinandersetzen müsse, so Montalcini, sei es etwas anderes, was die Menschen hauptsächlich ängstige: es sei die Angst, im Alter ausgeschlossen und von der Gesellschaft abgelehnt zu werden. Der Wert, den es zu retten gelte, sagt sie, das sei der Mensch, seine Würde und seine Freiheit. Das Buch *Ich bin ein Baum mit vielen Ästen* schrieb sie mit 89 Jahren. Es trägt im Italienischen aber einen ganz anderen Titel, der viel plastischer das ausdrückt, was ihre Entdeckung bedeutet, nämlich: „L'asso nella manica a brandelli" – *Die Trumpfkarte im zerrissenen Ärmel.* Eine Anspielung darauf, wie Alter gemeinhin gesehen wird und als was es sich überraschenderweise entpuppen könnte.

„Im Spiel des Lebens, das ‚mit verdeckten Karten' gespielt wird, sind also nicht der Betrug und die Unredlichkeit eines Falschspielers das Ausschlaggebende", schreibt sie, „sondern die Fähigkeit zur Voraussicht in Bezug auf den Gebrauch unserer geistigen Kapazität.

Denn nur damit haben wir die Chance, in der kritischen Lebensphase des Menschen, im Alter, den Sieg davonzutragen. Der Einsatz bei dieser Partie, die der Mensch ‚spielt', ist hoch: Es gilt, das Alter, das als der am meisten gefürchtete und traurigste Lebensabschnitt angesehen wird, in eine heitere Phase zu verwandeln, die nicht weniger produktiv ist als die vorausgegangenen."[116]

Rita Levi Montalcini, eine Dame ganz nach altem Stil, die sich in ihrer Jugend wie eine Ordensschwester kleidete und in ihrem Leben nie Zeit hatte für Vergnügungen, Abenteuer, Liebe. Eine Frau, deren ganze Leidenschaft der Wissenschaft gilt und die noch mit über hundert Jahren zu internationalen Konferenzen reist, obwohl sie inzwischen nahezu blind ist. Zu ihrem 99. Geburtstag im April 2008 fragte eine italienische Journalistin der Zeitschrift *Donna Moderna* sie, ob sie noch Zukunftspläne habe. Die Wissenschaftlerin antwortete: „Ich fühle noch die gleiche Energie in mir, die ich mit zwanzig Jahren hatte. Als ich den Wachstumsfaktor der Nervenzellen entdeckte, wusste ich noch nicht, welche Folgen das für die Wissenschaft haben würde. Heute aber arbeite ich mit meinem Team an einem Projekt, das die Behandlung von Krankheiten wie Alzheimer revolutionieren könnte." Rita Levi Montalcini hat mit ihrer Entdeckung Großes für die Wissenschaft geleistet. Sie ist die älteste lebende Person, die einen Nobelpreis trägt. Im Jahr 2001 wurde sie von Staatspräsident Ciampi zur Senatorin auf Lebenszeit ernannt. Rita Levi Montalcini feierte im April 2012 ihren 103. Geburtstag.

„Dauernd interviewt man mich zum Tod, wo ich doch Lust habe, über das Leben zu reden" – Sœur Emmanuelle

Sœur Emmanuelle, im bürgerlichen Leben Madeleine Cinquin, war eine sehr bekannte französische Ordensschwester, die von ihren Landsleuten geliebt und verehrt wurde. Sie wurde 99 Jahre alt. Als Ordensschwester hatte sie an Schulen in der Türkei, in Tunesien und in Ägypten unterrichtet und hatte auch im Sudan gewirkt. Doch richtig bekannt wurde sie dadurch, dass sie viele Jahre unter den Ärmsten der Armen lebte, bei den Müllsammlern in den Slums von Kairo. Dorthin war sie mit 63 Jahren gegangen. Mit 80 Jahren zieht der Orden sie aus der Arbeit in den Slums ab – gegen ihren Willen. „Ich wollte dableiben", sagt sie in einem Interview kurz vor ihrem hundertsten Geburtstag, „bleiben, bis ich 81, 82, 83, 84, 85 wäre." Sie darf noch bis zu ihrem 85. Geburtstag in Ägypten bleiben, wenn auch nicht bei den Müllmenschen. Als sie dann nach Frankreich zurück gerufen wird, stürzt sie sich in die Hilfe von Europa aus, sammelt Geld, appelliert in Talk-Shows an das Gewissen der Menschen.

Sœur Emmanuelle starb kurz vor ihrem hundertsten Geburtstag im Oktober 2008.

Zum Tod von Sœur Emmanuelle schrieb die *Süddeutsche Zeitung:* „Wenn nach dem beliebtesten Menschen in Frankreich gefragt wurde, dann rangierte Sœur Emmanuelle vor allen Sportlern und Politikern. Die Ordensfrau war so etwas wie das Gewissen der Nation. Im Alter war sie immer kleiner geworden, aber ihre moralische Größe überragte alle."[117]

Ihre Bekanntheit mag darauf beruht haben, dass sie als die „Mutter der Müllmenschen von Kairo" bezeichnet wurde. Ihre Beliebtheit verdankt sie vielleicht auch ihren ungewöhnlichen Ansichten. „Vom deutschen Papst hatte sie sich erhofft, dass er den Zölibat lockern, Homosexualität akzeptieren und Geburtenkontrolle zulassen möge – vergebens", so fasst die *Süddeutsche* das revolutionäre Wesen dieser Ordensschwester in einem Satz zusammen.

Im Buch *J'ai 100 ans et je voudrais vous dire...* (Ich bin hundert Jahre alt und ich möchte euch sagen...), das von zwei französischen Autoren als ein einziges langes Interview mit Sœur Emmanuelle präsentiert wird, findet man viel von diesem rebellischen Geist wieder. „Ich mag es, wenn man mir widerspricht", sagt sie darin. „Das ist interessant, ist wie Champagner. Kämpfen erhält jung. Und man kann was vom anderen lernen. Aber ich mag gern andere überzeugen, ich bin hartnäckig."[118]

Schwester Emmanuelle, eine hochgebildete, promovierte Frau, die mehrere Bücher schrieb, brüskierte nicht nur mit ihren Ansichten zu Geburtenkontrolle und Zölibat. Sie vertrat noch weitere Ansichten, die der Kirche als recht unbequem erscheinen mussten. Bekannt ist die Geschichte vom zweifachen Mörder im Slum von Kairo, der ihr Freund wurde. „Er wurde mein Freund, weil er spürte, dass ich ihn respektierte", sagt sie. „Das heißt nicht auch, dass ich das gut geheißen habe, was er getan hat. Ich habe ihm gegenüber einfach nie den Moralapostel gespielt, ich mag das Moralisieren nicht." Dieser Mann, den andere verurteilten, war immer hilfsbereit, half ihr, Kinder auf seinem Eselswagen zum Arzt zu bringen. Das Resümee, das Sœur Emmanuelle daraus zog: „Er war so unsagbar freundlich. Dass ich ihn respektierte, brachte in ihm das Gute zum Vorschein, er wollte das ausdrücken, was gut in ihm war. Ich sage es immer wieder: man muss nur lieben. Wenn ein Mensch wirklich geliebt wird, wird auch er lieben."[119]

Schwester Emmanuelle hatte viele Freunde unter Muslimen. Von ihnen habe sie viel gelernt, sagt sie, und geht in ihren Aussagen wieder ein Stück weiter als das, was man gewohnt wäre, von einer Nonne zu hören. „Die Muslime haben einen Sinn für Transzendenz Gottes, die wir, die Katholiken, oft vergessen. Sie beten mit dem Gesicht zum Boden. Manche finden das lächerlich. Aber wenn man ihr Gesicht sähe – und man sieht es, wenn sie sich aufrichten –, könnte man darin die Zeichen ihres Glaubens sehen, der Größe ihres Glaubens." Sie habe tausende von muslimischen Freunden, sagt sie im langen, zum Buch gewordenen Interview. „Sie sind keine Fanatiker. Ich respektiere sie und sie respektieren mich. Ich liebe die islamische Religion. Ich habe den Koran gelesen, auf Türkisch und auch auf Arabisch, mit der Hilfe von jemandem. Man findet im Koran sehr schöne Dinge. Zum Beispiel über die Jungfrau Maria."[120]

Was geht (noch) und was geht nicht (mehr) im Alter? Diese Frage ist in unserem Land, oder sollte man sagen: in unserer reichen, wohlbehüteten Zivilisation, eine oft gestellte Frage, sei es, dass man es offen ausspricht oder dass ältere Menschen sich diese Frage selbst stellen. Menschen wie Sœur Emmanuelle stellen sich diese Frage nicht: sie handeln einfach. Sœur Emmanuelle arbeitete noch als 80-Jährige im Slum von Kairo. Und wenn ihr Orden sie nicht abgezogen hätte, wer weiß, wie viele Jahre sie dort noch hätte weitermachen können.

Für sie liegt das Geheimnis im Mitmenschen, im Anderen. „Ich habe ein Buch geschrieben mit dem Titel *Das Paradies, das sind die Anderen*", sagt sie. „Ich bin absolut davon überzeugt, dass die Hölle in einem selbst liegt, darin, sich in sich zu verschließen, und dass das Paradies sich öffnet und an dem Tag anfängt, an dem man den Anderen sieht, dem Anderen zuhört." Doch für den Anderen dasein bedeute nicht, dass man sein Leben opfern solle.[121] Man dürfe sein Leben nicht für das Glück anderer opfern, das wiederholt sie immer wieder. Auch das eine Einstellung, die viele nicht von einer Ordensfrau erwarten würden. Sie hat es wohl immer vertreten und vertritt es auch als fast Hundertjährige noch: ein Leben der Entbehrung und des Leides für das Glück anderer, nein, das soll und darf es nicht sein. Wahre Liebe sucht das Glück des Anderen und gleichzeitig das eigene Glück.

Sie hat keine Angst vor dem Tod, dennoch findet sie es seltsam, dass man sie seit dem Tag, an dem sie sich zur Ruhe setzen musste, immer zum Tod befrage. „Ich hoffe, dass man das nicht mit allen so macht, die meiner Generation angehören oder ein wenig jünger sind", sagt sie, „denn das ist bestimmt nicht für alle lustig."

3. Kapitel

Stereotype und Vorurteile
zum Alter – es gibt sie noch

„Der Alptraum des Alters ist nicht wegen der
körperlichen Beschwerden entstanden, die es
mit sich bringt, sondern hauptsächlich aufgrund
der Angst, von der Gesellschaft abgelehnt zu
werden." – *Rita Levi Montalcini, Neurobiologin und
Nobelpreisträgerin (103 Jahre)*

„Wir sind alle zu passiv, zu brav und zu angepasst."
– Hanne Schweitzer, Büro gegen Altersdiskriminierung

Dass sich die Vorstellung von „Alter" in den letzten 10-15 Jahren
stark gewandelt hat, ist offensichtlich. Wissenschaftliche Erkenntnisse wie auch eine Reihe von Untersuchungen, Umfragen und
Publikationen trugen dazu bei. Insbesondere zwei Erkenntnisse
scheinen sich durchzusetzen. Die eine ist, dass die Grenze, bei der
Menschen als „alt" betrachtet werden, sich im Vergleich zu früher
um gute zwei Jahrzehnte nach hinten verschoben hat. Die zweite
Erkenntnis ist, dass es *das* Alter in verallgemeinernder Form nicht
gibt. Damit könnte man sich zufrieden zurücklehnen und dem
„Nicht-Alter" guten Mutes entgegensehen, zumal man daraus
schließen könnte, dass ein gewandeltes Altersbild auch die mit
dem Alter einhergehenden Stereotype zum Verschwinden gebracht
habe. Doch ist dem wirklich so? Hat die Gesellschaft nun weniger
Vorurteile gegenüber alten Menschen? Hat die Errungenschaft der
ehemaligen 68er, die uns das Alter anders und besser vorleben,
auch dazu geführt, dass sich das Bild vom Alter als solchem geän-

dert hat? Und wenn ja, gilt dies generell oder eher für bestimmte Bereiche und gegenüber bestimmten Altersgruppen?

Haben wir ein neues Bild vom Alter?

Vor einigen Jahren schrieb der *Stern* in einem Artikel mit der Überschrift *Abschied vom Jugendwahn* über die Generation 50+: „Die neuen Alten sind Hoffnungsträger für die vom demografischen Wandel getroffene Gesellschaft. Sie sind aufnahmefähig, abenteuerlustig, flexibel, neugierig und gesellig."[122] Dies entspricht dem Fazit, das auch Professor Dieter Otten im Schlusswort zu seinem Buch *Die 50+ Studie* zieht. Er sagt darin, dass es heute fast schon absurd wirke, das sechste Jahrzehnt überhaupt noch mit dem Begriff „Alter" in Verbindung zu bringen. „Bei der empirischen Erforschung der Generation 50+ sind wir wie eine wissenschaftliche Expedition gestartet, die einen neuen Kontinent entdecken wollte, das „revolutionierte Alter", die „Altersrevolution" oder wie auch immer man das Phänomen bezeichnen möchte, hinter dem wir her waren", schreibt er. „Zurückgekehrt ist die Expedition am Ende nicht mit der Entdeckung eines neuen Kontinents, sondern mit der nicht minder aufregenden Entdeckung, nämlich dass das alte Festland neue Gebiete hinzugewonnen hat: Die vermeintlich revolutionären Alten erweisen sich als *nicht alt*."[123]

Beide Publikationen beziehen sich auf Menschen, die in etwa zwischen 50 und 70 Jahre alt sind. Zu diesen Äußerungen könnte man eine endlose Reihe weiterer Aussagen hinzufügen, die alle den gleichen Tenor haben: Menschen um die sechzig sind heute nicht mehr „alt".

Soweit, so gut – wenn es da nicht eigenartige Widersprüche gäbe. Nicht nur, dass sich diese Einstellung in der Arbeitswelt bis jetzt noch wenig herumgesprochen zu haben scheint; selbst die Autoren positiver Altersvisionen kann man dabei ertappen, wie sie bisweilen, zwischen den Zeilen oder ganz deutlich, immer noch stereotypen Interpretationen erliegen. Man könnte insofern zwei Hypothesen wagen.

Hypothese Nummer eins: Es steckt tief im Menschen immer noch eine unausrottbare Angst vor dem „Alter", ganz gleich, wo man dieses nun beginnen lässt.

Hypothese Nummer zwei: Genauso tief wie die Furcht vor dem Alter sind auch Altersstereotype verankert, da diese auf fatale Weise mit der Furcht vor dem Alter gekoppelt sind.

Noch in demselben, soeben zitierten Artikel aus dem *Stern* scheinen wir postwendend zur ersten Hypothese bestätigt zu werden. „Selbst unter denen, die älter als 85 Jahre sind", heißt es darin, „ist nur ein Fünftel pflegebedürftig." Doch diese guten Nachrichten, wie da gleich im übernächsten Satz zu lesen ist, seien „natürlich nur Befunde auf Zeit". Denn auch daran ließen Altersforscher keinen Zweifel: Die Gebrechen kommen. Nur eben später. „Wissenschaftler unterscheiden deshalb zwischen dem dritten Lebensalter, das mit 60, und dem vierten, das mit 75 beginnt", endet der Abschnitt. „Ein 94-jähriger ist hochbetagt, wer noch älter ist, zählt zu den ‚Überlebenden'".[124]

Im Hinblick auf die Hypothesen „übersetzt", heißt das: freut euch nicht zu früh: „das" Alter kommt noch mit all seinen Schrecken. Wollte man dies auf die Ausführungen und Beispiele all der Hundertjährigen anwenden, von denen ich bis hierher berichtete, bedeutete dies: ich habe nicht von dynamischen Hochbetagten berichtet, sondern von lauter Überlebenden.

Wie wir bald sehen werden, sind die Stereotype, die das Alter betreffen, noch lange nicht ausgerottet. Wenn man genau hinsieht, sind sie noch nicht einmal in Bezug auf die „jungen Alten" verschwunden. Die Realität der dynamischen 68er sei noch lange nicht in allen Köpfen angekommen, bestätigt Christa Höhs. Sie muss es wissen, denn sie ist die Chefin einer Senior Models-Agentur. Da wollen Werbeleute eine Omi buchen, eine nette Märchenbuch-Großmama mit Goldrandbrille, weißem Dutt und Apfelbäckchen. „So um die sechzig eben", präzisieren die Werbeleute in der Anfrage.[125] Christa Höhs, selbst über 60 Jahre alt, kommentiert es amüsiert. Eine Knuddel-Oma um die 60, das war gestern. Aber nicht nur die als „jugendversessen" bekannte Werbebranche hat die jungen Alten noch nicht begriffen, auch andere haben sie noch nicht verdaut, selbst jene nicht, die gezielt von genau diesen jungen Alten berichten. So findet man im Buch *Die Altersrevolution* von Petra und Werner Bruns & Rainer Böhme Stellen wie diese: „Wir allerdings sollten nicht so einfältig sein zu glauben, dass ausgerechnet die 68er sich auf ein Leben unter dem Diktat der Gehhilfe reduzieren ließen. Vielmehr regt sich ihre Seele pünktlich zum Eintritt ins Rentenalter. Sie erstarkt derzeit aufs neue – die notorisch unerschütterliche Seele einer schon aus Prinzip widerspenstigen Generation. Sie wird sich gegen das antiquierte Altersbild zur Wehr setzen [...] werden sie nunmehr eine Revolution des Alters anzetteln."[126] Soweit, so gut, könnte man meinen. Was ist schließlich dagegen zu sagen, dass ein antiquiertes Altersbild abdankt? Doch es gibt etwas, das stutzig macht. Es ist der Wortgebrauch. Verwendet man das Wort „anzetteln" im Deutschen nicht für Anstiftung, Verschwörung? Und wenn wir so einfältig sind, uns Illusionen hinzugeben, heißt das nicht, dass wir gar nicht merken, wie da etwas Unerwünschtes auf uns zukommt, etwas, vor dem man sich in Acht nehmen muss? Das Buch von Bruns und Böhme ist von einer eigenartigen Dualität. Über 200 Seiten hinweg fragt man sich beim Lesen, ob die Autoren es nun gut oder schlecht finden, dass die 68er das Alter revolutionieren, ob da insgeheim Respekt vor dieser selbstbewussten Gruppe zwischen den Zeilen mitschwingt oder ob es letztlich um Minimierung derselben geht. Dem geistigen Vorläufer des Buches, der zu einer ähnlichen Rebellion im 21. Jahrhundert aufrief, Frank Schirrmacher, werfen die Autoren ein antiquiertes Altersbild vor, denn die Alten, von denen er spricht, gebe es ja gar nicht mehr. Das ließe darauf schließen, dass sie selbst ein modernes Bild vom Alter haben. Daran aber kommen gehörige Zweifel auf, wenn man zum bösen Verriss „alternder Popkünstler" und ihrer „abgewrackte[n] Fans" gelangt. „Die Besucher der Stones-Konzerte, so finden die Kinder und Enkel der 68er, haben etwas Abgeschmacktes: Alte, die ihre ungelenk gewordenen Gliedmaßen und ramponierten Organe

102

durch wilde Tanzbewegungen der Gefahr aussetzen, bald ganz den Geist aufzugeben",[127] steht da zu lesen. Dabei hieß es kurz davor noch, dass genau diese Generation außerordentlich fit sei, geistig wie körperlich. Und nun „betreten sie, biologisch gesehen, die Bühne als Greise".[128]

Die Wortwahl spricht ganze Bände, wagt doch sogar unter Altersforschern heute kaum jemand mehr, einen 60-Jährigen als Greis zu bezeichnen. Wenn selbst ein Buch mit dem Titel „Die Altersrevolution" und dem Fokus auf genau diese jungen Alten ebendiese so darstellt, was kann man dann noch von anderen erwarten?

Wir sind zwar auf dem Weg zu einem neuen Altersbild, aber dieser Weg ist von vielen kleinen und großen Baustellen gesäumt. Manche von ihnen können uns den Weg versperren oder uns auf beschwerliche Umleitungen verweisen. Frank Schirrmacher, der Autor des Bestsellers *Das Methusalem Komplott,* hat sich aggressiv und heftig gegen die Stereotype zum Alter aufgelehnt. Er geht so weit, die Vorurteile über das Altern und den alternden Menschen als ein „furchtbares Verhängnis unserer Zivilisation und unseres Lebens" zu bezeichnen.[129] Man kann von seinem Buch halten, was man will, es ist stark kritisiert worden und hat viel Angst geschürt. Dennoch ist das, was er schreibt, nicht aus der Luft gegriffen. Die Robert Bosch-Stiftung meint zwar in ihrer Studie zu den Altersbildern, dass Schirrmacher „journalistisch wirkungsvoll überzeichnet" habe.[130] Doch wenn dem wirklich so sein sollte, wie erklärt sich dann, dass im Büro gegen Altersdiskriminierung in Bonn, am ersten Beschwerdetag, im Jahr 2001, über 4000 Anrufe die Hotline zusammenbrechen ließen?[131] Wenn es in unserer Gesellschaft kaum noch Stereotype und daraus entstehende Diskriminierung gäbe, würden sich dann wissenschaftliche Autoren so ausführlich mit Altersbildern befassen wie Sigrun-Heide Filipp und Anne-Kathrin Mayer mit ihrem Standardwerk *Bilder des Alters – Altersstereotype und die Beziehungen zwischen den Generationen?*[132] Und wozu eine erst im Jahr 2006 eingerichtete sogenannte „Antidiskriminierungsstelle des Bundes", die unter anderem auch als Anlaufstelle gegen Altersdiskriminierung fungiert?

Nein, wir haben weder die Angst vor den dunklen Seiten des Alters noch die Voreingenommenheit gegenüber dem Alter als solchem abgelegt. Denn wir haben leider eine ganz wesentliche Erkenntnis zum Alter, die in jüngster Zeit betont wird, immer noch nicht verinnerlicht: *das* Alter gibt es genauso wenig wie *die* Alten.

In dem umfangreichen Werk der Psychologinnen Filipp und Mayer betonen die Autorinnen, dass die Altersforschung eines überzeugend nachgewiesen habe: Altern ist kein homogener, d.h. gleichförmiger und gleichsinnig verlaufender Prozess. Kein Abschnitt im menschlichen Lebensverlauf sei durch so große Unterschiede zwischen den einzelnen Menschen gekennzeichnet wie die Phase des Alters, und zwar mit Blick auf fast alle physischen und psychischen Merkmale.[133]

Denkmuster der Gesellschaft

Da wir nun festgestellt haben, dass wir, bei genauer Betrachtung, nicht wirklich ein tiefgreifend neues Bild vom Alter haben, welches sind die gängigen Bilder, die uns bestimmen? Filipp und Mayer benennen sieben Bilder, die letztlich so etwas wie „Archetypen des Alterns" seien: die griesgrämigen Alten, die aktiven Alten (hierzu würden wohl die meisten der fitten 68er zählen), die konservativ-moralischen Alten, die liebenswerten Großeltern, die hoffnungslos Verzagten, die entkräfteten Alten und die zurückgezogenen Alten.[134] Man beachte, dass vier der sieben Kategorien eindeutig negativ sind. Wollte man die Konservativ-moralischen dazuzählen, wären es sogar fünf von sieben. Bleiben nur die aktiven Alten und die lieben Großeltern als positive Bilder, wobei alte Menschen bei letzterem Bild auf eine einzige Rolle fixiert und damit in ihrem Sein reduziert werden.

Nun könnte man sagen: „Was ist so schlimm daran, wenn man gewisse Bilder vom Alter hat? Das bedeutet nicht, dass man jeden alten Menschen so sieht." Leider bedeutet es das oft doch. Denn diese Bilder werden schnell zu Stereotypen. Stereotyp ist gleichbedeutend mit einem generalisierten Bild. Man könnte es auch Denkmuster nennen. Anders als Vorurteile, sind Stereotype nicht ausschließlich negativ. Sie stellen Bilder dar, die man von sozialen Gruppen hat, und zwar in der Form, dass man sich bestimmte Vorstellungen über Eigenschaften macht, die man für typisch hält, wenn es um diese Gruppen geht. Die Eigenschaften können negativ wie positiv sein (griesgrämige Alte, liebe Großeltern). Stereotype werden auch von den Mitgliedern der eigenen Gruppe geteilt; sie sind nicht immer falsch, oft steckt auch in den Negativvorstellungen ein Körnchen Wahrheit. Der Fallstrick liegt darin, dass man die jeweilige Eigenschaft als „naturgegeben" ansieht und sie auf *alle* Mitglieder der jeweiligen Gruppe überträgt.

Das ist leicht zu beobachten, wenn man auf die Wortwahl achtet, die Menschen jüngeren oder mittleren Alters gebrauchen, wenn sie über Alte oder gar Hochbetagte reden. Da kommen Wendungen wie „im Alter wird man eben so", „Alte sind stur", „im Alter wird man launisch", „Alte sind wie Kinder", „Alte leben vergangenheitsorientiert" usw. Selten nur setzt man ein relativierendes Attribut davor, das kennzeichnen würde: man meint nicht absolut alle, es sind vielleicht nur „viele" oder „manche". Ein stereotypgeleitetes Urteil ist folglich eine zu starke Verallgemeinerung, in der ein Individuum, das von dieser Verallgemeinerung abweicht, nicht berücksichtigt wird. Der Einzelne – nicht griesgrämige, nicht kindische, nicht sture alte Mensch – wird sozusagen von der verallgemeinernden Aussage geschluckt und „aufgefressen". Er hat keinen Platz in diesem Denkmuster und geht mit seiner Individualität verloren.

Ebensowenig hat das Platz, was die Psychologen „Situationsfaktoren oder Drittvariablen" nennen. Das sind Faktoren, die eine Rolle beim beobachteten Verhalten spielen könnten, die aber nicht berücksichtigt werden, weil man sich mit *einer einzigen* Erklärung, hier dem Etikett „alt", zufrieden gibt. Somit fragt man nicht mehr nach anderen Gründen. Filipp und Mayer bringen das anschauliche Beispiel von schwarzen Studenten[135]: stelle man fest, dass schwarze Studenten schlechtere Noten hätten als weiße, wäre eine stereotype Schlussfolgerung daraus: Schwarze sind dümmer als Weiße. Das sei eine Schlussfolgerung, die Drittvariablen außer Acht lassen, wie zum Beispiel den Einfluss sozialer Faktoren (Armut, Familie, Wohnverhältnisse etc.).

Auf das Alter angewandt, könnte man für eine solche nichtbeachtete „Drittvariable" ein Beispiel aus dem Bereich der Technologie nehmen. Mangelnde Intelligenz oder Lernfähigkeit im Alter wird von stereotypgeleiteten Autoren damit begründet, dass Menschen Technologie im Alter „nicht mehr kapieren, weil das Alter ihre Fähigkeit hierzu reduziert". Verglichen werden sie hierbei mit den Jungen, die neue Technologie viel schneller begreifen. Ein typisches Beispiel hierfür die folgende Passage aus dem Buch von Eva Jaeggi, einer Professorin für Psychotherapie: „Artikel über hochbetagte berühmte Persönlichkeiten betonen regelmäßig, dass die Person ‚voll da' sei, nach wie vor von scharfsinnigem Verstand und Ähnliches. Hat man zufällig Kontakt zu Familienangehörigen, dann bietet sich oft ein anderes Bild. Natürlich: Diese Personen, sofern sie nicht dement sind, wissen noch sehr viel über ihre eigenen Gebiete zu sagen; das wirkt allemal, als wenn sie auch mit hundert noch topfit seien. Aber wer hat einen solch quicklebendigen Hundertjährigen erlebt, wenn ihm Enkel und Urenkel das Einscannen von Fotos erklären oder das Ausdrucken der Bilder aus der Digitalkamera?" [136] Abgesehen davon, dass der Ton, der hier alten Menschen gegenüber angeschlagen wird, peinlich berührt, ist auch der angestellte Vergleich verfehlt. Wie kann man die geistige Fitness eines Hundertjährigen daran messen, ob er auf Anhieb das Ausdrucken von Bildern aus einer Digitalkamera versteht! Nicht nur, dass auch 40-Jährige gelegentlich etwas länger brauchen, um eine neue Digitalkamera fehlerfrei zu bedienen, und dass nicht jeder 20- oder 30-Jährige immer auf Anhieb alles versteht, was mit webcam, GPS, iPad und anderen Neuerungen zu tun hat – der Vergleich hinkt, weil er Unzutreffendes nebeneinander stellt. Moderne Technologie ist eben nicht „neu" für die Jungen, sie sind ja damit geboren und aufgewachsen. Insofern ist es methodisch ein grober Fehler, Alte und Junge im Hinblick auf Technologie zu vergleichen, um daraus Schlussfolgerungen auf ihre Lernfähigkeit abzuleiten.

Eine seriöse Betrachtungsweise würde bei den zu vergleichenden Gruppen den „Umgang mit Neuem" an etwas testen, das bei beiden auf ähnlichem Erfahrungshintergrund beruht. Denn andernfalls könnte man auch genau das Gegenteil herausfinden: dass Junge mit neuen Situationen gar nicht umzugehen wissen. Man bräuchte sie dazu nur, in Umkehrung des oben genannten Vergleiches, mit etwas zu konfrontieren, das für sie genauso weit aus ihrem normalen erlebten Umfeld entfernt ist wie die moderne Technologie aus dem Umfeld der Alten – zum Beispiel mit einer Situation, in der die gewohnten technologischen Hilfsmittel ausfallen. Man nehme einem jungen Menschen Computer und Handy weg und wird erleben, dass bei vielen Hilflosigkeit entsteht, darin, wie die „hilfsmittellose" Situation nun anders zu bewältigen sei. Manch einer der „geistig wendigen, lernfähigen jungen Menschen" würde komplett versagen und in Panik kollabieren, weil er *dieses* Neue nicht zu handhaben vermag.

In manchen Fällen sind Stereotype vielleicht nur auf mangelnde Information, auf mangelndes Hinsehen zurückzuführen. Generell aber sind sie hartnäckig und halten sich, sei es, weil man sie für absolut richtig hält, weil sie einem Vortcile verschaffen oder weil sie dazu dienen, sich gegenüber anderen abzugrenzen. Fakten, die ihnen entgegenstehen, werden entweder nicht wahrgenommen oder bewusst übergangen. So zum Beispiel ist die Meinung, dass ältere Menschen nicht mehr kreativ sein können, recht erstaunlich angesichts der Tatsache, dass so viele der ganz großen Meister ein recht hohes Alter hatten und damit *bewiesen* haben, dass auch sehr alte Menschen kreativ sein können.

Auf eine Reihe von Stereotypen über Leistungsfähigkeit, Offenheit, Kreativität, Sexualität wurde bereits im ersten großen Kapitel eingegangen. Weitere stereotype Bilder betreffen die Vergangenheitsorientierung alter Menschen, die automatische Verknüpfung von Alter und Krankheit oder die (leider immer noch weit verbreitete) Ansicht, dass Alte „wie Kinder" seien. Wie bereits zu vermuten: auch diese Stereotype halten einer genauen

Überprüfung nicht stand. Man könnte meinen, die bekannte Übersetzerin Swetlana Geier, Jahrgang 1923, sei eine Ausnahme, wenn
sie von sich sagt: „Ich denke nie sehnsuchtsvoll an meine Kindheit
oder meine Jugend zurück."[137] Doch sie ist keine Ausnahme, sie
gehört zu einer Mehrheit!

So stellte die Berliner Altersstudie, die auf das hohe Alter
fokussierte, fest, dass nur ein Drittel (!) der alten Menschen vorwiegend vergangenheitsorientiert seien und dass mehr als neun
von zehn noch ausgeprägte Lebensziele hätten.

Ähnlich im Hinblick auf Alter und Krankheit. Hier sagt uns
die Berliner Altersstudie, dass im Hinblick auf körperliche Gesundheit die Gleichsetzung von Alter und Gebrechlichkeit irrefüh-
rend sei: selbst unter den 85-Jährigen und Älteren sei knapp die
Hälfte frei von klinisch manifesten Gefäßkrankheiten. Die große
„Elsa"-Studie in Großbritannien aus dem Jahr 2002 ergab, dass
hochbetagte Alte in erstaunlich guter körperlicher und geistiger
Verfassung sind: 60% der befragten Männer zwischen 80 und 90
bezeichneten ihren Gesundheitszustand als gut bis sehr gut.[138]
„Illness and old age go together?" (Krankheit und Alter sollen
zusammengehören?), wiederholte die 98-jährige Hilda Kemp
aus Southampton meine Frage. „No, definitely not." Ganz gewiss
nicht, war ihre Antwort.

Nun könnte man meinen oder hoffen, dass negative Denkmuster
bei den Berufsgruppen, die am häufigsten mit alten Menschen
umgehen, am seltensten anzutreffen seien. Doch leider ist dem
nicht so. Die wissenschaftlichen Erkenntnisse über Altersstereotype bei medizinischem Personal, Ärzten und Altenpflegern sind
ernüchternd. Dieses Fazit hat einiges Gewicht, sind doch gerade
im Hinblick auf diese Berufsgruppen, die sozusagen Spezialisten
im Umgang mit alten Menschen sind oder sein müssten, sehr viele
Studien gemacht worden. So schreiben Filipp und Mayer, dass der
thematische Forschungsschwerpunkt über Altersstereotype in der
Arbeitswelt gerade bei den Berufsfeldern gelegen habe, in denen
ältere Menschen in der Rolle von Patienten, Klienten oder Pflegebedürftigen mit den entsprechenden Berufsgruppen in Berührung

kommen. Die Studien hätten nachgewiesen, dass das Wissen über Alter in diesen Berufsgruppen keineswegs größer ist und sie nicht minder negative Einstellungen gegenüber Älteren haben als die Allgemeinbevölkerung.[139] So zum Beispiel wurde festgestellt, dass unter Physiotherapeuten und Krankenpflegern eine Reihe von Fehlauffassungen verbreitet seien und es erhebliche Überschätzungen hinsichtlich des Vorhandenseins von Krankheiten und Einschränkungen gebe, die man mit dem Alter assoziiert, wie z.b. Alzheimer oder Schwerhörigkeit. So meinten 75% der in einer Forschungsarbeit befragten Physiotherapeuten und Krankenpfleger fälschlicherweise, dass „jeder Mensch ab 60" Einbußen im Hörvermögen erlebe und dass Schwerhörigkeit ein Zeichen normalen Alterns sei.[140] Es gibt des Weiteren systematische Daten, die zeigen, dass die Bereitschaft von Krankenschwestern und Ärzten, ältere Patienten zu betreuen bzw. zu behandeln, vergleichsweise gering ist. Selbst innerhalb der einschlägigen Berufsgruppen (wie z.b. Alteneinrichtungen) wurde ein verstecktes Desinteresse an der Arbeit mit alten Menschen ermittelt. Ärzte wie auch Krankenschwestern hätten klar artikulierte Vorstellungen von „alt", so wurde ermittelt: Alter werde gleichgesetzt mit sozialem Rückzug, geringer Aktivität und mangelnder Flexibilität.[141]

Interessant ist auch zu sehen, wie Menschen an Stereotypen festhalten, selbst wenn ihnen das Gegenteil bewiesen wird. Alte Menschen gelten oft als schwierige Nachbarn, die sich durch alles gestört fühlen und sich querulantisch über jede Kleinigkeit beschweren. Schwierige Nachbarn werden dann so beschrieben wie im Beitrag über die Ergebnisse einer kürzlich durchgeführten Nachbarschaftsstudie: „Der eine fühlt sich ständig durch die ganz normalen Alltagsgeräusche belästigt, der nächste beschwert sich über einen auf sein Grundstück ragenden Ast und wieder andere sind einfach prinzipiell immer ‚auf Krawall gebürstet'."[142] Senioren gälten häufig als besonders schwierig, heißt es darin weiter. „Rentnern wird oft nachgesagt, sie hätten zu viel Zeit. Und aus Langeweile fingen die alten Griesgrame dann an, wegen jedem noch so kleinen Vorfall ihre Nachbarn mit Beschwerden oder gar Prozessen zu terrorisieren." In der Folge berichtet der Artikel aber, dass die Nachbarschaftsstudie völlig überraschend genau das Gegenteil herausgefunden hätte: die Älteren (hier: über 60) fühlten sich deutlich seltener durch Nachbarn gestört als die Jungen. In der Gruppe der 18- bis 29-Jährigen konnten nur gut ein Drittel (39%) behaupten, ihr Nachbar störe sie nie. Soweit, so gut. Jetzt aber schlägt das Stereotyp wieder zu. „Ob die beeindruckende Ausgeglichenheit der Senioren auch mit dem nachlassenden Gehör zu tun hat, lässt die Studie offen. Insofern könnte ein nachlassendes Gehör tatsächlich dazu beitragen, dass der ein oder andere Konflikt gar nicht erst entsteht", heißt es dann.[143] Ein Stereotyp zur Schwerhörigkeit, wie weiter oben bereits erwähnt, gepaart mit einem Mangel an Logik (was bei Stereotypen nicht weiter verwunderlich ist), denn was, bitteschön, hat ein überhängender Ast und immer „auf Krawall gebürstet" sein mit dem Hören zu tun?

Ein weiteres, ziemlich weit verbreitetes Stereotyp zum Alter ist, dass alte Menschen wieder „wie Kinder" würden. Wohlgemerkt geht es hier nicht etwa um das sogenannte „innere Kind" im Menschen, und auch nicht um den „reinen Geist des Kindlichen", den man mit einem höheren Bewusstsein wiedererlangen könne, so wie einmal ein großer Aikidomeister es ausgedrückt hat. Hier geht es um die vorurteilsbehaftete Reduzierung der Persönlichkeit des Anderen auf ein simples Kinderniveau, in etwa nach dem Motto: die verstehen ja sowieso kaum mehr was. Filipp und Mayer bezeichnen diese weit verbreitete Sicht in ihrem Buch als „Mythos". Interessanterweise ist es ein Urteil, das nicht alle gleichermaßen trifft. Denn wer wollte es wagen, mit so einer Sichtweise an Größen aus Politik, Kunst und Wissenschaft heranzutreten, ihnen gegenüber solches auch nur zu denken? Wie leicht aber fällt dieses Urteil, wenn über die Nachbarin gesprochen wird, über Bewohner des Altenheimes oder auch über die eigene Großmutter. Psychologen haben anhand des Kommunikationsverhaltens zwischen alten und jungen Menschen interessante Erkenntnisse dazu gewonnen, wie solche Urteile zustandekommen. Untersucht wurde dies insbesondere in Institutionen (Alten- und Pflegeheime). Man hat festgestellt, dass dort oft ein Sprechverhalten gegenüber alten Menschen existiert, das Psychologen als „sekundäre Babysprache" bezeichnen. Merkmale von Sprechmustern gegenüber älteren Menschen in Heimen seien zum Beispiel: das Verwenden von „wir" statt „Sie" in der Anrede („dann gehen wir jetzt mal ins Bett"), einfache, kurze Sätze, die zudem öfter wiederholt würden, das Duzen oder Anreden mit dem Vornamen sowie Verniedlichungen („meine Liebe"), eine eingeschränkte Themenwahl (Vergangenheitsbezug oder oberflächlich aufgabenorientiert), übertriebenes Lob für selbstverständliche „Leistungen" sowie überfürsorgliche Äußerungen.[144] Wer das ausführliche Kapitel zu diesem Thema im Buch von Filipp und Mayer liest, muss unweigerlich das ernüchternde Fazit daraus ziehen: alte Menschen verhalten sich oft wie unmündige „Kinder", weil wir sie dazu machen. Die meisten alten Menschen, die diesem Verhalten ausgesetzt sind, passen sich früher oder später an. Das wird „Selbst-Stereotypisierung" genannt, d.h. die älteren Menschen passen ihr Kommunikationsverhalten den vermuteten Erwartungen an „die Alten" an. In einer Reihe von Studien wurde so nachgewiesen, dass das Interaktionsverhalten zwischen alten Menschen und ihren Betreuungs- bzw. Pflegepersonen einfachen Gesetzen des Verstärkungslernens zu folgen scheint und dass sich ein typisches Interaktionsmuster ermitteln läßt, das als „Unselbstständigkeits-Unterstützungs-Muster" bezeichnet wird.[145] Damit ist ein Muster gemeint, das aufseiten des Pflegepersonals durch ein Verhalten gekennzeichnet ist, das Selbstständigkeit unterminiert. Auf dieses wird seitens der alten Menschen mit unselbstständigem Verhalten reagiert. Das Verhalten des Pflegepersonals trage nicht den individuellen Besonderheiten des Gegenüber und der aktuellen Situation Rechnung, sondern stelle eine Überkompensation dar, schreiben Filipp und Mayer. Dabei sei von Bedeutung, dass sich in diesem Muster keineswegs Hilfsbedürftigkeit und Defizite der alten Menschen manifestieren müssen, die durch Hilfe kompensiert werden sollen. Das Pflegepersonal neige dazu, alten Menschen in übergeneralisierender Weise Unselbstständigkeit zuzuschreiben und sie mit Hilfsangeboten zu überschütten. Dadurch werde das unselbstständige Verhalten verstärkt, auf das wiederum mit Unterstützung reagiert werde. Durch solche Interaktionssequenzen werde Abhängigkeit erzeugt und verfestigt.

„Hier kommt es mir so vor, als lebte man in einer Luftbla- se. Hier wird einem die Arbeit abgenommen, alles wird einem vorgekaut", so umschreibt es die 95-jährige Schweizerin Jeanne Pasche-Fasel, wenn sie im Buch *Oui, je sais qu'un bonhomme a marché sur la lune...* über ihren Heimaufenthalt spricht. „Das ist angenehm, aber das nimmt uns ein wenig von unserer Persönlich- keit. Das lässt dich verstehen, dass du nicht mehr dieselbe bist."[146]

In diesem Zusammenhang überraschen die Ergebnisse einer anderen Studie nicht, welche die Neigung von Pflegepersonal offenbart, gerade jene Altenheimbewohner als „unangenehm" zu charakterisieren, die ein hohes Bedürfnis nach Selbstständigkeit aufwiesen, während Bewohner als „umgänglich" eingeschätzt wurden, die sich in Übereinstimmung mit dem Altersstereotyp abhängig und unselbstständig verhielten.[147]

Im Hinblick auf die Situation in den Pflegeberufen ist dies kein deutsches Phänomen, es kommen die Auswirkungen eines „(Pfle- ge-) Systems" zum Tragen. So zeichnet der italienische Soziologe Renzo Scortegagna in seinem Buch *Invecchiare* (Altern) ein nahezu identisches Bild: „Unter der Rigidität der Pflegedienste, die das Ergebnis einer Standardisierung von Leistungen sind, sehen Alte und ihre Familien sich gezwungen, sich anzupassen und auch ihre Bedürfnisse den angebotenen Dienstleistungen anzupassen. [...] Die Erklärung für solches Verhalten ist einfach: die Pflegedienste folgen routinierten Modellen, reduzieren Anstrengungen auf ein Minimum und legitimieren sich selbst. Die Alten und ihre Familien erhalten umgehende Antwort auf ein Hilfsbedürfnis und verzichten darauf, an die Zukunft zu denken. Somit schafft und erhält man, mit dem Komplizentum der Pflegedienste, Situationen der Abhängigkeit von Pflegediensten, die in absolutem Widerspruch stehen zu den Zielen, Wohlergehen und Autonomie zu fördern, die eigentlich alle, die Familien wie die Pflegedienste verfolgen müssten."[148]

In ihrem Buch *So werden Sie 100 Jahre*, das vom Geheimnis der überaus fitten Hundertjährigen in Okinawa berichtet, weist Ulla Rahn-Huber auf das völlig andere Verständnis von „Hilfe" hin, das in Okinawa vorherrscht. Sie spricht dabei nicht vom Pflegesystem, sondern von gegenseitiger Unterstützung. Da Untersuchungen gezeigt haben, dass bei uns auch ehrenamtliche Helfer dazu neigen, ältere Menschen in Unselbstständigkeit zu drängen, erscheinen diese Ausführungen interessant. „Wir helfen meist, indem wir anderen ihre Probleme und Schwierigkeiten aus dem Weg zu räumen und ihnen beschwerliche Aufgaben abzunehmen versuchen", schreibt sie. „So gut gemeint dies sein mag – der Mensch, den wir betreuen, verliert dadurch an Eigenständigkeit. In dem Maße, wie wir ihm Anstrengung ersparen, kommt er aus der Übung. Von Mal zu Mal wird er abhängiger von uns, traut sich selbst immer noch weniger zu und verliert mit der Zeit seine Selbstständigkeit. Ganz anders die Hilfe nach dem Yuimaru-System. Sie funktioniert auf so diskrete Weise, dass der Betreffende sie annehmen kann, ohne sich bevormundet zu fühlen. Statt ihm die Arbeit komplett abzunehmen, hilft man ihm dabei, sie selbst zu tun. Yuimaru, das sind lauter kleine Gesten, die jede für sich nicht der Rede wert wären, in der Summe aber die rauen Kanten des Lebens so rund schleifen, dass die Alten und Gebrechlichen sich nicht daran stoßen. Yuimaru bietet just das Maß an Hilfe, das der Einzelne braucht, um sich selbst helfen zu können."[149]

Wie Alter zu sein hat – die hemmende Kraft von Normierung

Vieles, was dazu beiträgt, Stereotype und Vorurteile über das Alter entstehen zu lassen, hat seine Wurzel in gesellschaftlicher Normierung. Diese Normierung hat nichts mit Gesetzen zu tun, es ist eine Art Verhaltenskodex, der aus Ansichten und Überzeugungen der Mitglieder einer Gesellschaft entsteht. Das bedeutet, dass es nicht jedem immer auch bewusst ist, dass er einem Kodex folgt: er mag Sicht- und Verhaltensweisen als naturgegeben ansehen, schlimmstenfalls sogar als absolute Wahrheit. Im Hinblick auf Alter kann man sagen: es sind Überzeugungssysteme, die

113

vorgeben, zu welchem Alterszeitpunkt Veränderungen eintreten, welches Verhalten für welches Alter angemessen ist, ob und wie in Entwicklungsverläufe regulierend eingegriffen werden kann. Natürlich kann der Staat das Seine dazu tun, um solche Überzeugungssysteme zu stützen, man denke nur an das sogenannte „Rentenalter". Doch die meisten Vorstellungen zum Alter entstammen dem, was viele Autoren auch eine „soziale Konstruktion" nennen. Das erklärt auch, warum es in verschiedenen Ländern und Kulturen unterschiedliche Vorstellungen von Alter gibt.

Dieses soziale Konstrukt, diese „Altersnormen" definieren die gesellschaftlichen Erwartungen, die an Menschen einer bestimmten Altersgruppe gerichtet werden und die Menschen auch an sich selbst richten. Sie sind die Bewertungsmaßstäbe: man bewertet andere danach, so wie man sich auch selbst bewertet. Solche Normen leiten und geben Sicherheit. Aber sie fixieren auch und nageln fest. Andere wie auch einen selbst. Gegenüber anderen zeigt sich das in den Bewertungen von deren Verhalten, die umso negativer ausfallen, je weiter sich der Betreffende von der Norm entfernt, der er sich unterwerfen sollte. Das kann man schon an einfachen, unbedeutenden Dingen sehen, wie es im Prinzip die Kleidung ist. Normierung ist dann dafür verantwortlich, dass jemand wie die 95-jährige Jeanne Pasche-Fasel es als ihren „Fehler" bezeichnet, wenn sie die Farbe Rot liebt. „Ich mag nicht jeden Tag dasselbe anziehen", sagt sie, „und ich habe einen großen Fehler, ich liebe Farben. (Sie seufzt) Ich liebe Farben."[150] Als die interviewende Journalistin sie fragt, warum sie denn sage, dass es ein Fehler sei, Farben zu lieben, antwortet Jeanne Pasche-Fasel: „Weil es in meinem Alter lächerlich ist..." Auch die stets lebensfroh gewesene Gisela Lauenroth, die ebenfalls Farben liebt und gern Leggings trägt, fühlt sich von der Umwelt ausgegrenzt. „Die stören sich schon dran, wie ich mich anziehe", sagt die 87-Jährige traurig. Ist es nicht schlimm, wenn ein Mensch sich, auf Grund seines Alters, lächerlich fühlen muss, weil er Farben liebt oder gern Leggings trägt?

Noch deutlicher wird die Normierung an den Fällen, wo ein alter Mensch sich die Freiheit nimmt, sich „jugendlich" zu verhalten oder er zum Beispiel eine Verbindung mit einem um Vieles jüngeren Partner eingeht. Aber auch jene alten Menschen gehören hierher, deren Verhalten als kindlich charakterisiert wird, weil sie sich „ungehörig" benehmen. Indem man ihr Verhalten als das eines Kindes abtut, übergeht man den – vielleicht ganz bewusst gezeigten und gewollten – Bruch der Normen, der dahinterstecken könnte. Eine weitere Facette des weiter oben beschriebenen Stereotyps „kindlicher Alter". Die Psychologin Ellen Langer erläutert das in ihrem Buch *Counterclockwise* an einem Beispiel. Wenn der siebenjährige Jimmy und der siebenundneunzigjährige James jeweils einem Gast beim Abendessen ins Gesicht sagten, dass seine Geschichten langweilig seien, so benutzten beide die gleichen Worte, doch das Verhalten dahinter sei nicht dasselbe. Während das Kind unbefangen (unhibited) sei, weil es noch nichts von sozialen Normen weiß, sei der alte Mensch ungehemmt (uninhibited). Er sei sich sehr wohl der Normen sozialen Benehmens bewusst, hat sich aber dafür entschieden, sie zu ignorieren. Das aber kann und will die Gesellschaft nicht zulassen, somit ist oft die einfachste Lösung, ihn durch den Vergleich mit dem Kind lächerlich zu machen.[151] Hermann Hesse hat dazu etwas Bemerkenswertes geschrieben, das genau diese Abgrenzung von absichtslos kindisch gegenüber gewollt ungehörig beschreibt. Ausgehend davon, dass der Tod in einem alten Menschen wohne, mit ihm sei und sozusagen zu seiner Wirklichkeit geworden sei, schreibt der zu jener Zeit 77-jährige Hermann Hesse: „Darüber verliert nun die Umwelt und Wirklichkeit, die uns einst umgab, sehr viel an Realität, ja sogar an Wahrscheinlichkeit, sie ist nicht mehr selbstverständlich und unbestritten gültig, wir können sie bald annehmen, bald ablehnen, wir haben eine gewisse Macht über sie. Das tägliche Leben gewinnt dadurch eine Art spielerischer Surrealität, die alten, festen Systeme gelten nicht mehr so recht, die Aspekte und Akzente haben sich verschoben, die Vergangenheit stieg im Verhältnis zur Gegenwart hoch im Wert, und die Zukunft interessiert uns überhaupt nicht mehr ernstlich. Damit bekommt unser Verhalten im Alltag, von der Vernunft und von den alten Regeln aus betrachtet, etwas Verantwortungsloses,

Unernstes, Spielerisches, es ist jenes Verhalten, das der Volksmund „Kindischwerden" nennt. Es ist viel Richtiges daran und ich zweifle nicht, dass ich ahnungslos und zwangsläufig eine Menge von kindischen Reaktionen auf die Umwelt hervorbringe. Doch geschehen sie, wie die Beobachtung mich lehrt, durchaus nicht immer ahnungslos und unkontrolliert."[152]

Ähnlich der italienische Arzt und Psychotherapeut Vittorio Caprioglio. Im Alter, so sagt er, taucht oft jene Charakteristik des Gerade-darauf-los-Sprechens auf, das nicht viele Skrupel kennt. „Mit dem Vergehen der Jahre wird es immer weniger wichtig, so wie in jungen Jahren, gut dastehen zu wollen: es zählt die Wahrheit, die man früher gern hinter den guten Sitten verbarg."[153]

Filipp und Mayer schreiben, dass die Altersnormierung besonders stark ausgeprägt sei. Es gebe „social timetables", eine Altersanbindung an biologische und soziale Uhren. Viele Übergänge seien eng an das kalendarische Alter gebunden. Die Menschen hätten klar artikulierte Vorstellungen davon, wie Abfolge und zeitliche Platzierung bestimmter Ereignisse typischerweise auszusehen hätten und wie die Lebensspanne zeitlich strukturiert sein soll. Das Lebensalter fungiere als *die* relevante Dimension.[154] Ein starkes Korsett für all jene, die ihr Leben und ihr Alter individuell leben wollen. Da Normierung eine Abweichung *per se* nicht zulässt, werden Abweichungen bekämpft, und zwar von der Gesellschaft, die diese Normen in stillschweigender Übereinkunft aller Mitglieder der Gemeinschaft aufgestellt hat, aber allzu oft auch von Fachleuten und Forschern. Zwar geben diese vor, objektiv zu sein, doch gibt es in diesem Zusammenhang eine letztgültige Objektivität? Man sollte nicht vergessen: auch Forscher und Experten sind Teil derselben Gesellschaft, die diese Normierungen aufgestellt hat. Besonders stark fällt dies in der Psychologie und der Psychotherapie auf. Nicht alle gehen da so objektiv vor, wie es die Autorinnen Filipp und Mayer in ihrem Werk tun. Wertung und Bewertung wird bei Vertretern dieser Berufszweige oft groß geschrieben. Die Worte „müssen" und „sollen" tauchen dann besonders häufig auf. So zum Beispiel schreiben Claudine Badey-Rodriguez und

Rietje Vonk in ihrem Buch *Wenn alte Eltern schwierig werden* über Aktivitäten nach dem Ruhestand, dass diese natürlich dabei helfen könnten, ein durch die Pensionierung in Mitleidenschaft gezogenes Selbstbild wieder zurechtzurücken: „Aber auch dann müssen neue Werte an die Stelle alter Prioritäten treten: Unentgeltlichkeit statt Rentabilität, ein eher gemächliches Tempo anstelle von Schnelligkeit, Weisheit statt Jugendlichkeit. Um den Preis einer solchen Umstellung kann man lernen, in Würde zu altern.“[155] Was für eine entsetzliche Fülle an „Festschreibungen"! Dass es für viele so sein mag, das sei hier nicht bestritten. Das Schlimme an Normen ist aber gerade, dass sie auf *alle* projiziert werden. Warum „müssen" es neue Werte sein? Wer sagt, dass es nicht alte Werte gegeben haben kann, die durchaus weiter gelten können? Warum „muss" man im Ruhestand automatisch umsonst arbeiten? Warum „muss" für jeden älteren Menschen die Vorgabe „langsamer" gelten, auch wenn er vielleicht ein temperamentvoller Typ ist? Und was die Attribute von Weisheit statt Jugendlichkeit sowie das „Altern in Würde" angeht: diese basieren auf einem bestimmten Bild, das mit Alter verbunden ist – sowie, implizit, mit dem, wie Alter *nicht* zu sein hat.

An diesem Beispiel zeigt sich auch ein Fallstrick. Claudine Badey-Rodriguez ist Psychologin, „arbeitet täglich mit Familien, die mit dem Älterwerden konfrontiert sind", heißt es auf dem Buchumschlag zu ihrer Person. Das bedeutet: sie ist täglich mit all jenen konfrontiert, denen das Alter als *Problem* entgegentritt. Sowohl die Zielrichtung des Buches als auch die Erfahrungen, die diesem zugrunde liegen, richten sich auf diese Problemsituation. Diese Sicht ist ein Ausschnitt, der dann irgendwie „verkehrt" wird, wenn man ihn auf das Ganze überträgt. Im Englischen würde man hierfür das schöne Wort *biased* verwenden, das man nicht wirklich treffend ins Deutsche übertragen kann.[156]

Ähnlich die Autorin Eva Jaeggi, ihres Zeichens Psychotherapeutin. Auch sie hat, neben persönlichen Beispielen, Erfahrungen aus ihrer therapeutischen Arbeit zum Ausgangspunkt für das Buch genommen, „Menschen, die ich aus der Therapie oder aus meinem Bekanntenkreis kenne", wie sie schreibt.[157] Das Buch mit dem Titel *Tritt einen Schritt zurück und du siehst mehr* soll uns sagen, wie man gelassen älter werden kann – besser gesagt: wie man dies *soll*, denn darauf läuft es hinaus. In kaum einem anderen Buch zum Thema Alter fand ich so viele Bewertungen und leider auch Abwertungen wie in diesem. Einige Kostproben dieser Tonlage: „Alte Menschen haben mehr Zeit und wenn sie nicht in dummer Nachahmung ihrer eigenen jüngeren Jahre die Zeit mit allem Kram der früheren Zeit vollstopfen, dann sollten sie diese Zeit vielleicht auch mit mehr Nachdenklichkeit ausfüllen."[158] Oder über den Fall einer Frau, die mit sechzig Jahren das Studium der Psychologie aufnahm und dabei nicht ganz so gut abschnitt, wie sie es sich erhofft hatte: „Sie wollte den Jungen zeigen, wie klug auch alte Menschen sein können, und hat nicht bedacht, dass eben weder das Gedächtnis noch die Spannweite des Denkens im Alter sehr groß sind."[159] Nicht nur, dass alle wesentlichen Erkenntnisse neuerer Zeit an der Schreibenden vorbeigegangen zu sein scheinen – denn wer wollte heute noch an der geistigen Leistungsfähigkeit einer Sechzigjährigen zweifeln? – die Passagen lassen Normierung und Stereotype in geballter Form erkennen. Besonders die letzten Worte sollte man ganz langsam und genau lesen. Dann offenbart sich das Ungeheuerliche dieser lapidaren Aussage von selbst.

Dass Familienangehörige alte Eltern oder Großeltern anders sehen und erleben als Fremde, ist eine Tatsache. Aber ist deswegen ihre Sicht die richtige? Die lange, gemeinsam erlebte Vergangenheit und die geringe Distanz, die Familienangehörige haben, prägen das Bild, das man von den Eltern hat, geben dem alten Vater, der alten Mutter oft wenig Freiheit. Besonders krass wird dies an den Beispielen, wo Vater oder Mutter im Alter etwas völlig Neues beginnen wollen oder wenn es ihm oder ihr gar einfällt, sich neu zu verlieben. Auch Überfürsorge oder der Wunsch, sich Probleme zu ersparen, führen oft dazu, einen alten Elternteil in eine Rolle zu drängen, die er vielleicht noch lange nicht hätte einnehmen wollen oder müssen. Nicht alle sind dann in der Lage, so wie Walt Kowalski im Film *Gran Torino* von Clint Eastwood zu reagieren: Als ihm Sohn und Schwiegertochter zum Geburtstag ein Telefon mit Seniorentasten und einen Greifer schenken, begleitet von schönen Prospekten eines Altersheims, wirft er ihnen ihr Ansinnen an den Kopf und sie selber aus seinem Haus.

Auf Überschreitung sozialer Normen folgt Sanktion. Das weiß jeder, der es einmal selbst versucht hat. Es gibt einen hohen sozialen Druck, sich dem eigenen Alter entsprechend zu verhalten, und zwar in nahezu jeder Hinsicht. Besonders heftig werden soziale Kritik und Ächtung, wenn es um Liebe und Sexualität geht. Verliebtsein, Heiraten, Kinder kriegen – dies wird im gesellschaftlichen Denken, immer noch, nach biologischen Uhren bewertet. Sex ganz besonders. „In nahezu allen Gesellschaften und Kulturen in Gegenwart und Vergangenheit galten bzw. gelten Alter und Sexualität schon allein deshalb als unvereinbar, weil unterstellt wird, die Natur sorge dafür, dass Libido und Sexualität mit dem Alter von selbst aufhören, gewissermaßen als Kern der Altersdegeneration", schreibt Professor Otton. „Aber das Argument wird eigentlich erst dann sinnvoll, wenn man es umdreht. Es ist zwar richtig, dass Sexualität schwindet, wenn im Alter Degenerationserscheinnugen und Krankheiten auftreten. Aber mit steigendem Lebensalter treten automatisch weder Degeneration noch schwindende Sexualität ein." Und etwas später: „Wo Sexualität von Menschen jenseits von 50 als ‚Alterssexualität' in Frage gestellt oder verdammt wird, klingt ein Unterton in der Argumentation mit, der seit jeher die Norm meint: Alter und Sexualität gehörten sich nicht."[160]

Es gibt demzufolge kaum ein Thema im Zusammenhang mit Alter (und Altersunterschieden), das so viel Aufsehen (und so viel Unmut) erregt wie die Liebe. Was wird da gelästert über „den alten Bock", der mit einer um dreißig Jahre jüngeren Partnerin „wieder jung sein will", oder die „berechnende Junge, die nur auf das Portemonnaie des Alten schielt". Von älteren Frauen und jüngeren Partnern ganz zu schweigen. Diese wagen sich ohnehin erst in den letzten ein, zwei Jahrzehnten ans Tageslicht, hielten sie sich davor doch lange Zeit als „Phantompaare" eher versteckt, wie Ursula

Richter in ihrem Buch „Einen jüngeren Mann lieben" schrieb.[161] Was ist es, das die Liebe mit großen Altersunterschieden so ins Kreuzfeuer rückt? Regt sich irgendjemand auf, wenn ein Großvater sagt, er liebe sein Enkelkind? Wohl kaum. Hat jemals jemand darüber gelästert, dass eine Tochter sagt, sie liebe ihren Vater? Ganz und gar nicht. Würde jemand auf die Idee kommen, einen spirituellen Lehrer zu kritisieren, der sagt, er liebe alle, die mit ihm sind? Auch das nicht. Was also ist der Unterschied zu diesen kritisierten „Liebes"-Paaren? Es ist der Sex. Immer dann, wenn Sex im Spiel ist oder sein könnte, wie man es natürlich bei einem Paar zu Recht annehmen kann, wird es ungemütlich im Umfeld dieser Menschen. Plötzlich blendet man die „andere" Liebe komplett aus, sieht nur noch den Sex und das Tabu, mit dem man eine solche Beziehung belegt hat. Man vergisst, dass der Sex nur eine der Ausdrucksformen von konkretisierter Liebe ist. In einer Beziehung hängt der Sex von der Liebe ab, wohl kaum umgekehrt. Wenn aber Liebe als Wert unabhängig ist vom Sex, wieso kann dann nicht ein Siebzigjähriger eine Dreißigjährige auf ehrliche Weise lieben oder ein Fünfzigjähriger eine Achtzigjährige?

Ein wunderschöner Film dazu stammt, man ist fast geneigt zu sagen: wie könnte es anders sein, aus Frankreich. „La tête friche" (deutscher Filmtitel: Das Labyrinth der Wörter). Er handelt von Germain, einem 46-jährigen, recht grob geschnitzten Mann, der nahezu Analphabet ist. Über seine Leidenschaft, die Tauben im Park, trifft er Margueritte, eine alte, sehr belesene Dame. Sie treffen sich regelmäßig im Park, sie liest ihm jedes Mal aus ihren Büchern vor. Ein zarter, respektvoller Kontakt bahnt sich zwischen ihnen an, Begegnungen, die auch von koketten Momenten leben, die zwanglos eingestreut und meisterhaft verarbeitet sind. So, wenn Margueritte einmal mit einem zarten Lächeln bemerkt, dass es schon seltsam sei, sie erzählten sich ja Dinge fast so, als hätten sie eine Verabredung miteinander. Oder Germain, der einmal zu ihr sagt, sie habe mit ihren freundlichen Äuglein früher bestimmt vielen Männern den Kopf verdreht. Eine wunderbare Liebesgeschichte – wenn man denn bereit ist, Liebe als unbedingte Akzeptanz eines Menschen zu definieren. Als Germains junge Freundin eines Tages den Blumenstrauß sieht, den Germain für Margueritte gekauft hat, und ihm eifersüchtig eine Szene macht, erwidert Germain: „Sie ist 95 Jahre alt und ja, ich liebe sie." Als Margueritte nach und nach erblindet und nicht mehr ihre geliebten Bücher lesen kann, unternimmt German es in einem heroischen Akt der Selbstüberwindung, das Lesen neu zu lernen, nur um ihr vorlesen zu können. Und in noch größerer Liebe holt er sie aus dem überfüllten, ärmlichen Altersheim wieder heraus, in das ihr Neffe sie hat umziehen lassen, weil er das teure, vornehme Heim nicht mehr mitfinanzieren will. Die wunderbare Schlussszene – Germain holt Margueritte aus dem Stegreif mit seinem Lieferwagen zu sich, in das Haus seiner verstorbenen Mutter – gleicht einem romantischen Happy-End, in dem der verliebte junge Mann sein Mädchen entführt. Untermalt wird die Szene von den Worten Germains als Erzähler: „In Liebesgeschichten gibt es nicht immer nur Liebe. Manchmal gibt es nicht einmal ein ‚Ich liebe dich' und doch liebt man sich."

Vielleicht müssten wir lernen, Liebe wieder neu zu definieren. Ähnlich Marguerite Duras im Film *Diese Liebe*. „Lass uns Wörter für unsere Liebe finden. Aber wahrscheinlich gibt es keine",[162] sagt darin die fast achtzigjährige Schriftstellerin zum dreißig Jahre jüngeren Geliebten Yann. Der Film zeichnet die wahre Geschichte der Duras nach: eine Liebe, die alles andere als platonisch war, die 16 Jahre währte und erst durch den Tod der Duras endete. Marguerite Duras war eine der wichtigsten französischen Autorinnen des 20. Jahrhunderts. Mit sechzig beginnt sie unter einer massiven Schreibblockade zu leiden. Zu dieser Zeit umwirbt der junge Philosophiestudent Yann Andréa sie. Er ist ein großer Bewunderer ihrer Texte, schreibt der angebeteten Schriftstellerin täglich Briefe, fünf Jahre lang. Er bekommt nie Antwort und will gerade aufgeben, als Marguerite Duras sich bei ihm meldet. Er besucht sie in der Normandie, wo sie allein lebt und dem Alkohol verfallen ist. Eine Liebesgeschichte beginnt. Er wird für sie Muse, Sekretär, Geliebter und Pfleger. Eine komplexe, wechselhafte Beziehung, in der die Duras den jungen Geliebten immer wieder vor die Tür setzt, da sie die plötzliche Nähe nur schwer erträgt. Doch Yann Andréa hilft Marguerite Duras, die Schreibblockade zu überwinden, gegen die sie seit Jahren kämpft.[163] Er bleibt bei ihr bis zu ihrem Tod. Da war Marguerite Duras 81 Jahre alt.

Der Meinung einiger Autoren, denen die Literatur und die diversen Publikationen *pro dynamisches Alter* schon zu viel werden, muss entgegengehalten werden, dass es gerade im Hinblick auf Liebe und Sexualität bei weitem noch nicht genug *pro Alter*-Positionen gibt. Oder vielleicht sollte man besser sagen *pro Freiheit*, denn letztlich läuft es darauf hinaus.

Es müsste mehr Autoren geben wie Professor Erich Renner, seines Zeichens Ethnopädagoge. Sein Buch *Methusalems Weltreise – Vom Alter hier und anderswo* ist nicht nur klar strukturiert und kommt zu präzisen Schlussfolgerungen, es scheint auch viel Menschlichkeit durch und Großzügigkeit im Denken. Das wird besonders am Kapitel *Liebe im Alter* deutlich. Er bricht darin eine Lanze dafür, auch größere Altersunterschiede in der Liebe zu tolerieren, und zwar gerade in der soeben beschriebenen Umkehrung von älterer Frau und jüngerem Mann. Er berichtet von einer ihm bekannten Frau, der Mutter von dänischen Freunden, einer gepflegten, charmanten, sehr interessierten Dame von 86 Jahren, die einen 40-jährigen Freund hatte. „Ich sehe noch die Gesichter unseres Freundeskreises vor mir, in denen ein Rätsel geschrieben stand", schreibt er, „das Rätsel, ob es sich dabei wohl um eine platonische Freundschaft handele oder nicht. Doch niemand brachte die Frage vor, aber ich meine, mich an so manches Schmunzeln erinnern zu können."[164] Wohlgemerkt, er spricht nicht von „ironischem Lächeln", er sagt „Schmunzeln", ein Wort, dem Wohlwollen innewohnt, und etwas von Herzlichkeit. Und er schließt seine Ausführungen zu dieser Beziehung mit den Worten: „Ob unsere liebe 86-jährige dänische Freundin mit ihrem 40-jährigen Freund nur ein platonisches Verhältnis hat oder nicht, sollte ihnen selbst überlassen bleiben. Hauptsache sie sind glücklich miteinander."[165] Wie sehr wünschte man sich mehr Autoren dieser Art.

„Alt soll sich nicht mit jung verbinden"

Immer wieder trifft man auf Autoren, die alten Menschen ihre Kontakte mit jungen Menschen oder auch nur „Jüngeren" vorhalten. So manche Psychologen und Psychotherapeuten stehen da an vorderster Front, ist man doch in der Psychologie oft genug der Ansicht, dass Generationen sich klar voneinander abgrenzen sollen. Die bereits mehrfach zitierte Psychotherapeutin Eva Jaeggi gehört zu jenen, die das „Sich-verbinden mit der Jugend" in seine Grenzen verweisen. „Es gibt viele alte und ältere Menschen, die stolz darauf sind, dass sie ‚viele junge Freunde' haben", schreibt sie, „und natürlich kann man es sehr begrüßen, wenn alte Menschen sich auch für die jüngere Generation interessieren. Diese Jüngeren versichern häufig den Alten auch, dass sie ‚erstaunlich jung' seien, dass man ihnen ihr Alter nie ansehen würde etc. Das macht stolz und gibt Gelegenheit, das Alter auch zu vergessen. Vergessen – oder auch: verdrängen. Ich bin immer ein wenig misstrauisch, wenn alte Menschen keine Freunde gleichen Alters haben."[166] Und etwas später: „Dieses Sich-Verbinden mit der Jugendlichkeit und mit jungen Menschen lässt leicht vergessen, dass Altern ein Prozess ist, den man innerlich und äußerlich begleiten muss."[167] In der Folge kommt sie darauf zu sprechen, dass man es bei Kindern, die sich nur mit Erwachsenen abgeben wollen, als Entwicklungsdefizit ansähe. „Wenn alte Menschen sich nicht mit Gleichaltrigen oder sogar Älteren umgeben wollen, dann könnte man dies ebenso als eine Entwicklungsverweigerung ansehen – sie wollen sich selbst nicht im Spiegel ihrer eigenen alterstypischen Veränderungen und leider auch Defizite sehen, wollen nicht in den ‚Club der Verlierer' eingereiht werden und vor allem: Sie wollen auch nicht in ihre eigene Zukunft blicken. Der andere ältere Mensch spiegelt nicht nur eigene Defizite wider, er hat vielleicht auch solche, die man schlimmstenfalls erwarten kann."[168]

Interpretationen ohne Ende, eine Sicht vom Alter, die an frühere Jahrhunderte erinnert und eine eigenartige Einstellung gegenüber dem, was „Freundschaft" ist bzw. sein kann. Man ist geneigt zu fragen: Was ist denn so schlimm daran, wenn jemand im Leben nicht der Verlierer sein will? Warum muss ein lebensfreudiger 90-Jähriger sich mit Gleichaltrigen umgeben, die vielleicht nur noch an den nahen Tod denken? Wenn ein Älterer sich mit einem Jüngeren befreundet, dann „interessiert sich der Ältere für die jüngere Generation", so wird es im Buch interpretiert. Was aber, so frage ich, hat Freundschaft mit Generation zu tun? Es ist ja wohl ein Unterschied, ob der Großvater netterweise mal die Enkelin fragt, wie es denn so in der Schule gehe, oder ob derselbe Großvater sich auf einer Veranstaltung zum Umweltschutz mit einem jungen Menschen angefreundet hat, der vielleicht dieselben Ideen vertritt wie er. Das aber scheint eine Konstellation zu sein, die an Eva Jaeggi vorbeigeht, wie überhaupt Vieles, was mit der neuen Sicht von Alter einhergeht, an ihr vorüberzugehen scheint. „Viele Senioren sind stolz darauf, dass ihre Freunde jünger sind als sie selbst", schreibt sie weiter. „Sie meinen ja auch sehr oft, dass sie noch viel jünger aussähen oder fühlten als ihre Geburtsurkunde verriete. Sie finden ihre alten Freunde oft verkalkt, unlebendig, uninteressant. Dass sie selbst so viel anders seien, das aber ist eine böse Selbsttäuschung. Manch einer würde sich wundern, was seine Freunde nach einem gemeinsamen Abend auf dem Heimweg einander erzählen."[169] Abgesehen davon, dass die Tonlage dieser Autorin immer wieder peinlich berührt und sich im Prinzip von selbst disqualifiziert, geht es damit nun auch gegen die „Jungen", die mit Alten befreundet sind. Eine 30-jährige Kollegin, der ich die Passage zur „Selbsttäuschung" der Alten aus Jaeggis Buch vorlas, bemerkte hierzu: „Eigentlich beleidigt diese Autorin auch uns, die Jungen, indem sie unterstellt, wir würden nur Theater spielen, wenn wir mit einer älteren Person befreundet sind." Es mutet nahezu skurril an, wenn die pauschale Behauptung durchscheint, es gebe niemanden, der im Alter jünger aussieht, als er ist – es gibt derer ja fürwahr genug. Schlimmer erscheint mir die Aussage, Alte, die gern mit Jüngeren befreundet seien, verdrängten lediglich ihre Komplexe. Es ist dies nicht nur eine Unterstellung, es ist in meinen Augen auch reichlich respektlos gegenüber diesen alten Menschen. Unter einem anderen Blickwinkel liegt sogar ein Paradox darin: man könnte Jaeggi die Frage stellen, wie sie es denn mit sehr alten

Menschen halte, wenn deren Altersgenossen, mit denen sie ja vorrangig befreundet sein sollen, wegsterben. Lautet das Fazit dann, sie sollen in Zukunft allein bleiben? Oder sollen sie dann mit 87, 92 oder gar 98 Jahren, sozusagen zwangsweise, auf die Suche nach jüngeren Freunden gehen? Alten Menschen vorzuhalten, dass es „irgendwie nicht normal" ist, wenn sie sich mit Jüngeren befreunden, geht zudem an unserer Zeit vorbei. Nichts wird heute häufiger diskutiert als die Notwendigkeit von generationenübergreifenden Lebensformen, von sozialer Vernetzung, was von Prof. Otten in seinem Buch *Die 50+ Studie* klar und ziemlich deutlich wie folgt auf den Punkt gebracht wird: „Wer nur mit alten Leuten zusammen ist, entzieht sich den Herausforderungen gesellschaftlicher Kommunikation mit jüngeren und verliert soziale Kompetenz".[170] Auch Sabine Bode unterstreicht in ihrem Buch *Wir Alten* die Wichtigkeit von Kontakten mit jüngeren Menschen: „Zu den großen Fähigkeiten, die zu einem gelungenen Leben beitragen, gehört das Pflegen von Beziehungen und Freundschaften, vor allem auch die Kontakte zu jüngeren Menschen."[171]

Wer heute, in einer globalisierten Welt mit übergreifenden Problemstellungen, Lebenswelten in alt und jung einteilen will, ist fürwahr von gestern. Heutiges Leben passiert immer häufiger in Netzwerken und Interessensverbänden, wo es viel stärker um gleiche Gesinnung geht als um gleiches Alter. Experten aus der Sozialwissenschaft stellen das „Generationsdenken" noch ganz anders in Frage. „Der Begriff Generation unterstellt (aber auch), dass diese Kohorte[172] so etwas wie relative Altershomogenität hat. Das heißt, wir unterstellen auch im Alltag, dass die Menschen einer Generation aufgrund ihres Lebensalters auch eine bestimmte Gleichartigkeit der soziokulturellen Erfahrung und damit so etwas wie Alterssolidarität besitzen, zum Beispiel ein höheres Maß an gegenseitigem Verständnis oder gemeinsame Interessen oder stärkeres Füreinandereintreten. So vertraut uns dieser Gedanke ist, logisch gesehen ist das eine starke Behauptung. Was sollten Menschen aufgrund ihres Alters für Gemeinsamkeiten haben? Schüler, könnte man denken, haben gemeinsame Interessen gegenüber den Lehrern, Rentner untereinander wegen der Rente, aber haben sie das wirklich? Solche Theorien speisen sich aus den „Vorstellungen altershomogener Gesellschaften und haben den Stellenwert von Legenden und Mythen, weil sie die Wirklichkeit moderner pluraler Lebenswelten ausblenden. Sie gehen fälschlicherweise davon aus, dass Alterskohorten per se homogen und solidarisch seien und sich als gleichgesinnte Schicksalsgemeinschaft verstehen. Solidarität qua Alter gibt es in modernen Gesellschaften nicht – weder unter Jüngeren noch unter Älteren. [...] In modernen westlichen Gesellschaften wird das Band der Solidarität nicht über Alter und Geld, sondern über gleiche bzw. ähnliche Werte und Normen gewoben. Solidarität konstruiert sich über die gemeinsame Lebenswelt, heißt es dazu bei Sinus." Soweit die Ausführungen von Prof. Otten in seinem Buch *Die 50+ Studie*.[173] Postwendend gestützt wird dies, wieder einmal, von Meredith Haaf, der jungen Autorin. „Die Generation als Überbegriff steht unter dem Verdacht der Vereinfachung. Die Vermutung, dass Menschen mit bestimmten sozialen oder demografischen Gemeinsamkeiten so etwas wie geteilte Ziele oder gemeinsame politische Interessen haben könnten, ist uns heute fremd."[174]

Wie sehen junge Menschen der sogenannten „anderen Generationen" selbst das? Wollen sie, dass Alte sich alt verhalten? Ist es tatsächlich so, dass sie es prinzipiell nicht mögen, wenn Alte sich ihrem jugendlichen Lebenskreis durch was auch immer nähern? Mag sein, dass es für manche zutrifft. Ich bin aber der Meinung, dass man viele junge Menschen in dieser Hinsicht unterschätzt. Und so einige Berichte, die hier und da durch die Presse gehen, bestätigen mich. Irgendwann einmal fiel mir bei meinen Recherchen auf, dass nicht selten in Berichten zu „abenteuerlichen" Unternehmungen alter Menschen die Enkelkinder als jene Mitglieder der Familie aufgeführt wurden, die das Vorhaben aktiv unterstützt oder es sogar selbst initiiert haben. So zum Beispiel der Enkel von Josephine Belasco, die mit 17 Jahren in die USA ausgewandert war. Sie hatte die High School verlassen müssen und hatte so ihr ganzes Leben lang das Gefühl gehabt, etwas verpasst zu haben. Sie hätte sich nie getraut, dies im Alter nachzuholen – wenn da nicht ihr Enkel Marcello gewesen wäre. Dieser, 33 Jahre alt, fand, dass es nie zu spät sei zum Lernen und überredete sie, sich wieder an ihrer alten High School anzumelden. So erfüllte sich Josephine ihren Lebenswunsch und schloss mit 98 Jahren die High School ab. Auch im Fall von Marvin „Hub" Northen, der mit 100 Jahren offiziell sein Diplom nachgereicht bekam, war der Enkel die treibende Kraft. Wie einer Meldung von *Spiegel online* im Jahr 2006 zu entnehmen war,[175] hatte der Enkel von Hub an der Universität Nachforschungen über seinen Großvater angestellt und herausgefunden, dass dieser einen Bachelor in Wirtschaft hatte. Diesen hatte der Großvater nie erwähnt, weil er den Abschluss wegen eines fehlenden Scheins in Chemie nicht hätte besitzen dürfen. Der Enkel setzte nun alles in Gang, damit sein Großvater diese Anerkennung offiziell nachgereicht bekäme. Auch den 82-jährigen Japaner Yoshimichi Harada trieb die Sehnsucht danach, etwas nachzuholen. Er wurde selbst aktiv, kündigte eines Tages seinen Enkeln an, dass er das Geld, das er ihnen sonst immer gegeben habe, von nun an selber brauche – fürs Studium der Wirtschaftswissenschaften. Wenn man nun meint, diese hätten ihn, vielleicht böse geworden über die verloren gegangene Pfründe, für verrückt erklärt, so liegt man weit daneben: sie waren so begeistert von seinem Enthusiasmus, dass sie ihm auch noch Kleidung, Schuhe und Taschen für den Unterricht spendierten. Auch bei Olive Riley, mit 107 Jahren älteste Bloggerin der Welt, half der Enkel, von Beruf Banker. Da sie den grauen Star hatte und mit den Tasten des Computers nicht so richtig klarkam, behalf sie sich mit einem Diktiergerät und der Enkel schrieb ihren Blog.

Enkel können sogar so weit gehen wie die Enkelin von Luisa Rita, einer 67-jährigen Italienerin, die im italienischen Fernsehen in einer Art Talente-Show älterer Menschen auftrat. Sie tanzte bei ihrem Auftritt nach einer Musik von Michael Jackson. Unter den Zuschauern die Enkelin, die, ganz stolz auf ihre Großmutter, Beifall klatschte: sie war es, die für diesen Auftritt die Choreografie entworfen hatte. Auch eine andere Enkelin beschäftigt sich mit der „Choreografie" ihrer Großmutter, hier allerdings im Karate. Als die 81-jährige Rosa Schindlbeck zu Hause von ihrem neuen Hobby erzählte, waren anfangs alle geschockt. Nachdem die „komische Idee der Oma" aber verdaut war, geht nun die 13-jährige Urenkelin gern mal mit der Oma die *Kata*-Schrittfolgen durch – einer Oma, die nicht nur die verrückte Idee hat, mit 80 Jahren Karate zu erlernen, sondern die auch ganz unkonventionell mit 80 Jahren tiefrote Haare hat.[176] Noch „verrückter", und wahrhaft provokant, das Beispiel von Ruth Flowers, der Rock-Ikone, von der im ersten Kapitel dieses Buches die Rede war. Nicht etwa ein alter Produzent hat sie in die Diskothek nach Paris geholt, sondern ein junger. Und sie wird von tausenden jungen Leuten bejubelt – jungen Menschen, denen es egal ist, wie alt Mamy Rock ist und ob sie sich so kleidet wie die Jungen. Sie finden es toll, dass Mamy Rock sie zum Tanzen bringt. „Musik bringt alle Generationen zusammen", sagen sie. „Wir alle hätten sie gern als unsere Großmutter." Eine gerade und recht schlichte Sicht der Dinge, die vielleicht gesünder ist als das, was sich so manch ein gesundmachen-wollender Wissenschaftszweig ausdenken mag. Und wenn nun einer Hundertjährigen die Musik von Michael Jackson gefällt, so wie Elisabeth Petruschok, ob es dann wohl junge Menschen wären, die daran etwas auszusetzen hätten? Oder vielleicht doch eher die Kritiker, die normiertes Verhalten als Leitlinie in ihrem Leben betrachten? Michael Jackson oder Inline-Skater, Exklusiv-Marke „jugendlich"? Fragt sich nur, wer diese Exklusiv-Marke kreiert hat. Die Jugendlichen von Hollenbek in Schleswig-Holstein finden es jedenfalls „cool", wenn das 60+ Ehepaar Kristina und Michael auf Inline-Skatern abends durch den kleinen Ort rollt.[177]

„Dass sich die Alten und die Jungen nicht verstehen, ist einfach falsch", sagt eine der alten Teilnehmerinnen bei einer der Aktionen des Projekts „ganz jung. ganz alt. ganz ohr.", einer Kampagne, die vor ein paar Jahren vom Bayerischen Familienministerium entworfen wurde.[178] Auch hier ist es die Musik, die alt und jung zusammenführt. Anders als Mamy Rock sind die Alten hier ganz so, wie sie wohl sein sollen: sie sind normal gekleidet, tragen Gesundheitsschuhe und verhalten sich in allem normgerecht. Und die jungen machen Musik, tanzen, geben den „Omis und Opis" Nachhilfe darin, wie man eine SMS verschickt oder damit Parkgebühren bezahlen kann. „Richtig toll", so kommentierte die 16-jährige Leadsängerin der Schulband die Aktionen.

Jedes Szenario ist denkbar, die normgerechten Omis wie die aus der Rolle fallenden Alten. Und natürlich sind nicht alle Enkel nur begeistert. Die Enkelin der Schriftstellerin Benoîte Groult hat deren erotischen Bestseller *Salz auf unserer Haut* nicht einmal gelesen. Die pauschale Sicht aber, dass alte und junge „Welten" strikt voneinander getrennt seien oder sich immer wesentlich voneinander unterscheiden müssen, erscheint in vielerlei Hinsicht korrekturbedürftig. Zum einen fußt diese Sicht auf überkommenen Lebensmustern, zum anderen kann man „alt" und „jung" auch als Denkweisen ansehen, als eine Sicht von der Welt, so wie Drake und Middleton es tun, die Autoren von *You can be as young as you think*. Jugend ist ein Bewusstseinszustand, sagen sie, der sich ausdrückt in Vorstellungskraft, Gefühlsintensität und Aktion.[179] Die 93-jährige Adriana Jannilli schwärmt davon, wie sie von den jungen Studenten und Studentinnen akzeptiert wird. „Keiner sieht mich komisch an, wenn ich in die Vorlesung komme", sagt sie. „Im Gegenteil, sie rufen nach mir, wir trinken einen Espresso zusammen. Sie behandeln mich wie eine von ihnen. Die jungen Leute sind toll."[180]

Warum sollten junge Studenten nach einer 93-Jährigen rufen, um mit ihr Kaffee zu trinken? Das sollten sich jene fragen, die Menschen gern in voneinander getrennte Alterskategorien stecken möchten. Wer alte Menschen kritisiert, die sich „unter die Jungen mischen", sollte sich zuerst einmal diese alten Menschen genau besehen. Vielleicht ist ja eine Art Magie an ihnen, die junge Menschen anzieht. Meine Mutter war, so wie ich sie bewusst erlebt habe (durch meine späte Geburt war sie da bereits über 50), Zeit ihres Lebens ein Magnet für junge Menschen gewesen. Sie liebten es, in ihrer Nähe zu sein, weil sie Späßen nie abgeneigt war und ein fröhliches, immer junges Wesen hatte. Schulkolleginnen von mir schrieben ihr zum Geburtstag und zu Weihnachten Grußkarten, riefen sie noch an, als ich bereits seit langem nicht mehr zu Hause wohnte. Warum hätten sie das tun sollen? An Stelle einer Antwort darauf zitiere ich den Kommentar meiner Mutter zur Wahl von Kardinal Ratzinger zum Papst: „Ach du liebe Güte!" rief sie aus, als sie es erfuhr. „Der ist doch stockkonservativ! Der versteht doch die Jugend nicht." Zu jener Zeit war sie 92 Jahre alt.

Wie jung darf ein alter Mensch sich fühlen?

Es gibt kaum etwas, über das so viel debattiert – und gelästert – wird wie über das „Sich-jung-fühlen" von alten Menschen. Wir haben es gerade am Beispiel der wenig freundlichen Anmerkungen von Eva Jaeggi gesehen. Dass alte Menschen sich jünger fühlen und sich selbst jünger sehen, als sie sind, ist ein bekanntes Phänomen. Studien hätten gezeigt, dass sich alte Menschen um circa 15 Jahre jünger fühlen, schreiben Filipp und Mayer. Sie verweisen auf den Sachverhalt, dass zwischen dem objektiven Alter und dem subjektiven Alterserleben bedeutende Diskrepanzen bestehen. Im Gegensatz zu Autoren wie Jaeggi, die das Sich-jünger-fühlen als eine Art Davonlaufen vor dem Alter ansehen, betrachten Filipp und Mayer dies differenzierter. „Sich jünger zu fühlen, als man ist, muss", so die Autorinnen, „wie alle Studien konsistent belegen, zugleich nicht notwendigerweise als ein Ausdruck von Angst vor dem Alter gewertet werden; vielmehr scheint sich darin ganz im Gegenteil ein positives Selbstbild widerzuspiegeln."[181] So konnten Forscher durch Studien, die über mehrere Jahre gingen, belegen, dass das subjektive Alterserleben auch mit der kognitiven Leistungsfähigkeit korrespondierte: bei Stichproben zeigte sich, dass mit positiven Selbsteinschätzungen und einem subjektiv als jünger empfundenen Alter auch höhere Gedächtnisleistungen verknüpft waren. Es lohnt sich offenbar, sich jünger zu fühlen, als man ist.

Frank Schirrmacher sagt hierzu: „Sich jung fühlen ist kein Selbstbetrug. Es ist eine Aussage, die schafft, wovon sie spricht."[182] Professor Dieter Otten macht in seinem Buch *Die 50+ Studie* ebenfalls eine interessante Bemerkung in diese Richtung: „Gesellschaften können weder alt noch jung sein", schreibt er. „Das gilt nebenbei gesagt auch für das Bewusstsein. Aus allen empirischen Studien über ältere Menschen schallt es (meist ungehört, aber deutlich) hervor: Und wenn sie noch so alt sind, im Kopf, d.h. in ihrem Bewusstsein bleiben die Menschen auf bemerkenswerte Weise „jung". Alzheimer oder Parkinson als Gegenargument ziehen nicht. Beides sind Erkrankungen des Gehirns, nicht des Bewusstseins. Ein

Computerprogramm ist als solches auch nicht dadurch betroffen, dass die Hardware kaputtgeht – höchstens das Trägermedium."[183] In der Tat kann man sagen, dass es kaum etwas gibt, das so oft und in so wiederholter Weise gesagt wird wie „Ich fühle mich nicht so alt, wie ich bin." Die Bemerkung, die Dieter Otten in Klammern eingefügt hat, ist nicht von geringer Bedeutung: „meist ungehört", so sagt er, sei es, dass alte Menschen sich jünger fühlen. Es ist nicht nur ungehört, es wird ihnen sogar vorgehalten, von Autorinnen wie Jaeggi und von vielen anderen. Es ist seltsam, dass andere so große Probleme damit haben, wenn jemand sich jünger fühlt, als er, kalendarisch gesehen, ist. Für mich stellt sich hier insofern nicht so sehr die Frage, warum alte Menschen sich jünger fühlen, sondern, warum andere dies nicht akzeptieren können. Autoren, die offen sind in ihrem Denken und die auch andere Überlegungen zulassen als den Vorwurf, Menschen „könnten nicht alt werden", lassen die Frage, sowie mögliche Erklärungen dazu, zumindest im Raum stehen. Der Ethnopädagoge Erich Renner schreibt: „Eine wirklich erstaunliche Selbsteinschätzung äußerte der Schauspieler Peter Ustinov in einer Talkshow, als er sich bereits in seinen Siebzigern befand. Er sei immer noch derselbe wie mit fünf Jahren, nur sein Äußeres habe sich geändert. Deswegen müssten ständig seine Passbilder ausgetauscht werden. Abgesehen von der Selbstironie, die bei Ustinov immer dazugehört, verbirgt sich in dieser Bemerkung eine „merkwürdige" Behauptung. Kann es wirklich sein, dass das Gefühl von sich selbst, wenn es einmal entwickelt ist, während des gesamten Lebens keine wesentliche Änderung erfährt, auch nicht im Alter?"[184]

Eine interessante Überlegung in eine ähnliche Richtung stellte auch der bekannte französische Anthropologe und Ethnologe Claude Lévi-Strauss an, der hundert Jahre alt wurde. Anlässlich der Ehrungen zu seinem 90. Geburtstag soll er, wie im französischen Wikipedia zitiert wird, folgendes gesagt haben: „Es gibt heute in mir ein reales Ich, das kaum noch ein Viertel oder die Hälfte eines Menschen ausmacht, und ein virtuelles Ich, das noch von allem eine ausgezeichnete Vorstellung hat. Das virtuelle Ich entwirft die Idee für ein Buch, legt die Kapitel an und sagt dann zum realen Ich: ‚So, jetzt bist du dran damit, fortzufahren.' Und das reale Ich, das nicht mehr kann, sagt zum virtuellen Ich: ‚Das ist deine Angelegenheit. Nur du siehst das Ganze.' So geht mein Leben derzeit in diesem seltsamen Dialog vonstatten."[185]

Ähnliches findet man auch bei Hermann Hesse, dessen Beschreibung des Alters immerfort hin- und herpendelt zwischen dem Außen und dem Innen: „Aber man ist eben mit seinem Alter nicht immer auf einer Stufe, man eilt innerlich oft voraus und noch öfter bleibt man hinter ihm zurück – das Bewusstsein und Lebensgefühl ist dann weniger reif als der Körper, und man wehrt sich gegen dessen natürliche Erscheinungen und verlangt etwas von sich selber, was man nicht leisten kann".[186] Dies wird vom Herausgeber des Büchleins *Mit der Reife wird man immer jünger* mit dem interessanten Satz kommentiert, dass auch bei Hesse die vergeblichen Gefechte des „sich von Krise zu Krise verjüngenden Bewusstseins" gegen das Nachlassen des Körpers stattgefunden hätten.

Man könnte in der Betrachtung des Phänomens eine Tür öffnen, die in Richtung Spiritualität geht. Ich habe meinen Interviewpartnern nicht die Frage gestellt, wie alt sie sich fühlen, ich fragte sie, wie alt sie ihren Geist einschätzen, und zwar Geist nicht im Sinn von Verstand, sondern eher im Sinn des englischen „spirit", was dort eher die Bedeutung von Animus und Seele hat. Dabei ergaben sich weit größere Diskrepanzen zum kalendarischen Alter als in allen Studien. Sie lagen im Schnitt zwischen 25 und 50 Jahren. So sagte mir eine 100-Jährige, dass sie ihren Geist als 50-jährig empfindet, eine 98-Jährige fühlte ihn wie 60, ein 80-Jähriger wie 38. Diese große Diskrepanz zeigt ganz deutlich: es geht vielen gar nicht darum, „jünger auszusehen". Niemand kann ernsthaft davon ausgehen, eine Hundertjährige sei so naiv zu glauben, man könne sie für eine Fünfzigjährige halten. Treffend hat es der 80-jährige Christian Gruhl formuliert, als ich ihn fragte, wie er das Altsein erlebe: „Ich guck ja aus mir so raus wie früher, nur der Körper ist älter." Auch im Film *Tanz mit der Zeit* wird dieses Verhältnis von Innen und Außen sichtbar. Die achtzigjährige Tänzerin Christa Franze sagt in diesem Film, dass es ihnen bei der Teilnahme gar nicht darum gegangen sei, mit den Jungen in Konkurrenz zu treten, sie wüssten ja, dass sie technisch nicht mehr das draufhaben, was die Jungen können: „Wir hatten das Gefühl, dass wir noch etwas ausdrücken können, was seelisch auch wichtig ist", sagt sie. Das Innen, das etwas anderes ist als das, was sich außen zeigt. Das trifft, so meine ich, den Kern. Das, was als „jung" in einem selbst wahrgenommen wird, ist etwas, das viel tiefer innen steckt. Mancher nimmt es lediglich als „Gefühl" wahr, andere reden von „positivem Selbstbild", „Bewusstsein", dem „Selbst" oder gar der „Seele". Und wie schnell kommt man doch in Probleme, würde man aufgefordert, dem Bewusstsein oder gar der Seele ein Alter zuzuordnen.

Ob ältere und alte Menschen sich jünger fühlen, weil sie eine nicht alternde Seele in sich spüren, wird kaum als ernstzunehmendes Argument zugelassen. Es ist nicht wissenschaftlich genug. „Seele" wird der Religion und der Spiritualität zugeordnet, wird deshalb auch von vielen Autoren, die über das Alter schreiben, gemieden. Interessant, dass ausgerechnet ein Filmregisseur geradeheraus das Wort Seele in den Mund nimmt, und dann auch noch in Verbindung mit einem Film, bei dem es um Sexualität im Alter geht. „Die Seele altert nicht", sagt Andreas Dresen in einem Interview zu seinem Film *Wolke 9*. Der Interviewer bemerkt darauf, dass bestimmte Schichten der Seele wohl wirklich nicht alterten und dass sich darüber eine gute Betrachtung schreiben ließe. Wie aber werde ein Film daraus? Andreas Dresen antwortet: „Ich dachte, man müsse das wie eine Geschichte zwischen jungen Leuten erzählen. Junge Seelen. Junge Leute."[187]

4. Kapitel

Fokussierung auf vitales Alter heißt nicht, die anderen Alten abzuwerten

„Das Alter sollte der Hafen eines würdevollen
Lebens sein, nicht dessen Schiffbruch." –
Hl. Ambrosius

Als ich das Konzept für dieses Buch entwarf, hatte ich nicht im Traum daran gedacht, dass ein Kapitel wie dieses nötig sein könnte. In meinem Kopf gab es nur die Begeisterung für die vitale, und damit meine ich vor allem: innere Kraft von Menschen hohen Alters, die Ungewöhnliches leisten. Mein einziger Gedanke war es, diese wunderbaren Beispiele gegen das zu setzen, was ich bis dahin als wesentliches Merkmal unserer Gesellschaft sah: die Minderschätzung von alten Menschen, denen man weder in körperlicher noch in geistiger Sicht mehr etwas zutraut.

Wie erstaunt war ich folglich, als ich beim Sammeln von Dokumentation zum Thema immer wieder auf ein Paradox stieß: Autoren, die das, was ich als positiv ansah, ganz anders interpretieren, nämlich gegenteilig. Mal emotional, mal nüchtern klingt aus deren Büchern und Artikeln der Vorwurf heraus „Ihr, die ihr das vitale Alter so betont, ihr zwingt den einen was auf und wertet die anderen ab!" So schreiben zum Beispiel Claudine Badey-Rodriguez und Rietje Vonk: „Heutzutage müssen sie (die Alten) eine Kämpfernatur und Faltenfreiheit besitzen, kreativ, unternehmungs- und reiselustig sein: Sich gehen lassen, Schmerzen empfinden und klagen ist verpönt; alte Menschen sollen so tun, als sei es herrlich, alt zu werden. Nicht unbedingt, um glücklicher zu sein, sondern vielmehr, um diejenigen zu beruhigen, die ihnen nachfolgen."[188] Sabine Bode geht in ihrem Buch *Wir Alten* noch einen Schritt weiter: „Doch in dem Maße, wie das Bild von den „jungen Alten" – die es zweifellos gibt und die es in dieser großen Zahl früher nie gegeben hat – in Fernsehfilmen und Ratgebersendungen hofiert wird, schleicht sich durch die Hintertür eine inhumane Sichtweise auf ältere Menschen in unsere Gesellschaft ein. Sie lautet zugespitzt so: Wer krank und hinfällig ist, hat irgendwas „falsch" gemacht, der trägt selbst daran die Schuld – ausgenommen Greise kurz vor ihrem Ableben."[189]

Ein vehementes Plädoyer in diese Richtung auch von den Soziologen Rüdiger Dammann und Reimer Gronemeyer in ihrem Buch *Ist Altern eine Krankheit?*: „Wer wünschte sich nicht ein uneingeschränktes Wohlbefinden? Wird dieser Wunsch aber per Definition in einen Anspruch umgemünzt, zeugt dies andererseits von einem menschlichen Selbstverständnis, das allen Schwachen gewissermaßen den Krieg erklärt."[190] Und an anderer Stelle: „So führt beispielsweise die Wertschätzung des gesunden, kompetenten, ‚erfolgreichen' Alterns, wie sie sich in den vergangenen Jahren herausgebildet hat, schon jetzt zu einer Abwertung und damit zu einer zunehmenden sozialen Isolation all jener, denen ihr Altern eben nicht wie gewünscht ‚gelingt'. Es geht um jene Menschen, die das vorgeblich Vermeidbare – vermutlich durch eigenes Fehlverhalten – nicht verhindern können. Wer als Mitsiebziger nicht auf Kreuzfahrt geht und keine Berge besteigt, wer seinen Fitness-Parcours nicht mehr bewältigt oder beim Gehirnjogging versagt, wird sich künftig nicht nur um seine gesellschaftliche Akzeptanz sorgen müssen, sondern auch um seine Absicherung durch eine solidarisch verfasste Versichertengemeinschaft."[191]

Ich frage mich, worin die Autoren einen so dominanten Jugend- oder Fitness*zwang* gegenüber alten Menschen sehen? Ist es wirklich wahr, dass sich *durch* die Sicht auf positives Alter eine „inhumane Sichtweise auf ältere Menschen in unsere Gesellschaft" einschleicht? Woran kann man das konkret festmachen? Oder ist es doch eher die Furcht vor einem kommenden Horrorszenario, so wie ein Pflegefachmann und Pädagoge sie erkennen lässt, den Sabine Bode am Schluss ihres Buches zitiert. „Die sozialpolitischen Konsequenzen des Modells vom selbstverantworteten Alter könnte für meine Generation fatal sein", sagt dieser. „Ich frage mich, ob ich im Jahr 2030 als 80-Jähriger – 70 Jahre nach dem Tod meiner Großmutter – bei der Beantragung des Pflegegeldes einen Fragenkatalog vorgelegt bekomme. Darin habe ich anzukreuzen, ob ich meinem Alterungsprozess ausreichend vorgebeugt habe und was ich unternommen habe, um meine Pflegebedürftigkeit zu verhindern."[192] Das ist es wohl, was auch Dammann und Gronemeyer fürchten.

Aber ist dies wirklich eine reale Gefahr? Wenn es die fitten Alten und deren „öffentliche Belobigung" als Tendenz auf der einen Seite gibt, ist doch die Gegentendenz, gespeist durch Angst vor Alter, Demenz und einem enorm schnell wachsenden Pflegesektor, mindestens ebenso groß. Und diese Gegentendenz scheint mir genauso schnell zu wachsen, wie die jungen Alten sich „vermehren". Statistisch unterfütterte Aussagen dazu, dass wir bald ganze Heerscharen von Pflegebedürftigen und Dementen in unserem Land haben werden – und dies unausweichlich sei –, sind doch an der Tagesordnung. Das zeigt, dass zwei grundlegend verschiedene Realitäten nebeneinander existieren. Denn trotz aller Diskussionen um die rebellischen 68er sollte man nicht vergessen, dass die große Mehrheit der Menschen das Alter immer noch negativ sieht und in der Tiefe ihrer Seele Angst davor hat. Die gesamte Forschung zu sozialpsychologischen Hintergründen von Altersstereotypen zeigt deutlich den Zusammenhang auf zwischen dieser Angst und dem Entstehen bzw. Aufrechterhalten der Stereotype. Erscheint es da nicht logisch und evident, dass positive Altersbilder dringend nötig sind, *gerade* um die Minderschätzung des Alters abzubauen? Und wie soll man diese positiven Bilder denn propagieren, wenn nicht durch mehr Öffentlichkeit? Gerade die Medien haben bis vor nicht allzu langer Zeit eher das Gegenteil gezeigt: nämlich das „stereotyp negative und deprimierend reale Alter". Und auch die Diskriminierung in der Arbeitswelt spricht Bände davon. Es sind ganz gewiss nicht die „jungen Alten" gewesen, die dafür gesorgt haben, dass Arbeitnehmer heute mit 40 bereits zum alten Eisen zählen.

Einen wie auch immer gearteten Anspruch zu erheben, dass jeder gesund und fit zu sein hat, das wäre – sollte es jemals eintreten – ohne Zweifel abzulehnen. Ob es allerdings gut ist, sich aus Furcht davor implizit gegen das Positivbild zu wenden, bleibt fraglich.

Gewisse Denkansätze scheinen dabei auch etwas über das Ziel hinauszuschießen. Wenn man Sabine Bode weiter zu diesem Thema liest, soll es offenbar nicht einmal den Jungen vergönnt sein, an ein fröhliches Alter zu denken: „Heutzutage kennt das Mutmachen für ein gutes Altern von Seiten der Medien keine Grenzen", schreibt sie. „Die Bevölkerung wird geradezu überschüttet mit guten Ratschlägen für die letzten Lebensjahrzehnte. Unmöglich, sich der Fülle der Versprechen, Patentrezepte und pädagogischen Unterweisungen zu entziehen. Eben diese Maßlosigkeit aber verstärkt gerade bei jüngeren Menschen die Vorstellung, man könne ein heiteres Rentnerdasein erwerben, wie, sagen wir, eine gute Berufsausbildung: alles nur eine Frage der richtigen Einstellung und des Fleißes."[193]

Wieder fragt man sich: Was ist eigentlich so schrecklich daran, dass Menschen anderen Mut machen wollen? Warum stört es diese Autoren so sehr, dass Ratschläge oder Modelle für das Alter gegeben werden? Niemand ist schließlich gezwungen, sich diese anzuhören oder sie zu befolgen. Denn im Gegensatz zu Ratschlägen seines unmittelbaren Umfeldes, die man oft ungefragt über sich ergehen lassen muss, liegt sowohl bei einer ratgebenden Fernsehsendung als auch beim Tipp in der Zeitschrift oder dem Ratgeberbuch ein eigener Willensakt des „Empfängers" vor: man selbst schaltet den Sender ein, man selbst will den Artikel lesen, man selbst kauft das Buch. Niemand zwingt einen dazu. Man kann nicht davon „überschüttet" werden, denn bislang ist noch keinem Fernsehgerät eingefallen, sich selbst einzuschalten, und es kommt auch kein Buch ungefragt und unbezahlt ins Haus geflogen. Offenbar suchen die Menschen nach solchen Ratschlägen. „Maßlos" können insofern nur die Menschen selber sein, die nach diesen Ratschlägen suchen. Was also gibt einem das Recht, ihnen dies vorzuhalten? Die Erfahrung, die ich mit der Reaktion von Menschen auf mein Buchprojekt machte, lief jedenfalls völlig konträr zu einer „Übersättigung". Ich selbst hatte nicht daran gedacht, irgendwelche „Ratschläge" in mein Buch aufzunehmen. Meines Erachtens sprechen die positiven Beispiele für sich und jeder kann sich das herausholen, was er für sich für wichtig hält. Als ich aber Freunden und Bekannten – alle durchaus noch keine Alten – davon erzählte, wurde ich immer wieder mit dem Vorschlag konfrontiert, doch auch darauf einzugehen, wie man es selbst schaffen könne, dahin zu kommen. Selten etabliert sich bei Büchern ein Marktsegment, ohne dass dieses nachgefragt wird. Vielleicht ist die „Überflutung" ein Ausdruck dessen, dass die Menschen nach genau diesen Ratschlägen und Hilfestellungen verlangen. Das würde bedeuten, die Überflutung ist eher eine subjektive Wahrnehmung von Dritten. Wenn man dieses Angebot, denn nur als solches würde ich es sehen, als etwas ansieht, das gefährlich ist, weil es z.B. bei jüngeren Menschen die Vorstellung verstärke, alles sei nur eine Frage der richtigen Einstellung, dann schimmert da unter Umständen auch ein Weltbild durch. Dieses könnte man dann an der Schlussfolgerung ablesen, die Sabine Bode zieht: „Meine Gespräche mit älteren Menschen haben mich zu der Einsicht gebracht: gut alt zu werden ist im Wesentlichen kein Verdienst, sondern ein Geschenk."[194] Also etwas, wozu man nichts tun kann? Die Geschichten, die sie in der Folge erzählt, erwecken einen anderen Eindruck: in all den Positivbeispielen, die sie bringt, haben die alten Menschen, die sie porträtiert, doch eine ganze Menge dazu getan, ihr Alter so zu leben, wie sie damit glücklich sein konnten. Und wenn es denn doch ein Geschenk sein soll, wer ist dann für dieses Geschenk verantwortlich? Das Leben? Das Schicksal? Unsere Kindheit? Gott oder andere höhere Wesenheiten? Oder die Epoche, in der wir leben, so wie Sabine Bode es am Ende noch ergänzt? Ich persönlich bin der Meinung, dass die Einstellung eines jeden eine große Rolle spielt, kann aber auch mit dem Gedanken eines Geschenkes leben. Generell fragt es sich, ob man Verdienst und Geschenk als Antipole sehen sollte. Es gibt ja schon das alte Sprichwort „Hilf dir selbst, dann hilft dir

Gott". Vielleicht könnte man sagen: manchen Menschen wird ein hohes und gutes Alter geschenkt, ohne dass sie irgendetwas dafür getan hätten. Viele andere aber haben es sich erworben durch ihre Lebensfreude, ihren Optimismus, ihre Beharrlichkeit, ihren Mut, ihre Offenheit.

Der italienische Soziologe Renzo Scortegagna hat dies auf eine humorvoll offene Weise in seinem Buch *Invecchiare* auf den Punkt gebracht: „Der Bibel zufolge steht die Macht über das Altwerden nicht dem Menschen zu, sondern ist ein Geschenk Gottes. [...] Heute dagegen sind wir, um das Leben zu verlängern und gut alt zu werden, geneigter, den Ratschlägen des Arztes zu folgen und einen passenden Lebensstil zu finden. Die Modalitäten ändern sich, das Ziel bleibt das gleiche. Ob nun das Altwerden eine Belohnung des Herrn ist oder das Ergebnis einer guten Erziehung und eines richtigen Verhaltens – nun ja, das ist eigentlich egal: letztendlich schließt das eine doch das andere nicht aus."[195]

Ich kann mich der Meinung nicht anschließen, dass wir in unserer Gesellschaft zu viele Bücher, zu viele Ratschläge, zu viele Botschaften zu einem guten, glücklichen Alter um uns herum hätten. Ich bin der Meinung, dass es derer viel mehr bedarf, und dass es positiver Beispiele davon bedarf, wie man „sich selbst lebt", im Alter wie auch davor. Gleichzeitig distanziere ich mich hiermit deutlich davon, dass in der positiven Bewertung der einen die implizite Abwertung der anderen stecke. Modelle sind kein Zwang und auch kein Vorwurf. Wenn etwas möglich ist, heißt dies nicht, dass jeder es tun muss oder auch nur „soll". Jeder ist frei, sein Leben so zu leben, wie er es will.

Abschließend zu diesem Kapitel möchte ich den Brief eines Menschen zitieren, der sozusagen zu hundert Prozent zu jenen gehören würde, die durch eine positive Sicht „abgewertet" würden, weil sie in ihrer ganzen Misere auf der anderen Seite stehen. Er antwortete auf einen Aufruf des Verlages, mit eigenen Erfahrungen beizutragen zum Buchprojekt über dynamisches Alter. Das Projekt trug damals noch genau den Arbeitstitel, der „saloppe Versprechungen" verheißen würde: „Schon achtzig? Na und!" Er schrieb: „Ich selber werde dieses Jahr erst, oder leider 60 Jahre. Es ist, wie es ist. Doch fange ich auch ganz neu an. Nach schlimmer Kindheit, Alkoholismus, Scheidung, Verlust des eigenen Hauses, jetzt Krebs OP, versuche und tue ich es, aus den ganz alten Beziehungsmustern und Konditionierungen auszusteigen. Etwas Neues zu leben. Das geht zwar nicht von heute auf morgen, die alten Verletzungen auszuheilen. Doch ich fange jeden Tag neu an und es wird besser. Daher kann ich Sie nur zu Ihrem Projekt beglückwünschen. Machen Sie es. Dadurch kommt wieder ein Stück mehr Freiheit, Ehrlichkeit und Liebe in diese verrückte Welt".

5. Kapitel

Wie Medien, Werbung und Bücher das Bild vom Alter beeinflussen

„Der Wert, den es zu retten gilt, das ist der Mensch: seine Würde und seine Freiheit." – *Rita Levi Montalcini, Neurobiologin und Nobelpreisträgerin (102 Jahre)*

„I'm 80 years old but I am ready to fight!" (Ich bin 80 Jahre alt, aber ich bin bereit zu kämpfen) – *Nawal El Saadawi, Menschenrechtsaktivistin und Frauenrechtlerin*

Medien beeinflussen die Meinung. Langfristig haben sie somit auch Einfluss auf soziale Normen. Sie vermögen Normierung zu untermauern, genauso wie sie zu einer Änderung von Normen beitragen können. Allein der Ton der Berichterstattung beeinflusst oft schon das Denken (und das Urteil) bei vielen Lesern oder Zuschauern. So wie es einen Unterschied macht, ob eine Schlagzeile lautet „Mann erstach Ehefrau" oder „Türke erstach Ehefrau", macht es auch einen Unterschied, ob da steht: „Mann raste in Menschenmenge" oder „80-Jähriger raste in Menschenmenge". Blitzschnell laufen im zweiten Fall bei vielen Lesern Schlussfolgerungen im Hirn ab wie: „diese Alten", „da sieht man es wieder" oder „80-Jährigen sollte man das Autofahren verbieten". Wenn es um Stereotype geht, haben die Medien große Macht. Schon einzelne Wörter können hier zum Auslöser werden, so wie „Türke" oder „80-Jähriger". Bei weniger stereotyp bestimmten Einstellungen würde es länger dauern, Menschen zu ähnlichen Schlussfolgerungen zu verleiten. Während man so im zitierten Beispiel sofort auf die „Selbst-Überschätzung" alter Autofahrer anspringt und einen Senioren-TÜV fordert, kommt kaum jemand auf die Idee, einen „Jugend-TÜV" zu fordern, wenn es um die Häufigkeit von Unfällen ginge, die von jungen Fahrern gemacht werden, weil diese ihren Übermut oder den Alkoholspiegel im Blut unterschätzen.

Im vorhergehenden Kapitel vertrat ich die Meinung, dass es in unserer Gesellschaft bei Weitem nicht genug Bücher, Filme, Informationen und Medienbotschaften zu einem positiven Altersbild gibt. Das entspringt zum einen meiner persönlichen Einstellung, dass es an Positivem schlichtweg nie genug geben kann in dieser Welt. Zum anderen ist objektiv feststellbar, dass die bisher lancierten positiven Botschaften noch nicht ausgereicht haben, um sich in den Köpfen aller festzusetzen und in der Folge positives Handeln zu erzeugen. Bis Ende der neunziger Jahre noch war wissenschaftlich erforscht, dass in der öffentlichen Meinung das negative Stereotypbild vom Alter weiterhin vorherrscht und perpetuisiert wird. Zu diesem Fazit kamen die beiden Psychologinnen Filipp und Mayer in ihrem umfangreichen und sehr gründlichen Werk, in dem auch die Altersbilder in den Medien und in der Öffentlichkeit untersucht wurden. In den darauf folgenden zehn, fünfzehn Jahren gab es viele Änderungen, sozusagen einen „Positivierungs-Schub", der dann Autoren wie Sabine Bode zur Ansicht führt, dies als Medien-Überflutung zum Thema „heiteres Rentnerdasein" anzusehen. Sie steht mit dieser Meinung nicht allein. Die Frage ist nur, ob diese heitere Darstellung auch wirklich ein heiter-positives Bild in den Köpfen der Menschen erzeugt oder ob diese, für sich selbst gesehen, nicht nach wie vor Angst vor dem Alter haben. Die Frage ist des Weiteren, ob diese Flut an positiven Bildern über ältere und alte Menschen es bisher geschafft hat, in die Köpfe von Arbeitgebern einzudringen, in die Mechanismen von Behörden und Banken, in die Denkweise von Pflegepersonal, in die Ansichten von Töchtern und Söhnen. Angesichts vieler immer noch anderslautender Erfahrungen seien Zweifel erlaubt. Die große Mehrheit der Journalisten selbst (83%) hält, einer neueren Studie der Bosch-Stiftung zufolge, eine

Änderung des in der Gesellschaft dominanten Altersbildes für notwendig.[196] Obwohl die Mehrheit der in dieser Studie befragten Journalisten glaubt, dass in den Medien bereits das Bild des aktiven, gesunden und materiell abgesicherten Alten überwiege, halten sie es dennoch für wichtig, dass positive Aspekte betont werden.

Was nun spezifisch das Alter angeht, zeichnen sich die deutschen Medien durch etwas aus, das andere Nationen nicht kennen: die Altersetikettierung. Es gibt kaum eine Nachricht in unseren Medien, bei der das Alter nicht unmittelbar hinter dem Namen eines Menschen auftaucht, manchmal sogar davor, ganz gleich, ob das Alter nun eine Bedeutung hat für die Meldung oder nicht. Hanne Schweitzer, die Gründerin des Vereins „Büro gegen Altersdiskriminierung", selbst Journalistin, sagt: „Die ständigen Fragen nach dem Alter sind etwas, das nur im deutschen Journalismus vorkommt. In Amerika, England und Frankreich gibt es das nicht. Da steht der Mensch und das, was er getan oder gelassen hat, im Mittelpunkt des Interesses."[197] Das ist offenbar auch durch Untersuchungen bewiesen worden. Filipp und Mayer schreiben, dass in den USA, bereits im Jahr 1980, das *Time Magazine* des Jahrgangs 1978 (!) daraufhin untersucht worden sei, wie häufig zu den Personen, über die dort berichtet wurde, Altersangaben gemacht worden seien. Dies traf nur in 13% der Fälle zu.[198] Wird immer und überall das Alter erwähnt, fördert dies unterschwellig in all jenen Bereichen, die hochsensibel sind, das Urteilen (und Verurteilen), so wie bei den Themen Liebe, Sexualität, Beziehung und dem Lebenswandel allgemein. Besonders prominent wird bei uns das Alter hervorgehoben, wenn es Paare mit größerem Altersunterschied betrifft. Da verdrängt das Alter alles, selbst den Namen. Eine Schlagzeile lautet dann nicht etwa „Ministerpräsident Sellering heiratet", sondern: Ministerpräsident (60) heiratet 34-Jährige.

In den USA, wo die Diskussion über Altersdiskriminierung schon seit langem geführt wird, gibt es eine wesentlich größere Zahl an Publikationen zum Thema Alter als in Europa, und es wurden, wie oben zum *Time Magazine* erwähnt, eine Vielzal von Untersuchungen angestellt zum Altersbild in den Medien. So zum Beispiel sind, bereits für die Jahrgänge 1963 (!) und 1983, die Sonntagsausgaben von sieben amerikanischen Zeitungen einer vergleichenden Analyse unterzogen worden.[199] Dabei sei festgestellt worden, dass die älteren Figuren vermehrt in aktiven Rollen dargestellt worden seien und dass unter anderem auch verstärkt über sozialpolitische Fragen berichtet worden sei. Im deutschen Sprachraum gibt es, so Filipp und Mayer, für die Zeit bis Ende der neunziger Jahre nur wenige Studien, die sich Presseerzeugnissen gewidmet haben. In den Printmedien scheine die Unterrepräsentation alter Menschen deutlich ausgeprägt zu sein, schreiben sie, allenfalls in der Boulevardpresse fänden sich auch Berichte über Menschen mit grauem Haar und Falten, aber dann selbstredend unter der Rubrik „Reich, berühmt und schön.". Eine Studie, die 1982 vier Zeitungen des Nürnberger Raums mit deren Gesamtausgaben von zwei Jahrgängen untersuchte, fand heraus, dass in diesen fast 30% (!) dem Themenbereich „Stationäre Altenhilfe" gewidmet gewesen seien, auch wenn die Persönlichkeitseigenschaften der alten Menschen überwiegend positiv dargestellt worden seien.[200] Das gibt in etwa das gleiche Bild wieder, das die Kommunikationswissenschaftlerin und Professorin Caja Thimm entwirft. In einem Interview mit der Initiative *Erfahrung ist Zukunft* (EiZ) sagte sie: „In der regionalen Tagespresse geht es meist um die Eröffnung eines Seniorenheimes oder um Seniorenbasteln – also Elemente des defizitären Altersbildes. In der überregionalen Presse werden meist übergreifende politische Themen behandelt, also Rente oder Pflege. Aber dabei sind Ältere doch meist Objekt, nicht Subjekt der Berichterstattung."[201] Man wüsste noch nicht viel darüber, wie diese Darstellungen in den Medien wirken, welche Bilder tatsächlich in den Köpfen ankommen. Einer Befragung ihres Forschungsprojektes zufolge habe eine Gruppe von über 75-Jährigen geäußert, dass sie die Beziehungen zwischen Alt und Jung in ihrem eigenen Umfeld nicht als konflikthaft sähen, dass sie aber die mediale Darstellung als sehr negativ empfänden. Es gebe also, so die Professorin, einen

Widerspruch zwischen dem, was Menschen im Alltag erleben, und dem, was in den Medien dargestellt wird.

Der weiter oben erwähnten Studie der Robert Bosch-Stiftung zufolge scheint die Bevölkerung wesentlich pessimistischer zu sein als Journalisten, wenn es um die Frage geht, ob sich das Bild, das wir vom Alter, vom Älterwerden und Altsein haben, in den nächsten 5-10 Jahren stark ändern wird. Davon nämlich sind nur 15% der Bevölkerung überzeugt gegenüber 42% der Journalisten.[202] Die Bosch-Stiftung hatte die Studie zu Alter und Älterwerden vor wenigen Jahren in Auftrag gegeben, weil man der Auffassung ist, dass Journalisten bei der Vermittlung des gesellschaftlichen Bildes vom Alter eine Schlüsselrolle zukommt. Die Studie sollte herausfinden, welche Vorstellungen Journalisten vom Alter und vom Älterwerden haben und inwiefern diese Einschätzungen mit den Ansichten der Bevölkerung übereinstimmen. Befragt wurden 232 Journalisten, vor allem von Tages- und Wochenzeitungen, und parallel dazu ein repräsentativer Bevölkerungsquerschnitt von 1773 Personen. Man gewinne aus den Befragungen den Eindruck, dass sich Journalisten gern der Aufgabe verschreiben, das Selbstvertrauen der Älteren zu stärken. Nach Auffassung der meisten Journalisten haben die Medien die Aufgabe, sich für eine Änderung des überkommenen Altersbildes einzusetzen.

Wandel zum *pro-Alter* bei den Printmedien

Betrachtet man die Berichterstattung der letzten zwei Jahrzehnte, ist auffallend, dass in den letzten Jahren in Tageszeitungen zunehmend Berichte zu positiven Beispielen aktiv gelebten hohen Alters erscheinen. Als ehemalige Wahlberlinerin und *taz*-Leserin erinnere ich mich noch sehr gut an den Ton von Berichterstattung, Beiträgen und Kommentaren, der *die tageszeitung* Ende der neunziger Jahre noch bestimmte. Wer die *taz* kennt, weiß: es ist eine Tageszeitung eigener Prägung – kritisch, alternativ, rebellisch, weltoffen. Ganz so wie die „jungen Alten" der 68er-Generation, deren Gedankengut sie eigentlich sehr nahesteht. Dennoch kamen diese „jungen Alten" in der *taz* selten gut weg. Zwar zeichnet sich diese Zeitung generell durch einen saloppen Ton aus, scheut auch vor riskanten satirischen Vergleichen nicht zurück, doch wenn es um „Alte" ging, wurde dieser Ton nahezu obligatorisch. Da zog man schon mal zynisch über den „Opa" her, der mit 50 noch Rockmusik macht, postulierte, dass das Hochjubeln gut erhaltener Fünfzigerinnen die Negation des Verfalls sei[203], und verwendete gern das Wort „Greis" schon für Menschen ab 60. Schier ein unerklärliches Wunder, dass diese Zeitung dann das Buch *Sechzig plus* besprach[204], ein Bildband zu Erotik im Alter. Persönlich erscheint es mir so, als fände man heute, gut zehn Jahre später, weniger bissige Nebenbemerkungen zum Alter in der *taz*. Dass alte Männer heute die Geschicke der Republik bestimmen, wird so im Jahr 2012 als Meinungsbild präsentiert, über dem die Frage steht „Werden alte Männer überschätzt?"[205] Vor 15 oder auch nur 10 Jahren noch wäre dieser Titel vermutlich nicht als Frage formuliert worden. Ob es an einer veränderten Sichtweise der Redaktion liegt, dem allgemeinen gesellschaftlichen Wandel oder daran, dass vielleicht die Schreibenden selbst älter geworden sind, wer weiß es schon. Eine weitere Beobachtung zum Bild von Älteren aus subjektiver Sicht: lokale Zeitungen, so scheint mir, vermitteln ein überwiegend positives Bild von alten Menschen. Auch wenn es nur in Form von einfachen Berichten geschieht, die Jubilaren gratulieren oder über lokale Initiativen berichten, bei denen Rentner mitmachen, wird in lokalen Zeitungen öfter über Hochbetagte geschrieben. Vielleicht liegt es daran, dass eine lokale Zeitung näher am konkreten Menschen ist und man diese Menschen nicht selten auch persönlich kennt. Solche Berichterstattung dürfte jedenfalls auch kritische Stimmen wie Sabine Bode oder Dammannn und Gronemeyer besänftigen: sie zeigen Positives, aber gut dosiert in das Bild vom „wahren" Alter eingebettet.

Am auffallendsten ist aus meiner Sicht die Änderung im Altersbild in der Berichterstattung von Zeitschriften. Es kann sich dabei um

Beiträge in altbekannten Medien wie dem *Spiegel* oder dem *Stern* handeln, so wie die Special-Ausgabe des Spiegel im Jahr 2006 mit dem Titel *Jung im Kopf*, die sich ausschließlich mit der Thematik des Alters befasste. Oder es sind Zeitschriften, die sich spezifisch an die Generation 50+ oder 60+ wenden, wie die sehr niveauvolle *Brigitte Woman* oder ausschließliche Lobby-Zeitschriften wie die *BAGSO Nachrichten*. Viele der neuen Zeitschriften für die 50+ Generation verbinden Gesundheit mit alternativen Lebens- und Denkformen, seien diese anthroposophischer, esoterischer, östlicher oder christlicher Ausrichtung. Vielleicht nehmen Kritiker der „neuen Welle zum positiven Alter" die Bedeutung dieser Nuancierung nicht wahr. Eigentlich kann man sich eine Äußerung wie die folgende nur auf diese Weise erklären: „Das Menschenbild, das hinter einem zur Obsession gesteigerten Streben nach Vollkommenheit und ewiger Jugend liegt, beschreibt in Wahrheit eine Art Maschine", schreiben Dammann und Gronemeyer. „Der Mensch erscheint als ein auf Leistungsfähigkeit, Genuss und Gelingen getrimmtes System, das mit Leiblichkeit und Lebenssinn, mit Schicksalhaftigkeit und aller Endlichkeit nichts mehr zu tun hat: ein vom Leben wie von jeglicher Moral entkernter Funktionsmechanismus, dessen einziger Wert im störungsfreien Betrieb besteht."[206] Aus der Perspektive der beiden Soziologen, deren Buch die gesellschaftlichen Herausforderungen der Demenz zum Thema hat, mag es tatsächlich so erscheinen. Insofern ist es wohl auch gut, dass sie dies, im spezifischen Kontext, so darstellen. Mir jedoch erscheint die allgemeine Tendenz eher in eine andere Richtung zu gehen, nämlich in Richtung „Sinnsuche". In meinen Augen ist das kritisierte Streben nach Vollkommenheit nicht nur ein Ausdruck der Suche nach ewiger (körperlicher) Jugendlichkeit, bedeutet der Erfolg der von diesen Autoren geschmähten „Ratgeber und pädagogischen Unterweisungen" nicht, dass Menschen einfältig hinter Versprechungen herlaufen: ich bin der Meinung, dass viele der jungen Alten, oder jene, die auf dem Weg dazu sind, auch auf der Suche nach einem erfüllten Leben sind. Mag sein, dass man nach außen hin nur das Reisen, die Kreuzfahrt oder den Wellness-Aufenthalt sieht. In der Tiefe geht es aber oft um mehr. Man braucht nur einmal Seminare der verschiedensten Art zu besuchen, die in diese Richtung weisen, und man wird sehen, wie präsent die Gruppe der 40- bis 70-jährigen dort ist. Auch Wellness-Urlaube haben heute oft mehr mit innerer Balance zu tun als mit sportlicher Fitness. Ausgebuchte Wellness-Klöster geben beredt Zeugnis davon.

Wenn immer noch mehr als die Hälfte der Bevölkerung bei uns hohes Alter eher fürchtet und es gleichsetzt mit Krankheit, Mühen und Beschwerden, wie die Studie der Bosch-Stiftung gezeigt hat, so scheint mir, dass Zeitschriften mit positivem Inhalt weder überflüssig sind noch zu zahlreich. Ich musste bei meinen Recherchen zu Menschen im hohen Alter jedenfalls feststellen, dass viele von ihnen schlichtweg „unsichtbar" sind, was bedeutet: man weiß nichts von ihnen, obwohl sie existieren. Man kann in einer Stadt wie Hamburg, Berlin oder Köln leben und weiß doch nichts davon, dass es „nebenan" Menschen mit einem wunderbaren Lebenslauf gibt, die uns als Vorbild dienen könnten. Erst recht weiß man nicht genug von unkonventionellen, schöpferischen Menschen in anderen Ländern. Auch wenn man von ihnen gehört hat, bedeutet dies nicht, dass man es unter dem Aspekt „gutes Altern" in seinem Gedächtnis archiviert hat. Um diese Menschen sichtbar zu machen, braucht es die Medien. Eine niveauvolle Zeitschrift wie *Brigitte Woman* vermag uns solche Menschen näher zu bringen. In einer der letzten Nummern aus dem Jahr 2010 waren zum Beispiel Porträts zu finden von der 87-jährigen immer noch kämpferischen Nobelpreisträgerin Nadine Gordimer; der 79-jährigen gegen Rassenhass engagierten amerikanischen Schriftstellerin Toni Morrison, der 92-jährigen, höchst unkonventionellen italienischen Malerin Carol Rama sowie ein wundervolles Beziehungsporträt des Journalisten und Gastronomiekritikers Wolfram Siebeck und seiner Frau Barbara. Siebeck und seine Frau sind seit 40 Jahren zusammen, sie ist 70, er 81 Jahre alt. Wenn man das lebendige, spritzige Porträt liest, das, gewürzt mit Fotos, Harmonie und Lebenslust ausstrahlt, könnten sie genauso gut fünfzig oder vierzig oder sechzig sein. Man sieht keinen Unterschied mehr in dem, was Zuwendung und lebensfrohes Miteinander ist. So sollten Berichte aussehen, die Lust machen auf Partnerschaft und Liebe im Alter. Solche Berichte ermutigen nicht nur zu einem „guten Alter", sie ermutigen auch dazu, den Sinn des Lebens und des eigenen Daseins zu reflektieren.

Stagnierendes Fernsehen, mutige Filmemacher

Im Hinblick auf das Fernsehen sieht es wohl nicht ganz so gut aus. Eine Untersuchung aus dem Jahr 1994, bei der erforscht werden sollte, wie häufig ältere Menschen in den öffentlich-rechtlichen Sendern (ARD und ZDF) sowie in drei privaten Sendern (SAT 1, RTL und Pro 7) erscheinen und in welcher Weise sie präsentiert werden, zeigte, dass über 60-Jährige bei den Rollen nur einen Anteil von knapp 10 Prozent hatten. Und dass sie insgesamt in sehr stereotypisierter Weise dargestellt worden seien. Der Autor kam zu der Schlussfolgerung, dass es eine „Tendenz zur Entmündigung älterer Menschen" gebe und dass in den Medien kein Bild vermittelt werde, in dem die Menschen als „selbstverantwortliche Mitglieder der Gesellschaft mit der ganzen Vielfalt an Meinungen, Fähigkeiten und Schicksalen" akzeptiert würden.[207] Den bis dahin geführten Untersuchungen zufolge scheint auch für die USA zu gelten, dass alte Menschen wenig zu sehen sind und dass sie, je älter sie sind, umso seltener als erfolgreich dargestellt werden. So wurden, diesen Untersuchungen zufolge, alte Menschen häufiger als alle anderen Altersgruppen als „dumm", „exzentrisch" und „komisch" und deutlich seltener als „ernst" charakterisiert.[208] Hier scheint sich nicht so auffallend viel verändert zu haben, im Vergleich zu den Printmedien. Vielleicht auch, weil es um Einschaltquoten geht, während man sich Zeitungsleser oft schon durch Abonnement gesichert hat. So sagt die Kommunikationswissenschaftlerin und Professorin Caja Thimm, dass es im Fernsehen immer noch Nebenrollen und Stereotype gebe wie die liebe Oma oder die skurrile Alte.[209] Andreas Dresen, der Regisseur des Filmes *Wolke 9*, schlägt in die gleiche

Kerbe. „Einerseits leben wir in einer Epoche, in der die Menschen immer älter werden", sagt er, „andererseits kommen alte Menschen in Film und Fernsehen so gut wie nie vor."[210]

Eine neuere Untersuchung zum Fernsehen in Australien bestätigt dieses Fazit, in indirekter Weise. Im Jahr 2005 hatten Forscher dort Menschen im Alter zwischen 60 und 92 Jahren zum Fernsehkonsum befragt. Jene, die täglich viele Stunden fernsahen, hatten ein deutlich negativeres Bild vom Alter als die Kontrollgruppe mit stark reduziertem Fernsehkonsum. Die Viel-Fernsehgucker assoziierten bei der Befragung das Alter mit „Lebensende", „senil", „hilflos", „krank". Das Fazit, das die Befragten selbst daraus zogen, war: Ältere kommen in den Programmen zu selten vor und werden zu häufig Zielscheibe für Spott.

Aus persönlicher Beobachtung würde ich sagen, dass deutsche Fernsehsender sich vor allem in den letzten Jahren etwas mehr anstrengen, ein positives Bild von alten Menschen zu zeigen. Sehr aktiv scheint der MDR zu sein, der eine ganze Serie zu dynamischen alten Menschen ausstrahlte. Auch die ARD widmete sich im April 2008 dem Thema Alter, eine ganze Woche lang. Es war eine interessante Sequenz von Sendungen, wo es um das Bild vom Alter, um Werbung, Kommunikation, Wohnen im Alter und vieles andere mehr ging, Themen, bei denen, über das Medium Internet, viele aus der Bevölkerung mitdiskutierten. An einem der Tage wurde auch eine Sendung zu einem „Seniorenorchester" von Hobbymusikern gezeigt, deren Durchschnittsalter bei 78 Jahren lag. Die Orchestersprecherin, die Akkordeon spielte, war 80 Jahre alt, der erste Geiger 88. Eine interessante Sendung, bei der nur eine Kleinigkeit störte: ein Kommentar, der immer wieder in „fassungslose Begeisterung" hinüberglitt darüber, was alte Menschen „noch so alles können". Das zeigt, dass wir, so aufgeschlossen wir auch damit umgehen mögen, letztlich die Fähigkeiten alter Menschen immer noch als etwas „Außergewöhnliches" ansehen. Dem steht gegenüber, dass sie sich nach außen hin oft auch selbst deutlich abgrenzen. Warum, so frage ich mich, muss ein solches Orchester „Seniorenorchester" heißen oder so genannt werden? Kinderchöre gibt es, ja, und auch „Juniorenorchester". Doch könnte bei diesen etwas mitschwingen, das sagt: die sind noch nicht so weit, Meister zu sein, die sind noch jung. Demzufolge müsste ein Seniorenorchester Kompetenz ausdrücken, ähnlich wie im Berufsleben der Senior Experte. Ich bezweifle aber, dass man diese Definition auf ein Seniorenorchester anwendet. Im normalen Leben hat man eher den Eindruck, Senior stünde für „Achtung: alles Alte!" oder für „Schaut her: sie (oder auch: wir) können (trotzdem) noch was".

In der Filmindustrie traut sich inzwischen der eine oder andere Produzent oder Regisseur, ein Werk zu zeigen, das Stereotype über das Alter konterkariert. In neuerer Zeit mit wachsendem Erfolg. Wie im ersten Kapitel unter „Alter und Sexualität" skizziert wurde, hatten frühe Filmemacher wie Fassbinder mit seinem Film *Angst essen Seele auf* zwar auch Erfolg, aber die Zeit war damals noch nicht reif dafür, dass ein Stereotype brechender Film zum Alter wirklich „eingeschlagen" hätte. Eine völlig „unpassende" Liebesgeschichte sollte gleich mit allen Vorurteilen auf einmal aufräumen: Liebe im fortgeschrittenen Alter, Liebe zu einem Ausländer, Liebe zu einem jüngeren Mann. Versteht sich, dass dies, zusammengenommen, zu viel war für die damalige bundesdeutsche Bürgerlichkeit (als Student konnte man wenigstens den Mut der Protagonisten bewundern und der 68er-Generation war es gar ein Kultstreifen). Der Film hat letztlich mit keinem der Stereotype aufräumen können. Doch immerhin: es gab ihn und er hat Geschichte gemacht. Gegen die gesellschaftliche Ablehnung von Paaren bzw. Liebesbeziehungen mit großem Altersunterschied traten die beiden französischen Streifen *Diese Liebe* (Cet amour-là) und *Das Labyrinth der Wörter* (La tête friche) an, die weiter oben bereits skizziert wurden. Ihr großes Verdienst: sie haben nicht nur gezeigt, wie man eine Liebesbeziehung mit großem Altersunterschied vorurteilsfrei (anders) sehen kann, es fand auch unter umgekehrtem Vorzeichen statt, mit um Vieles älteren Frauen. *Diese Liebe*, der Film, der von der wahren Beziehung der fast achtzigjährigen Schriftstellerin Marguerite Duras mit einem um 30 Jahre jüngeren Mann handelt, ist fast genauso provokant wie Fassbinders Film. Gesellschaftlich löst er wesentlich weniger Schock aus als Fassbinders Werk. Sind wir in dieser Hinsicht gereift? Vielleicht nur ein wenig, denn hinzugesagt werden muss, dass der Film konsequent (oder ängstlich?) alle erotischen Szenen ausblendete: der Sex schaffte es, in der Imagination, nur bis zur Türe des Schlafzimmers, dann wurde er unsichtbar. Das, was die Schriftstellerin selbst zu ihrer Liebe sagte, sie bezeichnete sie als „skandalöse Leidenschaft", kann dem Kinobesucher wohl nicht zugemutet werden. Andreas Dresen, dem Regisseur von *Wolke 9*, ist zu danken, dass er den Sex älterer Menschen nicht unsichtbar werden lässt, sondern den Fokus darauf richtet. Daraus wurde ein meisterhaft natürlich wirkender Film über eine Liebesbeziehung jenseits der sechzig und siebzig. „Für den Zuschauer gibt es sicher anfangs einen Schockmoment, weil die erste Sexszene so unvermittelt kommt – aber danach kommt man den Figuren immer näher und gewinnt sie dadurch lieb – mit einem Mal ist es die natürlichste Sache der Welt, ob nun alt oder jung spielt plötzlich keine so große Rolle mehr. Dass dieses heikle Thema in seiner Darstellung geglückt ist, halte ich für eine künstlerische Meisterleistung aller daran Beteiligten", so der Produzent des Filmes.[211]

Ebenfalls nicht unsichtbar, auch wenn auf ganz andere Weise: der Sex im Film *Irina Palm* von Sam Garbarski aus dem Jahr 2007. Darin geht es um etwas anderes. Maggie, eine biedere, auf die sechzig zugehende Frau, entdeckt, auf ganz naive Weise, das Rotlichtmilieu als Geldquelle für familiäre Nöte. Ihre Tätigkeit besteht darin, hinter einer Wand sitzend, Männer an einem „Glory Hole" manuell zu befriedigen. Der Film hat nur indirekt etwas mit „Alter" als solchem zu tun und mehr mit gesellschaftlichem Drama. Doch letztlich endet er darin, den überraschenden Wandel einer fast 60-jährigen Frau zu zeigen, die, durch ihr „skandalöses" Tun gegen alle Normen, zu einer selbstbewussten, interessanten Frau wird.

Der italienische Film *Pranzo di Ferragosto* (Das Festmahl im August) des italienischen Regisseurs Gianni Di Gregorio, aus dem Jahr 2008, handelt nicht generell von Liebe oder Sexualität. Er erzählt die tragikomische Geschichte von Gianni, einem in die Jahre gekommenen Mann, der in Rom mit seiner alten Mutter zusammenlebt und in einem Sommer damit einverstanden ist, die

alten Mütter von Bekannten sowie eine ihrer Tanten für die Ferien-
zeit *Ferragosto* bei sich aufzunehmen. Eine der alten Damen, alle
sind sie über 85 Jahre alt, ist aber noch recht lebenslustig. Eines
Abends büchst sie heimlich aus ihrem Gastquartier aus und macht
sich davon in die nächste Bar, wo Gianni sie dann rauchend und
vor einem Glas Wein sitzend findet. Sie weigert sich, mit nach
Hause zu kommen, er könne ihr ja hier Gesellschaft leisten. Als
sie später nach Hause kommen, hat die lebensfrohe alte Dame
Lust auf Kuscheln und sucht ganz ungeniert Anschluss bei Gianni.
Das wird im Film meisterhaft verarbeitet, mit Humor und völlig
natürlich dargestellt, was den Ausbruch an Gefühlen und die Lust
auf Nähe angeht.

Die Filme *Herbstgold* von Jan Tenhaven und *Tanz mit der
Zeit* von Trevor Peters aus dem Jahr 2007 gehen gegen andere
Stereotype an: gegen eine beschränkte Sicht von sportlicher
Leistungsfähigkeit alter Menschen wie auch von der Ästhetik
in der Bewegung. *Herbstgold*, ein spritziger, lebenslustiger
Film, ist in der Öffentlichkeit überaus gut angekommen. Es ist
ein Dokumentarfilm, kein Spielfilm. Er zeigt ein Leben voller
Humor und Willenskraft. Der Regisseur Jan Tenhaven, der nach
eigenen Aussagen mehr durch Zufall zu diesem Film gekommen
ist, sagt über sein Werk: „Herbstgold ist eine Hommage an das
Leben, das man tunlichst auch auf der Zielgeraden noch feiern
sollte! Eine Ode an die Freude und den anarchistischen Trotz, der
eigenen Vergänglichkeit mit einer sturen Jetzt-erst-recht-Haltung
zu begegnen."[212] Die Ode zu vermitteln, scheint ihm gelungen zu
sein. Die Begeisterung, die dieser Film ausgelöst hat, lässt hoffen,
dass sich einiges wird daran ändern können, dass Irritation sich
in Akzeptanz wandelt, das somit Akzeptierte sich in das Denken
integriert und dieses letztlich zur Überzeugung wird.

Tanz mit der Zeit, ein Film, der, nach dem Tanzexperiment
der Choreografin Heike Hennig, im Jahr 2007 entstand, ist ein
berührendes Dokument zur Schönheit von Tanz und Bewegung
im Alter. Ein Film, in dem es ebenfalls um den Tanz geht: *Breath
made visible* von Ruedi Gerber. Er erzählt die Lebensgeschichte der
91-jährigen Performance-Tänzerin Anna Harplin, die heute noch

tanzt! Wer nicht glauben mag, dass alte Menschen kompromisslos kreativ sein können, sollte sich diesen Film ansehen. So manch ein junger Mensch wird sich danach vermutlich recht alt vorkommen.

Der amerikanische Film *Gran Torino*, in dem der große Meister des Films, Clint Eastwood, sozusagen „handgreiflich" wird gegenüber den Symbolen des Alters, ist ein einziges Plädoyer für Selbstbestimmung im Alter. Ebenso der Film *Children of Nature* (Eine Reise) des isländischen Regisseurs Friðrik Þór Friðriksson aus dem Jahr 1991, mein ganz persönlicher Lieblingsfilm. Liebe im Alter, Selbstbestimmung und Freiheit verbünden sich darin auf schier unvergessliche Weise, als das alte Liebespaar sich heimlich aus dem Altersheim davonmacht in die Freiheit.

Wer einen wunderbar gemachten Dokumentarfilm sehen möchte, der modern und künstlerisch sehr ansprechend und dabei höchst respektvoll mit dem Alter umgeht, und zwar auch und gerade mit dem „hinfälligen" Alter, der sollte sich die DVD „Les fleurs vues de dessus" (Die Blumen von oben gesehen) von Francine del Coso und Catherine Meyer besorgen. Dieser Schweizer Film wurde im Jahr 2009 zusammen mit dem Buch *Oui, je sais qu'un bonhomme a marché sur la lune (mais c'est quand même très vague...)* (Ja, ich weiß, dass ein Mann auf dem Mond war – aber es ist trotzdem recht vage...) herausgebracht.[213] Darin haben die Autorinnen und Filmemacherinnen Interviews geführt mit Bewohnern und Bewohnerinnen eines Altenheimes in der Schweiz, von denen einige dement sind. Obgleich also viel Schwäche, Verfall und auch „verdrehter Geist" gezeigt werden, geschieht dies respektvoll und feinfühlig, ja man könnte sagen: der Film wird von liebevoller Akzeptanz getragen. Das filmerische Können verwandelt auf diese Weise einfache Interviews in eine Art „Seelenporträts". Begleitet und untermalt wird dies von der kokett jugendlich-frischen Musik eines jungen Mannes, Olivier Gabus. Der Kontrast zwischen dem Thema, dem man Schwermut zuordnen könnte (wenn man wollte), und dieser fröhlich wohlwollenden Musik ist es, der am meisten gefangen nimmt. Er vermittelt so etwas wie komplizenhaften Schalk. Eine wirklich gelungene Produktion.

Schönheit des Alters in der Werbung

In der Werbung habe sich bereits in den neunziger Jahren eine Tendenz abgezeichnet, älteren Menschen im Vergleich zu früher mehr Modernität, Aufgeschlossenheit und Jugendlichkeit zuzusprechen, schreiben Filipp und Mayer.[214] Allerdings gebe es eine Kluft zwischen der Visualisierung und den Produkten, für die geworben werde: während alte Menschen als topfit visualisiert würden, seien in den Werbetexten vor allem die Probleme des Alters das Thema. Zum Zeitpunkt des Erscheinens ihrer Publikation (1999) kamen sie zu dem Schluss, dass die Werbung die Alten „noch nicht entdeckt habe".[215] Inzwischen, über zehn Jahre später, hat sich viel geändert und die Alten sind zunehmend auch in der Werbung entdeckt worden. Die Einstellung zu Schönheit beginnt sich zu wandeln, auch wenn vorerst eher auf das junge Alter bezogen, also Frauen um die sechzig, um nicht zu sagen „um die fünfzig", was es im Grunde genauer ausdrücken würde. Die Werbebranche ist dabei, etwas zu „reparieren", denn davor hatte sie das Alter komplett ausgeblendet. Wie auch immer, einige mutige Firmen haben es schon früher gewagt, der Öffentlichkeit „alte Schönheit" vorzusetzen. Die ersten waren *Nivea* und *Dove*, wobei die Marke *Dove* des amerikanischen Konzerns Unilever wesentlich weiter gegangen ist als der deutsche Hersteller *Nivea,* wie man bereits am Beispiel von Irene Sinclair, dem 96-jährigen Model, sehen konnte. Einem Artikel im *Spiegel* zufolge[216] soll *Nivea* der erste Hersteller gewesen sein, der sich bereits Mitte der neunziger Jahre traute, ein Produkt für über 50-Jährige tatsächlich mit einem Model derselben Altersklasse zu bewerben. Übrigens mit großem Erfolg. Fast zehn Jahre später rückte *Dove* nach und begann „normale" und „echte" Frauen zu zeigen. Man könnte auch sagen, *Dove* rückte nicht nach, sondern überholte *Nivea* mit großen Schritten. Denn der Unilever-Konzern, zu dem die Marke gehört, bricht nun ganz bewusst mit den gängigen Schönheitsklischees. „Dabei haben wir uns auf die Ursprünge der Marke *Dove* besonnen, die eigentlich schon früher Frauen gezeigt hat, die deutlich anders waren als die, die man sonst in der Werbung für

Kosmetikprodukte zu sehen bekam", so wird Klaus Arntz, der für die Märkte Deutschland, Frankreich und Großbritannien zuständige Markendirektor bei Unilever, im Handelsblatt zitiert.[217] Er bezieht sich dabei auf Beispiele wie das von der schwarzen Sängerin Jean Shy, die vor mehr als zwanzig Jahren in den USA von der Agentur Ogilvy & Mather, die den Etat seit über 50 Jahren betreut, als Werbefigur eingesetzt wurde. Das war zu einer Zeit, da man wenig schwarze Gesichter auf Plakaten sah. *Dove* hat aus reifer Schönheit eine Art Politikum gemacht, zum Vorteil des Selbst- wie auch des Fremdbildes älterer Frauen. So gab Dove unter anderem einmal eine Studie in Auftrag zum Lebensgefühl von Frauen über fünfzig. Die Ergebnisse waren deprimierend: sechs von zehn Deutschen hatten die Frage „Würden Sie eine Frau über 50 als schön bezeichnen?" mit einem klaren Nein beantwortet.[218] Das Selbstverständnis der Frauen in diesem Alter steht in Widerspruch dazu. „Die Marke muss einen Charakter haben, dem man gerne nachstrebt und den man mag", sagen die Verantwortlichen von Dove. „Wir brauchten also Frauen mit Selbstbewusstsein. Und die, die wir ausgewählt haben, strahlen das auch aus: Die stehen aufrecht im Leben und finden sich prima." Ganz gleich, ob diese Wirkung nun aus wirtschaftlichem Kalkül heraus entstanden ist und unter Umständen nur ein Nebeneffekt ist: plötzlich können auch ältere und alte Frauen das Gefühl haben, als „schön" angesehen zu werden. Es wird etwas ändern an unserer Sichtweise von Alter und Schönheit. Graue Haare, Falten, Rundungen – all das darf nun gezeigt werden. Es entstehen Senior Models-Agenturen und ältere Frauen beginnen vom Laufsteg zu träumen. Auch das sind Wirkungen eines neuen Bildes vom Altern. Sie werden durch Überlegungen der Gewinnmaximierung in Gang gesetzt, doch der Nebeneffekt ist nicht zu unterschätzen. Es wird das Selbstbewusstsein vieler älterer Menschen heben. Und es werden nicht nur jene davon profitieren, die ohnehin schon auf der Siegerseite stehen. Die 70-jährige Ingrid Selinger, eine attraktive Frau mit einem gewinnenden Lächeln auf den Lippen, gewann in einem Schönheitswettbewerb den dritten Platz. Eine Woche danach war sie schon auf dem Weg nach Frankfurt zu Werbeaufnahmen für eine Versicherung.[219] Ein neues, aufregendes Leben beginnt für sie. Ingrid Selinger ist eine frühere Landwirtin aus der Pfalz. Ihre heimische Landwirtschaft hatte sie, bis auf einige Kuraufenthalte, nie verlassen.

Die Hofierung junger Alter nur Falschspielerei und nervend unsinnige Mutmacherei? Man kann es auch anders sehen. Es erlaubt Menschen wie Ingrid Selinger, völlig neue Wege zu gehen, zwingt ihre Umwelt dazu, sie in anderem Licht zu sehen. Wer nun anmerkt, dass so etwas wie Model oder Werbetätigkeit doch völlig nichtssagend sei, unterschätzt vielleicht die Motivation, die für viele daraus entspringen kann. Und wer wollte darüber richten?

Bücher zum Alter – was sie bewirken und was sie anrichten können

In den letzten Jahren sind eine ganze Reihe von Büchern erschienen zum Thema Altern oder Jung-Bleiben, wie man denn will. Einige sind relativ schnell wieder vom Markt verschwunden, so zum Beispiel das im Kapitel III mehrmals zitierte und kritisch beleuchtete Büchlein von Eva Jaeggi *Tritt einen Schritt zurück und du siehst mehr.* Auch das Buch von Bruns und Böhme, *Die Altersrevolution,* konnte sich offenbar nicht lange auf dem Markt halten. Beides vielleicht nicht verwunderlich, wenn man den tendenziösen Unterton betrachtet, der diese Bücher prägte.

Was die guten Bücher zum Thema Alter anbelangt, hat mich persönlich das wirklich ausgezeichnete, da außerordentlich gründliche Fachbuch von Filipp und Mayer *Bilder des Alters – Altersstereotype und die Beziehungen zwischen den Generationen* beeindruckt. Ebenso zwei Bücher in Englisch: *Counterclockwise – Mindful Health and the power of possibility* von Ellen Langer und *You can be as young as you think – Six steps to staying younger and feeling sharper* von Tim Drake und Chris Middleton. Ellen Langer zeigt eindrucksvoll, wie Körper und Geist zusammenhängen und dass man dadurch auch das Rad der Zeit zurückdrehen kann, eben *counterclockwise* – entgegen dem Uhrzeigersinn. Ihren

Appell, Eigenverantwortung zu übernehmen und medizinisch-wissenschaftlichen Erkenntnissen nicht blind zu folgen, halte ich für ein Schlüsselelement. Das Verdienst von Drake und Middleton ist es, in einer jugendbetonten Welt den frappierenden Unterschied zwischen jung und junger Denkweise aufzuzeigen, denn eine junge Denkweise kann auch jemand mit hundert Jahren noch haben.

Leider ist das äußerst interessante Büchlein von Rita Levi Montalcini, die mit der Entdeckung des Nervenwachstumsfaktors die Hirnforschung revolutionierte, nur noch im Antiquariat erhältlich. Vielleicht wäre der Verlag doch besser beraten gewesen, den italienischen Titel in seiner ursprünglichen Form zu belassen. „L'asso nella manica a brandelli" – *Die Trumpfkarte im zerrissenen Ärmel* hätte vielleicht mehr Leser neugierig gemacht als *Ich bin ein Baum mit vielen Ästen.*

Vom Autor des Buches *Methusalems Weltreise – Vom Alter hier und anderswo*, Erich Renner, kann man Toleranz, Offenheit und Menschlichkeit lernen. Ute Karen Seggelke hat mit den Lebenswegbeschreibungen beeindruckender Frauen hohen Alters und ihren meisterhaften Fotografien in *Wir haben viel erlebt! – Jahrhundertfrauen erzählen aus ihrem Leben* ein kleines Kunstwerk an respektvoller Nähe geschaffen. Ulla Rahn-Huber, mit ihrem Buch *So werden Sie 100 Jahre – Das Geheimnis von Okinawa,* ist zu danken, dass sie die agilen Hochbetagten von Okinawa nicht auf Endprodukte rein physiologischer Vorgänge reduziert hat. Rüdiger Dammann und Reimer Gronemeyer ist zu danken, dass sie mit ihrem Werk *Ist Altern eine Krankheit? – Wie wir die gesellschaftlichen Herausforderungen der Demenz bewältigen* den modernen Wahnsinn (der sich selbst für sehr normal hält) an den Pranger stellen, die Welt der Alten in Normale und Demente einzuteilen, eine Welt, in der die Daseinsberechtigung für wunderliche, vergessliche oder schlichtweg hilfsbedürftige Menschen verschwunden ist.

Das Buch in französischer Sprache, *Oui, je sais qu'un bonhomme a marché sur la lune (mais c'est quand même très vague...),* der beiden Schweizerinnen Francine Del Coso und Catherine Meyer ist ebenso wie das Werk von Dammann und Gronemeyer ein Plädoyer für die andere Seite des Alters: Es sind

Interviews mit Bewohnern und Bewohnerinnen eines Altenheimes, von denen einige dement sind. Schwäche und Verfall mit viel Respekt und Feinfühligkeit, ja mit liebevoller Akzeptanz zu zeigen, das vermögen die wenigsten.

Kaum ein Buch hat jedoch so viel Beachtung erfahren, und so viel Furore gemacht, wie Frank Schirrmachers Methusalem-Komplott. *Das Methusalem-Komplott* wurde landauf-landab diskutiert, avancierte zum Bestseller. Es wurde von vielen gelesen und von ebenso vielen als Horrorszenario bis ins Letzte zerpflückt. Insofern möchte ich diesem Buch auch hier ein paar Zeilen widmen.

In der Tat lehrt Schirrmachers Buch stellenweise das Gruseln. Ein Krieg der Generationen, wie schrecklich. Man liest es und will nicht daran glauben. Eine Menge Stimmen erheben sich, sagen und belegen, dass es diesen Krieg nie geben wird. Die Psychologie der Generationen sei, so zitiert der *Spiegel* den Altersforscher Baltes[220], auf wechselseitige Harmonie angelegt. Ähnlich Meredith Haaf über die Familienbezogenheit ihrer Generation. „Während in den Achtzigerjahren nicht einmal die Hälfte der Studierenden ihre Familie als für sie ‚sehr wichtig' einstufte, sind es heute knapp 80 Prozent", schreibt sie.[221] Diese Stimmen, wie viele andere, haben versucht, ein Gegengewicht zum Horror zu bilden, den Frank Schirrmacher säte, wenngleich das Unglück schon geschehen war. „Das Bild einer freudlosen Zukunft hat sich in den Köpfen der Menschen festgesetzt", schrieb der *Spiegel* damals.[222] Schade, denn eigentlich hat das Buch von Schirrmacher eine faszinierende Seite, die jedoch neben dem Horror völlig untergeht. Er ruft dazu auf, sich stereotype Diskriminierung nicht gefallen zu lassen, zu rebellieren, das Bild des Alters zu revolutionieren. Da steckt Kraft dahinter. Doch genau diese kraftvolle Botschaft geht unter im Horrorszenario wie auch im (vermutlich unwillentlichen?) Beleben biologisch ausgerichteter Stereotype. Das, was Frank Schirrmacher mit seinem Buch verhindern und ausräumen will, nährt er selbst. So ruft er, wie kaum ein anderer Autor, biologische Faktoren auf den Plan, zitiert unablässig die Evolution, um den Krieg zu erklären, den er heraufziehen sieht. „Vermutlich sind die schon früh ausbrechenden Gefühle der eigenen Hinfälligkeit und Vergänglichkeit evolutionäres Erbe aus einer Zeit, in der der Mensch nur 30 oder 40 Jahre alt wurde. Wir leben und sind noch jung, während in Wahrheit das biologische Programm in uns bereits abläuft", [223] schreibt er und an anderer Stelle: „Bei den Jungen zahlt die Natur täglich noch eine Prämie dazu – nicht für den Einzelnen, sondern für alle. Sie besteht aus Kraft, Innovation, Vermehrungstrieb. Ältere verbrauchen ihre Reserven und Rücklagen. Bei den Älteren zieht auch die Natur ab, und zwar, wie wir an anderer Stelle sehen werden, bereits ab dem 45. Lebensjahr."[224]

Schirrmacher erklärt Vieles, um nicht das absolute Wort „alles" zu gebrauchen, mit der Natur, so auch die Tatsache, dass Menschen sich jünger machen wollen, als sie sind. Seiner Meinung nach deswegen, weil sie die Potenz ausstrahlen wollen, die den fortpflanzungsfreudigen und -fähigen Jungen noch innewohnt. Das führe dann postwendend zur Aggressivität der Jüngeren, weil diese ihren Fortpflanzungserfolg dadurch reduziert sähen. Da stehe sozusagen ein Urteil aus dem Tierreich dahinter: jene, die nicht mehr produzieren können, sollen nicht so tun, als könnten sie es noch. Die Natur, das Credo von Frank Schirrmacher. Sie, die einzig und allein am Fortpflanzungserfolg interessiert sei. Darwin springt vor Freude in seinem Grab.

Die Jugend von morgen werde den Darwinismus entdecken, schreibt Schirrmacher, es sei ein biologisch programmierter und auch psychologischer Krieg, da die Jungen die Identität der Alten mit Sprache und Bildern zerstörten. Er zitiert Männer, die harte Thesen vertraten, gewährt diesen ethisch sehr fragwürdigen Ideen und Konzepten, die in Richtung „das Alter entsorgen" gehen, in seinem Buch viel Raum. Auch wenn dies nur geschieht, um zu zeigen, wie wahnwitzig solche Dinge sind, „verbreitet" es dennoch diese Ideen. In meinen Augen ist das Problem eines Buches wie das von Schirrmacher nicht in erster Linie, ob und wieviel nun wahr ist an seinen Prophezeiungen – eine Reihe von Ideen wurden schon widerlegt. Das Problem ist, dass es Angst schürt und dadurch, ganz nach den Erkenntnissen der Verfügbarkeitsheuristik in der Psychologie, mit diesen Gedanken und dem öffentlichen Sich-damit-beschäftigen das Herbeikommen der Phänomene beschleunigt, anstatt sie zu verhindern, wie er es ja eigentlich möchte.

Immer und immer wieder zieht Frank Schirrmacher Parallelen zwischen dem sozialen Wesen Mensch und dem Menschen als „biologischem Naturprodukt", das hilflos den Instinkten ausgesetzt ist – wobei Instinkte automatisch mit Natur gleichgesetzt werden. „In dem Augenblick, da die Natur zuschlägt – nach dem 40.Lebensjahr –, schlägt auch die Gesellschaft zu. Ihr kann es nicht schnell genug gehen; sie greift zwangsweise in den Lebenslauf ein und jagt den Menschen aus seiner freien Bahn heraus. Ins Tierreich übersetzt: Sie nimmt ihm den Status innerhalb der Gruppe, um ihn leichter vertreiben zu können."[225] Dass die Wirtschaft den älteren Menschen vertreibt, könnte man so hinnehmen. Aber ob das aus dem Tierreich abgeschaut ist, eine späte Erinnerung an unseren animalischen Ursprung? Die rein biologische Interpretation mutet, gerade in der heutigen Zeit, etwas seltsam an.

Dazu sollte man vielleicht auch einmal etwas aus der entgegengesetzten Richtung sagen, nämlich gerade aus der Perspektive des Tierreiches, das ja alle so gut zu kennen meinen. So auch Frank Schirrmacher. „Alte Tiere in freier Wildbahn gibt es praktisch nicht", schreibt er. „Das alte Lebewesen ist für die Natur ohne jeden Nutzen."[226] Für eine biologische Betrachtungsweise, die auch das Tier als reinen „Mechanismus" ansieht, völlig logisch. Schließlich kennt die Natur nichts anderes als den Trieb der Fortpflanzung, so meint man zu wissen. Doch seit Darwin ist einige Zeit verronnen und die Erkenntnisse, die man über das Tierreich gewonnen hat, haben sich gewandelt. Die heutige Wissenschaft erkennt mehr und mehr, dass sie über die wahren Abläufe in der Natur noch sehr wenig weiß. Weder stimmt es, dass es in freier Wildbahn keine alten Tiere gibt (oder sind etwa Elefanten, Krokodile, Wale, Bären, Schildkröten, Steinadler, Uhus, Kolkraben keine wilden Tiere?), noch stimmt es, dass alte Tiere immer von ihrem Chefposten in der Herde vertrieben werden, und sogar die ausschließliche Fixierung von Tieren auf deren Fortpflanzung stimmt nicht in jedem Fall. Dazu gibt es in der neueren Tier-

und Verhaltensforschung unzählige Beispiele. Nur um zwei zu nennen: Elefantenherden werden nicht etwa von einem jungen, kraftstrotzenden Bullen angeführt, sondern von einer Leitkuh, und zwar dem ältesten und mittlerweile unfruchtbar gewordenen Weibchen der Gruppe. In der Vogelwelt, so fand ein israelisches Forscherehepaar heraus, wird bei den Graudrosslingen nicht der lauteste, stärkste, fortpflanzungsfreudigste Vogel zum Chef des Clans ausgewählt, sondern der aufopferndste. Sie fanden sogar einen Vogelverband, der von einem alten Tier mit kaputtem Bein angeführt wurde.[227]

Die Natur mag oft herhalten für Erklärungen „animalischen Verhaltens", aber sie für alles Denken in diesem Sinn verantwortlich machen zu wollen, heißt, sie nicht wirklich zu kennen. „Die Natur investiert in ein Lebewesen hartherzig wie ein Kapitalist. Wenn der Gegenwert (Fortpflanzung) nicht mehr fließt, investiert sie nicht mehr", schreibt Schirrmacher.[228] Die Natur ein berechnendes Monster, das nur fortplanzungsfreudige, perfekt funktionierende Gattungen überleben lässt? Nein, denn wenn es so wäre, müssten all jene Tiergattungen schon längst ausgestorben sein, die höchst unökonomisch funktionieren (z.B. Albatrosse, Koalas), kaum Nachwuchs produzieren oder enorm lange Tragzeiten haben (z.B. Kaiserpinguine, Elefanten), ihren eigenen Nachwuchs verspeisen (z.B. Krokodile) oder andere, im Sinn der Evolution „unsinnige" Verhaltensweisen zeigen wie z.B. zweckungebundenen Spieltrieb, nicht fortpflanzungsorientiertes Sexualverhalten oder monogame Beziehung. Doch es gibt fröhliche Heerscharen all dieser wild lebenden Tiere mit all diesen Attributen.

Genau gesehen widerlegt sich die absolute Fortpflanzungsfixiertheit der Natur sogar im Fall des Menschen: denn wenn die Natur, nach Schirrmacher, nicht mehr am Fortbestehen von nicht fortpflanzungsfähigen Lebewesen interessiert ist, und wenn sie der alles bestimmende Faktor ist, wie kann es dann immer mehr durchaus vitale, leistungsfähige, kreative alte Menschen geben, die in unserer Zeit sogar bis zu 70 Jahre über ihre Fortpflanzungsfähigkeit hinaus leben? Ist die Natur jetzt plötzlich blind geworden?

Nun bringt Frank Schirrmacher, man könnte sagen: paradoxerweise fast im Gegensatz zu seinem Horrorplädoyer, immer wieder Gegenbeispiele – auch zum sogenannten „natürlichen" Ablauf des Lebens. Letztlich ist ja genau das auch sein ureigenstes Anliegen. So z.B. zitiert er das National Institute of Aging, das im Jahr 2001 einen dramatischen Rückgang von alterstypischen Gebrechen bei älteren Amerikanern festgestellt hatte. Oder er führt die Tatsache an, dass viele Krankheiten sich im Alter verlangsamen oder gar zurückgehen. Er bringt Beispiele für Leistungsfähigkeit im Alter, für Kraft, Kreativität, Sinn und schöpferisches Wirken im Alter. Doch all das geht unter, ganz einfach deswegen, weil seine Vergleiche mit der Natur so fatalistisch wirken und weil Angst meist stärker wirkt als optimistisches Gedankengut. So überlagern seine negativen Botschaften den positiven Aufruf. Das ist sehr schade.

Der *Spiegel* schrieb in seinem Magazin zum Thema Alter, dass Schirrmachers Buch ein Bestseller war, 400 000 mal verkauft wurde. Das heißt somit: es wurde 400 000 mal – plus all der Debatten, die dazu veranstaltet wurden – die Chance vergeben, Positives aufzubauen. Die Angst grassierte in Deutschland nach diesem Buch mehr denn je. Und wie man weiß, lähmt Angst mehr, als dass sie zu konstruktivem Handeln motiviert. Kaum vorstellbar, dass Schirrmacher wirklich gewollt hat, alle in Angst und Schrecken zu versetzen. Vermutlich wollte er die Menschen aufrütteln, der Untertitel seines Buches heißt ja auch: „Wir müssen das Problem unseres eigenen Alterns lösen, um das Problem der Welt zu lösen". Doch dazu brauchen die meisten Menschen Ermutigung stärker als Furcht. Nur die wenig zahlreichen mutigen Menschen, denen Altern keine Angst macht, weil sie Persönlichkeit zu leben wissen, haben auch den Mut, sich gegen Diskriminierung aufzulehnen. Diese brauchen ein Buch wie das von Schirrmacher nicht. Wie aber sollen die anderen, für die es gedacht war, mutig auf die Barrikaden gehen, wenn sie innerlich vor Angst schlottern. Von woher soll der Mut dazu denn kommen?

6. Kapitel

Die geheime Macht
der Naturwissenschaft

„Niemand hat die Macht, Wissenschaft auf
irgendeine natürliche Schlussfolgerung festzulegen. Alles, was getan werden kann, ist, die
Meinungen und Begabungen so weit zu fördern,
dass dieses mehr geglaubt wird als jenes." –
Galileo Galilei

„Inmitten der Schwierigkeit liegt die Möglichkeit."
– Albert Einstein

Die Diskussion um das Alter wird stark von der Wissenschaft
geprägt, zumal von der Naturwissenschaft, den Geriatern, Mo-
lekularbiologen, Biochemikern, Neurophysiologen. Im Grunde
wäre die Alters- und Alternswissenschaft, die Gerontologie, laut
Definition interdisziplinär, sollte sich aus Quellen der Natur-,
Human-, Sozial- und Geisteswissenschaften speisen. Doch dieses
Zusammenwirken findet in der Praxis viel zu selten statt. Über
lange Zeit hinweg wurde die Diskussion über Älterwerden und
Altsein nahezu ausschließlich von der Naturwissenschaft, sprich
von Biologie und Medizin bestimmt. Da die Naturwissenschaft,
anders als z.B. die Soziologie, oft zu deterministischen Aussagen
neigt, setzten sich naturwissenschaftliche Erkenntnisse in den
Köpfen aller fest und verblieben dort besonders hartnäckig, auch
wenn diese Erkenntnisse in der Folge als nicht mehr ganz so sicher
angesehen werden mussten.

Die biologisch-materielle Sicht von Gerontologen, die der Medizin nahestehen, und die man damals wie heute allerorten noch finden kann, klingt dann in etwa so wie die folgende lapidare Aussage eines Professors der Pathobiochemie: „Unser gesamter Organismus wächst und reift von Beginn unseres Lebens an. Am Ende stehen der Zelltod, der Funktionsverlust von Zellen und Geweben und schließlich der Tod des Menschen." Materie entsteht und stirbt. Punkt. Das ist die Grundtendenz, die den medizinisch-biologischen Diskurs bestimmt. Sie suggeriert Automatismus, Unausweichlichkeit, Gesetzmäßigkeit.

Gerade auf die Gesetzmäßigkeit ist die Naturwissenschaft stolz. Sie lässt das Gefühl entstehen, dass jeden das gleiche Schicksal trifft und vor allem: dass Funktionsverlust oder Tod beim Menschen gleichbedeutend seien mit dem logischen Ende einer biologischen Funktion. Das aber, so wissen wir, ist nicht der Fall. Es sterben ja auch Menschen in blühendem Alter, genauso wie andererseits alte Menschen unter Beweis stellen, dass sie noch funktionierende Zellen haben, die sie (medizinisch gesehen) gar nicht haben dürften. Dass die Wissenschaft sich, bei aller Überlegenheit, von der sie überzeugt ist, auch täuschen kann, dass sie vielleicht doch nicht alle Geheimnisse zu lüften vermag und dass der Mensch mehr als nur Materie sein könnte, das hat in dieser Sicht so gut wie keinen Platz. Naturwissenschaftliche Forschung zeichnet sich aus durch Exaktheit, Detailtreue und Spezialisierung. Genau diese Spezialisierung bewirkt aber auch, dass Aspekte oft nur noch unter einem bestimmten Blickwinkel gesehen werden. Dieser kann, je nach Naturell und Intention des Forschenden, irgendwann auch der einzige werden. Wird dieser dann als absolute Wahrheit auf ein übergreifendes Phänomen angewandt, stimmt die letztendliche Schlussfolgerung vielleicht nicht mehr. So fällt dem aufmerksamen Laien auf, dass es immer wieder wissenschaftliche Ergebnisse gibt, die heftig diskutiert, bestritten oder widerlegt werden und die sich später als unzutreffend oder zu eng erweisen. Nicht immer aber ist es der breiten Öffentlichkeit vergönnt, an solchen Diskursen und Prozessen teilzuhaben. Von vielen Forschern ist dies auch gar nicht gewollt: es würde der Wissenschaft den Nimbus nehmen, mit dem so viele Fachleute sich gern umgeben.

Aufgebrochen wird der Nimbus nur von besonders mutigen, quer denkenden oder hartnäckigen Forschern, die abweichende Thesen mit viel Zähigkeit verfolgen, oft ihr ganzes Leben lang. So zum Beispiel schreiben die beiden Forscher Shino Nemoto und Toren Finkel in einem Artikel in der Zeitschrift *Spektrum der Wissenschaft*, dass Naturwissenschaftler dem Thema Alterungsprozess und Lebenserwartung lange Zeit kaum Beachtung geschenkt hätten: „Zwar widmeten sie sich eingehend den Prozessen, die das Leben hervorbringen und ihm ein Ende setzen", schreiben sie. „Welche Faktoren aber bestimmen, wie schnell ein Organismus die Spanne dazwischen durchmisst, haben sie erstaunlich wenig untersucht. Altern galt als ein Prozess, der im Gegensatz zu anderen biologischen Phänomenen nur schwer in experimentell bearbeitbare Teilaspekte zu zerlegen ist. Im Laufe mehrerer Jahre haben jedoch einige beharrliche Forschungsgruppen diese Ansicht zum Bröckeln gebracht."[229]

So hielt sich auch die Behauptung des Nobelpreisträgers Ramón y Cajal, dass sich im Gehirn nichts regenerieren könne, dass die Nervenbahnen festgelegt und nicht veränderbar seien, über Jahrzehnte.[230] Natürlich dürfte seine Aussage korrekterweise nicht Behauptung heißen, sondern müsste, gemäß wissenschaftlicher Terminologie, Erkenntnis genannt werden. Wobei man genau am entscheidenden Punkt angelangt wäre: im Prinzip ist alles, was ein Mensch, ob Wissenschaftler oder normal Sterblicher, über ein Problem herausfindet, das er zu lösen sucht, eine Erkenntnis. Er hat etwas „erkannt" – zu *diesem* Problem, unter *diesen* Umständen, zu *diesem* Zeitpunkt. Eine solche Sichtweise schlösse weder Wandlung noch eine weitergehende Erkenntnis aus, läge insofern der Wahrheit ein Stückchen näher. Für eine solche Einstellung bedarf es jedoch der Bescheidenheit, über die nicht jeder Wissenschaftler verfügt. Paradoxerweise (oder logischerweise?) sind es die wirklich Großen in der Wissenschaft, die Bescheidenheit an den Tag legen. So lancierte Galileo Galilei einmal den Appell: „Niemand hat die Macht, Wissenschaft auf irgendeine natürliche Schlussfolgerung festzulegen. Alles, was getan werden kann, ist, die Meinungen und Begabungen so weit zu fördern, dass dieses mehr geglaubt wird als jenes."[231] Und der Physiker Werner Heisenberg sagte: „Was wir mathematisch festlegen, ist nur zum kleinen Teil ein objektives Faktum, zum größeren Teil eine Übersicht über Möglichkeiten".[232] Die Harvard-Professorin Ellen Langer, die sich in ihrem Buch *Counterclockwise* ausführlich mit den absoluten Ansprüchen von Wissenschaft auseinandersetzt, sagt dazu: „I have come to believe less and less that biology is destiny. It is not primarily our physical selves that limit us but rather our mindset about our physical limits. Now I accept none of the medical wisdom regarding the courses our diseases must take as necessarily true. (Ich bin schließlich dahin gelangt, immer weniger zu glauben, dass Biologie Schicksal sei. Es ist nicht in erster Linie unser physisches Selbst, das uns begrenzt, sondern eher unsere Vorstellung von unseren physischen Begrenzungen. Nun akzeptiere ich medizinische Weisheiten, die den Verlauf von Krankheiten als vorgegeben ansehen, nicht mehr als unbedingt wahr.)"[233]

Wenn Naturwissenschaftler sagen: Alterung ist ein unausweichlicher biologischer Prozess, den bisher nichts aufhalten, geschweige denn umkehren kann,[234] sagt Ellen Langer, dass positive Überzeugung in der Lage sei, körperliche Gebrechen zu zähmen und sogar den Alterungsprozess umzukehren. Vielen werden solche provokanten Äußerungen nicht willkommen sein, doch Ellen Langer hat in zahlreichen Untersuchungen nachgewiesen, dass der Organismus auf die Beeinflussung durch den Geist reagiert. Vielleicht geht es Forschern wie ihr ähnlich wie damals Kopernikus, der seiner Zeit weit voraus war. Als er wagte zu behaupten, dass die Planeten um die Sonne kreisen, wurde seine Arbeit verdammt. Nun ja, heute weiß man, dass er Recht hatte. Manche wissen um solche Wahrheiten schon früher, auch wenn sie sich hüten, dies bekanntzugeben, dient es doch ihren geheimen Interessen. Nachrichtendienste, Militärs und Luftfahrtbehörden gehören zu den höchst interessierten Nutzern spektakulärer Wahrheiten, die von profanen Geistern nicht erkannt, abgelehnt oder lächerlich gemacht werden. So zum Beispiel im Falle von Grigori Grabovoi, einem russischen Mathematiker und Physiker, der die Beeinflussung der Materie durch den Geist in hochkomplizierten wissenschaftlichen Formeln erklärt und nachgewiesen hat. Sein ganzes System beruht auf einem außergewöhnlich hohen Verständnis von dem, was Information und Zellinformation ist. Die russische Luft- und Raumfahrtbehörde hat sein Wissen und seine Fähigkeiten mit nachgewiesenem Erfolg eingesetzt und auch Mediziner bedienen sich dort mit viel Erfolg seines Wissens. Er vermag es, unheilbare Krankheiten zu heilen, ja selbst Organe nachwachsen zu lassen. Ergebnisse, die anerkannt werden müssen, weil es schlichtweg Tatsachen sind: wenn auf dem Röntgenbild ein Organ erscheint, das vorher nicht da war, hat selbst der hundertprozentig Ungläubige keine Wahl mehr. Doch Grabovoi ist kein Wunderheiler, er ist Wissenschaftler, nur eben einer, der seiner Zeit weit voraus ist.

Es ist interessant, dass man gerade unter Physikern, die ja per se die Wissenschaftler der Gesetzmäßigkeit sind, besonders häufig auf Menschen trifft, die sogenannte absolute Wahrheiten hinterfragen. Man muss dazu nicht einmal den großen Einstein bemühen. So sagte der Kernphysiker Professor Hans-Peter Dürr in einem Vortrag, in der Wissenschaft werde weiterhin immer noch das Weltbild des 19. Jahrhunderts vertreten. Festgefahren in geschlossenen Denksystemen glaubten viele Forscher, ihre Ideen und Ergebnisse seien letztgültige Wahrheit. Sie zerlegten die Welt in immer kleinere Bestandteile und meinten den Bauplan der Schöpfung vollständig entschlüsseln zu können. Sie meinten zu wissen, was richtig und falsch sei. Die Wissenschaftler seien stolz auf ihre Ergebnisse, doch eigentlich säßen sie in einem kognitiven Gefängnis eingesperrt, denn sie verwendeten nur Konstrukte. Da er selbst zu Bescheidenheit mahne und in Abrede stelle, dass Wissenschaftler wüssten, was richtig und falsch sei, mache er sich vielerorts unbeliebt.[235] Der Physiker Werner Heisenberg hat es kürzer gefasst. „Der erste Trunk aus dem Becher der Naturwissenschaft macht atheistisch", sagte er in seinem sehr bekannten Ausspruch, „aber auf dem Grund des Bechers wartet Gott."

Leider sind, trotz aller Expertise, viele Naturwissenschaftler weit davon entfernt, eine solche Weite (und Größe) des Geistes zu erreichen. Und somit bleibt es auch bei all den Problemen, die wir haben und bekommen, wenn wir uns mit wissenschaftlichen „Wahrheiten" auseinandersetzen müssen. Welche Macht die Wissenschaft hat, zeigt sich daran, wie sie die öffentliche Diskussion, den Geist der Zeit bestimmt. Und leider nicht immer im Positiven. So schreibt Schirrmacher, dass Professor William Osler, zur Jahrhundertwende der bekannteste Mediziner im englischsprachigen Raum, im Jahr 1905 eine Rede gehalten habe, die offenbar zur Grundlage für naturwissenschaftlich begründete Diskriminierung des Alters geworden sei. Er habe darin das Alter mit geistiger Stagnation gleichgesetzt und dazu aufgerufen, 60-Jährige zu zwingen, sich vollständig vom beruflichen und politischen Leben zurückzuziehen, ja selbst 40-Jährige seien unbrauchbar, wenn man auf geistige Neuerungen setze. „Damals, an einem kalten Februarmorgen des Jahres 1905, vollzog sich, was für alle erfolgreichen Mythen des 20. Jahrhunderts Grundvoraussetzung ist", schreibt Schirrmacher, „die Verwandlung einer Ideologie in eine pseudowissenschaftliche ‚Wahrheit'."[236]

Dass das Gehirn spätestens nach der Pubertät ausgewachsen sei und seine Nerven dann fest und unabänderlich verschaltet seien, das blieb viele Jahre lang die strikte Überzeugung unter Wissenschaftlern. Wenn wissenschaftliche Erkenntnisse, einem Dogma vergleichbar, als feststehend und unabänderlich gelten, kann es sehr lange dauern, bis Neues in der Forschung das Licht der Welt erblicken darf. Es braucht dazu von wissenschaftlicher Neugier und Unruhe getriebene rebellische Geister, die diese Dogmen hinterfragen. Und es braucht bescheidene, ehrliche Wissenschaftler, die zugeben können, dass sie noch nicht alles wissen. So zitiert die Neurologin und Neurobiologin Rita Levi Montalcini in ihrem Buch den berühmten Biophysiker E. Crick, der im Jahr 1967 in seinem Werk *Of Molecules and Men* ganz

offen den reduzierten Zustand beschreibt, in dem sich die Neurowissenschaften der damaligen Zeit befanden: „Noch immer wissen wir nichts über die allgemeine Struktur des Nervensystems.
Wenn wir uns fragen, auf welche Weise das Gehirn lernt und sich
etwas einprägt, tappen wir sogar noch mehr im Dunkeln. Derzeit
hofft die Forschung auf irgendwelche chemischen Verbindungen,
aber ich habe den Eindruck, dass wir am Anfang eines langen und
sehr steinigen Weges stehen... Was jedermann gestern für gültig
hielt und Sie noch heute glauben, werden morgen nur noch die
Verrückten für wahr halten."[237]

Vierzig Jahre später sind wir nun soweit, ein wenig mehr zu
wissen. Rita Levi Montalcini, deren Forschungsarbeit sich auf
zelluläre Nachrichtenübertragung und Steuerungsmechanismen
des Zell- und Gewebewachstums konzentrierte, entdeckte den
Nervenwachstumsfaktor. „Bis vor wenigen Jahrzehnten stimmten
die Erforscher des Nervensystems damit überein, was Ramón y
Cajal Anfang des Jahrhunderts behauptet hatte: ‚Die Nervenbahnen sind festgelegt, abgeschlossen und nicht veränderbar. Alles
kann sterben, nichts kann regeneriert werden'", so schreibt sie in
ihrem Buch *Ich bin ein Baum mit vielen Ästen*. „Dieses Dogma
zerbrach jedoch, als der Beweis erbracht wurde, dass die Kompo-
nenten des peripheren und des zentralen Nervensystems nicht auf
irreversible Art und Weise im genetischen Programm fixiert sind.
Vielmehr passen sie sich den Umweltreizen von beträchtlicher
Tragweite an, und zwar nicht nur am Anfang ihrer Entwicklung,
bei abgeschlossener Differenzierung, sondern auch – und das
ist ein noch bemerkenswerteres Phänomen – in der Altersphase.
Diese Eigenschaft ist bei der menschlichen Spezies von größter
Bedeutung, ob es sich nun um die Wiederherstellung der körperlichen Funktionen oder derjenigen handelt, die die Grundlagen
für die geistigen Aktivitäten bilden."[238] Für die Isolierung und
Charakterisierung des Nervenwachstumsfaktors wurde sie 1986,
gemeinsam mit Stanley Cohen, mit dem Nobelpreis für Medizin
und Physiologie ausgezeichnet.

Das Dogma von Ramòn y Cajal „Alles ist irreversibel" hat sich umgekehrt in „Nichts ist irreversibel". Nun hat man herausgefunden, dass auch das Gehirn in der Lage ist, Schadstellen zu reparieren, bis in das hohe Alter hinein. „Wenn im Zentralnervensystem eine partielle Läsion der Neuronenschaltungen stattfindet", führt Rita Levi Montalcini aus, „sterben die beschädigten Zellen ab und das vorher von diesen Zellen innervierte, das heißt mit Nerven und Nervenreizen versehene Gewebe befindet sich nun in einem Zustand der partiellen Denervierung. In dieser Situation senden die unverletzten Neuronen, die sich in der Umgebung der degenerierten Zellen befinden, aus ihren Achsenzylindern neue Nervenfortsätze aus, die auf das denervierte Gewebe zusteuern. Sie nehmen die freien synaptischen Areale ein und stellen dabei stufenweise die Aktivität der Schaltung wieder her. Dieser Prozess der Wiederherstellung oder besser der Reparatur entfaltet sich in der Anfangsphase der postnatalen und jugendlichen Entwicklung zu höchster Stufe und wird in den folgenden Phasen dann zunehmen schwächer. Aber er bleibt auch im Stadium des Erwachsenseins bestehen und hält selbst in der Altersphase an, wenngleich er sich weniger dramatisch gebärdet als in den Anfangsphasen der Neurogenese."[239]

Eine revolutionäre Umkehrung. Sie wird als Herausforderung die Aufgabe nach sich ziehen, das frühere Negativbild, das immerhin über nahezu ein Jahrhundert hinweg in den Köpfen verankert war, durch ein positives zu ersetzen. Wir hören aus dem Mund hochrangiger Wissenschaftler heute also etwas, das in der alternativen Medizin und den ihr verwandten Geistesströmungen seit Jahrhunderten bekannt ist und vertreten wird: dass der Organismus eine unglaubliche Intelligenz besitzt, die der Mensch bislang nur teilweise begriffen hat. Abgesehen von den Vorgängen im Organismus, die immer noch nicht bis in das letzte Detail erforscht sind, lässt die Naturwissenschaft einen weiteren Faktor unberücksichtigt, der einen genauso gewichtigen Einfluss haben kann wie die organische Intelligenz: den Geist des Menschen, sein Seelenleben. „Die neuronale Plastizität lüftet zwar nicht das Geheimnis des Begriffspaares Gehirn-Geist, lässt es aber noch faszinierender erscheinen, wenn es auch immer schwerer zu erklären ist", schreibt Rita Levi Montalcini. „Das vorrangige Ziel des heutigen Forschers, das man auch als Problem Nummer eins der Neurobiologie bezeichnen kann, ist, eine Erklärung der Beziehungen zu finden, die zwischen Gehirn und Geist bestehen."[240]

Rita Levi Montalcini gehört zu den Wissenschaftlern, die diesen Zusammenhang als wichtiges Element ansehen. Doch für die meisten Naturwissenschafter sind der Geist und das Seelenleben in ihren Forschungen inexistent, schlicht und einfach deswegen, weil sie nicht „beweisbar" sind. Argumentiert wird dabei ähnlich wie von einer Gruppe von Altersforschern, die die Allgemeinheit vor der Illusion warnen wollen, dass es Möglichkeiten gäbe, das biologische Altern zu beeinflussen. In einem Artikel darüber, der in der Fachzeitschrift *Spektrum der Wissenschaft* erschien, ging es um Anti-Aging-Mittel und Präparate, von denen sie sagen, dass keine einzige dieser Maßnahmen sich dazu eigne, das Altern zu verlangsamen oder gar rückgängig zu machen. Der zugrundeliegende wissenschaftliche Diskurs läuft auf die Unbeweisbarkeit hinaus. Sie schreiben: „Um festzustellen, ob eine Maßnahme einen biologischen Vorgang beeinflusst, muss man zunächst den Prozess selbst irgendwie messen können. Doch Altern, der Alterungsgrad, lässt sich mangels Indikator bisher nicht messen. Weder bei Tieren noch bei Menschen hat sich auch nur irgendetwas gefunden, das sich dafür als geeignet erwies, kein einzelner Ablauf und auch keine verzahnten Vorgänge. Ohne einen solchen Bezug sind Aussagen über Behandlungserfolge aber schlicht nicht möglich."[241]
    Das heißt mit anderen Worten: da man das biologische Altern nicht messen kann, kann man auch Maßnahmen nicht messen, die es beeinflussen (könnten). Da man solche Maßnahmen also nicht messen kann, ist nicht möglich nachzuweisen, dass sie wirksam sein könnten. Eine wissenschaftliche „Begründung" die alles vom Tisch fegt, selbst das, was in der Realität tatsächlich Wirkung bewiesen haben mag, wenn man als Realität nicht die wissenschaftliche, sondern die Lebensrealität meint. Es ist wohl

hier ähnlich wie in der seit Jahrzehnten geführten Debatte um alternative Heilmethoden, die insbesonders von der naturwissenschaftlich geprägten Schulmedizin immer noch bekämpft werden, obwohl Tausende und Abertausende durch sie gesund werden. Ob es die Homöopathie ist oder die Akupunktur, beides jahrhundertealte Systeme: was man nicht mit Gerätschaften und minutiösen gesetzmäßigen Abläufen nachweisen kann, scheint keine Daseinsberechtigung zu haben. Ob es dazu tausende und abertausende persönliche Erfahrungsberichte von Geheilten gibt oder nicht, ändert wenig daran.

Fatal ist dies „nur" für den Menschen als Individuum. Denn wenn dieser sich dem Dogma „Was nicht beweisbar ist, existiert nicht" anschließt und er die Beweisbarkeit bei anderen sucht – in Forschungsberichten, beim Arzt, in den Medien –, wird er nie versuchen, es sich selbst zu beweisen. Ellen Langer, eine vehemente Vertreterin der Eigenverantwortung, versucht uns begreifbar zu machen, dass wissenschaftliche Daten immer nur den Allgemeinfall meinen und Wahrscheinlichkeiten postulieren können, sie aber nichts im konkreten Fall und über uns als Individuen aussagen: „Medizinische Wissenschaft ist nicht falsch oder nutzlos, aber uns, als Individuen, fehlen da einige Daten", schreibt sie. „Wir müssen lernen, das, was die medizinische Welt als allgemein wahr ansieht, mit dem zu integrieren, was wir über uns selbst wissen oder herausfinden können."[242]

Womit wir wieder beim zentralen Thema dieses Buches angelangt sind. Alle hochbetagten Menschen, die hier zu Wort kommen, haben Dinge in Angriff genommen, zu denen sie nach Meinung der Allgemeinheit nicht fähig sein würden. Sie beweisen es, ohne dass diese Beweise in der Wissenschaft das ihnen zukommende Gewicht erhielten.

Dass die Naturwissenschaft gelegentlich selbst paradoxe Verhaltensweisen an den Tag legt, wenn man sich diesen undogmatischen Einwurf gestatten darf, fällt vielleicht nur wenigen auf. Experimente werden in der Biogerontologie, der Molekularbiologie oder der Neurophysiologie besonders gern am Fadenwurm, der Hefe, der Fruchtfliege oder der Maus durchgeführt. Nichts gegen die biologische Vergleichbarkeit von Organismen, aber ob der Fadenwurm nun wirklich der integralen Persönlichkeit eines Menschen vergleichbar ist?

Manche Forscher geben dies freimütig zu, so liest man im Nachspann zu den Porträts und Kurzbiographien von Hundertjährigen im Buch *100 Jahre Leben*: „... leider können die Erkenntnisse aus dem Tierversuch nicht ohne Weiteres auf den viel komplexer aufgebauten Menschen übertragen werden."[243] Noch deutlicher der Neurophysiologe Eccles, den Rita Montalcini zitiert: „So wunderbar das Nervensystems eines wirbellosen Tieres, wie zum Beispiel des Blutegels, der Aplysia oder der Krake auch sein mag, es wird niemals ein Modell sein, das an das menschliche Gehirn mit seinen konzeptionellen und kognitiven Möglichkeiten sowie seiner Fähigkeit zu Willen und Selbstbewusstsein heranreicht."[244]

Der Weg zur absoluten Wahrheit, sofern es diese denn gibt, ist also, so wie es der Biophysiker E. Crick vor gut 40 Jahren über die Gehirnforschung sagte, immer noch weit, trotz der wachsenden Erkenntnis in der Naturwissenschaft. Immer noch liege ein Geheimnis über der Frage, warum die einen muntere neunzig werden und die anderen früh erkrankten, schreibt der Journalist Michael Radtke, der sich am Buch *100 Jahre Leben* beteiligt hat. „Die Prozesse des Alterns sind weder beim Menschen noch bei anderen mitunter viel einfacher aufgebauten Organismen geklärt."[245] Die Forscher des Instituts für Klinische Molekularbiologie in Kiel, dessen Direktor, Professor Stefan Schreiber, das Buch herausgebracht hat, hoffen dem Geheimnis gesunden, langen Lebens mit Hilfe einer Biobank, Robotern und automatisierten Analysegeräten auf die Spur zu kommen. Das Kieler Institut verfügt über eine der größten „Gen-Sammlungen" der Welt: 3000 DNA-Proben von Hochbetagten über 90 Jahre haben sie gelagert. Die Kieler Forscher haben so ein Gen entdeckt, das für Langlebigkeit verantwortlich sein soll: Foxo A3. Einige Europäer haben es offenbar und viele Japaner. Dieses Gen wird nun an Mäusen getestet. Die

Kieler gehen damit den umgekehrten Weg: vom Menschen zum Tier. „Unser Weg ist der richtige", sagte Prof. Schreiber in einem Interview. In der Genetik des Alterns stehe man noch sehr am Anfang, und was das Leben von Tieren verlängere, sei längst nicht das Gleiche wie beim Menschen. Doch Foxo A3 entscheidet wohl nur über extreme Langlebigkeit von 100 Jahren und mehr. Im Übrigen werde das Erbgut oft überschätzt, so die Projektleiterin Dr. Almut Nebel: „Zu etwa 30 Prozent wird unser Alter durch die Gene bestimmt, der Rest ist eine Frage des Lebensstils."[246]

Beim Kieler Forschungsprojekt geht es also um das Altern bei lang andauernder Gesundheit und guter Lebensqualität. Ziel ist es, die dem Altern zugrunde liegenden Mechanismen und molekularen Faktoren zu erforschen, um dadurch neue Ansatzpunkte für medizinische Interventionen zu finden. Ob dadurch auch erklärt werden kann, was Sonja Börm so beeindruckt, die als Sozialwissenschaftlerin im Projekt „Genetik des gesunden Alterns" am Institut mitarbeitet, bleibt abzuwarten. Sie sei beeindruckt von der unglaublichen Vitalität, die in vielen Hochbetagten stecke, sagte sie in einem Interview: „Da ist die 93-Jährige, die wie selbstverständlich von ihrem neuen Computer erzählt, oder die 96-Jährige, die uns ihr Trampolin zeigt. Einmal besuchten wir einen 95-jährigen Bauern, der noch mit dem Traktor in den Wald fährt und dort Bäume fällt."[247]

Gesund alt zu werden, trägt bestimmt mit dazu bei, verstärkt aktiv zu sein. Ohne einem logischen Fehlschluss zu erliegen, kann man vermutlich guten Gewissens sagen, dass Menschen *infolge* guter Gesundheit gewiss auch mehr Motivation verspüren, aktiv zu sein. Fraglich ist, ob die Argumentation dahingehend abgewandelt werden kann, dass jemand automatisch im Alter aktiver ist, wenn er nur gesund ist. Oder ob man gar die Kausalität so absolut formulieren kann, dass jemand nur dann aktiv ist im Alter, wenn er auch gesund ist. Was Letzteres angeht, haben die Beispiele von Menschen hohen Alters im vorliegenden Buch diese Kausalität jedenfalls nicht bestätigt. Eine ganze Reihe von ihnen hatten gesundheitliche Beschwerden und waren trotzdem ungewöhnlich aktiv. Lange leben und gesund sein ist also, für sich allein genommen, keine Garantie für glückliches Alter. Umgekehrt bedeutet im Alter krank sein nicht auch automatisch, unglücklich zu sein. Hier kommen auch andere Wissenschaften zum Zug, wie die Psychologie und die Soziologie.

Wie die Erkenntnis von der „gebrauchsabhängigen Plastizität" des Gehirns, also von dessen Fähigkeit, sich im Laufe des Lebens ständig zu verändern, gezeigt hat, können Neuordnungs-Vorgänge im Gehirn schon durch einen geringfügigen Wechsel der Lebensumstände in Gang gesetzt werden, wenn dieser zu einem anderen alltäglichen Verhalten führt. Diese Erkenntnis beeinflusst auch die Erklärung für Veränderungen der Schaltzentralen im Gehirn, die im Alter auftreten, wie Vergesslichkeit und Gedächtnis- oder Erinnerungslücken, die man früher ausschließlich mit dem Abbau des Gehirns begründete. Heute tendiert man immer stärker dazu, es als das Ergebnis eines Lernprozesses zu sehen. Dass das Gehirn seine Leistungsfähigkeit mit den Jahren herunterfahre, so heutige Experten, läge daran, dass es seine Struktur an die veränderten Lebensumstände älterer Menschen anpasst. Das aber heißt mit anderen Worten: nicht nur die Realität, die man um sich herum findet, beeinflusst unser Gehirn. Auch die Realität, die man um sich herum schafft, hat diesen Einfluss. Beeinflusst man diese Realität, beeinflusst man damit auch das Gehirn – und das Alter.

Dieter Otten bringt es in seinem Buch *Die 50+ Studie* auf den Punkt: „Das biologische Alter ist veränderbar. Das ist verblüffend, hätte man doch zumindest auf der biologisch-medizinischen Seite etwas anderes erwarten können. Vor nicht allzu langer Zeit glaubten die Forscher immerhin noch an so etwas wie eine biologische Uhr, die das Alter determiniere."
   In seinen Ausführungen hierzu erweitert er das naturwissenschaftliche Modell um die entsprechende sozialwissenschaftliche Komponente: „Es zeigt sich, dass die gesellschaftliche Wirklichkeit, das soziale Konstrukt also, womöglich doch auf sehr eigenwillige Weise rückgekoppelt ist mit der biologischen Wirklichkeit

des Alter(n)s und des biologischen Altwerdens. Unsere sozialen Konstrukte bestimmen nicht nur das Alter als soziale Stereotype, als Verhaltensnorm und Erwartungshorizont [...] sie bestimmen auch die physische Natur des Alterns selbst. [...] Der Homo sapiens wird wesentlich durch seine soziale Umgebung geprägt, erlebt und erfährt sein Alter als Ergebnis der sozialen Bedingungen, unter denen er leben muss oder darf. Alt zu werden ist also keineswegs ein durch und durch biologischer Vorgang. Ganz im Gegenteil. Es ist das Resultat eines komplexen Zusammenspiels von biologischem, genetischem mit sozialen, individuellen und psychischen Prozessen. [...] Ein zirkulärer Zusammenhang also. [...] Heraus kommt dabei ein Lebewesen, das gleichermaßen von seiner Biologie, seiner Psyche und seiner Gesellschaft bestimmt ist. Und das heißt, der Mensch ist auch biologisch nicht determiniert, sondern offen. Er bestimmt seine Natur ebenso, wie er durch seine Natur bestimmt wird. Oder auf unser Thema variiert: Er bestimmt als Akteur in gesellschaftlichen Systemen sein Alter ebenso, wie er durch sein Alter bestimmt wird."[248]

Die Harvardprofessorin Ellen Langer sieht Biologie seit langem nicht mehr als Schicksal an, wie bereits weiter oben erwähnt. Sie geht noch einen Schritt weiter. Wir seien so sehr von Stereotypen über das Alter bestimmt, sagt sie, dass wir alle negativen Erscheinungen, die „normalerweise" mit dem Alter einhergehen, als unvermeidlich ansähen und akzeptierten. Wenn es gelinge, dieses negative Klischeedenken abzuschütteln, könne man sich erstaunliche Möglichkeiten eröffnen. Die fundamentale Wirkung der inneren Einstellung hat die Sozialpsychologin über 30 Jahre hinweg untersucht und durch eine Vielzahl von Studien nachgewiesen. „Wir haben zu viele *mindsets*[249], zu viele gedankenlose Urteile und Einstellungen über das, was sich angeblich beim Älterwerden abspielt", schreibt sie. „Und diese Denkmuster nehmen uns in einer Art selbsterfüllender Prophezeiung gefangen. Die Frage ist: Was passiert, wenn wir diese Vorurteile ausräumen? In unseren Experimenten zeigt sich immer wieder: Wenn wir das Denken in eine bestimmte Richtung veränderten, folgte auch der

Körper in schöner Regelmäßigkeit. Wenn Sie so wollen: Er kooperierte. Selbst Irreversibles konnte rückgängig gemacht werden." Sie führt in ihrem Buch eine Menge von Beispielen dazu an. Eines davon handelt von den üblichen Sehtests, bei denen man, von großen Zahlen zu kleinen kommend, letztere irgendwann einmal nicht mehr lesen kann. Man erwartet förmlich, bald auf die Zahlenreihe zu stoßen, die man nicht mehr entziffern kann, sagt sie. Das tritt dann auch ein. In Experimenten drehten Ellen Langer und ihr Team die Zahlenreihen um, ließen sie mit den kleinen Zahlen zuerst beginnen, und stellten fest, dass Testpersonen nunmehr Zahlen lesen konnten, die sie vorher nicht erkannt hatten. Die Erwartung, „bald zu den Zahlen zu kommen, die man lesen kann", programmiert uns in anderer Weise, sagt sie.[250] Sie berichtet von einem anderen Fall, einer Frau in einer Anstalt, die seit 10 Jahren kein Wort mehr gesprochen hatte und als hoffnungsloser Fall galt. Als deren Wohnbereich der „Hoffnungslosen" renoviert wurde, kam sie vorübergehend in den Bereich, in welchem Patienten lebten, die bald entlassen werden sollten und die eine andere Behandlung erfuhren sowie größere Freiheiten genossen. Kurz danach zeigte sich eine unerklärliche Veränderung bei der Frau und sie begann, zur Überraschung aller, sogar wieder zu sprechen. Als die Renovierung „ihres" Bereiches fertig war, musste sie dorthin zurückkehren. Eine Woche später starb sie, ohne dass in der Autopsie irgendeine organische Ursache dafür gefunden werden konnte. Viele waren sich einig darin, dass sie an Verzweiflung gestorben sein muss.[251]

Das führt zurück zum Thema Naturwissenschaft und dem fehlenden Einbezug von Erkenntnissen aus anderen Disziplinen oder auch dem bewussten Ausblenden von Phänomenen, die in die naturwissenschaftliche Forschung „einfach nicht hineinpassen", wie Geist, Seele, Glauben. Als frappierendstes Beispiel hierfür könnte die berühmte „Nonnenstudie" dienen. Diese Studie, im Englischen auch als *Nun Study* oder *Minnesota Nun Study* bekannt, war eine Längsschnittstudie über das Altern und die Faktoren der Alzheimerkrankheit bei Frauen in den USA. Sie wurde von dem

Epidemiologen David Snowdon an der Kentucky-Universität durchgeführt. Sie lief ab 1986 mit der Beteiligung von etwa 600 amerikanischen katholischen Nonnen im Alter zwischen 76 und 107 Jahren, aus der Kongregation der *Armen Schulschwestern von Unserer Lieben Frau* (Lehrerinnen-Orden). Snowdon standen dabei sowohl Labor- wie psychologische Parameter und Gehirnschnitte post mortem zur Verfügung.[252] Das Ergebnis war so erstaunlich, dass es im Nu die Runde um die Welt machte: die Gehirne einiger Nonnen wiesen alle Spuren auf, die gemeinhin mit einer schweren Alzheimererkrankung gleichgesetzt werden, und zwar Demenzgrad 6, was eigentlich das absolute Alzheimer-Endstadium ist. Dennoch waren diese Nonnen bis ins hohe Alter geistig fit und hatten ein ausgezeichnetes Gedächtnis! Rund ein Drittel der Nonnen, die sogenannten „Alzheimergehirne" im fortgeschrittenen oder sogar Endstadium besaßen, zeigten zu Lebzeiten keinerlei Symptome. Umgekehrt waren manche Nonnen dement, hatten aber ein Gehirn fast ohne krankhafte Ablagerungen. Damit geriet die gesamte Plaque-Theorie ins Wanken. Denn die besagt, dass jene Ablagerungen die eigentliche Ursache für die Zerstörung von Nervenzellen sein sollen.[253]

Klar ist aber jetzt: Es müssen noch andere Faktoren bei der Entstehung von Alzheimer eine wesentliche Rolle spielen. Die Erkenntnisse aus der Nonnenstudie haben die Forschung ins Wanken gebracht, denn damit war bewiesen, dass die Anzahl der Eiweißablagerungen im Gehirn, die sogenannten Plaques, nur wenig aussagt über das Ausmaß des geistigen Verfalls.

Bei der Gegenfrage zu der Frage, was zu Alzheimer führt, also der Frage danach, was die Krankheit am Entstehen möglicherweise hindert, treffen wir auf einen interessanten „blinden Fleck". Man hätte meinen können, dass eine so ungewöhnliche und offensichtliche Tatsache wie jene, dass man es hier mit Ordensschwestern zu tun gehabt hat, irgendeine Bedeutung für die weitere Diskussion gespielt hätte. Ordenszugehörigkeit hat eigentlich sehr viel mit Glauben zu tun. Auch wenn die Ordensschwestern nur deshalb für die Untersuchung ausgewählt worden waren, weil deren Lebensumstände homogen sind und somit die Vergleichbarkeit erhöhen, ist es dennoch ein besonderer Umstand, der eigentlich in eine solche Analyse mit einfließen müsste. Gewiss lebt nicht jede Ordensfrau den Glauben exemplarisch, dennoch kann man davon ausgehen, dass man einen gewissen Prozentsatz an tief gläubigen Frauen darunter findet. Es wäre also durchaus interessant gewesen, der Frage nachzugehen, ob bei den Nonnen, die ein biologisches Alzheimergehirn hatten, *ohne* an Alzheimer erkrankt zu sein, die Intensität ihres Glaubens irgendetwas damit zu tun haben könnte. Dieser Aspekt aber wird so gut wie nirgendwo auch nur erwähnt. Die Studie wurde viel zitiert und viel wurde über sie geschrieben. Doch nirgendwo findet man eine Bezugnahme auf den Seelenzustand oder gar auf den Glauben. Die Formel „Was nicht sein kann..." präsentiert sich in voller Pracht. Snowdon, der über Jahre hinweg mit den Nonnen zu tun hatte, war persönlich außerordentlich beeindruckt von der Persönlichkeit vieler dieser Frauen. So soll er über Schwester Matthia Gores, die ein solches Alzheimergehirn besaß, gesagt haben: „Sie war ein bemerkenswerter Mensch. Obwohl sie 104 Jahre alt wurde, war sie voller Energie. Als ich sie zum letzten Mal sah, wollte ich sie in ihrem Zimmer aufsuchen. Aber eine der anderen Schwestern sagte: Sie ist unten auf der Krankenstation und treibt die jungen Schwestern an. Sie war eine wundervolle, vor Kraft strotzende Persönlichkeit. Bei Menschen, die so uralt werden, gibt es eine bestimmte Art von Energie, die zum Teil erklärt, warum sie so lange leben." Snowdon vertritt mittlerweile die These, dass viele Fälle von nachlassender geistiger Fähigkeit zumindest teilweise auf das Konto von Schlaganfällen gehen. So konnte er bei vielen dementen Nonnen nachweisen, dass ihre Gehirne durch mehrere kleine Schlaganfälle gezeichnet waren – zusätzlich zu Plaque-Ablagerungen.

Neben der Veröffentlichung der Untersuchungsergebnisse hat Snowdon ein Buch geschrieben mit dem Titel *Aging with Grace: What the Nun Study Teaches Us About Leading Longer, Healthier and More Meaningful Lives.* Darin hat er viele der beeindruckenden Begegnungen und persönlichen Erfahrungen festgehalten. Prompt wird ihm genau dies aus wissenschaftlichen Kreisen als „möglicher Mangel an Objektivität" vorgehalten. [254]

Es bedarf also der Nicht-Mediziner oder anders denkender Naturwissenschaftler, um weitergehende Deutungen zuzulassen. Dietrich Kumrow leitete viele Jahre ein Altenwerk und ist Mitbegründer des Instituts für Alterskultur in Paderborn. In seinem Artikel *Demenz und die Macht des Ausgeblendeten* schreibt er: „Alle Novizinnen mussten in der Eintrittsphase in das Kloster einen Bericht mit biographischer Betrachtung und Zukunftswünschen vorlegen. Der Vergleich dieser Berichte ergab, dass bei allen später dement gewordenen Nonnen sich eine eher verhalten depressive, negative Einstellung zum Leben zeigte, sowie eine signifikant geringere ideenreiche Sprache. Dies scheint darauf hinzuweisen, dass es sehr bedeutsam für unser Alter ist, wie wir unser Leben gelebt haben. Das Alter ist kein plötzlicher biographischer Einbruch, sondern es bringt neben den allgemeinen Erscheinungen die Lebensentscheidungen und Handlungsstrategien des Einzelnen verstärkt zum Ausdruck. Der Mensch spitzt seine Biographie im Alter zu, er bringt sich selbst gewissermaßen auf den Punkt."[255]

Es ist bei einer Betrachtung aus einem weiter gefassten Blickwinkel immer wieder erstaunlich zu sehen, wie kleinteilig Naturwissenschaft häufig an die Analyse von Krankheitsphänomenen herangeht, obwohl sich immer mehr die Erkenntnis durchsetzt, dass dies einer ganzheitlichen Ursachenforschung nicht dienlich ist. Die Naturwissenschaft und die Medizin alter Schule, die alternativen Denkweisen gegenüber verschlossen ist, merkt scheinbar gar nicht, dass sie den Menschen behandelt wie einen Automaten mit unabhängig voneinander funktionierenden Ersatzteilen, die man im Problemfall nur auszutauschen braucht, um ihn wieder in Gang zu setzen. Wenn solche Herangehensweisen, die das Zusammenspiel des Ganzen konsequent ausblenden, dann auch noch unter dem Vorzeichen von „Objektivität" einen Anspruch auf Absolutheit stellen, ist dies nur schwer nachvollziehbar.

So kritisieren auch die beiden Soziologen Dammann und Gronemeyer, dass die Demenz erfolgreich aus allen biografischen und gesellschaftlichen Zusammenhängen herausgelöst und als etwas Fremdes, rein Organisches zur Behandlung an den Experten abgegeben werde. „Die von Demenz Betroffenen gelten nunmehr sogar als doppelt verrückt, wenn sie versuchen sollten, ihr Leiden anders als organisch zu erklären", schreiben sie.[256] So wie Kumrow, der auf den weithin übergangenen biografischen Teil der Untersuchung hinwies, zitieren auch Dammann und Gronemeyer in ihrem Buch Studien, die sich der Biografie von Alzheimerpatienten gewidmet hatten. Dabei habe sich gezeigt, dass es *vor* dem Einsetzen der ersten Alzheimer-Symptome bei allen Dementen zu einem schweren Belastungsereignis gekommen sei. Diese Situationen seien von den Dementen als ausweglos erlebt und zumeist mit Resignation und einem fluchtartigen sozialen Rückzug beantwortet worden, so die Autoren.[257] Mit ihrem Buch versuchen sie aufzuzeigen, dass es bei der Demenz nicht primär um ein medizinisches Problem geht, sondern um ein psycho-soziobiologisches Phänomen, was aber von der Medizin systematisch ausgeblendet werde. Im geschichtlichen Rückblick weisen sie, mit schlagender Beweiskraft, auf den paradoxen Zusammenhang hin, dass die Demenzforschung ihre eigene Demenzgeschichte verschweige. Offenbar hatte Alois Alzheimer selbst schon erkannt, dass das Wirkungsgeschehen komplexer sein müsse als angenommen. Nachdem er auch in Gehirnen nicht dementer Verstorbener Ablagerungen und Neurofibrillenbündel gefunden hatte, räumte er bereits 1911 (!) ein, dass weder die Plaques noch die krankhafte Veränderung der Neurofibrillen die Ursache sein könnten für die senile Demenz. Trotz aller Selbstzweifel seines Namensgeber habe das hirnorganische Erklärungsmodell bald darauf einen Alleinvertretungsanspruch erhoben. Alzheimers eigene Relativierungen seien nicht weiter miteinbezogen worden. Man habe sie einfach vergessen. Die medizinische Legitimation, die Zuständigkeit von Ärzten und Psychiatern beruhe auf einem Vergessen, kommentieren die Autoren lakonisch.[258]

Den mutigsten Vorstoß darin zu erklären, warum jemand an Alzheimer erkrankt, fand ich in der italienischen Zeitschrift *Riza*, ein Magazin für psychosomatische Medizin, herausgegeben von Raffaelle Morelli, Arzt, Psychiater und Psychotherapeut. „Warum trifft es jemanden mit Alzheimer?", wagt in der Februarausgabe 2012 der Mediziner und Psychiater Vittorio Caprioglio sich an eine Erklärung, die man sonst selten findet. „Nicht-authentische Worte zerstören die Neuronen", ist der kurze Abschnitt dazu in seinem Artikel *Cervello sano a ogni età* (Gesundes Gehirn in jedem Alter) überschrieben: „Alzheimer greift die Neuronen an und die Synapsen und schädigt das Gedächtnis. Es löscht nach und nach die höherwertigen geistigen Fähigkeiten, indem es die Identität angreift und die Fähigkeit, logisch zu denken, bis es schließlich sogar die niedrigeren geistigen Fähigkeiten berührt, die primären physiologischen Prozesse. Die Medizin hat die Ursachen für diese schreckliche Krankheit nicht herausgefunden. Warum kommt das Gehirn dahin, sich selbst zu zerstören? Nur eine psychosomatische Erklärung kann uns eine Antwort geben. Neuere Untersuchungen machen uns darauf aufmerksam, dass Alzheimer öfter bei Subjekten mit versteckten Depressionen vorkommt, die zum Perfektionismus neigen und zu einer starren Selbstkontrolle, die über die Jahre hinweg eine Mentalität aufbauten, die aus verstecktem Groll besteht, die nachgrübelt über erlittenes Unrecht und unangenehme Erinnerungen. Eine permanente und obsessive geistige Aktivität. Indem Alzheimer in progressiver Weise die Kerne höherwertiger Identität zerstört und damit den Gedächtnisverlust erzwingt sowie die praktische Unfähigkeit des Denkens, lässt es nach und nach eine archaischere Persönlichkeit hervortreten, die frei ist von Selbstkontrolle und von selbstauferlegten Verboten, bis hin zu einem rein vegetativen Leben. Es ist eine abnorme Antwort auf eine Überlastung, die das Ich dem Leben auferlegt hat, der Versuch des Gehirns, zu einer normalen Dimension zurückzukehren, zum originären Projekt, das von allen unnützen Gedanken befreit wird, und damit leider auch von seiner effektiven Funktionalität. Das geht bis zur Rückkehr zu einer Neugeborenen-Dimension und der völligen Auslöschung."[259]

7. Kapitel

Blickwinkel und Relationen – Wie Statistiken, Teilinformationen, verkürzte Sichtweisen und fehlende Zusammenhänge uns in die Irre führen können

„Zu etwa 30 Prozent wird unser Alter durch die Gene bestimmt, der Rest ist eine Frage des Lebensstils." – *Dr. Almut Nebel, Genforscherin*

„Alte Menschen erinnern sich sehr wohl an ihre Jugend, obwohl sie sich oft kaum an gestern erinnern. Vielleicht hängt es damit zusammen, dass sie damals Wichtiges leisteten, es in ihrem Alter aber kaum noch Wichtiges für sie gibt." – *Friedrich Thimm (86 Jahre)*

„Ich erfülle meine Mutterpflicht und besuche all meine Kinder in den Altersheimen."

Stutzten Sie gerade beim Lesen? In der Tat, es klingt paradox, irgendwie „verkehrt herum". Diese Aussage, die eine sehr alte Dame einmal während eines Interviews gemacht haben soll, zwingt uns zur Umkehrung unseres Denkens. Um solche „Umkehrungen", um das Aufzeigen von anderen Blickwinkeln, das Zurechtrücken von Relationen geht es in diesem Kapitel. Denn so manche falsche oder reduzierte Sicht entsteht daraus, dass wir einen einseitigen Blickwinkel haben, dass wir Relationen nicht richtig einschätzen, weil uns halbe Wahrheiten berichtet werden und wir keinen Zugang zur anderen Hälfte haben. Ob es nun um die Zahl der Alten geht, die in Pflegeheimen leben, um den Prozentsatz von Alzheimerkranken oder um die „reduzierte Lernfähigkeit im Alter" – es schadet nicht, auch die Zahlen und Fakten zu kennen, die nicht so publik sind. Man könnte auch sagen: viele Sichtweisen zum Alter, im Alltag wie auch in der Fachliteratur oder der Wissenschaft, entsprechen – aus Tradition, Gewöhnung oder Überzeugung – dem berühmten halbleeren Glas. Der Blick auf das Alter speist sich nicht aus unumstößlicher Gesetzmäßigkeit. Er wird von Betrachtungsweisen und Überzeugungen gelenkt. Auf was schaut man, auf was will man schauen. Jeder wird sich die Betrachtung aussuchen, die ihm gefällt oder die er haben will.

Auf was man blickt, beeinflusst auch die Schlussfolgerungen. Es gibt Bücher über das Alter, in denen sozusagen in jeder Zeile mit den Negativerscheinungen des Alters argumentiert wird, mit Beschränkung, Krankheit, Bürde, Gebrechen, und wiederum andere, die auf das Positive blicken, Errungenschaften, Leistung, Schönheit, Optimismus. Beides gehört, in der einen oder anderen Form, zur Realität. Die Frage ist, was man betonen will, was die unterschiedlichen Darstellungen jeweils beim Leser auslösen und bewirken. So ausgezeichnet das klassische Standardwerk von Simone de Beauvoir *Das Alter* auch ist, es deprimiert über viele Seiten hinweg. Die 100-jährige Nobelpreisträgerin Montalcini, die vom Alter fürwahr etwas weiß, schreibt: „Ein Klassiker der beklemmenden Schilderung des Verlustes körperlicher und geistiger Fähigkeiten ist der Text der Beauvoir. Sie beschreibt das Alter nach dem üblichen Verständnis als „eine Art Geheimnis, dessen man sich schämt und über das zu sprechen sich nicht schickt".[260] So weit gehen heutige Werke gewiss nicht mehr. Kaum jemand würde heute noch das Alter als etwas beschreiben, dessen man sich schämt, eine „Negativerwartung" ist jedoch immer noch da. Diese wurde, hier und da, auch in den Diskussionen sichtbar, die ich mit Freunden und Bekannten zum Thema dieses Buches führte. Manche Gesprächspartner versteiften sich richtiggehend darauf, positiven Beschreibungen mit negativen Beispielen gegenzusteuern. Das „halbe" Glas schien in diesen Gesprächen immer leerer zu werden. Das sind Menschen, die mit erstaunlicher Hartnäckigkeit darauf bestehen, dass das Alter *unweigerlich* mit Beschwerden einhergeht, dass *niemand* davor bewahrt sei, dass *jeder* im Alter irgendwelche Beschwerden *haben muss*. Und wenn jemand dagegen sagen wollte, dass dem nicht so sei, dann erwidern diese Menschen, dass er lügt, dass er die Wirklichkeit verdrängt – die Wirklichkeit des halbleeren Glases eben. So fokussieren Menschen, die lieber das halbleere Glas sehen (oder nur dieses sehen können), ihre Aufmerksamkeit auf Studien, die das halbleere Glas des Alters bestätigen: auf Beschränkung, Verlust, Krankheit. Statistiken lesen sie grundsätzlich vom Minuspol aus gesehen. Sie glauben mit Vorliebe jenen Psychologen, die sie in die Schranken weisen, denn in diesen fühlen sie sich zu Hause. Menschen, die das Glas halbvoll sehen, sind Anhänger von lebensbejahenden Theorien. Sie folgen lieber Wissenschaftlern wie Ellen Langer und ihrer Psychologie des Möglichen, ganz nach dem Motto: wenn auch nur einer es geschafft hat, dann schaff ich es auch. Diese Menschen haben vermutlich schon an Möglichkeiten geglaubt, bevor die Wissenschaft diese nachgewiesen hat.

In den folgenden Kapiteln will ich den Liebhabern des halbleeren Glases dieses nicht wegnehmen. Ich möchte lediglich das halbvolle zum Vergleich daneben stellen. Vielleicht gefällt es am Ende doch besser.

Realität ist das, was viele glauben – oder?

„Zu wissen, was ist und zu wissen, was sein kann, ist nicht das Gleiche", sagt die Harvard-Professorin Ellen Langer in ihrem Buch *Counterclockwise*. „Mein Interesse gilt, solange ich zurückdenken kann, dem, was sein kann und dem Lernen dessen, was auch nur geringfügige Änderungen bewirken können." Sie spricht von dem, was sie „the psychology of possibility (die Psychologie der Möglichkeit)" nennt. „In der beschreibenden oder traditionellen Psychologie muss die Mehrzahl der getesteten Subjekte uns eine Wirkung zeigen, um daraus schließen zu können, dass diese Wirkung real ist. So z.B. müsste eine große Anzahl von Affen uns klar zeigen können, dass sie zum Sprechen fähig sind, um anzunehmen, dass Affen sprechen können. In dieser neuen Psychologie brauchen wir, nachdem wir experimentelle Fehler ausgeschlossen haben, nur einen Teilnehmer, um zu zeigen, dass etwas möglich ist. Wenn nur ein einziger Affe ein reales Wort gesagt hat, haben wir damit genug Beweiskraft dafür, dass Primaten in der Lage sind zu sprechen. In der typischen Forschung werden Teilnehmer, die nicht den Hypothesen des Forschers entsprechen, als unerwünschte Störung der Daten betrachtet. In meiner Forschung werden diese Ausnahmen zum Brennpunkt der Untersuchung." [261] Die Brücke zum Alter schlagend, erklärt sie dann: „Zum Beispiel gehen viele Psychologen davon aus, dass der Verlust des Gedächtnisses ein normaler Vorgang des Alterns sei. Eine alte Person, die nicht unter Gedächtnisverlust leidet, wird somit als anormal angesehen, anstatt sie als Modell dafür zu nehmen, wie wir alle sein könnten."[262] Die letzten beiden Sätze von Ellen Langer noch einmal zu lesen und ausgiebig darüber nachzudenken, kann so manche Erkenntnis erschließen.

„Irgendwann einmal gehen alle ins Altersheim"

Eine der ausgeprägtesten Sichtweisen, die wir im Sinne von „Blickwinkel aufs Alter" haben, ist jene, dass die meisten Alten in Heimen leben. Damit einher geht der Glaube, dass Menschen im hohen Alter sich nicht mehr selbst versorgen können, dass die meisten früher oder später pflegebedürftig werden. Eine wachsende „Pflegeindustrie" bestätigt uns in diesem Glauben und verstärkt ihrerseits wiederum unsere Überzeugung, dass dies das „normale, unausweichliche" Ende sei.

Somit lösen auch Beispiele wie die folgenden stets große Verwunderung aus. Ilse Pohl, eine der Hundertjährigen, die das ZDF im Film *Und plötzlich war ich Hundert* vorstellt, lebt im eigenen Haus und sagt, dass sie mit Unterstützung noch sehr selbstständig sei: „Ich koche mir jeden Tag etwas, nur die große Wäsche, die mache ich nicht mehr, Fenster putzen auch nicht, aber sonst alles Alltägliche." Man sieht sie bei der Gartenarbeit, wie eine beliebige

Frau mittleren Alters. Ebenso die 103-jährige Else Davidsohn, die im Buch *Wir haben viel erlebt!* über sich sagt: „Ich mache meine Wohnung alleine. Für das Saugen und Fensterputzen habe ich jemanden, aber sonst mache ich alles selbst. Ich koche mir jeden Tag etwas, und zum Einkaufen werde ich meistens von guten Bekannten abgeholt."[263] Auch Franz Künstler, seinerzeit der älteste Mann Deutschlands (er starb 2008 im Alter von 107 Jahren), lebte bis zuletzt allein und versorgte sich selbst, dies bei vollkommener körperlicher und geistiger Vitalität. Das Gleiche sagte man vom 109-jährigen Robert Meier, dem in 2006 ältesten Mann Deutschlands, der noch in der eigenen Wohnung wohnte und seinen Haushalt weitgehend selbst führte. Irmgard von Stephani, ihrerseits der älteste Mensch Deutschlands im gleichen Jahr, lebte mit 111 Jahren „wunschlos glücklich" in ihrer eigenen Wohnung, wie sie in einem Interview sagte[264]. Zum Zeitpunkt des Interviews wurde sie von einem Pflegedienst betreut, doch bis zu vier Jahren davor, also bis zum Alter von 107 Jahren (!), hatte sie sich noch weitgehend selbstständig versorgt.

Die meisten Menschen haben große Angst davor, im Alter pflegebedürftig zu werden und in ein Heim gehen zu müssen, zumal in der öffentlichen Diskussion immer wieder unterstrichen wird, wie sehr wir „vergreisen", wie sprunghaft die Pflegebedürftigkeit in Zukunft steigen werde. Ein Bericht, den der Kölner Stadtanzeiger im November 2011 brachte und in dem die Ergebnisse einer Studie zu den Zukunftsängsten der Deutschen vorgestellt wurden, belegt diese Angst auf erschreckende Weise: über 70% (Durchschnittswert) der Befragten gaben an, Angst davor zu haben, einmal pflegebedürftig zu werden.[265] Ist so etwas nicht schlimm? Zumal, wenn man bedenkt, dass bereits die ganz Jungen diese Angst haben (61% der 18- bis 29-Jährigen, 67% der 30- bis 39-Jährigen). Das bedeutet, die Angst davor, einmal pflegebedürftig zu werden, begleitet die meisten Menschen ihr ganzes Leben lang! Auch wenn sie nur unterschwellig da ist: sie ist da.

Die Wahrheit ist, dass selbst im Hinblick auf die *über 80-Jährigen* nur etwa 17% (nach anderen Quellen 20-25%) in Pflegeheimen leben. Das bedeutet, um die Perspektive in ein anderes Licht zu rücken: wir starren voll Schrecken auf eine Wahrscheinlichkeit von 17 oder auch 20 Prozent und niemand, aber auch gar niemand, macht uns darauf aufmerksam, dass unser Blick sich auf die geringere Wahrscheinlichkeit richtet. Um wie viel ermutigender sähe es aus, wenn wir uns stattdessen sagten: auch im Alter leben über 80%[266] noch zu Hause.

Sabine Bode bringt unsere verkehrte Perspektive witzig zu Papier. Am Beispiel unserer Angst vor Krankheit bringt sie es im Kapitel „Gesucht: hundertprozentige Sicherheit" auf den Punkt: „Wir gehören der Spezies Angsthasen an. Als solche hoppeln wir von einer Untersuchung zur nächsten, und behaupten, wir wollten ja nur „Gewissheit" haben. Im Grunde geht es aber gar nicht um Gewissheit, sondern um die absolute Sicherheit, um einhundert Prozent. […] Was viele Menschen nicht fertigbringen, ist das Gewichten der Prozentsätze. Wenn sie die Information bekommen: ‚Es besteht ein Risiko von zwei Prozent', bleibt bei ihnen nur das Wort „Risiko" hängen."[267]

Wobei es gilt, noch ein anderes Detail hervorzuheben: nicht wenige gehen in ein Heim, ohne dass eine objektive Notwendigkeit vorläge, sie tun es sozusagen „vorbeugend". *Man sollte nicht warten, bis man in ein Heim muss, weil man nicht anders kann*, sagen sie. Elisabeth Hintrager ist eine von ihnen. Lernt man ihre Person kennen (sie wird im Kapitel XIII porträtiert), braucht nicht mehr bewiesen zu werden, dass sie es nicht nötig hätte, in einem Heim zu leben. Doch die Angst oder andere pragmatisch klingende Beweggründe lassen vorbeugen, auch wenn der Fall dann vielleicht niemals eintritt. Wiewohl die Beweggründe verständlich sind, könnte man sich dennoch die Frage stellen: stimmt die Perspektive der negativen Erwartung noch?

Nun könnte man sagen, dass die Angst der Menschen sich nicht nur auf das Pflegeheim beziehe, sondern generell darauf, pflegebedürftig zu werden. Lassen Sie uns auch hier das halbvolle Glas neben das halbleere stellen. Laut Statistischem Bundesamt gab es im Jahr 2009 an die 2,3 Millionen Pflegebedürftige in Deutschland.

Diese Zahl beinhaltet aber *alle* Pflegebedürftigen, die es überhaupt in Deutschland gibt, inklusive kranke Kinder und Jugendliche! Die Pflegebedürftigen unter 65 Jahren machten in 2005 18% aus.[268] Das ist, nebenbei bemerkt, zum Beispiel schon eine der Ungenauigkeiten in der Wiedergabe statistischer Zahlen, wenn die Zahl 2,3 Millionen im Zusammenhang mit Alten gebraucht wird. Umgerechnet würde dies nun bedeuten, dass die Zahl der *alten* Pflegebedürftigen (sofern man mit dem Alter bereits bei 65 Jahren beginnen will) rund 1,9 Millionen ausmachen würde. Stellt man dies der Zahl von circa 17 Millionen von Personen über 65 Jahren gegenüber, hätten wir damit rund 11% Pflegebedürftige im Alter.

Nun kann man aber das halbvolle Glas weiter füllen, denn von den 1,9 Millionen Pflegebedürftigen über 65 Jahren erhalten rund 1,2 Millionen lediglich Leistungen der Pflegestufe I.[269] Bei dieser geht es nur um geringfügige Hilfestellungen, die im Prinzip eine weitgehende Autonomie im Leben ermöglichen. Das bedeutet, die „Zahl des Schreckens" relativiert sich immer weiter, ist schließlich bei 4% angelangt, wenn man das zugrunde legt, wovor die meisten Angst haben: Pflegebedürftigkeit im Sinne von „nicht mehr autonom sein".

Man könnte dieses Zahlenspiel weiter fortsetzen und es verfeinern. Das aber soll nicht Sinn dieser Übung gewesen sein. Diese sollte nur aufzeigen, wie pauschale und stark vergröberte Berichterstattung unnötig Ängste schürt. Natürlich können nun die Vertreter des halbleeren Glases einwenden: Ja, aber in hohem Alter sieht es ganz anders aus. Mag sein, obwohl selbst bei den 80- bis 84-Jährigen die Gesamtzahl der Pflegebedürftigen auch nur bei 19% liegt. Wer aber sagt, dass ein heute Vierzigjähriger in 50 Jahren (!) genau auf dieselbe Art alt geworden sein wird wie heute sein Großvater? Wir glauben so blind an statistische Hochrechnungen, dabei verhält es sich mit der „relativen Wahrheit" jener Hochrechnungen auch nicht anders als mit den relativierten Prozentzahlen der Pflegebedürftigen. Den dramatischen Hochrechnungen, die allerorten angestellt werden, liegen Wahrscheinlichkeiten zugrunde: sie beruhen auf einer *Rückschau*. Dabei kommen dann so horrende Meldungen heraus wie eine Verdoppelung der Zahl von Pflegebedürftigen bis zum Jahr 2050 oder Ähnliches. Das fassen wir schnell so auf, als werde es immer mehr Menschen geben, die Pflege benötigen. Dabei sagt dies nur aus, dass es eine größere Anzahl alter Menschen geben wird, bei denen man *vermutet*, dass sie auch pflegebedürftig sein werden. Wer aber sagt, dass dies so sein wird? Woher weiß man, dass die heute fitten Sechzigjährigen übermorgen nach genau demselben Muster alt werden wie ihre Eltern und Großeltern? Woher weiß man, dass sie in 20, 30 oder 40 Jahren krank und hilfsbedürftig sein werden? Selbst das Statistische Bundesamt präzisiert, dass sie bei den Modellrechnungen von Variablen abstrahieren, zum Beispiel vom medizinisch-technischen Fortschritt.[270] Mit diesen Prognosen ist es genauso wie mit der (denselben Mechanismen folgenden) Panikmache im Hinblick auf Kinderlosigkeit und demografische Entwicklung. Während man am entworfenen und nicht verifizierbaren Bild trostloser Zukunft bastelt, merken viele gar nicht, dass das Bild dieser Zukunft in der Gegenwart schon dabei ist, sich zu verändern. Wem es noch nicht aufgefallen sein sollte: die heutige Generation junger Eltern hat einen starken Drang nach Kindern. So schreibt Meredith Haaf, die junge Autorin, dass sich die Wertschätzung der Familie in ihrer Generation dramatisch nach oben verschoben habe, und dass dieses Phänomen auch für den Nachwuchs gelte. „Laut Familienmonitor des Allensbach Instituts wünschen sich ebenfalls fast 80% der jungen Erwachsenen in Deutschland eigene Kinder", schreibt sie. „Auch das war in den Achtzigerjahren noch anders."[271] Und etwas später sagt sie zur generellen Einstellung ihrer Altersgenossen: „Wer sich keine Kinder wünscht, wird eher mit Misstrauen als Bewunderung bedacht."[272]

Das sollte uns zwei Dinge lehren. Das erste ist das, wozu kritische Experten uns auffordern. „Glaub keiner Statistik, die du nicht verstanden hast", sagt das Psychologenteam um Gerd Gigerenzer in einem Artikel, in dem sie aufzeigen, was für enorme Panikmache es darstellt, wenn relative Risiken aufgezeigt werden statt absoluter.[273] Das zweite ist: es kann alles auch ganz anders kommen, als man uns sagt.

„Im Alter kriegt man Alzheimer"

Die Angst vor Demenz ist fast genauso groß wie die Angst vor der Pflegebedürftigkeit. Nahezu 70% der Befragten aus der oben genannten Studie zu den Zukunftsängsten hat Angst davor, dement zu werden.[274] Diese Angst beginnt schon unglaublich früh: Sage und schreibe 68% der 18- bis 29-Jährigen gibt an, diese Angst zu haben. Es sieht so aus, als sei kaum eine Angst in unserer Zeit so tief in den Menschen verwurzelt wie die Angst vor Demenz und Alzheimer. Die Wissenschaft, Ärzte und Pflegeeinrichtungen sowie gedankenloser Journalismus tragen dazu bei, diese Angst zu zementieren. Der Arzt und Wissenschaftler sagt in etwa dies: *Über einen besonderen Alzheimer-Risikofaktor besteht kein Zweifel: das Alter. Mit jedem Lebensjahr wächst die Wahrscheinlichkeit, von einer Demenz betroffen zu sein.* Ein Vertreter der Pflegebranche entwirft die Prognose, dass die Demenz zur Volkskrankheit im Alter werden wird, weshalb es unerlässlich sei, sich für die Pflege von Demenzkranken zu rüsten. Und der Journalist kleidet dies dann in eine Schlagzeile: *Demenz wird Volkskrankheit im Alter,* steht dann da dick und fett über einem Artikel.[275] Wem soll das, bitteschön, keine Angst machen?

Statistisch gesehen mag zutreffen, dass Demenz bei alten Menschen am häufigsten anzutreffen ist. Doch stimmt damit auch die Umkehrung, dass sie dann quasi zu erwarten sei? Hier haben wir es mit zwei Perspektiven zu tun, die den Blick in eine einseitige Richtung lenken: die Statistik und die Darstellung von Alzheimer als einem Phänomen des Alters. Beiden gemeinsam: die „Unausweichlichkeit", die als Dämon der Zukunft an die Wand gemalt wird.

Kommen wir als Erstes zur Statistik, wie immer: eine problematische Grundlage, wenn man sie oberflächlich und isoliert betrachtet. In den westlichen Ländern sind 5% der Bevölkerung über 65 Jahren und 20% der Bevölkerung über 80 Jahren von Alzheimer betroffen. An Herz-Kreislauf-Erkrankungen erkranken und sterben, prozentual gesehen, wesentlich mehr Menschen, doch leben wir deshalb in ständiger Furcht davor? Es scheint so, als verbänden die Menschen mit dem Wort Alzheimer eine ähnliche psychische Panik wie mit dem Wort Krebs. So schrieb das Deutsche Krebsforschungszentrum, seinerseits relativierend, einmal auf seiner Homepage, dass in Deutschland mehr Menschen an Herz-Kreislauf-Erkrankungen stürben als an Krebs. Doch die Diagnose Krebs schockiere – sie werde immer noch mit Hoffnungslosigkeit und Unheilbarkeit in Verbindung gebracht. Genauso ist es auch mit Demenz und Alzheimer.

Die Medien wie auch wir selbst tragen dazu bei, Angst-Gespenstern immer mehr Macht einzuräumen. Kaum ein Artikel über Alzheimer, der nicht darauf hinweist, dass die Zahl der Erkrankten „in Zukunft dramatisch steigen" wird. Aber auch hier eine Denkfalle der oft so heimtückischen Statistik: es macht einen Unterschied, ob die Erkrankung dramatisch ansteigt oder ob die Altersgruppe, der diese Krankheit zugeordnet wird, dramatisch ansteigt. Nur Ersteres ist eine absolute Aussage zum Zuwachs der Krankheitsrate, Letzteres dagegen ist eine simple rechnerische Wahrscheinlichkeit, beruhend darauf, dass es einfach eine größere Zahl von Menschen geben wird, die diesem Risiko ausgesetzt ist.

Die Neurobiologin und Nobelpreisträgerin Rita Levi Montalcini weist uns noch auf einen anderen Fallstrick im Denken hin. Die Vorstellung, dass die Entwicklung zum Negativen (im Alter) auch die geistigen Fähigkeiten beträfe, beherrsche uns, schreibt sie. Doch obwohl sich diese pessimistische Sichtweise durch die Tatsache zu bestätigen scheine, dass die Fälle von geistigem Abbau wie zum Beispiel bei der Alzheimer-Krankheit im Alter erheblich zunähmen, dürften wir nicht vergessen, dass es sich dabei um pathologische Formen handelt. „Dies sind keine schicksalhaften, durch ein hohes Alter bedingten Erscheinungen", unterstreicht die hundertjährige Montalcini noch.[276]

Relativierung erscheint hier nicht nur angebracht, sondern dringend nötig. Die Autorinnen des Buches *Bilder des Alters* schreiben dazu, dass sich, als Ausdruck vorgefasster Meinungen zum Alter, erhebliche Überschätzungen der Prävalenzrate einzelner Krankheiten nachweisen ließen, z.B. von Alzheimer bei alten Menschen. Das könne man, so die Autorinnen, auch mit dem Phänomen erklären, das in der Psychologie als „Verfügbarkeitsheuristik" bekannt sei: „Durch das verstärkte Interesse an der Erkrankung und die hohe Präsenz des Themas in den Medien ist das Bewusstsein für die Krankheit, zugleich aber auch ihre subjektive Eintrittswahrscheinlichkeit erhöht worden. Analog läßt sich vermuten, dass durch die in Deutschland intensiv geführte Diskussion um die Pflegeversicherung eine kollektive Verfügbarkeit primär negativer und bedrohlicher Aspekte des Altseins erzeugt wurde."[277]

Wir täten gut daran, uns dieser Relativierung bewusst zu werden und uns nicht so sehr von medizinisch-wissenschaftlichen Aussagen bestimmen zu lassen, die deterministischen Charakter haben. Denn wie wir gesehen haben, ändern sich wissenschaftliche Erkenntnisse bisweilen und die öffentliche Meinung ist oft nicht sehr differenziert. Einige Autoren weisen darauf hin, dass man heute oft gar nicht mehr unterscheide zwischen Altersschwäche, Vergesslichkeit, Demenz und Alzheimer, sondern alles in einen Topf werfe. Mit fatalen Folgen. So schreiben Dammann und Gronemeyer in ihrem Buch *Ist Altern eine Krankheit?*: „Menschen mit nachlassenden Geisteskräften, die an ihrem Lebensabend wunderlich, vergesslich, „kindlich" und am Ende auch hilfsbedürftig werden, und deren auffälliges Verhalten bis vor Kurzem ausschließlich ihrem hohen Alter zugeschrieben wurde, firmieren nun plötzlich nur noch als beklagenswerte Demenzkranke."[278]

Ich persönlich gehe hundertprozentig konform mit dem, was Dammann und Gronemeyer hier sagen. In meinen Augen ist es dringend notwendig, dass wir unsere Panik vor Demenz relativieren – zu unserem eigenen Nutzen, aber auch zum Nutzen unserer alten Angehörigen und anderer alter Menschen. Und dass wir uns auch einmal vor Augen halten, wie schnell heute jemand zum „Dementen" werden kann. Man denke dabei nur an die Mechanismen von Pflegekassen: wenn ein alter Mensch ab und zu seine Medikamente vergisst oder vielleicht einmal etwas durcheinanderbringt, und für ihn externe Hilfe zur Medikamentengabe beantragt wird, steht auf der Bescheinigung des Arztes nicht etwa „punktuelle altersbedingte Vergesslichkeit", sondern Demenz. Aus meiner Sicht hätte man mehr Grund dazu, die gedankliche Programmierung von Medizinern und die Mechanismen unseres Pflegesystems zu fürchten, nach denen man extrem schnell für „dement" erklärt werden kann, als die Krankheit selbst. Wem dies zu krass erscheint, dem möchte ich an einem kleinen Beispiel dartun, wie sich „gedankliche Programmierung" äußert. Als ich zu einer HNO-Ärztin ging, um mich nach einem Hörgerät für meine Mutter zu erkundigen, wurde ich nicht gerade offenherzig empfangen. „Ein Hörgerät ist teuer", meinte die Ärztin. „Was ist, wenn Ihre Mutter das ins Wasserglas schmeißt?" Diese Ärztin kannte meine Mutter nicht, sie kannte nur ihr Alter. Grund genug, sie für dement zu halten. Denn nur demente Menschen werfen ein Hörgerät in ein Trinkglas.

Das Festhalten von Medizinern und Experten an überholten und zum Teil schon widerlegten Erklärungsmodellen trägt, ebenso wie die Medien mit ihrer gedankenlos benutzten Panik-Terminologie, viel dazu bei, das Angstgespenst Demenz und Alzheimer zu bestärken. Dass Demenz und Alzheimer ein Problem darstellen, kann nicht geleugnet werden. Doch es gibt einen fatalen Unterschied in der Erklärung und Betrachtungsweise. Wird es als Phänomen erklärt, das mehrdimensional durch diverse Faktoren bedingt wird, versteht man es als Krankheit, die nicht jeden betreffen muss. Wenn Alzheimer aber mit Alter gleichgesetzt wird, muss jeder davor Angst haben.

Der hunderttausendfache Zelltod

Manche Nachrichten sind richtig, werden aber durch fehlende Bezugsgrößen zu einer irreführenden Aussage. So liest man in diversen Publikationen immer wieder, dass *nach dem 60. Lebens-*

jahr pro Tag Hunderttausende nicht reproduzierbare Nervenzellen sterben. Etwas kritischer geworden, oder etwas aufgeklärter, wissen wir nun, dass dieses „Todesurteil" nicht mehr ganz so stimmt. Wir wissen, dass die Schäden auch im Alter durch Verästelung repariert und die Schaltungen wieder hergestellt werden können. Bleibt die für uns schrecklich hohe Zahl von „Hunderttausenden", die uns vermutlich immer noch oder trotzdem Angst macht.

Und wieder ist es Rita Levi Montalcini, die uns hilft, den Blick etwas gerade zu rücken. Bei unserer Spezies, so sagt sie, werde die Anzahl der Nervenzellen auf eine Größenordnung von etwa einhundert Milliarden geschätzt. Die Zahl der Schaltungen im Gehirn sei gar astronomisch hoch. Sie zitiert den Neurobiologen G. M. Edelmann, der in einem Buch die erstaunliche Anzahl von Neuroneneinheiten beziffert hat. „In der Großhirnrinde gibt es verblüffend viele Verbindungen, nämlich 10^{15}, also eine Billiarde", so führt er aus. „Wollte man sie zählen und zählte pro Sekunde eine Synapse, wäre man erst nach 32 Millionen Jahren damit fertig. Ein Streichholzkopf Gehirnmasse enthält etwa eine Milliarde Verbindungen. Bis jetzt habe ich wohlgemerkt nur von der Anzahl der Verbindungen gesprochen. Wenn wir bedenken, wie vielfältig sich die Verbindungen untereinander kombinieren lassen, wird die Zahl hyperastronomisch – in der Größenordnung einer Eins mit Millionen Nullen." Und er fügt an: „Die Anzahl der positiv geladenen Teilchen im ganzen Universum ist etwa eine Eins mit achtzig Nullen!"[279]

Angesichts dieser astronomischen Zahlen, inklusive möglicher Kombinationen und unbekanntem Regenerierungspotenzial, verlieren hunderttausend pro Tag sterbende Zellen jeden Schrecken.

Die relative Langsamkeit

Dass ältere Menschen nicht mehr in der Lage seien, etwas zu lernen, diese fragwürdige „Erkenntnis" früherer Zeiten haben wir endgültig hinter uns gelassen. Dennoch wird Älteren immer noch vorgehalten, dass sie beim Lernen „auf jeden Fall langsamer" seien. Wie oft erfährt man aber, um welche Relation es sich bei dieser Langsamkeit handelt? Um wie viel langsamer als junge Leute sind sie denn nun, die 60- oder 80-Jährigen? Brauchen sie eine Woche für etwas, das Junge in gerade mal einer Stunde bewältigen? Viele mögen dies glauben. Die Diplom-Psychologin und Gerontologin Bärbel Schwalbe lässt uns erkennen, wie sehr die Differenz überschätzt wird. „Die Lernfähigkeit bleibt bis ins hohe Alter – Grenzen setzen ausschließlich Demenzkrankheiten wie zum Beispiel Alzheimer. Die generelle Leistungskurve geht im Alter eher noch hinauf", sagt sie in einem Interview, das sie in der Schweizer Zeitschrift *Zeitlupe* gibt. „Die Lerngeschwindigkeit nimmt im Alter tatsächlich ab. Das betrifft aber ausschließlich die Wissensaneignung, wie es zum Beispiel beim Lernen einer Sprache geschieht. Es dauert in der Regel länger, bis etwas Neues verankert ist. Allerdings nicht im Verhältnis von einer Woche zu einer Stunde, sondern vielleicht von einer halben Stunde zu zehn Minuten."[280] Dazu befragt, ob sie für altersdurchmischte oder geschlossene Lerngruppen plädiere, erwidert sie, dass in keiner Lebensphase die Unterschiede zwischen den Einzelnen so gross seien wie im höheren Alter: „Eine 80-Jährige kann unter Umständen etwas viel schneller lernen als ein 60-Jähriger." Nun, hätten Sie das gedacht?

Weshalb das Kurzzeitgedächtnis im Alter (sonst noch) schwinden könnte

Es gibt kaum etwas, das jedermann so geläufig ist wie der Unterschied zwischen Langzeit- und Kurzzeitgedächtnis, verbunden mit der als feststehend angesehenen Erkenntnis, dass alte Menschen – eben altersbedingt – automatisch Einbußen im Kurzzeitgedächtnis erleiden. Nun gibt es zunehmend Stimmen, die das Phänomen nicht bestreiten, es aber ganz anders erklären.

Aus Angst vor dem Abbau unserer geistigen Leistung sind wir darauf getrimmt, Merkfähigkeit als absoluten Wert zu sehen. Doch stimmt das in jedem Fall? Carsten Brandenberg, Gedächtnistrainer beim Bundesverband Gedächtnistraining und Gedächtnistester an der Memory Clinic in Essen, gibt dem „kreativen Vergessen" Bedeutung.

Alle Reize gelangten in das Ultrakurzzeitgedächtnis, wo sie nur ganz kurz verblieben, erklärt er. Was unwichtig erscheine, werde sofort wieder gelöscht oder an den nächsten Speicher, das Kurzzeitgedächtnis weitergegeben. Die Entscheidung, ob eine Information wichtig oder unwichtig für uns sei, beruhe auf persönlichen Erfahrungen, die im Langzeitgedächtnis gespeichert sind und von uns bewertet würden. So käme es, dass man manche Dinge sehr schnell wieder vergesse, weil sie nur kurzzeitig von Bedeutung für uns waren oder weil wir sie als nicht wichtig genug einstuften. Das kreative Vergessen, so Carsten Brandenberg, sei sogar eine wichtige Fähigkeit des Gehirns. Es schütze davor, Informationsmüll mit uns herumzuschleppen.[281]

Die Psychologin Ellen Langer stützt diese Sicht. „Gemeinhin gehen wir davon aus, dass das Langzeitgedächtnis intakt bleibt und das Kurzzeitgedächtnis mit zunehmendem Alter schwindet", schreibt sie in *Counterclockwise*. „Aber in jüngster Forschung der Neurowissenschaften setzt sich die Ansicht durch, dass (unabhängig vom Alter) das erinnert wird, was für den Menschen von Bedeutung ist."[282] Sie zitiert die Studien von vier Psychologen der Universität Michigan, die Belege dafür gefunden haben, dass das Gedächtnis einzigartig ist und dass es im Grunde wenig Berechtigung gebe, an der lange propagierten Unterscheidung zwischen Kurzzeit- und Langzeitgedächtnis festzuhalten. „Eine neue Sicht von Gedächtnis, die sich aus solchen Erkenntnissen ableitet, mag uns dazu führen anzunehmen, dass unser Gedächtnis mit zunehmendem Alter weniger abnimmt als bisher angenommen", schreibt sie. „Wenn es nämlich so ist, dass wir vermutlich die Dinge besser erinnern, die für uns von Bedeutung sind, dann ist gut möglich, dass alte Menschen in einer Umwelt leben, die für Junge gemacht ist und dass diese Umwelt dann eben persönlich gesehen weniger relevant ist."[283]

Die Bedeutung des Lebensumfeldes für die Erinnerungsfähigkeit, eine spannende Sichtweise, wenn wir sie in Verbindung bringen mit Demenz. Ist es nicht so, dass das Lebensumfeld vieler alter Menschen sich zunehmend reduziert? Vielleicht werden für viele von ihnen gewisse Dinge so unwichtig, dass sie umgehend aus dem Speicher geworfen oder erst gar nicht dort aufgenommen werden. Haben Wochentage eine Bedeutung, wenn sich nichts, aber auch gar nichts daran ändert, ob es nun Dienstag, Freitag oder Sonntag ist? Wozu muss man das Datum wissen, wenn sich daran keine Wirkung knüpft, wenn dadurch keine Verbindlichkeiten entstehen, kein Terminkalender zur Aktion aufruft? Was nützt es, sich Namen von Pflegekräften zu merken, wenn diese in permanentem und nicht zu beeinflussendem Wechsel kommen und gehen? Braucht man all die Namen von Obst- und Gemüsesorten, wenn man sie seit Jahren nicht mehr einkauft und alles Essen fertig zubereitet vorgesetzt bekommt?

Einer meiner Interviewpartner, Friedrich Thimm, hatte eine sehr interessante Hypothese zu diesem Thema. Alte Menschen erinnerten sich sehr wohl an früher, so meinte er, obwohl sie sich oft kaum an gestern erinnern könnten. Das könnte damit zusammenhängen, dass sie damals Wichtiges leisteten, es in ihrem Alter aber kaum noch Wichtiges für sie gebe.

„Steffi, du bist so alt!"

Die ersten grauen Haare sind schon aufgetaucht. Seitdem achte ich streng darauf, sie regelmäßig zu färben. Auch meine Urlaubsreisen verändern sich, Ibiza und die Partyszene interessieren mich nicht mehr, heute findet man mich eher mit einem Buch in der Hand abseits vom Tourismus. Ich habe mir auch eine gesündere Matratze für mein Bett gekauft. Ich achte auf meine Haltung, sitze im Auto gerade und mache regelmäßig Bauch- und Rückentraining. Ich bin deutlich ruhiger geworden insgesamt. Nun gibt es keine Aussicht mehr auf noch einen

weiteren Frühling. Es fällt mir manchmal schwer, mich zu mo-
tivieren. Das ist neu für mich, denn bisher war ich immer fit.
Ich muss lernen, damit umzugehen. Man muss sich treu bleiben,
nur so altert man in Würde. Ich versuche zu meinem Alter zu
stehen, aber die Bemerkung „Steffi, du bist so alt!" verletzte
mich trotzdem sehr.

Würden Sie erraten, wie alt die Dame ist, die dies sagte? Um es
Ihnen nicht zu leicht zu machen, habe ich ein paar kleine Stellen
ausgelassen, die auf ihren Beruf hinweisen.

Das Interview mit Steffi ist dem Buch *Die besten Jahre*
entnommen[284]. Sie heißt mit vollem Namen Steffi Jones und ist
35 Jahre alt. Sie ist Profifußballerin.

Der Fall von Profisportlern vermag beredt aufzuzeigen, wie
relativ Alter ist. Mit Mitte zwanzig, manchmal auch schon früher,
hören sie auf, „jung" zu sein. Interessant ist am Interview mit
Steffi Jones, dass diese heftige Konfrontation mit einem von außen
„angetragenen" Alter einen objektiv noch jungen Menschen komplett in die Altersdefensive drängen kann. Sie fühlt sich offenbar
nicht nur so, sondern stellt auch ihr Leben darauf ein: Rückzug,
Ruhe, keine Parties, Gesundheitsmatratze...

Auf andere Weise beleuchtet, zeigt dieses Beispiel auf, wie sehr
man sich von außen konditionieren lassen kann. Extreme Beispiele haben es an sich, dass sie nur für wenige Geltung haben, uns
dafür aber gewisse Wahrheiten klarer vor Augen führen können.
So wie ein extremes Gegenstück zu Steffis Erfahrung: die Alterskategorien der Tscherkessen, die wir im Buch von Erich Renner
finden. Bei den Tscherkessen, so der Autor, gelten Menschen bis
zum 30. Lebensjahr als „Kinder", zwischen 30 und 50/60 Jahren
als „Jugendliche", von 50/60 bis 100 als „Erwachsene" und über
100 als „Greise". Der Autor lässt uns auch an einer netten Anek-
dote teilhaben, die die paradox konträr erscheinenden Wahrneh-
mungen zum Alter schön illustriert: „Einst wurde einem Tscherkessen, der sich gerade ein Haus baute, prophezeit, er werde nur
150 Jahre leben. Darauf erwiderte er: ‚Wenn ich nur 150 werde,

lohnt sich die Mühe nicht, dieses Haus zu bauen.' Sprach's und hörte auf zu bauen." [285]

„Alter und Krankheit gehören zusammen"

Dass Alter und Krankheit zusammengehören, davon sind viele überzeugt, wenn nicht sogar alle. Eva Jaeggi schreibt es genau so in ihrem Buch: „Höheres Alter und mehr Krankheit – das gehört leider zusammen".[286] Wieder eine Negativ-Fixierung, die als selbstverständlich hingenommen wird. Was besagt so ein Ausspruch? Sehen wir uns das genauer an. Verfolgen wir die Argumentation, rein logisch. Das deutsche Wörterbuch sagt zum Wort „zusammengehören": eng verbunden sein, sich zu etwas Gemeinsamem ergänzen, Teil von etwas sein. Das würde bedeuten: Alter und Krankheit treten zusammen auf, wie eine Art selbstverständliche Einheit. Wenn diese „Einheit" so selbstverständlich ist, müssten wir sie so gut wie bei *jedem* Alten antreffen und – es müsste dies *eindeutig evidenter* sein als der Zusammenhang „jung und krank". Nur so kann der Ausspruch überzeugen. Doch ist es wirklich so? Neuere Studien zum Alter weisen immer wieder darauf hin, dass man den Zusammenhang Alter und Krankheit in der Vergangenheit überbewertet habe. So wurde bereits weiter oben in diesem Zusammenhang *Die 50+ Studie* erwähnt, bei der man sich letztlich gefragt hat, ob es so etwas wie „Alterskrankheiten" überhaupt gibt, also Krankheiten, die erstmals oder besonders häufig im Alter auftreten. Ein solcher Automatismus im Zusammenhang mit „Alter und Krankheit" konnte aber nicht einmal bei Menschen hohen Alters nachgewiesen werden.

Man könnte nun in der Erforschung des Wortes „zusammengehören" noch ein wenig weiter gehen. Denn es sieht ganz so aus, als spräche eine Einstellung daraus. Das Wort „gehören" wird sehr oft verwendet, um etwas auszudrücken, das so sein sollte, sein muss oder nicht sein darf. Ganz offensichtlich zum Beispiel in der Wendung „Das gehört sich so!" Hier könnte man aufhorchen. Könnte es sein, dass da eine Erwartungshaltung daraus spricht? Die Harvard-Professorin Ellen Langer, deren Hauptthema im Buch *Counterclockwise* achtsame und bewusste Gesundheit ist, schreibt: „Vom Moment an, da wir geboren werden, sind wir konfrontiert mit absoluten Fakten, nicht mit situationsbezogenen. Es wird uns nicht gesagt, dass Unterscheidungen wie jung und alt, gesund oder krank soziale Konstrukte sind und dass ihre Bedeutung vom Kontext abhängt."[287] Von klein auf, sagt sie, seien wir dazu konditioniert worden, die Welt als ein Setting von Fakten zu betrachten, so wie 1+1=2. Die Welt sei aber weit mehr, als solche Fakten zulassen, und wir sollten stattdessen gelernt haben, dass 1+1=2 nur dann gilt, wenn wir das Dezimalsystem zugrundelegen, aber dass 1+1 dann 10 gleichkäme, wenn man ein Zweiersystem zugrunde legte. Und dass 1+1=1 ist, wenn wir einen Kaugummi zu einem anderen in den Mund steckten. Das klingt provokativ und für manche vielleicht auch skurril. Im Grunde aber gibt es genau das wieder, was in der Mathematik das Axiom ist, auf dem das ganze mathematische System beruht: eine Annahme.

Das soziale Konstrukt von „krank" erklärt Ellen Langer unter anderem anhand einer Überbewertung von Phänomenen. „We overmedicalize the world" schreibt sie, was in etwa bedeuten würde: wir lassen alles zu einem medizinischen Problem werden. Anstatt zu sagen, wir sind traurig, sehen wir es als Depression, und wenn wir nachts nicht schlafen können, weil wir an einem Problem kauen, leiden wir an Schlaflosigkeit. So klebten wir uns Etiketten auf. So ziemlich alles werde zu einem medizinischen Syndrom. Der Preis dafür sei, dass Herausforderung zu Behinderung wird und Empfindungen zu Symptomen werden.[288]
　Ihr ganzes Buch ist ein Aufruf dazu, wieder selbst die Kontrolle über sich zu übernehmen und sie nicht gedankenlos an Dritte abzugeben. An tausenden von Beispielen hat sie in jahrzehntelanger Forschung nachgewiesen, dass Menschen anders reagieren, gesünder werden und stereotypen Einstellungen zu Krankheit nicht mehr entsprechen, wenn man die Parameter umdreht, sich an

Möglichkeiten orientiert anstatt an gedanklichen Einbahnstraßen in Richtung vorgegebener Sichtweisen.

Wem dieser Diskurs zu weit geht, und ich könnte mir vorstellen, dass dies bei vielen so ist, der möge das Ganze herunterfahren auf das alltägliche Erleben. Wie sehen wir Alter und Krankheit oder etwas genereller: Alter und Beschränkung? Gerade dann, wenn Sie ein junger Leser sind, können Sie sich diese „Festlegung auf eine Wirklichkeit", wie sie Ellen Langer beschreibt, am besten verdeutlichen. Wenn Sie gerade mal 30 oder 40 Jahre alt sind, woher wissen Sie dann, wie das Alter ist? Sie können es ja noch gar nicht erlebt haben. Dennoch werden Sie sich schon dabei ertappt haben, dass Sie irgendwelche Unpässlichkeiten als „das Alter" interpretiert haben. Ihnen tat der Rücken weh? *Das ist gewiss das Alter.* Sie schnaufen mit einer schweren Einkaufstasche den Berg hinauf? *Das Alter macht sich halt doch schon bemerkbar.* Sie reagieren beim Autofahren zu spät auf ein Hindernis? *Genau, man sagt ja immer, dass älter werdende Menschen reaktionsschwach seien.* Sie sind nach einer Feier am Morgen unausgeschlafen? *Das Alter, denn früher war das nicht so.* Man könnte die Liste endlos fortsetzen. Auch hier wieder: wenn es so eindeutig und unausweichlich das Alter ist, warum zeigen andere im gleichen oder sogar höherem Alter nicht dasselbe Phänomen? Könnten diese Unpässlichkeiten nicht auch an etwas anderem liegen? Geben wir diesen „anderen" Erklärungen überhaupt eine Chance? Ich meine, das tun wir oft nicht und mit zunehmendem Alter immer weniger. Mit „zunehmendem Alter" meine ich hier ausnahmsweise nicht 60+, sondern 40+.

Wenn wir schon früh damit beginnen, alle möglichen Erscheinungen „dem Alter" zuzurechnen, konditionieren wir uns selbst auf etwas hin, das wir im Grunde gar nicht wollen. Leider ist uns das oft nicht bewusst, weil die meisten um uns herum das Gleiche tun und weil wir dies in unseren alltäglichen Sprachgebrauch übernommen haben. „Ach ja, das Alter!", „wir werden alle älter", „das ist halt schon das Alter", „ich werde alt" – das alles sind Wendungen, die man sehr oft schon von Menschen hören kann, die erst 30, 35 oder 40 Jahre alt sind. Wir konditionieren uns also durch unser eigenes Denken, verbunden mit dem eigenen Sprachgebrauch, sehr früh auf etwas hin, das wir noch nicht kennen, das wir vermuten und so eigentlich nicht wollen. Die eindimensionale Erklärung entsprechender Phänomene ist nicht nur nicht dienlich, sie ist oft genug auch schlichtweg falsch. Wer sagt denn, dass wir nicht Kreuzschmerzen haben, weil wir am Tag zuvor eine schwere Kiste gehoben haben? Könnte die Einkaufstasche uns nicht zum Schnaufen gebracht haben, weil wir vielleicht schlicht und einfach in letzter Zeit zu wenig Sport getrieben haben? Haben wir das Hindernis auf der Straße vielleicht deswegen nicht bemerkt, weil wir an diesem Tag besonders müde waren oder damit beschäftigt waren, über ein Problem nachzudenken? Und die Feier, die man früher besser „wegstecken" konnte, war es denn nicht so, dass man als Student viel sorgloser lebte und am nächsten Morgen nicht schon fit, kompetent und leistungsfähig um acht Uhr im Büro erscheinen musste?

Objektiv gesehen besteht keinerlei Notwendigkeit, jede Unpässlickeit und jedes Phänomen in dieser Richtung dem Alter zuzuordnen. Das Problem ist, dass unser Denken vom Alter dem wahren Alter oft weit vorauseilt. In seinem Buch *Die 50+ Studie* schreibt Professor Otten: „Wir haben nicht die geringsten Hinweise auf Beschwerden, die erstmals im Alter auftreten oder in ihrer Häufigkeitsverteilung eng an das Lebensalter geknüpft sind."[289] Zwanzig Prozent der 50- bis 70-Jährigen hatten angegeben, völlig beschwerdefrei zu sein; bei den anderen achtzig Prozent treten keine Krankheiten auf, die man als „Alterskankheiten" bezeichnen kann. Wie wir bereits weiter oben sehen konnten, sagen uns sowohl die Berliner Altersstudie als auch die große Elsa-Studie nichts anderes: hochbetagte Alte sind gesünder, als wir gemeinhin annehmen möchten. Es wäre an der Zeit, dies als Tatsache zur Kenntnis zu nehmen.

Nun könnte man sagen: es ist doch Privatsache, ob jemand meint, dass Alter mit Krankheit einhergeht. In der Tat, so könnte man es sehen, wenn die Auswirkungen dieser Denkweise nicht über das Individuum hinausgingen. Doch genau das tun sie, und sie treffen jene mit voller Wucht, die wirklich krank sind und denen geholfen werden könnte, wenn nicht genau diese Einstellung im Wege stünde. Die Professorin Langer fasst dies hart, aber deutlich wie folgt zusammen: „Wenn man ganz selbstverständlich davon ausgeht, dass alte Menschen physisch abbauen, ist es unwahrscheinlich, dass man ihnen jene extra Portion medizinischer Aufmerksamkeit zuteil werden lässt, die einen Unterschied machen könnte. Darüber hinaus werden kleine Verbesserungen sehr wahrscheinlich gar nicht wahrgenommen, und sie (die Alten) werden die ersten sein, denen man medizinische Hilfe verweigert, wenn Ressourcen knapp werden."[290]

Damit nähern wir uns dem Horrorszenario von Frank Schirrmacher wieder an, das in dieser Hinsicht leider schon Teil unserer Realität ist. Jeder, der möchte, kann es auch für sich persönlich nachprüfen. Versuchen Sie einmal, für Ihre alte Mutter oder Ihren betagten Großvater rehabilitierende Maßnahmen verordnet zu bekommen, Hilfsmittel, Therapien, Krankengymnastik, Logopädie. Wenn Sie es nicht ohnehin schon wissen: Sie werden staunen, mit welcher Wertigkeit Ärzte und Krankenkassen an einen alten Menschen herangehen. Die Argumente sind dann genau jene, die schon in der Überschrift zu diesem Kapitel enthalten sind: da Krankheit ja „sowieso zum Alter gehört" und „eine Verbesserung somit kaum zu erwarten ist", sind solche Maßnahmen nicht angebracht, im medizinischen Sprachgebrauch: „nicht indiziert". In einem Beitrag der ARD zum Thema Pflege[291] berichtete eine Tochter darüber, wie die Krankenkasse sich geweigert hatte, Infusionen für ihre alte Mutter zu bezahlen, und eine andere gab schockiert wieder, dass der Arzt sich geweigert hatte, für ihren dementen Vater einen Rollstuhl zu verordnen. Sein Argument: „Was wollen Sie denn noch, der Mann ist 88 Jahre!" Ich selbst habe erlebt, dass bei meiner 98-jährigen Mutter trotz Verdacht auf Schlaganfall keine Computertomographie gemacht wurde, dass verweigert wurde, ihr Krankengymnastik zu verschreiben und dass Logopädie als abstruse Idee abgelehnt wurde. Die Begründungen liefen in jedem Fall darauf hinaus, dass sich so etwas bei einer solch alten Person nicht lohne, nicht indiziert sei oder die Kasse den Arzt für verrückt erklären würde. Wertungen und Bewertungen, denen der Gedanke zugrunde liegt: Alter und Krankheit gehören zusammen.

Zähne, Augen, Ohren – „alles geht verloren"?

Mag sein, dass man Alter und Krankheit nicht gleichsetzen kann, werden manche nach dem vorhergehenden Kapitel sich sagen, aber eines könne man doch nicht leugnen: alte Menschen hören schlecht, sehen schlecht und man weiß auch, dass sie Zahnprothesen tragen.

Viele denken so, trotzdem stimmt es nicht. Genauso wie Krankheit nicht synonym ist mit Alter, sind weder verringertes Hörvermögen noch nachlassende Sehschärfe oder gar ausfallende Zähne automatisch mit dem Alter verbunden. Wir haben uns nur angewöhnt, es so zu sehen, weil es oft vorkommt. Doch „oft" ist nicht „immer". Schon unter den von mir persönlich interviewten alten Männern und Frauen, die eine Zufallsauswahl darstellten, hatten die meisten keinerlei Problem mit diesen „alterstypischen" Schwächen. Der Hobbymaler Jürgen Schönfeld brauchte mit 70 Jahren noch keine Brille, nebenbei bemerkt: er malte viele Landschafts- und Naturbilder mit kleinteiligen Details. Hermann Pünder, 86 Jahre alt, umschrieb sein Sehvermögen mit „Astronauten-Sehschärfe". All jene, die ihm insgeheim Übertreibung unterstellen möchten: Dr. Pünder ist zufällig Augenarzt. Etliche der interviewten Personen unterstrichen, dass sie noch ihre eigenen Zähne hätten (wobei hier nicht von Implantaten die Rede ist); diese Personen waren 80, 91, 102 Jahre alt. Ebenso war festzustellen, dass mehrere der interviewten Personen kein Hörgerät trugen und dennoch kein Problem damit hatten, der Unterhaltung zu folgen.

Dass biologische Vorgänge im Alter bei allen gleich verlaufen und dass es automatisch Verluste sind, das ist die Verknüpfung, die wir in unserem Denken vorgenommen haben. Die Natur selbst hat, bis jetzt jedenfalls, auf eine automatische Verknüpfung verzichtet.

Was man nicht ausprobiert hat, kann man nicht erlebt haben

Jeder wird sagen: banal, diese Aussage im Titel. Natürlich kann man etwas nicht erlebt haben, wenn man es nicht ausprobiert hat. Doch der Inhalt dieser Aussage geht viel tiefer: Wenn man an Möglichkeiten nicht glaubt, von Beschränkungen überzeugt ist und Menschen wie Dinge auf eine ganz bestimmte Weise sieht, unternimmt man gar nicht erst den Versuch, irgendetwas auszuprobieren. Auf wissenschaftliche Vorgehensweise übertragen, könnte man sagen: Wissenschaft lebt von Nachweisen. Damit etwas nachgewiesen werden kann, muss es untersucht werden. Untersucht wird etwas aber nur dann, wenn jemand vermeint, etwas entdecken zu können. Dazu muss er etwas für möglich halten. Er muss zumindest eine Hypothese aufstellen, der ein solches Ergebnis als Möglichkeit zugrunde liegt. Jemand, der stereotype Vorstellungen hat von dem, was „im Alter schlichtweg so ist", kommt gar nicht auf die Idee, eine gegenteilige Hypothese auch nur anzudenken.

Wagen Einzelne es, „Ungewöhnliches" mit alten Menschen auszuprobieren, sind die Ergebnisse oft erstaunlich. Die Aussagen hierzu beginnen dann nicht selten mit den Worten: „Wir hätten es für kaum möglich gehalten…" oder „meine Sicht hat sich völlig verändert". So sagt die junge Choreografin Heike Hennig, die vier alte Tänzer wieder auf die Bühne holte im Film „Tanz mit der Zeit", dass sie ihren ursprünglichen Plan komplett über Bord geworfen hätte, nachdem sie mit den Tänzern und Tänzerinnen zusammengekommen war. Sie hatte etwas viel Düstereres im Kopf gehabt, das mit Krankheit und Herzschrittmachertönen zu tun gehabt hätte, doch danach habe sie ihre eigene Vorstellung vom Alter völlig revidiert. Achtzigjährige Tänzerinnen auf die Bühne zu holen, dazu muss man an irgendetwas glauben, auch wenn das im ersten Ansatz einen düsteren Anstrich trägt. Wenn jemand von vornherein nicht an eine wie auch immer geartete Möglichkeit glaubt, wird nichts in diese Richtung untersucht oder ausprobiert werden. Das ist eines der Hauptübel in der Betrachtung von Alter, gerade auch von Menschen, die man bislang für nicht mehr veränderbar hielt, die man wegen ihres hohen Alters, wegen ihrer Pflegebedürftigkeit oder ihrer Behinderung „abgeschrieben" hat. Das vielleicht frappierendste Bild, das ich hierzu gesehen habe, war ein Bild von weißhaarigen Männern und Frauen, mit Gehstock oder im Rollstuhl, die Spraydosen in der Hand hatten. Nein, kein Haarspray und auch kein Deo: richtiggehende Graffiti-Spraydosen. Eine Frau vom Evangelischen Gemeindedienst hatte das Ganze im Rahmen einer Woche „Urlaub ohne Koffer" ins Leben gerufen, berichtete der *Senioren Ratgeber* einmal vor ein paar Jahren.[292] Die Graffiti-Aktion sollte alt und jung zusammenbringen. Es war ein voller Erfolg.

Wer unter den konventionellen Wissenschaftlern und Psychologen hätte es aber jemals in Betracht gezogen, eine Untersuchung dazu zu starten, ob alte Menschen Graffiti benutzen und akzeptieren würden, geschweige denn: Freude daran haben könnten? Wissenschaft stellt sich immer als absolut objektiv dar, aber sie ist es nur in der Vorgehensweise. Am Anfang und am Ende, bei der Auswahl des Untersuchungsgegenstandes und bei der Bewertung des Ergebnisses, ist immer der Mensch im Spiel, mit all seiner Subjektivität und oft genug auch Voreingenommenheit.

Wie Betrachter und Methoden wissenschaftliche Ergebnisse beeinflussen

Wissenschaft nimmt gerne für sich in Anspruch, absolut objektiv zu sein. Die Quantenphysik aber sagt: es gibt keine Objektivität, weil schon allein die Tatsache eines Betrachters die Situation beeinflusst und verändert. Auch ohne Rückgriff auf Theorien der Quantenphysik zu nehmen, kann festgestellt werden, dass die Qualität bzw. die Eigenschaft des Untersuchenden genauso Auswirkungen hat wie die Methoden, die er anwendet. Die Hypothesen

von denen man ausgeht, die geplante Vorgehensweise, die Frage,
wer die Untersuchungen durchführt, welche Probanden oder Testpersonen man aussucht, unter welchen Bedingungen diese befragt
oder getestet werden... – jeder, der selbst einmal Untersuchungen
durchgeführt hat und ehrlich genug ist, es zuzugeben, weiß um
die Fallstricke. Die Harvard-Professorin Ellen Langer benennt sie
in *Counterclockwise* detailliert anhand eines Beispieles aus der
Medizin: dem Test für ein Medikament. Dabei nimmt sie genau
auf diese Punkte Bezug – wer die Personen auswählt, was genau
zu testen sei, zu welcher Zeit und unter welchen Umständen das
Medikament zu verabreichen sei sowie andere Entscheidungen,
die wie bei jeder wissenschaftlichen Studie zu treffen seien – und
schließt mit den Worten, dass dies die „versteckten Entscheidungen" seien, die dem ärztlichen Wissen Form geben.[293] „Aber
es wird doch immer nur eine bestimmte Anzahl von Personen
sein, die an so einer Studie teilnehmen", so fährt sie fort, „jene,
die nie ihren Weg in diese Studie finden und jene, die von allein
gesund werden, bleiben schlichtweg unberücksichtigt."[294] Wenn
Forscher sagten, die Testpersonen seien nach dem Zufallsprinzip
ausgesucht worden und repräsentierten somit die Bevölkerung,
wie zutreffend sei dies wirklich, fragt sie. Es sei nicht sehr wahrscheinlich, dass die ganz Reichen und die ganz Armen, die sehr
Schüchternen und die außerordentlich Beschäftigten mit erfasst
würden, das limitiere die Kenntnis der „allgemeinen" Bevölkerung. Unsere Gesundheit werde an Normen gemessen, so schließt
sie dazu, die Frage sei nur, auf wem diese Normen beruhen. Einen
anderen Zusammenhang beleuchteten Autoren in einer metaana-
lytischen Sichtung der Literatur zum Altersstereotyp in Bezug auf
die Person bzw. das Alter der Forscher selbst. Sie fanden heraus,
dass die Befunde einzelner Studien umso größere Differenzen in
den Einschätzungen einer alten versus einer jungen Zielperson
aufzeigten, je jünger der Autor der jeweiligen Studie war.[295]

Das sollte uns lehren, wachsam und kritisch zu sein, vor allem
dann, wenn solche Untersuchungen uns Angst machen, uns blockieren, uns zeigen wollen, was wir alles nicht können oder nicht
erreichen werden. Dann nämlich empfiehlt es sich zu fragen: kann

ich es glauben, will ich es glauben, trifft es auf mich zu? Diese
Freiheit sollte man sich nehmen.

Wer vergleicht was womit?

Im Sinne von „Relation und Blickwinkel" kann ein Element
nicht fehlen, das wiederum vorrangig wissenschaftliche Ergebnisse betrifft: der Vergleichsparameter. Womit vergleicht man
Erkenntnisse und was passiert, wenn man gewisse Vergleiche
unterlässt? Das sogenannte „Kreuzen" von Daten kennt jeder,
der größere Befragungen durchgeführt hat. Je nachdem, womit
man ein Element kreuzt, kann man zu recht unterschiedlichen
Schlussfolgerungen gelangen. So zum Beispiel gab es im Jahr
2004 eine Meldung aus Schweden, wonach Schwedens Senioren
mit die agilsten auf der Welt seien, vor allem die über 95-Jäh-
rigen. Sie weisen eine erstaunliche körperliche und geistige
Fitness auf und ein sehr hoher Prozentsatz (mehr als die Hälfte)
kann sich offenbar noch selbst versorgen. In Schweden lebt nur
jeder vierte 95-Jährige in einem Pflegeheim. In dieser Meldung
wurde eine Psychiaterin zitiert, die ihre Ansicht über die Gründe
für dieses Phänomen kundtat. Sie führte das Genmaterial auf,
den gesunden Lebenswandel und die positive Lebenseinstellung.
Die Arbeit wurde als Faktor nicht erwähnt. Nun hat aber gerade
Schweden eine der höchsten Raten in Europa für die Beschäftigung von älteren Menschen. Theoretisch *könnte* es sein, dass
auch dies ein Grund, und vielleicht sogar ein wesentlicher Grund
wäre. Wird er nicht berücksichtigt, fehlt vielleicht eine essenti-
elle Erkenntnis, die in anderem Zusammenhang bedeutend sein
könnte.
　　Theoretisch könnte es sein, dass man – soweit es um Menschen
geht – jahrzehntelang falschen Schlussfolgerungen aufsitzt, einfach deswegen, weil Forschung sehr oft nur Segmente betrachtet.
Die Arbeit als möglicher beeinflussender Faktor, wie im Beispiel
von Schweden, könnte sogar noch in Reichweite „objektiver" For-

schung liegen. Doch je weiter man sich von der *hardware* an Fakten entfernt, umso größer das Risiko, dass sie ganz herausfallen.

Um eine andere Art von „falschen Vergleichsparametern" geht es in einem Beispiel zu Altersdefiziten. Im Buch von Filipp und Mayer wird ein renommierter Altersforscher zitiert, der einmal darauf aufmerksam gemacht hat, dass die gerontopsychologische Forschung durch ihre vorherrschende Forschungspraxis selbst jahrelang zur Aufrechterhaltung und Verwurzelung eines Defizitmodells beigetragen habe. In der vorherrschenden Forschungspraxis seien nämlich Resultate aus querschnittlich angelegten Untersuchungen als altersbezogene Entwicklungsveränderungen fehlinterpretiert worden. Querschnittlich bedeutet, dass Personen zu einem Erhebungszeitpunkt altersvergleichend untersucht werden, also z.B. 100 Personen, die alle 70 Jahre alt sind. Geringe Testleistungen im Alter im Querschnittsvergleich reflektierten aber viel eher Unterschiede zwischen Mitgliedern einzelner Geburtsjahrgänge als den Abbau kognitiver oder anderer Fähigkeiten, denn dieser könne nur längsschnittlich registriert werden. Gerade diese Betrachtung habe aber in vielen Merkmalen Stabilität oder gar Zunahme und keineswegs stets Abbau offenbart.[296]

Auf wieder eine andere Art von Verzerrung weisen Dammann und Gronemeyer im Hinblick auf Demenztests hin. Bei einem solchen Test muss man 30 relativ einfache Aufgaben lösen. Wer sechs oder mehr Aufgaben nicht angemessen bewältigt, erhielte schnell das Etikett „Alzheimer", so die Autoren. „Führte man denselben Test zum Beispiel an einer Hauptschule in einem städtischen sozialen Brennpunkt durch – man möge uns das politisch „unkorrekte" Szenario nachsehen – dürfte die Demenzquote der dort überprüften Jugendlichen wohl locker an die Demenzquote der über 80-Jährigen heranreichen. Kein Mensch käme auf die Idee, diesen Jugendlichen deshalb Alzheimer zu attestieren. Aber warum nicht? Einen 16- oder 25-Jährigen, der bei diesem Test durchfiele, würde man vielleicht debil nennen, ein 70-Jähriger verlässt die „nicht bestandene" Befragung als „Demenzkranker". Das ist, vorsichtig formuliert, keine sehr überzeugende Diagnoselogik", schließen die Autoren.[297]

Wenn Pauschalierung und 3,6 % uns ins Boxhorn jagen

Es ist eine Wahrheit. Ganz gleich, was hier oder in einem anderen Buch zum Alter gesagt wird, ganz gleich, wie es erklärt, belegt, begründet, glaubhaft bewiesen wird: jeder wird ohnehin das glauben, was er glauben will. Das gilt für Laien wie für Wissenschaftler.

Kehren wir kurz zum Gehirn zurück, dem Organ, dem wir die größte Aufmerksamkeit schenken, wenn es um das Alter geht. Es ist kein Geheimnis mehr, dass der sogenannte „Abbau" der Leistungsfähigkeit des Gehirns heute wesentlich differenzierter gesehen wird als früher.

Heute zeigen Studien, dass auch die Gehirnstruktur des Erwachsenen eine gewisse Dynamik aufzeigt, dass das Gehirn sogar wächst, wenn man es beansprucht.

Dennoch gibt es immer noch Studien, bzw. Wissenschaftler, die an der alten Denkweise festhalten. An einer Denkweise hält man als Wissenschaftler dann fest, wenn man für eine Untersuchung eine Hypothese aufstellt, die stringent auf frühere Erkenntnisse ausgerichtet ist oder fraglos daran anknüpft. So findet man im Januar 2012 eine Meldung im Internet, die lautet: „Schon ab 45 Jahren lässt das Gedächtnis nach".[298] Experten hätten herausgefunden, heißt es darin, dass die Fähigkeit zu denken und zu verstehen sich bereits im mittleren Alter vermindere, und dann immer schneller abnehme. Da haben wir sie wieder, die Horrormeldung, die uns augenblicklich lähmt. Bevor wir uns näher mit dieser Horrormeldung befassen, sollten wir die Meldung noch einmal lesen. Sie lautet: *die Fähigkeit zu denken und zu verstehen* vermindere sich ab 45. Ist man sich eigentlich klar darüber, was man damit aussagt? Will heißen, ab 45 ist man weniger fähig zu denken und zu verstehen? Über die Bedeutung dieser Aussage sollte man sich wirklich genau klar werden. So geschrieben und so gesagt, mutet ein solcher Satz nahezu als Beleidigung an, kann er, in seiner pauschalen Aussage, nur falsch sein. Wie oft aber lesen wir gedankenlos über solche Sätze hinweg, die wir dafür umso schneller in unserem inneren Archiv speichern.

Widmen wir uns nun den Details. Das erste dieser Details ist das Forschungsergebnis selbst. Da steht, dass die Untersuchung ergeben habe: das intellektuelle Leistungsvermögen bei den Männern zwischen 45 und 49 sei um 3,6 Prozent zurückgegangen, in der Altersgruppe der 65- bis 70-Jährigen seien es 9,6 Prozent gewesen. Eine Verminderung von 3,6% (!) steht der pauschalen Horrormeldung gegenüber, „ab 45 vermindere sich die Fähigkeit zu denken und zu verstehen". Selbst bei den 70-Jährigen, wo der Prozentsatz höher ist, handelt es sich trotzdem um weniger als 10%. Das sollte man sich, in Bedeutung und Relation, genau vor Augen führen. Noch ein anderes Detail könnte beachtenswert sein. So heißt es in der Meldung weiter, dass die Studienleiterin gesagt habe, die neuen Erkenntnisse könnten dazu beitragen, das Phänomen auch früher zu bekämpfen, vor allem mit Medikamenten. Die Untersuchung, eine britisch-französische Kooperation, wurde auf der französischen Seite vom Nationalen Institut für Gesundheit und medizinische Forschung mit getragen. Dessen Aufgabe ist, unter anderem, auch die „Verbreitung und Anwendung von Forschungsergebnissen zur Entwicklung von Produkten im Gesundheitsbereich".[299]

Produkte im Gesundheitsbereich – auch daran sollten wir bei manchen Meldungen denken. Die Pharmaindustrie lebt nicht von gesunden Menschen.

Jung und weise, geht das?

Gelegentlich kann es spannend sein, Denkmuster umzukehren, was im übrigen eine gängige Methode bei kreativem Schaffen ist. Alt und weise ist ein uns bekanntes Begriffspaar, das uns vertraut erscheint, wobei man bereits hier mit dem Fragen beginnen könnte. Trifft diese Verknüpfung wirklich zu? Es gibt genügend Stimmen, die das bezweifeln. Ich gehöre dazu. Vielleicht galt es früher einmal, in anderem Lebenskontext. Das könnte man auch aus anderen Kulturen ableiten, wo Wissen und Erfahrung eine Rolle spielen, wo Weisheit sich am Überleben bewies. Aber heute, in unserer modernen Gesellschaft, scheint sich einiges in anderem Licht zu präsentieren. Vielleicht verblüfft es nun manche Leser, warum ich, die ich doch ein ganzes Buch als Plädoyer für die Fähigkeiten im Alter geschrieben habe, ein so positives Element wie „Altersweisheit" in Frage stelle. Eine provokante Antwort meinerseits wäre, dass Altersweisheit oft jenen als eine der Errungenschaften des Alters gilt, die diesem ansonsten nichts abgewinnen können. Alter macht nicht automatisch weise. Wer nur alt wird und nichts aus seinen Erfahrungen lernt, bleibt mit 70 der Kindskopf, der er bereits mit 30 Jahren war, so drückte es jemand einmal recht salopp aus. Trotzdem sind wir davon überzeugt, dass es Weisheit im Alter gibt und geben kann. Und natürlich trifft dies auch zu, aber eben nicht verallgemeinernd.

Wie aber steht es, wenn jemand sagt: auch Junge können weise sein. Geht das? Ich persönlich weiß, dass es geht, denn ich habe bereits etliche junge Menschen getroffen, die ich für weise halte. Wir leben in einem neuen Zeitalter, in dem so manches sich umkehrt. Berliner Wissenschaftler wollten es genau wissen. Sie wollten wissen, ob alte Menschen tatsächlich im Schnitt weiser seien als junge. Sie definierten eine Reihe von Kriterien für Weisheit und befragten dann alt und jung zu schwierigen Lebenssituationen. Staunend stellten sie fest, dass die Älteren ihren jüngeren Mitstreitern nicht überlegen waren. „Wir hätten es kaum für möglich gehalten, wie wenig Weisheit im Erwachsenenalter mit den Lebensjahren zusammenhängt", werden die Wissenschaftler in einem Bericht des *Senioren Ratgebers* aus dem Jahr 2010 zitiert.[300] Es gab wohl ebensoviele junge wie alte Menschen, die die gestellten Aufgaben „weise" lösten. „Weise ist jemand, der in schwierigen Situationen über den Dingen steht und anderen kluger Ratgeber ist", so definiert die Psychologin Prof. Judith Glück im genannten Beitrag den Begriff Weisheit. „Über den Dingen zu stehen" wird allerdings von jungen Menschen (hier 30-Jährige) anders erlebt als von alten. Während die Jungen sich als weise empfinden, wenn sie in schwierigen Situationen bei sich selbst geblieben sind, hielten die Alten sich für weise, wenn sie Kompromisse geschlossen hatten.

Die Autoren von *You can be as young as you think – Six steps to staying younger and feeling sharper,* Tim Drake und Chris Middleton, haben da ihre eigene Meinung, wenn es um die Weisheit von Kompromissen geht. Sie stehen auf dem Standpunkt, dass Kompromisse öfter ein Zeichen von Angst sind und weniger von Weisheit. Ihr Buch, das zeigen soll, wie sehr Alter im Denken verankert ist, verweist immer wieder auf den Unterschied hin zwischen *old brain* (altes Gehirn = altes Denken) und *young brain* (junges Gehirn = junges Denken). „Menschen mit altem Denken fühlen sich mit Konflikten gar nicht wohl, denn diese reißen sie aus dem heraus, worin sie es sich gemütlich gemacht haben. Konflikt kann zu Zurückweisung führen. Und Zurückweisung mag zu Trennung, Entfremdung und Einsamkeit führen. Riskier' das nicht, rät das alte Denken."[301]
Natürlich kann die Fähigkeit, Kompromisse einzugehen, auch von Weisheit zeugen, die Frage wird aber immer sein: worauf beruht der Kompromiss? Ist es ein echter Kompromiss, also ein Ausgleich und eine Balance von Interessen, oder nur ein simpler Konfliktvermeidungskompromiss, bei dem der Kompromissschließende nur nachgibt, ohne damit glücklich zu werden? „Einige Menschen gehen durch ihr ganzes Leben mit einem solchen dumpfen Schmerz im Innern", schreiben Drake und Middleton. „Es ist so, als hätten sie ihr ganzes Leben damit verbracht, den metaphysisch falschen Fernsehsender eingeschaltet zu haben. Die Kompromisse, die sie machen, der Konsensus, den sie suchen, das alles lässt keinen Raum für ihr eigenes Vergnügen. Da bleibt kein Raum mehr dafür, das Leben zu genießen."[302] Weisheit ist für Drake und Middleton „wie man das Leben nimmt". Junge Menschen, so sagen sie, wissen das Leben anders zu nehmen. „Junges Denken" bedeutet für Drake und Middleton also nicht „sich jung denken", es bedeutet vielmehr: das Leben als solches

anders zu sehen, es so zu sehen wie junge Menschen, die, den Autoren zufolge, darin mehr „Weisheit" haben als alte. Alter, so sagen sie, ist oft nicht eine Anhäufung von Weisheit, sondern eine Anhäufung von Rigidität.

Ein Plädoyer gegen die Rigidität auch von der agilen und spritzigen Feministin Benoîte Groult: „Es ist nicht wahr, dass man im Alter weise wird", sagte die 89-jährige Schriftstellerin einmal in einem Interview, „das ist eine Qualität, die einem angehängt wird. Man kann nichts Verrücktes mehr tun. Das ist keine Weisheit, das ist Resignation."[303]

Und da wir uns im Kapitel der Blickwinkel und Relationen befinden, erscheint es interessant, eine nochmalige Kehrtwendung zu vollbringen. Gemeinhin sagt man, das Alter ist weise oder anders ausgedrückt: Weisheit ist keine Qualität der Jugend. Nun haben wir gesehen, auch junge Menschen können „weise" Entscheidungen treffen. Drake und Middleton unterstreichen es, indem sie sagen: altes Denken schließt Kompromisse, junges Denken hat mehr Weisheit, weil es dem intensiv gelebten Leben nähersteht. Die Kehrtwendung besteht nun darin, genau auf den Unterschied zwischen „jung" und „junges Denken" zu achten, denn ein „young brain" nach Drake und Middleton entspricht zwar oft dem „jungen Menschen", ist aber kein Synonym dafür. Die junge Autorin Meredith Haaf zeigt uns beim Blick auf ihre Generation, dass es auch in der Realität oft nicht übereinstimmt: junge Menschen haben nicht immer auch junges Denken. „Angst ist der Hauptantrieb meiner Generation", steht da in ihrem Buch.[304] Die Angst, eine Chance zu verpassen, unangenehm aufzufallen, einen Job zu verlieren oder erst gar keinen zu kriegen – die Liste der Ängste, die sie aufführt, ist lang. Die Folge dieser Ängste ist, dass sich die jungen Menschen ihrer Generation eher anpassen und unterordnen, als aufzumucken und sich über irgendetwas zu beschweren. Das passt ausgezeichnet zur sogenannten „Weisheit" der alten Menschen: dem Kompromiss. Das perfekte „alte Denken" in den Köpfen von noch sehr jungen Menschen.

Die „Schuld" der Alten

Es gibt kaum ein Thema, das stärker durch die Medien gezerrt wird als die „Gefahr des demografischen Wandels". Und wie soll es anders sein: wenn unser System sozialer Sicherheit zusammenbricht, sind natürlich die Alten schuld. Es gibt derer einfach zu viele. Dieses Argument wurde so oft wiederholt, dass es kaum noch jemanden gibt, der die Ursache woanders sähe. Doch es gibt auch andere Erklärungen.

So schreibt der *Spiegel* in seiner Spezialausgabe zum Alter, Politiker benutzten den demografischen Wandel als Vorwand, um ihre Reparatur-Bemühungen an den maroden Sozialsystemen zu begründen. [305] Es wird Harald Wilkoszewski vom Rostocker Max-Planck-Institut für demografische Forschung zitiert, der die Meinung vertrat, dass an den heutigen Problemen des Sozialversicherungssystems nicht die vielen Alten schuld seien, sondern hauptsächlich die beträchtlichen Steuer- und Beitragsausfälle aufgrund der hohen Arbeitslosigkeit. Von 55 Millionen Menschen in *erwerbsfähigem* Alter zahlten, so der *Spiegel*, nur etwas mehr als 26 Millionen Beiträge in die Sozialversicherungen ein.

Auch Prof. Dieter Otten, der Autor der 50+ Studie, schreibt, dass die negative Begrifflichkeit, die in der Altersdebatte verwendet wird, die fatale Sicht der öffentlichen Meinung zementiert, dass die „Alterung der Gesellschaft" unvermeidlich zum Finanzierungsdebakel der Renten führen werde. „Tatsächlich ist es aber nicht die Überalterung", schreibt er, „sondern die besondere Konstruktion oder sollte man besser sagen, der Konstruktionsfehler des Rentensystems, der für die Krise verantwortlich wäre, weil das System auf der Beitragszahlung aus sozialversicherungspflichtiger Beschäftigung besteht. Es setzt voraus, dass es immer genügend sozialversicherte Beschäftigte (Arbeiter und Angestellte) gibt, welche die Beiträge zahlen. Aber auf dem Weg der Modernisierung oder man kann auch sagen zur Dienstleistungsgesellschaft verliert dieses Beschäftigtenmodell gewaltig an Bedeutung. Immer mehr Erwerbspersonen mit neuen und anderen

Beschäftigungs- oder Einkommensverhältnissen, aber auch die Erwerbslosen zahlen nicht (mehr) in die Rentenkasse ein."[306] Das Konstruktionsprinzip funktioniere nicht mehr richtig, das sei die Ursache der „Krise des Sozialstaates" – nicht die Alterung.

Hier soll es nicht darum gehen, in den politischen Diskurs einzusteigen. Hier geht es darum aufzuzeigen, dass „logisch" und auf den ersten Blick überzeugend klingende Argumente nicht immer auch wahr sein müssen.

Ähnlich wie im vorhergehenden Fall, nur „noch logischer" als dieser: die Schuld der Alten an der Kostenexplosion im Gesundheitswesen. Wie „sonnenklar" ist es doch, dass nur die Alten daran schuld sein können, sind diese doch am häufigsten krank – eben weil sie alt sind. Logisch, nicht wahr? Kaum jemand wird daran auch nur den geringsten Zweifel haben: man weiß und sieht es doch, dass Alte häufig krank sind. Bereits in einigen der vorhergehenden Kapitel wurde damit begonnen, an diesem Credo zu rütteln. Mutige, quer denkende Menschen, die sich nicht an die scheinbar so offensichtliche Logik halten wollen, versuchen hier und da etwas tiefer zu graben. So wertete die Soziologin Hilke Brockmann, ehemals am Rostocker Max-Planck-Institut beschäftigt, in einer Untersuchung die Daten von 430 000 AOK-Patienten aus und fand dabei heraus, dass nicht das Lebensalter entscheidend war für die Gesundheitskosten, sondern die „Nähe des Kranken zum Tod".[307] Damit ist nicht gemeint: je älter, umso näher am Tod, sondern es ist die Schwere der Krankheit gemeint. Sie fand heraus, dass Patienten in ihrem letzten Lebensjahr am teuersten waren – ob sie nun 50 oder 80 Jahre alt waren. Die kostspieligsten Behandlungen, so fand sie heraus, wurden Sterbenskranken der Altersgruppe der 20- bis 49-Jährigen zuteil. Das verwundert, im Nachhinein gesehen, nicht. Junges Leben wird oft höher bewertet als altes, auch wenn es brutal erscheint, dies klar und deutlich zu sagen. Was man bislang nur vermutete, ist durch diese Untersuchung, die im wesentlichen auf der Auswertung von objektiv nachprüfbaren Daten beruht, nun bewiesen. Senioren erhalten weniger kostenintensive Therapien als Jüngere, die an der gleichen Krankheit leiden, fand Hilke Brockmann heraus, ein über 90-jähriger Patient verursacht demzufolge nur knapp die Hälfte der Klinikkosten eines 65- bis 69-Jährigen.

Wenn man dieses Ergebnis zusammennimmt mit Ergebnissen wie jenen der großen „Elsa"-Studie in Großbritannien aus dem Jahr 2002, relativiert sich die Sichtweise, dass Alte die höchsten Kosten verursachen, erheblich. Die Elsa-Studie ergab, dass hochbetagte Alte in erstaunlich guter körperlicher und geistiger Verfassung seien: 30% der befragten Männer zwischen 80 und 90 bezeichneten ihren Gesundheitszustand als sehr gut oder ausgezeichnet, weitere 30% als gut.[308] Das macht, zusammen genommen, immerhin 60% für eine gute bis sehr gute Gesundheit jener Altersgruppe, die landläufig als die hinfälligste gilt!

Wie bereits im Kapitel „Alter und Krankheit" ausgeführt, kann das Argument, die Alten seien daran schuld, dass unser Gesundheitssystem kollabiert, hochbetagte Menschen und deren Angehörige nur erzürnen, denn es ist schlichtweg nicht wahr.

Ein schreckliches Kapitel

Lange Zeit hatte ich ganz bewusst nicht vorgehabt, dieses Kapitel in mein Buch aufzunehmen, da ich der Meinung bin, dass es nicht nur völlig überbewertet wird, sondern es Denkweisen erzeugt, die nicht nützlich sind. Nachdem ich aber immer und immer wieder in diversen Artikeln und Bücher über dieses Thema gestolpert bin, beschloss ich doch, etwas dazu zu sagen. Es geht um die sogenannte „Altentötung". Immer wieder wird angeführt, dass es Kulturen gegeben habe, wo die Alten getötet wurden oder sich selbst töten mussten, weil sie eine Last und zu unnützen Essern geworden waren. Manche Autoren versteigen sich sogar zur gedankenlosen (und nicht verifizierten) Behauptung, dass dies in „vielen" Kulturen der Fall sei.[309] Ich frage mich: wozu führt man diese Beispiele an? Was bezweckt man eigentlich damit? Käme irgendwer auf die Idee, Witwen bei uns darauf hinzuweisen, dass in anderen Kulturen die Frau dem Mann unmittelbar ins Grab folgen muss, wenn dieser stirbt? Und wenn es um eine zu hohe Geburtenrate in manchen Ländern geht, würde irgendjemand auch nur wagen, Kulturen als Beispiel anzuführen, die Mädchen bei der Geburt einfach umbringen? Was bringt Menschen dazu, ein solches schreckliches Phänomen aus archaisch-rückständiger Vergangenheit auszugraben und ihm sozusagen Vergleichswert einzuräumen? Ist man sich überhaupt klar darüber, dass man hier von Mord spricht?

Wer hatte wohl als erster die Idee dazu und wie lange musste er suchen, um diese Beispiele zu finden? Denn in Jahrzehnten der Beschäftigung mit und des Lebens in fremden Kulturen bin ich nie auch nur dem Schimmer dieser Praktiken begegnet. Alle betroffenen Autoren mögen mir verzeihen, aber gelegentlich kommt es mir vor wie das gruselige Wohlgefühl des Gaffers bei Katastrophen. Interessant wäre dabei, nicht nur zu wissen, welche Zielsetzung man damit verfolgt, diese Beispiele heranzuziehen (doch nicht etwa als ein nachahmenswertes Modell?), sondern auch zu sehen, wie viel die Autoren wirklich über diese Praktiken und vor allem diese Kulturen wissen. Erfreulich, dass wirklich kundige Personen diesem Thema kaum Raum geben. So findet man im Buch des Ethnopädagogen Professor Erich Renner gerade mal eine Seite mit einer kleinen Geschichte, die darauf Bezug nimmt. Und selbst diese stellt es völlig anders dar, denn der Sohn tötet seinen Vater nicht, sondern hält ihn versteckt. Der Autor, als Spezialist für andere Kulturen, hätte gewiss das Fachwissen, dieses Thema zu behandeln. Man muss ihm danken dafür, dass er es nicht tut. Im Gegenteil äußert er sich wie folgt zum Buch von Schirrmacher, einem der Autoren, die sich diesem Thema ausführlich widmen: „Einen einsamen Gipfel an infamer Darstellung bildet jedoch die Behauptung, für die Jungen stelle sich die Frage der Euthanasie, für die Alten die eines schuldbewussten Freitods. In diesem Augenblick fallen einem nur noch die Azteken ein, die glaubten, mit Menschenopfern ihre Welt erhalten zu können. Wenn der gleiche Autor im weiteren Verlauf mit dem Impetus der Ernsthaftigkeit betont, Sprache sei Wirklichkeit, Sprache schaffe

Wirklichkeit, und schließlich so tut, als wolle er für die Bekämpfung des Altersrassismus eintreten, dann kann man eigentlich nur noch ungläubig den Kopf schütteln. Mit seinen Bestseller-Äußerungen verhält er sich nicht anders als ein Feuerwehrmann, der die zu löschenden Brände vorher selbst legt."[310]

Obwohl dieses Kapitel von „fremden Kulturen" handelt, habe ich es, wie man sieht, nicht bei den Ausführungen zu anderen Kulturen untergebracht, sondern hier, im Kapitel über Blickwinkel, Relationen, Täuschungen und Halbwahrheiten. Ich bin nicht nur betroffen zu sehen, dass Autoren in unserer Zeit solche Dinge überhaupt schreiben und dass andere es auch noch abschreiben – ich bin schockiert darüber, dass so etwas in unserer Zeit noch Platz findet in Publikationen.

8. Kapitel

Deutschland und der Rest der Welt

"There is too much angst in Germany and not enough hope." – *James Vaupel, gebürtiger New Yorker und Gründungsdirektor des Max-Planck-Instituts für demografische Forschung in Rostock*

Alter hat mit Menschsein zu tun, und Menschsein ist nicht an nationale Grenzen gebunden. Insofern erscheint es interessant, auch einen Blick über diese Grenzen hinüber zu werfen, zu sehen, wie man anderswo mit dem Alter umgeht. Wenn auch der Mensch als biologisches Wesen und als Produkt der Schöpfung sich in allen Kulturen gleicht, ist er doch verschiedenen gesellschaftlichen und kulturellen Einflüssen ausgesetzt. Alter und Altsein ist eine soziale Konstruktion, sagen Sozialwissenschaftler. Jede Gesellschaft, jedes Volk erzeugt seine Altersbilder selbst. Das kann man am besten nachvollziehen, wenn man sich das in verschiedenen Kulturen ansieht. Es gibt Länder, in denen manches besser gehandhabt wird als bei uns, in anderen wiederum ist es schlechter. Im Nachfolgenden soll es primär um positive Beispiele gehen. Nationale Besonderheiten zu betrachten, soll und kann nicht bedeuten, dass dort „alles besser" sei. So hat das gerontologische Institut der Universität Heidelberg Altersbilder in sieben Ländern untersucht (Brasilien, USA, Japan, Frankreich, Norwegen, Kanada und Großbritannien). Das Ergebnis war, dass es unter diesen sieben Ländern keines gab, in dem eine durchweg positive Sicht des Alters vorherrschte.[311]

Es sind folglich nur *spotlights* zum Thema Alter in anderen Kulturen. Es geht nicht darum, ganze Kulturen zu kopieren, sondern darum, Lernbeispiele zu entdecken. Das bedeutet, dass man in Großbritannien, Schweden, Italien oder Japan das eine oder andere vielleicht besser gemeistert hat oder in einem positiveren Licht sieht. Es schließt nicht aus, dass andere Aspekte zum Thema Alter in ein und demselben Kontext – neben den positiven Beispielen stehend – weniger gut sein könnten. So zum Beispiel steht dem großen Respekt, den man alten Menschen in Afrika entgegenbringt, durchaus eine viel striktere Normierung gegenüber als bei uns, wenn es um Individualität geht. Dass es überall auch andere, weniger positive Erscheinungen neben den Modellbeispielen gibt oder geben kann, soll somit nicht bewusst ausgeblendet werden. Es würde schlicht zu weit gehen, und ist auch nicht Thema dieses Buches, tiefer in die unterschiedlichen Zusammenhänge einzusteigen, die in Afrika, Asien oder auch nur in benachbarten europäischen Ländern das Leben im Alter beeinflussen.

Dennoch wäre es interessant, wenn Altersforscher solch vergleichende Studien anstellten, die nicht nur die Ernährungs- und Arbeitsgewohnheiten in verschiedenen Ländern untersuchten, sondern in einem stärker holistischen Ansatz auch Faktoren berücksichtigten wie Mentalität, Geschichte, Kultur, Spiritualität.

Manche Problematiken im Zusammenhang mit dem Alter werden stark durch Mentalitäten beeinflusst. Nehmen wir das Phänomen Angst. Wer viel in anderen Kulturen gelebt hat (oder wer gar selbst aus einer anderen Kultur stammt), dem erscheint Angst bisweilen als eine besonders eng an unsere deutsche Mentalität gekoppelte Erscheinung. Ob es in unserem Land ein erhöhtes Sicherheitsbedürfnis gibt und wir deswegen mehr Angst produzieren oder ob umgekehrt eine latent vorhandene Angst ein erhöhtes Sicherheitsbedürfnis hervorbringt, soll der Analyse von Sozialpsychologen überlassen bleiben. Fest steht, dass wir in Deutschland, insgesamt gesehen, sehr sicherheitsorientiert sind. Man sehe sich nur die Dicke unserer Gesetzbücher an, die Fülle an Verordnungen, die Tendenz zur Reglementierung im Detail. Ohne mir anmaßen zu wollen, alle Nationen der Welt in dieser Hinsicht zu kennen, glaube ich, dass wir, im Vergleich zu anderen Nationen, einen Hang dazu haben, uns in allem absichern zu wollen. In der gegenwärtig geführten Altersdebatte mit ihren zum Teil horror-mäßig eingefärbten Auswüchsen sagte James Vaupel, gebürtiger New Yorker und Gründungsdirektor des Max-Planck-Instituts für demografische Forschung in Rostock, laut *Spiegel*, einmal den Satz: „There is too much *angst* in Germany and not enough hope (da ist zu viel Angst in Deutschland und zu wenig Hoffnung)."[312] Interessanterweise hat das Englische ein Wort aus dem Deutschen übernommen, das in den Augen der Briten und Amerikaner wohl eine deutsche Grundtendenz charakterisiert: Angst.

Was hat Angst mit dem Thema Alter zu tun? Eine ganze Menge. Das Thema Alter erzeugt auf mindestens drei Ebenen unwillkommene Wirkungen. Die erste betrifft das Individuum selbst. Wer schon mit 30 unterschwellig Angst zu haben beginnt davor, wie es wohl im Alter um ihn stehen mag, den begleitet dieses Gespenst vierzig, fünfzig Jahre lang. Solche Gespenster haben es an sich, enorm blockierend auf Lebensfreude und Schaffenskraft zu wirken. Die zweite Wirkung tritt gegenüber anderen ein, und zwar gegenüber jenen, die schon alt sind. So wird in der Psychologie immer wieder betont, dass stereotypgeleitete Urteile über alte Menschen „von der Furcht vor dem eigenen Altern und dem eigenen Tod gespeist seien".[313] Je mehr Angst jemand vor dem Alter hat, umso ausgeprägter seien seine negativen Altersstereotype und die Abwertung alter Menschen. Angst macht also nicht nur mit einem selbst etwas: sie schadet implizit auch anderen. Die dritte Wirkung schließlich manifestiert sich nicht beim Individuum als solchem, sondern im Kollektiv (wobei das Ergebnis in der Folge sozusagen zirkulär zurückwirkt auf das Individuum). Es geht dabei um angstbesetzte Themen, die mit Alter zu tun haben und über die viel gesprochen und geschrieben wird. So wie über das Thema Demenz und Alzheimer. Wenn das Alter Menschen Angst macht, und solche negativen Wirkungen erzeugt, ist eine Nation, die prinzipiell ängstlicher ist, noch schlechter dran. Etwas Angst abzulegen und von couragierteren, gelasseneren oder lebenslustigeren Nachbarn ein wenig zu übernehmen, würde folglich nicht schaden.

Wenn Arbeitsgrenzen alt machen

Die Debatte, dass es bei uns immer mehr und schließlich zu viele Alte gebe, ist bekannt. Ein demografisches Problem, so sagt man. Und natürlich sei die steigende Lebenserwartung dafür verantwortlich. Aber wussten Sie, dass man Alte auch schlicht „kreieren" kann? Nun, das geht ganz einfach, nämlich durch eine Umwandlung von Rollen. Dort, wo die Menschen sich mit Arbeit und Leistung identifizieren, wird Rente mit „alt sein" gleichgesetzt. Hält man die Rentengrenze niedrig, wächst damit die Zahl der „Alten". Damit kann auch eine Rentengrenze, besonders in leistungsbetontem Kontext, Alter kreieren. Umgekehrt mag es für alle jene, die die Anhebung des gesetzlichen Rentenalters auf 67 Jahre nicht begrüßen, eine Hoffnung sein, dass sie damit wenigstens ein paar Jahre länger jung bleiben dürfen.

Ob 67, 68 oder gar 70 Jahre als Renten- oder Pensionsalter für alle die Lösung ist, kann und soll hier nicht debattiert werden – vor allem nicht, wenn es um die ökonomische Sicht geht oder um die Notwendigkeit im Hinblick auf die Sozialversicherung. Hier geht es in erster Linie um das Potenzial von älteren und alten Menschen und darum, ob sie arbeiten *dürfen*, wenn sie es *wollen*. Denn nicht jeder will es, wie sich an den massiven Protesten zur Anhebung des Rentenalters gezeigt hat. Blickt man über die Landesgrenzen, wird man sehen, dass einige Länder ein um Vieles niedrigeres Rentenalter haben als wir, Frankreich zum Beispiel, wo das gesetzliche Rentenalter bei 60 Jahren, liegt oder Italien, Österreich und Großbritannien, wo es, im Hinblick auf Frauen, ebenfalls bei 60 liegt. Das *effektive* Rentenalter oder gar die *effektive* Beschäftigungsquote entspricht dem nicht immer, liegt meistens darunter. So lag zum Beispiel im Jahr 2005 die Zahl der Beschäftigten zwischen 55 und 64 Jahren in Ländern wie Spanien, Frankreich oder Italien um Vieles niedriger als in Deutschland: bei 37,9% in Frankreich und 31,4% in Italien (gegenüber 45,4% in Deutschland). Kann man daraus schließen, dass die Menschen dort im Alter stärker beschränkt werden als bei uns? Unter Umständen ja. In Italien zum Beispiel hat jemand über 50 Jahren kaum noch Chancen auf Arbeit. In Italien haben Unternehmen diese Altersgruppe noch radikaler aus ihren Jobs geworfen als bei uns, und es gibt dort keinen 50+ Diskurs zur Wiedereingliederung ins Berufsleben. Zwar meinte der *Spiegel* in seiner Special-Ausgabe zum Alter, dass es besonders in Deutschland stringent und intensiv betrieben werde, den Menschen ab einem bestimmten Alter in die „Berufslosigkeit" zu schicken, dass fast nirgendwo in Europa die Unternehmen so rigoros auf das Potenzial älterer Arbeitnehmer verzichteten wie in Deutschland, dass nirgendwo sonst schon 40- oder 50-Jährige so schlechte Chancen auf dem Arbeitsmarkt hätten und in kaum einem anderen Land die Leute so früh aus dem Arbeitsleben katapultiert würden.[314] Doch vermutlich wurde zum Vergleich nicht so sehr nach Westen oder Süden geblickt, sondern eher nach Norden. So werden neben der Schweiz (als nicht wirklich „südlichem" Land) zutreffenderweise Norwegen, Schweden und Island angeführt, wo die Beschäftigungsquoten der Älteren um Vieles höher liegen als bei uns. Die Quote der beschäftigten 55- bis 64-Jährigen im Jahr 2005 lag zum Beispiel in Großbritannien bei 56,9%, in Schweden bei 69,4% und in Island gar über 80%. Dem gegenüber stehen die Quoten von 45,4% in Deutschland und 31,4% in Italien.

Vielleicht ist es gar nicht verkehrt, eher nach Norden zu blicken, wenn es um einen Vergleich geht. Die Frage ist ja nicht nur, wie lange man arbeiten darf, sondern auch, wie lange man – aus individueller Sicht gesehen – dies muss, weil es offiziell so vorgesehen ist. So bleibt offen, ob „Berufslosigkeit" in allen Nationen die gleiche Frustration erzeugt wie in Deutschland. Mir erscheint es so, dass man sich in Italien nicht allein schon deswegen zu den Alten zählt, weil man *pensionato* (Rentner) ist. Sich als „ausgedient" anzusehen, hängt auch davon ab, wie stark die Identifikation mit der Arbeit ausfällt. Je stärker die Menschen in einem Land sich mit der Arbeit identifizieren, umso enger wird dieser Zusammenhang gesehen werden. In Deutschland ist er extrem eng. Es mag bei uns kaum eine neue Begegnung geben, in der nicht relativ schnell die Frage kommt: Und was machen Sie so beruflich? Es ist für unseren Kulturkreis sehr wichtig, den anderen im Hinblick auf seine Tätigkeit einordnen zu können. In Italien kann man bisweilen lange auf diese Frage warten: sie wird um Vieles später kommen, gelegentlich auch gar nicht. Der italienische Soziologe Renzo Scortegagna meint zwar in seinem Buch *Invecchiare*, dass man (auch in Italien) häufig schon „nach den ersten Plaudereien über das Wetter" zum Thema Arbeit gelange, doch kann ich persönlich das nicht bestätigen. Weder empfand ich jemals bei meiner italienischen Verwandtschaft das Thema Arbeit als sehr präsent, noch wurde ich persönlich in Italien oft danach gefragt, was ich beruflich tue. In mehreren Kursen, die ich in Italien absolvierte, wurde ich an Wochenendkursen gar nicht und bei längeren Kursen erst nach zwei, drei Monaten gefragt, was ich beruflich mache. Auch wenn man den Gesprächen im Café, im Zug, auf der Straße lauscht, stellt man fest, dass auf jeden Fall viel seltener über Arbeit gesprochen wird als bei uns. Wesentlich beliebtere Themen sind das Essen, die Familie, Mode oder Kultur. Das gängige Bild, das sich uns in Deutschland bietet, wenn man einen ICE besteigt: die große Zahl von Reisenden, die sich darin mit Laptop und Unterlagen zum Arbeiten niedergelassen haben, trifft man in italienischen Zügen kaum an. Wer sich aber nicht ausschließlich über Arbeit definiert, für den ist es auch kein Drama, mit 60 oder sogar 55 Jahren in den Ruhestand zu gehen. Im Gegenteil: er wird es eher begrüßen. In Italien hat das Wort „pensionato" somit nicht ganz den negativen Beigeschmack wie in Deutschland das Wort Rentner. *Pensionato* steht dort unter dem Zeichen von: Zeit haben, sich mit Freunden treffen, bummeln gehen, mehr mit der Familie machen können, neue Kochrezepte ausprobieren, einem Hobby nachgehen oder soziale Aktivitäten in der Gemeinde übernehmen können. Und zwar nicht nur für ein vorübergehendes „Befreiungsgefühl", das wenig später in Frustration und Leere überkippt, wie die Gefühlskurven nach dem Tag des Ruhestandes in unserem Land gezeichnet werden. *Pensionato* in Italien hat etwas von dauerhaft gepflegtem Lebensabend an sich. In Frankreich scheint man es ähnlich zu sehen, der Lebensstil ist dort ja nicht so weit von dem in Italien entfernt. Man könnte es für Frankreich auch aus den massiven Protesten ableiten, die dort im Jahr 2010 stattfanden und gute 2 Millionen Menschen auf die Straße gehen ließen, um gegen die geplante Anhebung des Renten-Eintrittsalters von 60 auf bis zu 63 Jahre zu protestieren.[315] Im Buch *Die besten Jahre* erzählt die Bundesvorsitzende Bündnis 90/Die Grünen, Claudia Roth, von einer Begegnung, die sie einmal in Frankreich gehabt habe. „In Paris sprach ich vor einiger Zeit mit einem alten Mann, der sich über die Deutschen lustig machte und fragte, warum so viele von ihnen nach dem Ende ihres Arbeitslebens nicht mehr wüssten, wer sie seien", sagt sie. „Wir seien zu wenig selbstbewusst und orientierungslos. Ihm hingegen ginge es richtig gut, er brauche nicht viel. Für ihn bedeute Reichtum, einfach dort zu sitzen, Rotwein zu trinken und Zeit zu haben, das Leben zu genießen."[316]

Gewiss gilt diese Einstellung in Italien oder Frankreich nicht für jeden. In Paris, Lille oder Straßburg wird man genügend Menschen finden, die sich stärker mit der Arbeit identifizieren, in Mailand, Turin oder Bozen ebenso. Vor allem die jüngere Generation, der jetzt 45- oder 50-Jährigen, sieht das oft anders. Das Buch *Volevo solo lavorare* (Ich wollte doch nur arbeiten) von Luigi Furini[317], in dem er beschreibt, wie er als 52-jähriger Chefredakteur aus seinem Posten gemobbt wurde, gleicht einem verzweifelten Aufschrei. Dennoch gibt es, generell betrachtet, nationale Unterschiede, die für die Analyse von bestimmten Phänomenen interessant erscheinen. Eine vor Kurzem veröffentlichte Statistik dazu, wie lange Menschen in ihrem Leben in den verschiedenen europäischen Ländern arbeiten, unterstreicht den oben aufgezeigten Unterschied zwischen Deutschland und Italien. In Deutschland arbeiten die Menschen im Schnitt 36,8 Jahre, in Italien 29,6 Jahre (der europäische Durchschnitt liegt bei 34,5 Jahren).[318]

Ohne in die Debatte zu ökonomischer Notwendigkeit einzutreten, die in diesem Buch nicht das Thema ist, kann die Lösung – vom Menschen aus gesehen – nur in der Freiheit bestehen, im Alter arbeiten zu dürfen, wenn er es denn wollte, und in einer nationalen Politik, die diese Flexibilität nicht nur gutheißt, sondern sie gezielt fördert. Denn allgemein gesehen sind die Unterschiede schlicht zu groß: so wie die einen liebend gern weiterarbeiten würden, sind die anderen weit davon entfernt, dies zu wünschen. Die Lösung, zu der sich die Briten im Jahr 2011 entschlossen, geht insofern genau in die richtige Richtung: es wurden die Altersgrenzen aufgehoben, denen zufolge bis dahin Arbeitnehmer aus einem Betrieb ausscheiden mussten. Man wolle den Menschen die Freiheit gewähren, so lange zu arbeiten, wie sie möchten, ließ der zuständige Minister im Wirtschaftsministerium dazu verlauten. Vermutlich werden die arbeitsinteressierten Briten dann auch effektiv die Möglichkeit haben, es zu tun, d.h. wird es Betriebe geben, die sie weiterarbeiten lassen. Bei uns müsste sich das erst herausstellen. Schließlich ist bei uns eine Weiterbeschäftigung in der freien Wirtschaft auch bisher schon prinzipiell möglich gewesen, wenn Arbeitgeber und Arbeitnehmer dies wünschten. Was aber wurde davon umgesetzt? Damit kommen wir auch zum Beamtenrecht und seinen Vorgaben, der rigide vorgeschriebenen Pensionierung mit 65 Jahren. Da vom Beamtenrecht auch die Universitäten erfasst werden, bedeutet dies unter anderem ein „programmiertes Verjagen" von Kapazitäten. Diese gehen dann oft außer Landes, dorthin, wo man solche Grenzen nicht hat, wie in den USA. Die Pensionierung oder Zwangsemeritierung mit 65 sei ein „historischer Unfug" des deutschen Beamtenrechts, kritisierte der Biochemiker und Genforscher Ernst-Ludwig Winnacker, Präsident der Deutschen Forschungsgemeinschaft, als er in 2006 mit 65 Jahren aufhörte.[319] Wir scheinen uns diesen Unfug leisten zu können, gibt es doch genügend Anwärter auf Professuren, die nur darauf warten, in die Bresche zu springen. Die Frage ist nur, ob sie wirklich all jene, die gegangen sind (oder verjagt wurden), im gleichen Format ersetzen können. Hanne Schweitzer, die Gründerin des Büros gegen Altersdiskriminierung, bringt es auf ihrer Webseite in ihrem Kommentar zu den Nobelpreisen 2009 auf den Punkt.[320] „Vier der diesjährigen Nobelpreisträger dürften bei uns im Land nicht mehr arbeiten und fünf hätten hierzulande wegen ihres Alters Probleme eine neue Arbeitsstelle zu finden. Da wundert es nicht, dass keine/r der Geehrten an einer bundesdeutschen Hochschule beschäftigt ist", schreibt sie. Unter den neun von ihr aufgezählten Nobelpreisträgern waren drei über siebzig[321], fünf über Mitte fünfzig bzw. jenseits der sechzig und nur eine mit 48 Jahren relativ „jung".

USA – wo mehr möglich ist als anderswo

Der Blick über die Grenzen kann inspirieren. Und sollte er nicht zu verändertem Handeln anregen können, so nimmt er zumindest dem einen oder anderen festgefahrenen Werturteil seinen exklusiven Anspruch auf Wahrheit. Um positive Erfahrungen aus anderen Ländern und Kulturen einbringen zu können, muss man diese kennen oder erlebt haben. Im Buch *Die besten Jahre* sagt die Journalistin Hanne Schweitzer, die die USA gut kennt: „In den USA habe ich einen ganz anderen Umgang mit dem Alter erlebt. Die Menschen haben dort ein viel größeres Selbstbewusstsein. Die Teilnahme am gesellschaftlichen Leben ist für Alte selbstverständlich. Sie haben einen völlig anderen Status und sind nicht wie hier altersfeindlichen Vorurteilen ausgesetzt."[322] Eine weitere Stimme, die in die gleiche Bresche schlägt, jedoch aus einem völlig anderen Kontext kommt: ein junger Freund von mir, der aus Georgien stammt und derzeit in den USA seinen Master in Volkswirtschaft macht. „Mir ist aufgefallen, wie anders man hier Alter lebt", kommentierte er einmal das Thema Alter in den USA. „Alte Menschen sind hier sehr aktiv. Man sieht sie überall, in allen möglichen Beschäftigungen, ob das nun in der Bibliothek, im Museum, im Geschäft oder im Restaurant ist. Auch fiel mir auf, dass man hier viele Alte im Straßenbild sieht oder in Bussen, auch solche in Rollstühlen, die meist batteriegetrieben sind. In meinem Land hat das Alter keinen Platz mehr in der Gesellschaft. Unser Präsident, Saakaschwili, hat die gesamte Wirtschaft von Alten gesäubert, und alt, das heißt in diesem Zusammenhang 40 oder 50 Jahre alt sein. Er hat überall Junge eingesetzt. Das ist furchtbar.

In der Familie wird man als alter Mensch respektiert und auch noch auf den Dörfern, nicht aber im sozialen Leben der Städte." Bemerkenswert daran ist nicht nur, dass der Sprechende, mit seinen 28 Jahren, der jungen Generation angehört. Beachtenswert ist auch, dass Georgien, wie generell die Kaukasusländer, eine große Zahl sehr alter Menschen aufzuweisen haben. Doch lange leben ist, wie man sieht, für sich allein genommen nicht immer ein erstrebenswertes Ziel, wenn dem nicht Teilhabe am Leben und als Mensch geachtet zu werden gegenüberstehen.

In den USA hat man schon vor gut 50 Jahren damit begonnen, das Alter in Verbindung zu bringen mit dem Civil Rights Act. Durch diesen sollte die Diskriminierung aller Minoritäten beseitigt werden. Man entdeckte sozusagen, dass auch das Alter als ein mit Diskriminierungen verbundenes Merkmal angesehen werden kann. Altersdiskriminierung im Arbeitsleben ist in den USA seit 1967 gesetzlich verboten. So dürfen Stellenausschreibungen dort keine Altersbeschränkung enthalten und das Bewerbungsfoto entfällt, um Alters- und Rassendiskriminierung zu mindern. Im Lebenslauf darf weder das Geburtsdatum ersichtlich sein noch darf es darin Zeitangaben geben zu Ausbildungen und Beschäftigungen. Wenn Arbeitgeber bei der Bewerbung nach dem Alter fragen, machen sie sich strafbar. Bei Diskriminierung aufgrund des Alters kann man in den USA auf Schadenersatz klagen.[323] Das hat schon einige Unternehmen getroffen, darunter Boeing und Nestlé, die Summen in Millionenhöhe zu zahlen hatten. In Deutschland wurde, dem Allgemeinen Gleichbehandlungsgesetz vom August 2006 folgend, im selben Jahr die sogenannte „Antidiskriminierungsstelle des Bundes" (ADS) eingerichtet. Es ist eine unabhängige Anlaufstelle für Menschen, die von Diskriminierung jeglicher Art (Herkunft, Geschlecht, Religion, Behinderung, Alter, sexuelle Identität) betroffen sind. Schon allein mit Blick auf die Jahreszahlen kann man mit Fug und Recht behaupten: die USA sind uns weit voraus. Vier Jahre später, im November 2010, wurde dann auch ein deutschlandweites Modellprojekt für anonymisierte Bewerbungsverfahren gestartet, „ausgehend von guten Erfahrungen in anderen Ländern", wie es auf der Webseite der Antidiskriminierungsstelle des Bundes heißt.[324] Diese guten Erfahrungen in anderen Ländern haben aber nicht unmittelbar die Einführung zur Folge gehabt: das Verfahren wird erst einmal getestet.

Die USA zeichnen sich durch eine fortschrittliche, offene Arbeitspolitik aus, was Altersgrenzen anbelangt. Das heißt nicht, dass es alte Arbeitnehmer dort nur gut haben, wie diverse Schadensersatzforderungen zeigen, doch sie haben das Gesetz hinter sich und wenn sie länger arbeiten möchten, haben sie die Wahl. So war zum Beispiel in einem Artikel im *General-Anzeiger* von 2005 zu lesen, dass Unternehmen in den USA ganz gezielt Senioren suchten, der Heimwerkermarkt Home Depot zum Beispiel, die Buchladenkette Borders oder die Drogerie- und Apothekenkette Walgreens. Das läge zum einen am Antidiskriminierungsgesetz, zum anderen aber auch daran, dass die Unternehmen kundenorientiert seien. In dem Artikel werden Sprecher bzw. Personalchefs der Unternehmen zitiert, die sich dazu äußern, warum sie Ältere beschäftigen. So die Drogerie- und Apothekenkette Walgreens zum Beispiel, wo man sagt: „Unsere Kundschaft wird wie die Gesamtbevölkerung älter. Die Kunden können sich mit Mitarbeitern, die in ihrem eigenen Alter sind, besser identifizieren." Beim Heimwerkermarkt Home Depot weist man auf andere Gründe hin. „Wir haben gemerkt, dass unsere reiferen Mitarbeiter weniger Krankheitsausfälle haben, flexibler sind und länger im Job bleiben."[325]

Generell haben die USA durch den Wegfall der Altersgrenzen in der Beschäftigung eine große Palette arbeitender älterer und alter Menschen ermöglicht. Im Jahr 2000 arbeiteten dort noch 57% der Männer zwischen 60-64 Jahren, 18% der 65-74-jährigen, 10,5% der 75-84-jährigen und 4,8% mit über 85 Jahren. Gerade letztere Zahl ist, wenn man sie sich genau besieht, phänomenal hoch. Sie gilt Menschen wie Chester Reed oder Arthur Winston, die offenbar lange Zeit nicht daran dachten, dass Arbeit mit 65 Jahren aufhören könnte. Als ältester Mitarbeiter der US-Post (Postzentrum Kalifornien) geht Chester Reed Anfang des Jahres 2010 mit 95 Jahren in Rente. Er folge der Bibel, so weit es gehe, sagt er, und so wisse er, dass es nun an der Zeit sei zu gehen.[326]

Arthur Winston reinigte und wartete bei den städtischen Verkehrs-
betrieben von Los Angeles Omnibusse. Er ging mit 100 Jahren in
Rente, nach 76 Arbeitsjahren.

Nun ist bekannt, dass gerade den USA seit jeher vorgehalten
wird, ein schlechtes Sozialsystem zu haben. Somit, so die Kritiker,
sei es nicht verwunderlich, dass dort Menschen bis ins hohe Alter
hinein arbeiten – sie seien schlichtweg aus ökonomischen Gründen dazu gezwungen. Die Frage aber ist, ob dies wirklich zutrifft.
Bei Menschen wie Arthur Winston hat man eher den Eindruck,
sie arbeiten so lang, weil Arbeit ihr Leben ist. So wurde Arthur
Winston sogar 1996 durch den damaligen Präsidenten Bill Clinton
der Preis „Arbeiter des Jahrhunderts", für Ethik und Hingabe,
verliehen, weil er in 76 Jahren immer pünktlich zur Arbeit erschienen war und nur einen einzigen Tag, zum Begräbnis seiner Frau,
gefehlt habe.[327] Kenner des Rentensystems in den USA geben
eine fundierte Meinung ab, die über den Einzelfall hinausgeht. So
sagt Hanne Schweitzer vom Büro gegen Altersdiskriminierung:
„Es stimmt nicht, dass die Renten in den USA niedriger sind als
bei uns. Im Gegenteil. Bei vergleichbaren Erwerbsbiografien sind
sie sogar höher." Aber selbst wenn es für manche dort zutreffen
sollte, kann man das Argument in jedem Fall, auf uns angewandt,
umdrehen: wenn jemand bei uns eine sehr kleine Rente hat, kann
er dann weiterarbeiten, wenn er es wollte? Dem realen Zwang
stehen in den USA zumindest auch Möglichkeiten gegenüber. In
den USA ist das Zwangsrentenalter bereits seit Beginn der 80er
Jahre abgeschafft. Seit über 10 Jahren fordert das Büro gegen
Altersdiskriminierung deshalb auch bei uns ein flexibles Renten-
bezugsalter, mit anderen Worten: die Abschaffung des Zwangs-
rentenalters.[328] Das haben wir bis jetzt nicht.

Wer sich über die Situation in den USA informieren will, findet
auf der Webseite des Büros gegen Altersdiskriminierung aktuelle
Informationen und Hinweise.[329] Hanne Schweitzer hat dort Meldungen und Artikel aus mehreren Ländern zusammengetragen
und kommentiert. Wie bereits weiter oben gesagt sind die Angelsachsen und insbesondere die USA führend im Thema. So zum

Beispiel weist Hanne Schweitzer in einer Information aus dem Jahr 2002 auf einen Artikel in der Zeitschrift „Business Week" hin, in der die USA sich, zum Thema Beschäftigung und Alter, mit Deutschland vergleichen: Menschen über 45 stellten 40% der Arbeitslosen in Deutschland, so die Zeitschrift. Nur 39% der Menschen zwischen 55 und 64 Jahren seien in Deutschland beschäftigt, gegenüber 58% in den USA. Deutschland diskriminiere seine älteren Arbeitnehmer, so lautete das Fazit von Business Week – und der Vorwurf an Deutschland.[330]

Es gibt aber etwas, das mindestens ebenso interessant ist wie die Tatsache, dass es in den USA keine Altersbegrenzung für Beschäftigung gibt. Leider wird es weniger beachtet und wird in Publikationen viel seltener erwähnt: der Großteil von soziologischen und psychologischen Untersuchungen zum Thema Alter kommt aus Großbritannien und insbesondere aus den USA. Das sagt viel aus über das gesellschaftliche Interesse am Thema.

Gelegentlich schauen wir nach Amerika hinüber, versuchen Dinge nachzumachen, die wir für gut und sinnvoll halten. Dennoch bleiben wir um einiges hinter der Courage (oder der Akzeptanz?) der Amerikaner zurück. So hatte eines der Mitglieder der Saarbrücker „denkwerk-stadt" im Jahr 2008 den Kinofilm Young@ Heart gesehen und man beschloss, die deutsche Antwort darauf zu geben: den Heartchor. Heraus kam ein „bundesweit einzigartiges Projekt"[331], in dem Frauen und Männer über 60 Rocksongs singen. Zugegeben, nahezu revolutionär für unsere bundesdeutsche Wirklichkeit. Die Webseite von Heartchor führt stolz an, dass die 27 Chormitglieder zusammen 1800 Jahre ausmachen. Doch rein rechnerisch gesehen, können bei einem Mindestalter von 60 Jahren nicht viele Hochbetagte darunter sein. Fotos von Heartchor scheinen es zu bestätigen. Beim Vorbild aus Amerika geht das Alter von 70 bis 100, beginnt altersmäßig dort, wo es bei uns vermutlich eher zu Ende geht. Laut Wikipedia[332] war die älteste aktive Sängerin von Young@Heart Anna Main, die bis zu ihrem 99. Lebensjahr im Chor mitsang; die aktuelle Besetzung (2011) umfasst 30 Sänger und Sängerinnen aus den Jahrgängen zwischen

1928 und 1939, liegt also auch heute noch im Schnitt um einiges über dem deutschen Nachahmchor.

Ähnlich auch in einem anderen Beispiel. Im Film „Breath made visible"[333], der das Leben und Wirken der heute 91-jährigen amerikanischen Performance-Tänzerin Anna Harplin porträtiert, wird eine Veranstaltung bzw. eine Art „Workshop" aus dem Jahr 2005 gezeigt, die den Namen „Senior Rocking" trägt. Anna Harplin wollte damit alten Menschen eine Ausdrucksmöglichkeit im Tanz geben. Und wenn man hier „alt" sagt, sind es nicht 65-Jährige wie im Theaterprojekt „Der alte Tanz" von Jacqueline Kornmüller: hier sind es 80- und 90-Jährige. „Tanz hat man schon immer in Verbindung mit jungen Körpern gesehen", sagt hierzu die zu jener Zeit 85-jährige Anna Harplin. „Da ich nun selbst alt bin, wollte ich alten Menschen eine Stimme geben." Der Filmausschnitt berührt. Er zeigt unendlich intensives Lebensgefühl bei Menschen, die alle nicht der Vorstellung von Tanzinteressierten entsprechen: beleibte, grauhaarige, am Gehstock sich stützende oder gar im Rollstuhl sich fortbewegende alte Menschen. Eine der alten Frauen, die gefragt wird, warum sie dabei sei, antwortet: „At 92, I wanna do certain things. I like to dance!" (Im Alter von 92 Jahren will ich nun gewisse Dinge tun. Ich liebe es zu tanzen.) Vermutlich werden in unserem Land noch ein, zwei Jahrzehnte vergehen müssen, bevor wir zu solchen Experimenten kommen.

Akzeptanz und Humor – die Briten und das Alter

„Ich habe alles, was ich brauche, außer einem hundertjährigen Mann – oder zwei Fünfzigjährigen." Ein Satz von Sarah Cooke, einer Hundertjährigen aus Nottingham in Großbritannien.

Den lockeren, humorvollen Umgang trifft man in Großbritannien bei Recherchen zum Thema Alter immer wieder an. Die britische Gelassenheit? Oder gar das Königshaus als Vorbild, mit einer 85-jährigen Queen und ehemals einer 102-jährigen Queen Mum? Die Artikel, die über hundertjährige Frauen geschrieben werden, erlauben sich Pointen, Scherze, Wortspielereien, ganz im familiär netten Stil, ohne den guten Ton zu verletzen. „Chipper at 100 and still got fish to fry", so ein Titel zur hundertjährigen Connie Brown oder „I'm 102 – see me on Facebook" über Ivy Bean. Oder die Wortspiele zur hunderteinjährigen Phyllis Self „You are as old as you Phyll" und zur 102-jährigen Winnie Hudson, die einen Wettlauf mitmachte „102 Winnie phew!" Vieles davon findet sich in der Boulevardpresse, doch auch BBC erlaubt sich den familiären Ton mit Überschriften wie „Chip shop Connie's 100th birthday".

Folgt man dieser Linie des Humors, trifft man auf ein weiteres Phänomen, das wohl mit der britischen oder auch angelsächsischen Mentalität zu tun hat: der *charity*. In Großbritannien haben Wohltätigkeitsveranstaltungen einen hohen Stellenwert, ganz gleich, ob es darum geht, Geld für ein Projekt gegen Leukämie zu sammeln oder ob es um die Bekanntmachung des fairen Handels geht. Bei dieser *charity* darf alles eingesetzt werden, was Geld bringt, auch „verrückte" Hundertjährige. Dass eine ältere Dame, insbesondere wenn sie 102 Jahre alt ist, bei einem Wettlauf mitmacht, ist in Deutschland genauso schwer vorstellbar wie eine 94-Jährige, die sich von einem Bürohochhaus abseilt, so wie Doris Long in Portsmouth es mit 96 Jahren noch tat. Noch „verrückter" die Geschichte von den Kalender-Girls, ebenfalls etwas, das man sich in Deutschland schwer vorstellen kann. Es ist eine Geschichte, aus der sogar eine Filmkomödie entstand. Ältere Frauen versammelten sich in North Yorkshire regelmäßig zu Wohltätigkeitszwecken und wollten wie jedes Jahr einen Kalender herausbringen. Diesmal hatten sie vor, Kirchen aus der Region zu zeigen; die Erlöse der Kalender hatten bis dahin allerdings kaum nennenswerte Einnahmen gebracht. Durch die Krankheit des Ehemanns einer von ihnen kamen sie auf die Idee, den Erlös des neuen Kalenders zu nutzen, um für den Angehörigenraum des Krankenhauses ein neues Sofa zu kaufen. Dabei hatten sie plötzlich die Idee, dass sie selbst auf den Fotos des Kalenders zu sehen sein sollten, und zwar nackt, bei der Verrichtung von hausfrauentypischen Tätigkeiten. Als der Kalender erschien, war das Medienecho gewaltig. Der Kalender wurde das Gesprächsthema in ganz Großbritannien. Die ersten ausgelieferten Exemplare waren schon nach wenigen Minuten ausverkauft. Die Frauen bekamen massenhaft Post von Fans, die sich bei ihnen mit persönlichen Briefen bedankten. Die Erlöse bis zur Veröffentlichung des Films betrugen 578.000 britische Pfund, danach schnellte der Betrag hoch auf insgesamt 2,2 Millionen Euro. Dieses Geld reichte für eine neue Leukämie-Station des örtlichen Krankenhauses – und natürlich für ein neues Sofa im Aufenthaltsraum. Zugegeben, es waren „nur" Frauen im Alter von 45 bis 60, also nicht wirklich „alte" Frauen. Dennoch kann man sich nicht recht vorstellen, dass so etwas in der deutschen Öffentlichkeit gut aufgenommen worden wäre. Zehn Jahre später legten die Frauen einen neuen Kalender auf, für das Jahr 2010. Nun waren sie zwischen 59 und 70 Jahre alt. Auch hier tragen sie nichts außer Perlen.[334]

Die 95-jährige Doris Long, die sich für Wohltätigkeitszwecke ab dem Alter von 85 Jahren von Hochhäusern abseilt, wurde in 2009 mit dem *Pride of Britain*-Preis ausgezeichnet. Mit ihren ungewöhnlichen Abseilaktionen brachte sie den lokalen Wohltätigkeitsvereinen von Portsmouth über 15 000 Pfund ein. Der Oberbürgermeister von Portsmouth sagte bei der Preisverleihung, er empfinde absolute Bewunderung für Doris Long. Er selbst würde lieber tausend Kilometer weit laufen, als so etwas zu tun.[335]

Pride of Britain – der Stolz Großbritanniens. Der Name des Preises scheint in diesem Fall auch für die Einstellung des Landes zum Alter zu stehen. Großbritannien ist stolz auf seine alten, dynamischen Männer und Frauen. Das kann man an einer Vielzahl von Details erkennen. Zum Beispiel auch daran, dass die Queen im Jahr 2008 drei aktiven Pensionären einen Orden verlieh. Mit einer Königin, die im Alter von 81 Jahren selbst noch hart arbeite, hieß es dazu in der britischen Presse, könne es kein Zufall sein, dass sie in der *Honour's List* zu ihrem Geburtstag drei arbeitenden Pensionären den MBE-Orden[336] verliehen habe. Natürlich sind wir auch in unserem Land stolz auf „unsere" aktiven Hundertjährigen, und Journalisten überschlagen sich oft schier vor Begeisterung.

Doch will mir scheinen, dass bei den Briten mehr Pep dabei ist, zum Beispiel wenn es, wie eben benannt, um Belobigung geht oder auch bei den runden Geburtstagen im hohen Alter. Da findet man bei den Briten Lockerheit, Kreativität und Humor. Während bei uns der Bürgermeister zum Geburtstag einen Blumenstrauß bringt und die Presse ein braves Foto von der Jubilarin im trauten Familienkreis bringt, wird in Großbritannien eine Hundertjährige schon mal in einen Ferarri oder zu einem feschen jungen Mann auf den Beifahrersitz eines dicken Motorrads gesetzt und darf sich herumkutschieren lassen. Selbst bei einer 107-Jährigen hat man keine Scheu, sie in einen Rennwagen zu setzen und darin ein paar Runden drehen zu lassen.[337]

Humor und Akzeptanz gegenüber allen möglichen (und unmöglichen) Formen, das Alter zu leben, vereinen sich im Königreich zu einer Haltung, die vermutlich viele bei uns nicht mehr nachvollziehen können. Ruth Flowers, die 69-jährige DJ aus Großbritannien, hatte den Rückhalt ihrer ganzen Familie. Die fänden das alle phantastisch, meint sie in einem Interview. Ihr Enkel, durch den sie überhaupt erst in eine Diskothek kam, sagte: „Go for it!"

Genauso „verrückt" wie die 95-jährige Abseilerin Doris Long oder die poppige DJ Ruth Flowers: The Zimmers, die wohl älteste Rockband der Welt, mit einem Durchschnittsalter von 78 Jahren (2007). Ihren Namen entlehnten The Zimmers, ganz britischer Humor, der Marke einer Gehhilfe. Laut Wikipedia ist die Band als Antwort auf eine Dokumentation der BBC entstanden, in der auf die Situation älterer Menschen hingewiesen wurde, besonders auf die Vereinsamung im Alter und die Geringschätzung. Ihre erste Single sei in Großbritannien im Mai 2007 als CD erschienen, davor gab es schon eine Download-Version auf iTunes. Die in YouTube eingestellte Version wurde, laut Wikipedia, bis zum Januar 2010 insgesamt 188.687-mal aufgerufen, 7.842-mal kommentiert, 3.392-mal zu den Favoriten gewählt und 16.005 Bewertungen wurden abgegeben. In der ersten Woche nach Erscheinen erreichte die Single Platz 26 der britischen Charts.[338] Wenn man sich die Videos im Internet ansieht[339], kann man sich, wieder einmal, nur schwer vorstellen, dass so eine Band in Deutschland entstehen könnte oder gar bejubelt würde. In die Charts schafften es nicht nur The Zimmers, auch Doris Day stürmte im Alter von 87 Jahren noch einmal die britischen Charts mit bis dahin unveröffentlichten Stücken. Ähnlich die 92-jährige Vera Lynn. „Kuriose Dinge geschehen in den britischen Charts", liest man auf der Webseite des *Stern*. „Erst erobern die Beatles mit einer Wiederauflage ihres Gesamtwerks die Spitze. Dann zieht eine 92-Jährige namens Vera Lynn an ihnen vorbei. Trotz der Konkurrenz der Beatles schaffte Lynn es mit ihrer Platte „We'll Meet Again – The Very Best of Vera Lynn" auf Platz eins der britischen Hitparade. Damit ist die Britin die älteste Sängerin mit einem Nummer-Eins-Album." [340]

England und Wales hatten schon immer eine sehr hohe Zahl von Hundertjährigen aufzuweisen, nahmen, einer vergleichenden Statistik des Max-Planck-Instituts Rostock von 1996 zufolge, über Jahrzehnte in Europa die erste Stelle ein. Sie lagen 1990 mit 3.890 Hundertjährigen sogar vor Japan mit 3.126 Hundertjährigen. [341] Im Jahr 2007 hatten England und Wales nahezu 10.000 Hundertjährige. Doch es wird viel öfter über das lange Leben der Japaner gerätselt als über das unserer Nachbarn. Warum eigentlich? Fürchtet man, dass sie uns zu vergleichbar seien und wir deshalb aufgerufen wären, es ihnen vielleicht ein wenig nachzutun? Oder sieht man es schlichtweg nicht, gerade weil es so nah an uns ist?

Die Stärkung der Rechte Älterer hat in Großbritannien eine lange Tradition. Anders als die angstbesetzte Debatte in Deutschland, wo man immer noch von den „Gefahren der alternden Gesellschaft" spricht, scheint man in Großbritannien den Schalter im Kopf schneller umgelegt zu haben. Man habe früher über das Alter als Problem gesprochen, sagt die Direktorin des Oxford Institute of Ageing, Sarah Harper. Heute aber sehe man, dass es eine Chance ist. Eine reife Gesellschaft sei eine selbstbewusstere und stabilere Gesellschaft. [342] So schreibt auch Elka Sloan, die ein britisches Unternehmen in Deutschland vertritt, im Jahr 2009 in einem Artikel, den sie mit „Vereinigtes Königreich, du hast es besser" überschreibt[343], dass die britische Regierung als vorbildlich gelten könne. Diese ermutigte Unternehmen dazu, Altersvielfalt in der Belegschaft zu befördern. Elka Sloan führt des Weiteren dazu aus, dass die US-amerikanische Seniorenlobby im Jahr 2008 auf internationaler Ebene einen Preis für Unternehmen ausgelobt habe, die eine vorbildliche Personalpolitik im Hinblick auf die Altersvielfalt in der Belegschaft verfolgten, und dass unter den zehn Gewinnern vier britische Großunternehmen gewesen seien.

Nachdem im Jahr 2009 britische Seniorenverbände gegen die Altersgrenze vor den Europäischen Gerichtshof gezogen waren, befanden die britischen Gerichte (an die die Sache zurückverwiesen wurde), dass das Gesetz zu ändern sei. Die Equality and Human Rights Commission (EHRC) rief die Parlamentarier auf, die „Diskriminierung von Rentnern am Arbeitsplatz" zu beenden und die Arbeitswelt „den demografischen Veränderungen anzupassen". Im Januar 2011 beschloss die britische Regierung, dass das gesetzliche Rentenalter, das bisher beim Erreichen der Altersgrenze in der Regel automatisch zum Ausscheiden aus dem Betrieb führte, ab September 2011 ersatzlos abgeschafft würde. Das erlaubt nun Menschen mit wenig Rente, weiterhin zu arbeiten, genauso wie es anderen die Freiheit gibt, im Beruf zu bleiben, wenn sie es möchten.[344]

Fernost – wo Gene, Fisch und Spirituelles sich verbündet haben

Ich hatte es kaum aufschlagen wollen, das Buch *So werden Sie 100 Jahre* von Ulla Rahn-Huber, wo sie versprach, das Geheimnis der Alten von Okinawa zu lüften. So oft schon musste ich feststellen, dass Altersforscher bei Studien zu Hundertjährigen den Fokus so gut wie ausschließlich auf Ernährung oder die Gene richten. Ob es nun die Alten in der Ukraine sind oder jene im Tal von Vilcabamba in Ecuador oder eben jene von Okinawa – den holistischen Ansatz, der ein wenig weiter (oder tiefer) blickt, vermisst man nur allzu oft. Insofern erregte es sofort meine Aufmerksamkeit, als ich beim ersten Durchblättern auf das Kapitel stieß: Warum das Okinawa-Wunder nicht in den Genen liegt. Und als ich einige Seiten weiter die „fünf Säulen der Langlebigkeit" fand, beschloss ich, das Buch doch zu lesen. Es hat sich gelohnt, denn Ulla Rahn-Huber hatte einen weiten Blick, als sie sich zusammen mit ihrer Tochter nach Japan auf den Weg machte, um die Alten von Okinawa zu besuchen.

Sie schreibt: „Bei uns heißt alt werden für viele Menschen: einsam, apathisch und hilflos sein, von Krankheiten geplagt, von Schmerzen gepeinigt, aufs Abstellgleis geschoben werden. Die Alten von Okinawa dagegen sind: geistig wie körperlich fit und gesund, fröhlich, gesellig, selbstbestimmt, immer beschäftigt und in hohem Maße respektiert. [...] Das Wunder von Okinawa beruht auf fünf Säulen, die jede für sich einen lebensverlängernden Effekt in Anspruch nehmen kann. Doch erst durch ihr Zusammenwirken werden sie zum Jungbrunnen, der Menschen hundert Jahre und länger fröhlich, gesund und munter leben lässt."[345] Den letzten Satz sollte man zweimal lesen, es lohnt sich, ihn zu verinnerlichen: erst durch ihr Zusammenwirken werden die fünf Säulen zum Jungbrunnen.

Diese fünf Säulen sind: Ernährung, Lebensaufgabe, Bewegung, Gemeinschaft und Spiritualität. Ernährung und Bewegung sind gewiss keine Überraschung, fokussieren doch genügend Altersforscher auf diese Faktoren. Viel seltener hat man die Lebensaufgabe und die Gemeinschaft im Blick. Den Prozentsatz, der sich der Spiritualität zuwendet, möchte ich lieber gar nicht erst schätzen. So zum Beispiel gibt die Zeitschrift *My Life* in einem Artikel über die Alten von Okinawa Forschungsergebnisse hierzu wieder, die wie folgt aussehen: „Wissenschaftler aus den USA und Japan haben die Lebensweise der Inselbewohner genau unter die Lupe genommen und kamen in ihrer „Hundertjährigen-Studie" zu folgendem Ergebnis: Relevant für die hohe Lebenserwartung sind Lebensstil, Bewegung, Schlafgewohnheiten und Klima. Die wichtigste Rolle aber spielt die Ernährung".[346] Folgerichtig zu diesem

Ergebnis handelt dann auch der Artikel so gut wie ausschließlich von Ernährung. Kein Wort von Lebensaufgabe, Gemeinschaft oder Spiritualität. Leider ist letzten Endes auch bei Ulla Rahn-Huber der Raum, den sie in ihrem Buch den fünf Säulen widmet, stark ungleichgewichtig, besetzt die Ernährung doch mit 74 Seiten den meisten Platz[347], klassisch gefolgt von der Bewegung auf Platz 2 mit 11 Seiten. Wieder einmal müssen die anderen drei Faktoren sich mit den Brosamen zufriedengeben, die Lebensaufgabe und die Gemeinschaft mit je 7 Seiten und als Schlusslicht – man ist geneigt zu sagen: wie sollte es anders sein – die Spiritualität mit knapp 5 Seiten. Vielleicht folgte die Autorin mit dieser Gewichtung dem Geist der Zeit. Aber es ist ihr zu danken, dass sie diese anderen Faktoren wenigstens zur Sprache gebracht hat.

Japan hat eine der höchsten Kurven, wenn es um die Beschäftigung älterer Menschen geht. Eine Statistik zur Erwerbstätigenquote von 55- bis 64-jährigen Männern (in Industrieländern) zeigt, dass Japans Kurve schon seit jeher weit oben beginnt, schon im Jahr 2000 bei über 60% gelegen hat, zu einer Zeit, da Deutschland noch bei nicht einmal 40% lag.[348] „Sich aus dem aktiven Leben zurückzuziehen, nur weil man ein bestimmtes Alter erreicht hat, entspricht nicht ihrem Weltbild", schreibt Ulla Rahn-Huber. „Niemand hört hier zu arbeiten auf, nur weil er siebzig, achtzig, neunzig Jahre alt ist. [...] Nicht nur auf Okinawa, sondern in ganz Japan ist es selbst in großen Unternehmen üblich, ältere Menschen nicht aus dem Arbeitsprozess auszugrenzen. Viele erscheinen auch mit achtzig+ noch an einem Tag in der Woche an ihrem Arbeitsplatz. Sie werden hier nicht etwa aus Nächstenliebe geduldet: ihre Erfahrung wird wirklich geschätzt und sie werden in Entscheidungsprozesse mit einbezogen."[349] Das zeigt, was generell möglich ist. Eingebettet ist es aber, wie bereits eingangs erwähnt, in Denkweisen und Lebenseinstellungen, die weiter gehen: in Respekt, Tradition, Loyalität. So auch auf Okinawa, wo es im lokalen Dialekt, so Ulla Rahn-Huber, nicht einmal eine Entsprechung gibt für das Wort „Ruhestand". Arbeit verbindet man auf Okinawa offenbar mit Spaß. So verkaufen die Achtzigjährigen noch ihr Gemüse auf dem Markt, ernten Seetang und fangen Fische oder gehen einem Hobby nach, wie Gartenarbeit, Tanz, Blumenzucht. Und das alles offenbar mit Begeisterung. „Zu erleben, wie komplett sich die Einstellung der alten Okinawer in diesem Punkt von der unseren unterscheidet, brachte uns sehr ins Grübeln", schreibt Ulla Rahn-Huber. „Gehört es bei uns nicht fast schon zum guten Ton, über die Arbeit zu jammern und zu klagen? [...] Der eigentliche Energieräuber ist oft nicht die Arbeit, sondern der Widerstand, den wir gegen sie aufbauen."[350]

Später geht Ulla Rahn-Huber auf die Faktoren Gemeinschaft und Spiritualität ein: „Während die meisten von uns das Altern als eine abschüssige Strecke erleben, die uns Tag für Tag dem Verfall ein Stückchen näher bringt, sieht man auf Okinawa den reifen Jahren mit Freude entgegen. Das Gefühl, eine tragende Rolle in der Gesellschaft zu spielen, mit jedem weiteren Lebensjahr noch höheres Ansehen zu genießen und in einem kosmischen Zusammenhang zu wirken, der über die materielle Ebene hinausreicht, erfüllt besonders die Matriarchinnen mit großer Befriedigung."[351] Dieser „kosmische Zusammenhang über die materielle Ebene hinaus" erinnert auch an andere Kulturen, zum Beispiel an Afrika, wo alte Menschen als Bindeglied zwischen Himmel und Erde gesehen werden.

Wenn es um die Langlebigkeit geht, blicken die Altersforscher, ganz besonders im Falle von Japan, mit Vorliebe auf die Gene, an zweiter Stelle auf die Ernährung. Das mag für all jene interessant sein, die ein langes Leben als solches anstreben. Wer sich mehr für den Sinn des Daseins interessiert als für die Zahl an zu erwartenden Lebensjahren, könnte aus den anderen drei Säulen vielleicht mehr Profit schlagen. Und wer weiß schon, ob Lebensaufgabe, Gemeinschaft und Spiritualität nicht auch für die Langlebigkeit eine wichtige Rolle spielen. Spiritualität ist nicht experimentell nachweisbar, insofern kann sie als Kriterium nicht berücksichtigt werden. Womit sich erneut die Frage stellt nach dem hohen Anspruch an absolute Wahrheit, den so viele Forscher erheben.

Gleichzeitig stellt sich die Frage, ob man ein solches Phänomen wie jenes von Okinawa oder anderer Alters-Enklaven auf der Welt wirklich erforschen kann, ohne den kulturellen Aspekt zu berücksichtigen. Was Japan anbelangt, erscheint die Frage von eklatanter Bedeutung. Auch wenn die Moderne viel Gedankengut in Japan neu eingebracht hat, sind doch kulturelle Werte wie Loyalität, Höflichkeit, Respekt und die Wertschätzung meditativer Praktiken immer noch verwurzelt.

Wer in Asien gearbeitet hat, weiß, wie anstrengend es für einen Westeuropäer oft ist, das absolute Gebot der Höflichkeit unter allen Umständen zu wahren, und wer sich mit östlichen Praktiken wie Zen-Buddhismus beschäftigt hat, weiß, wie schwer es westlichem Denken fällt, dieses Konzept von Spiritualität zu verstehen. Die sprichwörtlich (für unsere Köpfe) unbegreifliche Loyalität von japanischen Firmenangestellten ist jedem bekannt, der sich mit dem Wirtschaftserfolg des kleinen Landes befasst hat. Taucht man gar in die Sprache ein, die so viel über das Denken und Fühlen eines Volkes auszusagen vermag, merkt man schnell: die Logik ist eine andere.

Japan ist auch die Wiege des Karate. Dort praktizieren viele Alte Karate, wie Ulla Rahn-Huber auch von Okinawa berichtet. „Die lebensverlängernde Wirkung der Kampfkunst gilt unter Fachleuten als unumstritten", schreibt sie. „Den besten Beweis liefern die Karate-Meister selbst, die oft ein hohes Alter erreichen. Higa-sensei, den wir in seinem Dojo besuchten, geht mit seinen 67 Jahren in diesen Kreisen beinahe noch als Jugendlicher durch."[352] Karate ist viel mehr als nur eine „Kampfeskunst". Im Grunde geht es überhaupt nicht um Kampf. Im Japanischen spricht man von Karate-dô, dem Weg des Karate. Das Wesentliche ist dabei, in absoluter Konzentration zum inneren Zentrum zu gelangen und aus dieser inneren Kraft heraus, blitzschnell und auf den Millimeter genau den richtigen Angriffs- oder Verteidigungsschlag zu setzen. Konzentration und Schnelligkeit, Elemente, die alten Menschen gern abgesprochen werden, sind hier entscheidend. Die alten Meister dieser Kunst zeigen, dass hohes Alter nicht daran hindert, diese Fähigkeiten zu erlangen und auszuüben. Bei uns zieht dieser „Sport" eher junge Menschen an, man lässt sich eher von Bruce Lee inspirieren als von einer „Philosophie der Mitte". Vielsagend die kleine Geschichte, die Ulla Rahn-Huber in diesem Zusammenhang berichtet. So gab es im Jahr 2000 im japanischen Fernsehen die Übertragung eines ganz besonderen Wettkampfes, zwei berühmte Okinawer traten gegeneinander an: der 40-jährige Katsuo Tokashiki, ehemaliger Box-Weltmeister im Halbfliegengewicht, und der 96-jährige Karatemeister Seikichi Uehara. Gut zwanzig Minuten habe der Boxer die Fäuste fliegen lassen, sei der alte Meister mit unnachahmlicher Reaktionsstärke und Beweglichkeit jedem der Angriffe ausgewichen. Dann aber nutzte er eine winzige Unachtsamkeit, um seinen Gegner mit einem einzigen blitzschnellen Schlag außer Gefecht zu setzen.

Auch in anderen fernöstlichen Kampfeskünsten trifft man alte Menschen an, solche, die es erlernen, genauso wie solche, die es lehren. Motomichi Anno, 8. Dan, der mit nunmehr 79 Jahren immer noch diese Sportart lehrt, spricht in einem Interview, das er im Jahr 2003 im *Aikido-Journal* gegeben hat, vom wahren Wesen des Aikido. In diesem Interview wird auch auf wunderbare Weise deutlich, in welchem Zusammenhang Aikido und Alter stehen. „Das Wichtigste ist", so sagte er, „man muss den Geist polieren, das Herz. Von jetzt an arbeite ich daran. Das ist der schwierigste Aspekt, den eigenen Geist zu polieren und zu verschönern. Wenn ich jetzt kein Aikido mehr üben würde, dann könnte ich daran nicht arbeiten, dann könnte ich mich nicht mehr verfeinern." An einer anderen Stelle fährt er fort: „Die Reinheit ist die Grundlage, rein zu sein von Aggressionen, von allem Negativen. Wenn ein Kind geboren wird, dann ist es rein. Je älter es wird, umso verkorkster wird es. Wenn man jetzt in der Lage ist, diese kindliche Reinheit wieder zu erlangen, dann hat man einen großen Prozess durchlaufen. Das Wichtigste ist das Herz, das Schöne, nicht der Kriegsaspekt. Ich denke, wenn man jung ist, wendet man noch gerne Kraft an, aber das ändert sich spätestens, wenn man älter wird und keine Kraft mehr anwenden kann. Dann muss man sich verändern. Wenn man an sich glaubt und an sich arbeitet, dann kann man diese Reinheit wieder erlangen. Es ist etwas Schönes, etwas Beglückendes, Fröhliches, was man da wieder entdeckt."[353] Seinen Geist polieren, sich verfeinern, sich verändern, an sich arbeiten. Man beachte, dass Motomichi Anno zum Zeitpunkt, da er dies sagt, 72 Jahre alt ist. Wie sehr weicht dieses Verständnis von „Entwicklung" doch von dem ab, was wir so oft darunter verstehen, gibt es doch bei uns genügend Menschen, und auch Experten, die vertreten: irgendwann müsse der Mensch „erwachsen" werden (und zwar nicht erst mit 80 Jahren), Entwicklung müsse doch irgendwann einmal abgeschlossen sein. So wie es im Buch der Psychotherapeutin Eva Jaeggi durchscheint, wenn sie fordert, sich im Alter „vom Entwicklungsgedanken zu verabschieden", weil es da nicht mehr um „immer höher, immer weiter, immer besser" gehe.[354] Die Lebensgestaltung solle nicht, so schreibt sie, „unter dem Vorzeichen der Weiterentwicklung geschehen". Die Vorzeichen, die nun nötig seien, hießen: Lust und Disziplin, Fantasie und Gestaltung.[355] Damit soll man gelassen älter werden. Im Land, dessen Philosophie und Spiritualität den Begriff „Gelassenheit" vermutlich um Jahrhunderte früher verwendet haben, definiert man diese ein wenig anders.

Afrika – Achtung vor dem Alter, auch heute noch

Wenn es um andere Kulturen geht, kann der afrikanische Kontinent nicht fehlen, zumindest nicht für mich. Ich habe viele Jahre in Afrika gelebt und bin auch heute noch mehrmals im Jahr beruflich auf dem schwarzen Kontinent unterwegs. Insofern denke ich, dass ich etwas aus der dort gelebten Wirklichkeit zum Thema Alter sagen kann. Wenn in Büchern und anderen Publikationen das Alter in anderen Kulturen behandelt wird, zumal solchen in Ländern, die keine Industrienationen sind, läuft es meistens darauf hinaus, dass ethnologische Berichte zitiert werden, von Völkern und Stämmen, von alten Sitten und Gebräuchen. Oft ist nicht sicher, ob und in welchem Umfang diese heute noch gelebt werden. Selbst wenn urtümliche Traditionen aus früheren Zeiten noch in die Gegenwart hineinreichen sollten, erscheint es mir wichtig, einen Blick auf das zu werfen, was sich heute im ganz normalen Alltagsleben abspielt. Andernfalls fixieren wir Afrika auf ein Bild, das wir in Europa schon seit jeher von diesem Kontinent hatten: ein von Stammestraditionen geprägtes Leben, das man „sowieso nicht auf Europa übertragen kann". Gern blenden wir dann Dinge aus, die als Vorbild dienen könnten, weil wir sie für etwas halten, das von unserem Leben Lichtjahre entfernt zu sein scheint. Wenn wir den Blickwinkel verändern und die Sicht zulassen, dass Menschen in Afrika genauso in Familien leben wie wir, genauso zur Arbeit gehen, genauso ein soziales Gefüge haben und genauso individuellen Herausforderungen ausgesetzt sind, können wir auch für uns viel daraus ziehen. Vielleicht können wir dann auch Erlebnisse besser einordnen, die uns sonst völlig fremd blieben. So wie das, was ich vor Kurzem auf dem Bahnhof von Genua sah. Im Café in der Bahnhofshalle saß ein alter Afrikaner, in einen weiten grünglänzenden *Boubou*[356] gehüllt, die typische bestickte Kappe der Muslime Westafrikas auf dem Kopf. Ich tippte darauf, dass er aus dem Senegal kam. Er saß da, eine Limonade vor sich, und wartete offenbar auf seinen Zug. Zu seinen Füßen kauerten zwei junge Afrikaner auf dem kalten Marmorboden der Halle, den Rücken gekrümmt, den Kopf gesenkt. So mancher der Reisenden mochte sich im Vorübergehen gefragt haben, warum die Jugendlichen da auf dem Boden saßen, mochte sich gedacht haben, dass das wohl aus ihrer Gewohnheit in Afrika her so sein mochte. Ich aber wusste, dass das nur mit dem Alter zu tun haben konnte, und mit der Stellung des alten Mannes in der Familie oder dem Clan. Vielleicht war er zu Besuch gekommen und fuhr jetzt wieder weg und sie hatten ihn begleitet. In der Tat regte sich, einige Zeit später, dieses Bild, als die Anzeige der abfahrenden Züge zu rattern begann. Die Abfahrt des Zuges war nähergerückt. Der Abschied auch. Doch nicht die Besuchten wünschten nun dem Abreisenden alles Gute: es war umgekehrt. Der Alte streckte die Hand aus, hielt sie über die nun noch tiefer gebeugten Köpfe der beiden Jungen und begann etwas zu murmeln. Der Segen des alten Familien- oder Clanmitgliedes, den er bei seiner Abreise über die Zurückgebliebenen herunterbittet. Es war eine Szene von geballter Konzentration und Energie. Weder er noch die Jungen schienen irgendetwas um sich herum wahrzunehmen, sie waren versunken in die Kraft spiritueller Transzendenz, auch wenn nur für fünf Minuten. Das Bild hat mich noch lange beschäftigt, nicht nur weil ich beeindruckt war davon, dass es mitten in Europa stattgefunden hatte, in einer Bahnhofshalle und unter Menschen, die das Ganze im besten Sinn für sehr seltsam gehalten haben mussten. Es hatte auch etwas durchscheinen lassen, was wir gern ausblenden, wenn wir Altersforschung betreiben: die kulturelle Dimension von Glauben und Spiritualität.

Es ist tatsächlich so, und ich habe es überall in Afrika erfahren: das Alter hat noch enormes Gewicht, in der Familie wie auch in der Gesellschaft als soziales Gefüge. Innerhalb der Familie hat in wichtigen Angelegenheiten immer ein älteres Mitglied das Sagen und es unterwerfen sich dem alle Nachgeordneten, selbst modern denkende Töchter oder kritisch-rationale Söhne. Leben Vater oder Mutter nicht mehr, übernimmt der ältere Bruder oder Onkel diese Rolle. Einem alten Menschen nähert man sich mit einer Haltung des Respekts. Undenkbar, alten Menschen offen zu widersprechen oder sich gar über sie lustig zu machen.

Ich könnte zahllose Beispiele aufführen von Situationen, bei denen die Diskrepanz zwischen afrikanischer Achtung vor dem Alter und westlich modernem Denken sichtbar wurde: die peinliche Situation, als ich in einem Workshop in Benin, sachlich begründet, aber kulturell unverzeihlich, einen alten Professor darauf hinwies, dass seine Einwände bestenfalls überflüssig seien, oder die Projektprüfung in Kamerun, bei der unsere kritischen Ergebnisse mit dem bloßen Hinweis auf das „weiße Haar" des Kirchenpräsidenten vom Tisch gefegt wurden.

Mit unserem Verständnis von Demokratie, das wir nach Afrika gebracht haben, oder besser gesagt: das wir von Afrika fordern, brechen wir diese Regeln auf. Das hat seine positiven Seiten, wenn das Land von Diktatoren regiert wird. Doch es hat auch negative Seiten, die darin bestehen, dass die Achtung vor dem Alter nach und nach verschwinden wird – zuerst aus der Politik, dann aus dem öffentlichen Leben und am Ende vielleicht auch aus der Familie.

Wie so Vieles, hat auch die Stellung der Alten ihre Schattenseiten. So positiv die unbedingte Achtung vor dem Alter zu werten ist, so problematisch ist sie bisweilen für junge Menschen, die ihren eigenen Weg gehen möchten. In der Zeit, da ich mit jungen Handwerkern in Togo arbeitete, gehörte die Klage darüber, dass sie als Junge im Geschäftsleben nicht ernst genommen würden, zu dem, was ich am häufigsten hören musste. „Unter dreißig traut man dir in der Arbeitswelt nichts zu", sagten sie frustriert, „du hast keine Chance hochzukommen." Unter dreißig ein Nichts, unter vierzig auf dem Weg dazu, etwas zu werden – so in etwa könnte man es zusammenfassen. Respektiert wird man dort in der Gesellschaft, wenn man Familie hat, viele Kinder, ein gesichertes Auskommen und wenn man ein gewisses Alter vorweisen kann. In vielen afrikanischen Ländern kommt das gewichtige Körpervolumen hinzu, im Alter ein „Muss", denn nur dieses verrät Wohlstand, zeigt, dass man es zu etwas gebracht hat. Wenn man wer sein will, muss man alt werden. Somit gab es bisher in Afrika kaum Tendenzen, jung sein zu wollen. Es liegt kein Vorteil darin. Es bleibt abzuwarten, wie sich dies unter dem Einfluss von Demokratisierung und Globalisierung, also generell zunehmender „Modernisierung", entwickeln wird. Dann werden manche sogar ihre Sprache ändern oder mit fremden Worten spicken müssen, so wie wir den *run*, die *rush hour* und den *stress* übernommen haben. Denn manche Wörter, die mit Alter zu tun haben, fehlen dann vielleicht. So gibt es zum Beispiel im Ewe, das in Togo und Teilen von Ghana gesprochen wird, keine Entsprechung für das Wort „jung". Als ich Anfang der neunziger Jahre in Lome arbeitete und lebte, versuchte ich das Ewe zu erlernen. Im Rahmen einer Recherche zum Thema Alter für einen Artikel[357] fragte ich damals meinen Sprachlehrer danach, wie denn jung und alt zu übersetzen sei, ein Wortpaar, das uns mehr als gängig erscheint.

Er hatte gezögert, dann nachgedacht und schließlich geantwortet, dass das nicht einfach sei – besonders mit dem Wort „jung" gäbe es Schwierigkeiten. Für sich allein genommen, gebe es kein Wort, das jung bedeute, da dies keinen Sinn ergebe. Es gäbe lediglich das Wortpaar „junges Mädchen" oder „junger Mann", wobei dies jeweils ein Mädchen oder einen Jungen im heiratsfähigen Alter bezeichne. Es gebe daneben noch ein Wort, das man für „junge Leute" verwende, dieses aber kennzeichne eher eine Gruppe von Gleichaltrigen. Für „alt" gäbe es etwas mehr Auswahl: da sei das Wort *ametsitsi*, welches bedeute „eine Person, die gewachsen ist", das man jedoch im Alltag kaum gebrauche, und das Wort *togbui*. Dieses enthalte viel Respekt, würde für Dorfchefs und generell alte Menschen verwendet, deren Weisheit und Erfahrung sie zu respektablen Personen machten. In der Folge erfuhr ich, dass es im Ewe auch kein Wort gab für „altern", und das, obwohl das Ewe reich ist an Verben. Es ist eine Sprache, die so ziemlich alles in Verben ausdrückt. Wenn wir sagen: „Bring mir das Buch vom Tisch dort", dann wird im Ewe daraus: „Geh zum Tisch, hebe das Buch auf, nimm es in die Hand und bring es her". Trotz dieses Reichtums an Beschreibung von Vorgängen, gab es kein Wort für „altern" – vielleicht, weil dem „Vorgang" des biologischen Alterns als solchem keine Bedeutung beigemessen wird. Sprach man französisch, übersetzten die Menschen dort das „jung und alt" selten in „jeune et vieux (oder âgé)", wie es eigentlich korrekt wäre, sondern übertrugen es aus ihrem eigenen Denksystem in „petit et grand", also in klein und groß. „Großer", so werden dort auch Respektspersonen angesprochen, womit der Kreis von Alter und Respekt sich wieder schließt.

Der Alte als der „Große", eine Sichtweise, die man nicht trennen kann von der Betrachtung des Lebens, des Diesseits und des Jenseits. Die Ahnen, die im Jenseits leben, haben eine große Bedeutung im Leben der Afrikaner. Unvorstellbar, sie nicht zu ehren und nicht zu fürchten. Je älter ein Mensch wird, umso näher kommt er an die Ahnen heran. Ein sehr alter Mensch ist ganz nahe daran. Daraus erklärt sich ein Großteil des Respektes, den man in Afrika vor alten Menschen hat. Nun gibt es kaum Altersforschung zu Afrika. Der schwarze Kontinent animiert eher zu Forschungen über Krankheit, Mangelernährung, Kindersterblichkeit oder Krisen denn zu Untersuchungen über das Alter. Das Feld ist überwiegend den Ethnologen überlassen. Diese widmen sich nicht selten auch dem Thema Alter, doch ethnologische Forschungsergebnisse haben kaum Chancen darauf, in eine „modern geführte" Altersdebatte Eingang zu finden. Selbst wenn sich die Altersforschung dem Kontinent zuwenden würde, kann man sich die Frage stellen, ob dieser spirituelle Aspekt in den Forschungsberichten zu finden wäre. Ich persönlich bezweifle es, denn wie uns Berichte über die Alten in Japan zeigen, liegt das Augenmerk der Forschenden viel stärker bei den Genen und der Ernährung als bei Geist und Glaube. Bei Afrika würde dies vermutlich noch stärker zum Tragen kommen, neigen doch allzu viele bei uns dazu, afrikanische Religiosität gleichzusetzen mit Aberglauben und Zauberei.

Transzendenz und Respekt, zwei Aspekte der Sicht von Alter, die den afrikanischen Kontinent prägen. Bis dato sind auch junge, moderne Afrikaner davon geprägt. Als vor Kurzem der afrikanische Co-Autor zu meinem Buch über ein Ausbildungszentrum im Kongo zur Buchvorstellung nach Deutschland kam, lud ich ihn ein, meine Mutter zu besuchen. Über viele Jahre hinweg, da ich bereits mit diesem Projekt im Kongo zusammenarbeitete, hatte er mir immer wieder kleine Geschenke für meine Mutter mitgegeben, völlig unbekannterweise, nur weil sie alt war. Ich hatte bei diesem Besuch mit allem gerechnet, nur nicht mit dem, was sich dann abspielte. Er, ein vierzigjähriger, erfolgreicher junger Mann aus noblem Haus, Wirtschaftsprüfer von Beruf und Direktor einer Schule, erhob sich zum Ende des kurzen Besuches, um ein Gebet zu sprechen, zum Dank, dass er hier sein durfte. Dann näherte er sich meiner Mutter, die in einem Sessel saß, kniete vor ihr nieder und bat sie, ihn zu segnen. Selbst ich, die ich viele Jahre in Afrika verbracht habe, war völlig überrascht von dieser Geste. Er hatte meine Verwunderung bemerkt und als wir die Wohnung verließen, sagte er zu mir: „Du kannst gar nicht ermessen, was es für uns

Afrikaner bedeutet, einem so alten Menschen begegnen zu dürfen und seinen Segen für das Leben zu erhalten."

Der Respekt, der auf dem afrikanischen Kontinent alten Menschen entgegengebracht wird, würde alten Menschen aus unserem Kulturkreis schier paradiesisch erscheinen. Dies regt in zweierlei Richtung zum Nachdenken an. Das eine betrifft unser Verhältnis zu jenen Kulturen. Ist das Entwicklungs- und damit sehr oft auch: Lebensmodell, das wir in jene Länder transportieren, wirklich in allem so nachahmenswert? Da diese Frage nicht zum Thema des Buches gehört, wird sie einfach so stehenbleiben, ohne eine Antwort zu erhalten.

Die andere Frage aber erscheint durchaus interessant für eine Diskussion: könnten wir nicht wenigstens in dieser Hinsicht von jenen Kulturen etwas lernen?

9. Kapitel

Sonderfall Italien oder: Wie man auf wundersame Weise das Alter überlebt (und dies auch noch lebensfroh)

„Mein lieber Sohn, setzen wir doch der göttlichen Güte keine Grenzen!" – Papst Leo XIII zu einem Besucher, der ihm wünschte, hundert Jahre alt zu werden

Warum ein Sonderkapitel zu Italien? Hätte es nicht unter dem vorhergehenden Kapitel untergebracht werden können, das von anderen Nationen handelt? In der Tat, so hätte es sein können. Es gibt zwei Gründe dafür, warum ich Italien gesondert behandle. Der eine ist, dass es in Italien bezüglich des Alters eigenartige Widersprüche gibt, die sich letztlich aber auf wundersame Weise auflösen. Das zu umreißen, geht über eine *spotlight*-Darstellung hinaus. Der zweite Grund ist, dass ich, mit einer italienischen Mutter, sozusagen zur Hälfte Italienerin bin. Es hat mich gereizt, dem „Vaterland" Deutschland mein „Mutterland" Italien wenigstens in Abrissen gegenüberzustellen.

Wie wir im vorhergehenden Kapitel gesehen haben, dringt gelegentlich die eine oder andere Nachricht aus anderen Ländern zu uns durch, dazu, wie woanders das Alter gelebt wird – vornehmlich aus den USA, Großbritannien oder Skandinavien. Hat man aber jemals etwas aus Italien gehört? Fern läge es nicht, gibt es doch genug Deutsche, die in der Toskana oder an der Riviera ihren Lebensabend verbringen. Natürlich ist das nicht immer gleichbedeutend mit Integration und Teilhabe an gesellschaftspolitischen Debatten, trotzdem könnte das eine oder andere bis nach Deutschland vorgedrungen sein. Seltsam, dass es das nicht tut.

Man könnte zwei Hypothesen hierzu wagen. Die erste wäre, dass wir uns als „nordische" Nation ohnehin stärker an Nachbarn aus dem Norden bzw. an Angelsachsen orientieren als an südlichen bzw. romanischen Völkern (wenn es um Forschung und Publikationen geht, u.U. auch wegen der leichter zugänglichen Sprache). Die zweite Hypothese wäre, dass bei uns die Diskussion zum Alter vornehmlich um zwei große Themenbereiche kreist: Arbeit/Rente und Pflege/Demenz, und dass es zu diesen beiden Themenbereichen in Italien nicht viel zu holen gibt.

Italien und das Alter. Eigentlich müsste man hier schon ein Komma setzen und fortfahren mit: das hängt davon ab, ob Nord oder Süd, ob Stadt oder Dorf, ob Mann oder Frau. So schreibt der Soziologe Renzo Scortegagna in seinem Buch *Invecchiare*: „In einigen Regionen Italiens sammeln die Alten Geld, um damit Zentren zu bauen, wo sie sich treffen und feiern können, in anderen Regionen wird dasselbe Geld dafür verwendet, um Altersheime zu bauen. In den Cafés einiger Städte kann man um zehn Uhr früh alte Damen antreffen, die ihren Capuccino trinken und plaudern oder Zeitung lesen, in anderen Städten trifft man, um dieselbe Uhrzeit, alte Männer an, das Glas Wein in der Hand, während die Frauen zu Hause eingeschlossen sind und das Essen kochen oder sich um andere Dinge des Haushalts kümmern. Verschiedene Realitäten und verschiedene Altersformen also."[358] Es ist nicht meine Absicht, tiefer in die regionalen Unterschiede in Italien einzusteigen. Es erschien mir dennoch erwähnenswert.

Geht es um die Debatte zum Thema Alter, kommt man bei Italien schnell zur oben aufgestellten Hypothese Nummer zwei: das Thema glänzt in der öffentlichen Diskussion durch Abwesenheit. Man kann guten Gewissens behaupten, dass Deutschland in dieser Hinsicht ein ganzes Stück weiter ist. Was genau das bedeutet und ob wir dadurch ausschließlich im Vorteil sind, das sei erst einmal dahingestellt.

„In Italien fehlt eine Politik, die sich gezielt dem Alter widmet", schreibt Renzo Scortegagna, „und es erscheint legitim zu fragen, ob eine solche Politik erstrebenswert ist oder ob man sie nicht lieber vermeiden sollte."[359] Er fürchtet, dass eine spezifische Altenpolitik die Menschen und das Alter kategorisieren würde. Besser sei es doch, so meint er, wenn das Alter in die jeweils anderen Bereiche integriert würde. Ein interessanter Gedankengang, wie mir scheint. Im Prinzip bräuchte Scortegagna nichts zu fürchten, denn noch ist Italien weit davon entfernt, gezielte Alterspolitik anzuvisieren. Das erste regionale Gesetz zur Förderung aktiven Alters ist gerade mal knappe zwei Jahre alt und stammt aus der demografisch ältesten Region Italiens: Ligurien. Ligurien ist somit die Pilotregion Italiens für ein neues Altersbild. Die Region hat circa 1,6 Millionen Einwohner, rund ein Drittel davon ist über 60 Jahre alt. Diese konzentrieren sich in der Hauptstadt der Provinz, Genua, wo fast die Hälfte der Einwohner über 60 Jahre alt ist. Auf einem Workshop zum aktiven Alter in Genua, im Jahr 2010, sagte ein Referent, dass Ligurien die demografisch älteste Region von ganz Europa sei. Das Modellprojekt mit Namen „Freies Alter – aktives Altern", das von einer regionalen Bank mitgetragen wird, ist einzigartig in Italien und soll zur nationalen Referenz werden. Von da bis zu einer anderen Sicht des Alters scheint mir noch ein weiter Weg zu sein.

In Italien ist das Thema Alter in den Medien nahezu inexistent, Fachliteratur dazu ist nicht leicht zu finden und populäre Sachbücher zum Thema gibt es kaum. Bei Recherchen zum Thema Alter sehnt man sich so recht schnell nach den Buchhandlungen in Köln oder Berlin zurück. „Ein Buch über das Alter? Hm." Die Stirn der Verkäuferin legt sich in Falten, sie fragt ihre Kollegin. „Nein, tut uns leid." Die nächste Buchhandlung Genuas. „Bücher über Alter?" Der Buchhändler geht zum Regal mit der Aufschrift Psychologie, zieht eins nach dem anderen heraus, schüttelt schließlich den Kopf. Nein, auch hier nichts. In der dritten Buchhandlung, Mondadori, eine der ganz großen Ketten Italiens, werde ich fündig, nachdem ich zwei ganze Regalreihen von oben bis unten durchforstet habe. Die Ausbeute: das Büchlein von Renzo Scortegagna sowie ein Buch über Frauen im Alter. Die nächste Buchhandlung, Feltrinelli, seit Kurzem riesengroß und ganz neu, auf vier Ebenen. Auf vier Ebenen liegt aber kein Buch aus, das auch nur annähernd mit dem Thema zu tun haben könnte. Schließlich finde ich das Regal mit den Büchern zu Psychologie und Sexualität. Dreißig Zentimeter sind darunter dem Alter gewidmet, eine Regalbreite, die selbst von jener zu UFOs ausgestochen wird. Von diesen dreißig Zentimetern sind circa fünfundzwanzig dem Thema Alter und Krankheit bzw. Pflege gewidmet. Bleiben fünf Zentimeter für den allgemeinen Diskurs.

„In Italien ist das Alter selbst aus der Enzyklopädie verschwunden", heißt es auf der Blogseite der Buchautorin Loredana Lippertini.[360] „Man versuche nur mal, in Wikipedia das Wort ‚Alter' (vecchiaia) einzugeben – du wirst gleich weitergeleitet zu ‚Senilität'. Im Juni hat das Istat die Ergebnisse der letzten Umfrage zum Alter veröffentlicht: den Zeitungen war das gerade mal eine Kurznotiz wert. Alte verkaufen sich nicht, sie gefallen nicht, sie haben keinen Appeal. In den Zeitungen oder im Fernsehen erscheinen sie nur, wenn sie Betrügern zum Opfer gefallen sind oder wenn sie einen Hitzschlag erleiden. So gut es geht versucht man, sie nicht zu sehen. In Italien lieben wir es, nur auf Notstände zu reagieren. Und solange also die Situation der Alten nicht explodiert, werden wir einfach so weitermachen. Wir sind das älteste Land der Welt: aber wir sind auch auf dem letzten Platz unter den Industrienationen, wenn es um Hilfe und Unterstützung für Alte geht."

Sie bestätigt damit die relative „Abwesenheit" dieses Themas in der öffentlichen Diskussion, die insbesondere zu Lasten gebrechlicher und armer Hochbetagter geht. Im Hinblick auf die breite Gesellschaft hat die abwesende Diskussion aber auch ihre positiven Seiten, denn abwesend ist somit auch die Panikmache. Obwohl Italien, den Pessimisten zufolge, genauso „vergreisen" wird wie Deutschland,[361] und somit auch alle Negativfolgen zu erwarten sind, kann man keinerlei Furcht und Panik vor dieser zu erwartenden gesellschaftlichen „Katastrophe" spüren. Vielleicht auch, weil die ganze Nation es ohnehin gewohnt ist, jegliche Krisen des Lebens in irgendeiner Form zu meistern.

Das, was Loredana Lippertini sagt, trifft zu: das Alter findet sich nirgendwo auffällig in den Medien wieder. Möglicherweise fände man einschlägige Literatur und Untersuchungen zum Thema in den Bibliotheken der Universitäten. Veröffentlicht wird davon jedenfalls nicht viel. Das, was veröffentlicht wird, scheint auf den Nerv der Nation abgestimmt zu sein: es handelt von Gefühlen und Liebe. So machte im Jahr 2009 die Zeitschrift *Vivere* die Ergebnisse einer Untersuchung publik, welche die „Die Kraft der Gefühle" bei Italienern über 60 Jahren erforscht hatte.[362] Dabei hatte man unter anderem herausgefunden, dass die Menschen über 60 Jahren aus dem sozialen Miteinander ein Gegenmittel gegen Krankheit machen. Was die Liebe angehe, so seien 91,4% verheiratet und 54,2% verliebt. Nur 38,9% meinten, dass die Liebe nichts mehr für ihr Alter sei. Ein interessanter Aspekt ist der Stellenwert, welcher der Freundschaft beigemessen wird: 96% der Männer haben mehrere Freunde und 59 % haben Freundschaften aus anderen Generationen. Fast die Hälfte der Befragten (45%) hatte vor, den Freundeskreis zu erweitern. Das wurde als Vorhaben am zweithäufigsten genannt.

Im Jahr 2000 wurde im Magazin *L'Espresso* eine Untersuchung zur Sexualität im Alter vorgestellt, mit dem Titel „Lo facciamo meglio noi" (Wir machen es besser).[363] Ein Artikel zur Sexualität von Männern, versteht sich. Stolz berichtete man darin, dass die Italiener „es" besser machen als die anderen, hatte die Studie doch ergeben, dass wesentlich weniger italienische Männer Probleme mit dem Sex im Alter haben als Männer in anderen Ländern, z.B. den USA. Vergleichbare Studien in den USA hatten gezeigt, dass die Männer mit zunehmendem Alter Ängste haben, dass ein relativ hoher Prozentsatz Potenzprobleme und andere Störungen des Sexuallebens beklagte. Bis zum 64. Lebensjahr liegen die Italiener nach dieser Studie mit solchen Problemen fast um die Hälfte niedriger als die Männer anderer Länder, zitiert werden neben den USA auch Schweden, Holland, Frankreich. Über 64 Jahren nähern sie sich zwar stärker an, liegen aber mit 51,8% der Italiener mit Problemen gegenüber 68% der Amerikaner, die Probleme haben, immer noch recht gut. Die italienischen Männer haben keine Angst vor dem Alter, so lautet die Schlussfolgerung des Berichts.

Damit kommen wir zum Thema Mann – Frau. Um etwas zu verraten: ursprünglich hatte ich vorgehabt, diesem Kapitel die Überschrift zu geben: *Warum italienische Männer auch im Alter noch so schön sind.* Ich ließ es dann aber sein, zumal dies eine Erklärung suggerierte, die ich nicht hätte geben können. Möglicherweise liegt diese in den Ergebnissen der soeben zitierten Untersuchung. Das Verhältnis der Geschlechter hat sich in Italien ein wenig anders entwickelt als in Deutschland. Es ist irgendwie „steckengeblieben". Die Rollenverteilungen sind immer noch (manchen Autorinnen zufolge: schon wieder) sehr traditionelle. Arbeitende Frauen sind viel seltener als in anderen europäischen Ländern und Frauen in bedeutenden Positionen gar noch rarer. Frustriert stellen emanzipierte Italienerinnen fest, dass ihr Land auf einem der letzten Plätze in Europa liegt, wenn es um die Beschäftigung von Frauen geht, müssen erkennen, dass die vorhergehende Frauen-Generation, vor 30-40 Jahren, viel selbstbewusster auftrat als die heutige. Sehnsüchtig die einen, zornig die anderen, blicken italienische Frauen auf die deutsche Errungenschaft einer Kanzlerin, ärgern sich darüber, dass sogar Spanien sie aussticht, wenn es um die Emanzipation der Frau geht. Es ist kein Zufall, dass in jüngster Zeit Bücher zum Alter von Frauen geschrieben werden. So das Buch von Iaia Caputo *Le donne non invecchiano mai* (Frauen altern nie) und das Buch von Loredana Lippertini *Non è un paese per vecchie* (Es ist kein Land für alte Frauen). In der Tat wird das politische Geschehen in Italien von einer „Kaste alter Männer" regiert. Jeder weiß, dass im italienischen Parlament kaum Frauen zu finden sind, und wenn, dann waren sie besonders unter der Berlusconi-Regierung nur attraktive Aushängeschilder. Ein ehemaliges Pin-Up-Girl als Ministerin für Gleichstellungsfragen, so etwas kann nur Italien bieten. Während in Deutschland 30% der Politiker über 70 Jahre alt seien, in Frankreich 27% und in Spanien sogar nur 17%, seien es in Italien erdrückende 50%, bedauert Iaia Caputo. Man sagt es nicht gern, aber die Macht der Männer ist in Italien noch sehr groß. Sie sind charmant, höflich, kommunikativ – und sehr von sich überzeugt. Das scheint irgendwie jung zu erhalten, oder zumindest schön. Denn schön sind sie, wie gesagt.

Schönheit genießt in Italien generell einen außerordentlich hohen Stellenwert. Entweder man ist schön oder man macht sich schön. Im Alter, so meinen jedenfalls italienische Frauen, müssen sie sich Letzterem zuwenden. Mode und Kosmetik können das ausgleichen, was es real in Italien nicht geben kann: eine ältere Frau, die sich *per se* als schön ansähe. So stellen Frauen sich in Italien Fragen, die sich Frauen in anderen europäischen Ländern, ganz selbstbewusst, nicht mehr stellen. „Von welcher Schauspielerin wird man je sagen, dass sie umso attraktiver wird, je älter sie wird?", fragt Iaia Caputo in einem Anflug von Verzweiflung. „Von welcher Frau wird man hier sagen, dass sie mit fünfzig verführerischer sei als mit dreißig oder dass sie mit vierzig schöner sei als mit zwanzig?"[364] Keine Iris Berben oder Hannelore Elsner für Italien. Keine Titel wie „Die Hälfte aller Frauen fühlt sich mit 50 schöner als mit 30" oder gar „60 – so jung! Fit, souverän und schön wie nie". Und schon gleich gar kein Gérard Depardieu, der im Nachbarland Frankreich so etwas sagen kann wie: „Die Libido einer 50-Jährigen ist viel interessanter als die einer 30-Jährigen."

Nein, das ganz bestimmt nicht – nicht in Italien. Zumindest hat man es noch nie öffentlich vernommen. Selbst wenn sie für einen Außenstehenden, einen Fremden vielleicht, schön erscheinen mögen: sie selbst würden sich niemals als schön empfinden. Die einzige Chance: sich Schönheit zulegen. Nichts leichter als das, wenn man in einer Nation geboren wurde, in der Ästhetik in allen Lebensbereichen groß geschrieben wird. So setzen Frauen im Alter hier alles auf eine Karte: das Aussehen. Da modische Schönheit ein nationales Ideal darstellt, vermag modisches Auftreten sie mit Jüngeren gleichzusetzen. Und es wird dies von allen akzeptiert. Das ist nun wiederum die gute Seite an Italien. Da kommt kein abfälliger Kommentar, weil eine ältere Frau sich schick kleidet, selbst dann nicht, wenn dies sehr auffällig ist. Man sieht sie, die 65-, 70-, 75-, 80-jährigen Damen, gekleidet wie Göttinnen. Hier die Dame an der Bushaltestelle, mit einem der Fahrer kokettierend, der weiße Minirock und das schwarze Top betonen die perfekte Figur, die hochgesteckte Lockenfrisur läßt an eine 30-Jährige denken, dabei ist die Trägerin vermutlich um die 70. Oder die noch etwas ältere Dame im Zug, mit dem eng anliegenden blauen Strickkleid, die sich einem gegenüber setzt, und man weiß nicht: soll man auf die kokett gehäkelten Spitzen am Kleid blicken, auf die schlanken braun gebrannten Beine schauen oder das filigrane Ohrgehänge bewundern, das den Blick magisch auf sich zieht. Wenig später, auf dem Postamt vielleicht, mag man dann eine kleine, schmächtige Dame im nahezu transparenten Gipsyrock sehen, mit großen Armreifen am Handgelenk und silbernen Sandaletten an den Füßen. Eine Zwanzigjährige, so dachte man auf den ersten Blick, die graziöse Gestalt betrachtend, doch als sie sich umdreht, sieht man: sie muss mindestens achtzig sein. Nein, hier gilt nicht das, was eine (deutsche) Frau einmal in einem Interview sagte, dass es „nur noch komisch und nicht mehr sexy" sei, wenn sie mit 67 Jahren noch einen Minirock anzöge, man dürfe sich nicht der Lächerlichkeit preisgeben, wenn man in Würde altern wolle. Das sieht man in Italien anders. Hier zählt, was schön ist, schick und modisch. Mode und Ästhetik kompensieren ein doppeltes gesellschaftliches Manko, das sich wechselseitig bedingt und das da heißt: nicht schön sein, geht nicht in Italien; alt sein auch nicht, da eben nicht schön. Wenn man es aber schafft, schön zu erscheinen, ist alles o.k., denn da trifft man sich mit der Jugend. Iaia Caputo beschreibt in ihrem Buch diese gesellschaftliche Akzeptanz des Jung-Erscheinens in Italien wie folgt: „In unserer Gesellschaft ist die einzige Möglichkeit, die dem Alter gegeben wird, sich selbst zu leugnen, und so wird der Alte akzeptiert, wenn er sich als jung gibt, wenn er jung erscheint, wenn er so tut, als sei er jung."[365] Trägt eine ältere Frau einen Minirock und ist außerdem das gesamte Outfit, inklusive Accessoires, passend schick (Voraussetzung Nummer eins) und steht es ihr, weil sie es sich mit ihrer guten Figur leisten kann, das zu tragen (Voraussetzung Nummer zwei), dann greift die Schönheit im Sinne von perfekter Ästhetik. Das Alter interessiert dann nicht. Und da viele ältere Frauen hier beide Voraussetzungen erfüllen, gibt es auch genügend unter ihnen, die sich diese Form von Schönheit im Alter leisten.

Frauen wie Loredana Lippertini können dem nichts abgewinnen, da sie es als Zwang zum Jungbleiben empfinden, aber auch weil sie es aus der Perspektive einer berufstätigen Frau betrachten, die nach anderen Kriterien anerkannt werden möchte. „Die niederschmetternde Botschaft für Frauen um die fünfzig oder sechzig ist, dass sich nach der Menopause nichts geändert hat", schreibt Loredana Lippertini. „Jetzt beginnt der Run auf Botox, in der absurden Besessenheit, die Zeichen der Zeit auszumerzen und im Versuch, dieses Alter auszudehnen wie einen Gummi. Bis schließlich der Zeitpunkt kommt, wo nichts mehr nützt und man sich dann ergeben muss. Männer sind für das Marketing nicht so wichtig, insofern sind sie auch freier. Und dann: wenn ein alter Mann entscheidungsfreudig, ernst und beeindruckend erscheinen mag, ist eine alte Frau einfach nur alt. Und als solche hat sie nur zwei mögliche Rollen: die halb verrückte Hexe, sozusagen borderline, am Rande der Gesellschaft, oder die Großmutter."[366]

Dass Schönheit in Italien einen absoluten Wert hat, kann nicht bestritten werden. Ich aber glaube nicht, dass eine ältere und alte Frau in Italien nur Hexe oder Großmutter sein kann: es gibt auch die *Signora*. So würde ich, mit einem Unterton im Wort Signora, Frauen im vorgerückten Alter bezeichnen, die mit ihrer Erscheinung Autorität ausstrahlen, auch wenn auf ganz andere Weise, als man bei uns gewohnt ist, Autorität zu verstehen. Die Wissenschaftlerin Rita Levi Montalcini repräsentiert diesen Typus perfekt. Jedes Foto der über 100 Jahre alten Montalcini zeigt sie als elegant damenhafte Erscheinung: modisches Kostüm oder perfekt geschneidertes Kleid, Pelzjacke im Winter, akkurate Frisur, bei der nie auch nur ein Haar in Unordnung erscheint, stilvoll getragener Goldschmuck und auch mit hundert garantiert keine Gesundheitsschuhe an den Füßen. Die Wissenschaftlerin interessiert sich nicht dafür, jung und schön zu erscheinen, gehört eher der Kategorie spartanischer Frauen an – beim Outfit aber ist sie ganz Italienerin. Noch deutlicher wird dies bei Gabre Gabic, der italienischen Diskuswerferin aus dem Film *Herbstgold*. Während die Sportlerinnen aus den verschiedenen Nationen so auftreten wie die Deutsche Ilse Pleuger, von oben bis unten sportlich eben, erscheint die 94-jährige Gabre Gabic wie aus dem Ei gepellt, in jeder Minute ihrer beeindruckenden Erscheinung bewusst. Nicht nur, dass sie einen schicken Trainingsanzug anhat, sie ist sorgfältig geschminkt, trägt

Halskette, Ohrringe, Ringe an der Hand, ein Sonnenhütchen und – wie könnte es bei einer Italienerin anders sein: natürlich auch eine Sonnenbrille obenauf. Genauso zurechtgemacht tritt sie beim Wettkampf zum Diskuswerfen auch auf. Es könnte komisch und skurril wirken, tut es aber seltsamerweise nicht. Obwohl es fehl am Platz ist, passt doch alles irgendwie zusammen. Im Straßenbild italienischer Städte sieht man täglich hunderte Frauen genau dieses Typs und dieser Erscheinung. Schönheit, ein *Muss* auch oder gerade für nicht mehr junge Frauen, hat eben unter anderem auch den positiven Effekt, dass sich kaum jemand im Alter gehen lässt. In jedem Alter und bis zuletzt will man gepflegt erscheinen.

Ein weiterer Nebeneffekt: da man in der Öffentlichkeit nicht alt erscheinen möchte, verzichtet man, solange es irgend geht, auf Hilfsmittel. Im Straßenbild italienischer Städte wird man lange suchen müssen, bis man auf jemanden trifft, der am Rollator geht. Während meine Mutter, hier in Deutschland, etwa ab achtzig einen Gehstock benutzte, wollte ihre Zwillingsschwester in Italien bis zum 95. Lebensjahr keinen Stock benutzen, obwohl sie nahezu blind ist. Es mag viele geben, die das als unsinnigen Stolz betrachten und es nicht als positiv ansehen. Man kann es aber auch so sehen wie die 98-jährige Britin Hilda Kemp, die ganz vehement die Meinung vertrat, dass zu viele alte Menschen sich viel zu früh solcher Hilfsmittel bedienten und nicht mehr versuchten, ohne diese auszukommen.

Das nationale Credo der *bellezza* (Schönheit) – *bello* (schön) ist möglicherweise eines der am häufigsten gebrauchten Worte in Italien – ist, so wie Lippertini und Caputo es kritisieren, ein sozialer Zwang. Interessanterweise aber ist dies, im Land unverständlicher Widersprüche, eine Art angenehmer Zwang, dem sich die Menschen einerseits ausgesetzt sehen, dem sie sich aber andererseits gern unterwerfen. Schönheit muss nicht nur sein: man liebt Schönheit eben auch. Ein ähnliches Paradox wie das, was einer der bekanntesten zeitgenössischen Sachbuchautoren Italiens über die Liebe der Italiener zum Chaos sagt. „Il caos gradevole è la nostra aspirazione (Das angenehme Chaos ist unser Bestreben)", schreibt der Journalist Beppe Severgnini in seinem Buch *La testa degli italiani* (Der Kopf der Italiener).[367]

Italien, ein Land der Widersprüche, die sich letztlich aber – man weiß nicht, wie – auflösen. Denn wenn das Alter auf der einen Seite Zwängen der Ästhetik unterliegt, hat man auf der anderen Seite nicht den Eindruck, ein Land vor sich zu sehen, in dem alte Menschen unglücklich wären. Ich könnte von keinem meiner zahlreichen Onkel, Tanten, älteren Cousins und Cousinen in Italien sagen, dass sie verhärmt, verbittert oder auch nur unzufrieden (gewesen) seien. In Deutschland würden mir auf Anhieb eine ganze Reihe alter Menschen einfallen, die ich als nicht sehr glücklich bezeichnen würde. Interessant auch, dass ausgerechnet in Italien die Lebenserwartung um einige Jahre höher liegt als der europäische Durchschnitt. Nun mag dies am Klima liegen, am Rotwein oder an der viel gepriesenen Mittelmeerkost. Doch genauso gut könnte es sein, dass eine weitere kulturelle Ausprägung Italiens greift: die Kontaktfreudigkeit. Alter lebt sich in Italien in dieser Hinsicht anders als in nördlichen Breiten, besser. Der Kommunikation mit dem Nächsten sind wenig Barrieren gesetzt. Auch wenn damit nicht gesagt sein soll, dass es in Italien niemanden gibt, der einsam ist: im Vergleich zu nordischen Gefilden, wie zum Beispiel Deutschland, ist es für ältere Menschen in Italien einfacher, in einen lebendigen sozialen Kontext eingebunden zu bleiben. Man muss sich schon sehr anstrengen, um in einem Café eine Dame zu finden, die solo vor ihrer Tasse Kaffee sitzt oder im Park einen alten Herrn zu sehen, der, allein auf einer Bank sitzend, einsam vor sich hin schaut. Ich persönlich würde dem Suchenden keinen Erfolg garantieren wollen. Immer sind Damen mindestens zu zweit unterwegs, *a bracietto* untergehakt, Männer tummeln sich gern auch mal in kleinen Rudeln von vier oder fünf Freunden, beim Boccia-Spielen, beim Plaudern oder Politisieren. So hat auch das Italienische Statistikamt Istat festgestellt, dass die Menschen, obwohl sie im Alter überwiegend alleine leben (in städtischen Zentren lebt mehr als ein Drittel der Menschen über 65 Jahren in einem Einpersonenhaushalt), sie deswegen nicht isoliert seien. Sie seien eingebunden in ein familiäres Netz, lebten im Austausch und mit Unterstützung durch die Söhne und Töchter. Nicht zu vergessen das statistische Ergebnis aus der Einleitung: 96% der italienischen Männer über 60 haben mehrere Freunde, fast die Hälfte der Befragten (45%) hatte außerdem vor, den Freundeskreis noch zu erweitern. Ohne vergleichbare Daten aus Deutschland zu kennen, könnte ich mir vorstellen, dass die Zahlen in dieser Hinsicht bei uns um einiges niedriger liegen. Im Buch *Die 50+ Studie* von Prof. Otten wird im entsprechenden Segment nicht danach gefragt, wie viele Freunde man habe. Aber man kann gewisse vergleichende Rückschlüsse ziehen aus den Angaben zu: „Mir fehlt ein richtig guter Freund" (28,1%) und „Ich vermisse Menschen, bei denen ich mich wohl fühle" (36,3%).[368]

Das relative Wohlgefühl alter Menschen in sozialer Hinsicht, das man in Italien beobachten, sehen und erleben kann, steht somit in gewissem Widerspruch zur allgemeinen gesellschaftspolitischen Debatte zum Thema Alter (genauer gesagt: zur fehlenden Debatte).

Möglicherweise kommt in diesem widersprüchlichen Spannungsfeld eine weitere Charakteristik als Erklärung hinzu, die wiederum die positive Kehrseite einer Verhaltensweise ist, die nicht wenige als negativ ansehen mögen: das, was Loredana Lippertini beschreibt mit „In Italien lieben wir es, nur auf Notstände zu reagieren" und die „Liebe zum Chaos", die Severgnini anspricht. Einer der großen Unterschiede zwischen deutscher und italienischer Herangehensweise liegt genau darin: in Deutschland planen wir alles bis ins letzte Detail, um gewappnet zu sein; in Italien lässt man Dinge auf sich zukommen. Natürlich führt das dazu, dass jene, die nicht planen, plötzlich unangenehm überrascht werden können. Bis dahin aber leben sie relativ friedlich und fröhlich vor sich hin, während jene, die das Unglück kommen sehen, tagein, tagaus die in Zukunft möglicherweise zu erwartenden negativen Ereignisse gedanklich mit sich herumtragen. Was nun besser ist? Nun ja, das mag jeder für sich entscheiden. Wenn das „zu erwartende Unglück" in weiter Ferne ist, könnte die italienische Herangehensweise die bessere sein, da sie ein friedlicheres Dasein ermöglicht. Hier könnte man den Bogen schlagen zum „Unheil Demenz": Wie in Kapitel VII gezeigt, hat in Deutschland bereits ein hoher Prozentsatz junger Menschen Angst vor Demenz, weil sie sich bereits in frühen Jahren mit diesem möglicherweise eintretenden Ereignis auseinandersetzen. Italiener können durchaus „spontan" von dieser Angst befallen werden, zum Beispiel, wenn sie sich plötzlich an etwas nicht erinnern können, danach aber vergessen sie diese Angst meist recht schnell wieder. Ich meine, dass wir in Deutschland solche Ängste im Regelfall ein wenig länger mit uns herumtragen.

Letztlich sind all die Widersprüche und die Diskrepanz nicht verwunderlich in einem Land, in dem alles irgendwie „anders" funktioniert, ohne dass man genau zu sagen wüsste, wie dieses „anders" vonstatten geht. Die Politik zeigt es und die Wirtschaft auch. Kein europäisches Land hat vermutlich so chaotische Zustände aufzuweisen wie Italien, wenn es um das Regieren geht – dennoch ist das Land noch nicht zusammengebrochen, was eigentlich an ein Wunder grenzt. Italien hat (vor Berlusconi) tausende und abertausende sogenannte Wirtschaftsflüchtlinge ins Land gelassen und sie, mehr oder minder unbehelligt, da leben lassen, „vorausgesetzt, sie fanden irgendeine Beschäftigung", und sei dies nur ein Bauchladen am Strand – es hat weder dem Sozialgefüge noch der Wirtschaft geschadet. Und schließlich haben auch italienische Familien, lange bevor in Deutschland Kräfte aus Osteuropa Mode wurden, ein ganzes Heer von Frauen aus den Philippinen, später aus Ecuador und heute überwiegend aus Osteuropa, als *badante* (Aufpasserin, Helferin) für ihre alten Eltern engagiert. Anfangs über viele Jahre in Schwarzarbeit, wurden die Familien dann in einer großen Kampagne zur Legalisierung aufgerufen – ohne Strafen und Sanktionen. Das hat zwar nicht hundertprozentig gewirkt und es gibt immer noch ca. 40% illegaler Beschäftigung, aber immerhin wurden dadurch sehr viele Beschäftigungsverhältnisse legalisiert. Das ist eben Italien. Da war das Verhältnis von Individuum zum Staat schon immer ganz eigener Prägung. Auf die Frage, warum das Leben in Italien trotz eines oft nicht funktionierenden Staates so gut funktioniere, antwortete ein Italiener einmal mit den Worten: „Weil jeder hier für sich selbst sorgt." Wenn man vom Staat nichts zu erwarten hat, kümmert man sich eben selbst um Lösungen.

Insofern muss sich auch zum Thema Alter nicht alles logisch zusammenfügen, was man in Italien antrifft. Einer fehlenden gesellschaftlichen Debatte zum Alter steht die Fähigkeit der Menschen gegenüber, sich auch im Alter eine gewisse „Leichtigkeit des Seins" zu bewahren. Panikstimmung gibt es nicht, da man weiß: jedes Problem lässt sich dann, wenn es auftritt, auf irgendeine Weise spontan und kreativ lösen. Der Zwang zu jugendlich-schönem Erscheinen erträgt sich durch die große Liebe zur Ästhetik, und Kommunikation glättet in jedem Fall das, was die Ästhetik nicht mehr schafft. Und schließlich kann jeder sich dessen sicher sein, dass er oder sie im Alter noch jede Menge Kontakte und Freunde haben wird.

Insgesamt erinnert das an die Definition von Drake und Middleton: Jugend als ein Bewusstseinszustand, der sich ausdrückt in Vorstellungskraft, Gefühlsintensität und Aktion. Davon hat man in Italien jedenfalls eine Menge.

10. Kapitel

Wider die Negativ-Leitplanken auf dem Weg zum Alter

> „Du bist so jung wie dein Glaube, so alt wie dein Zweifel; so jung wie dein Selbstvertrauen, so alt wie deine Ängste; so jung wie deine Hoffnung, so alt wie deine Verzweiflung." – *General MacArthur*

Das „Problem" des Alters wird von unserer Umwelt mitbestimmt, wird nicht selten überhaupt erst von ihr geschaffen. Die 80-jährige Ursula Cain sagt im Film „Tanz mit der Zeit": „Wir mussten uns von dem Gefühl freimachen: Was werden die Leute sagen, wenn sie uns Alte auf der Bühne sehen! Damit hatten wir erst Probleme." Nicht sie selbst und das, was sie gern tun möchten, und real auch zu leisten vermögen, waren das Problem, sondern die Sicht der anderen. Das entspricht dem, was der körperlich behinderte Philosoph Alexandre Jollien meint, wenn er sagt, dass man auf ein Handicap vor allem durch die Sichtweise der anderen schließe, dann aber auch durch sich selbst, wenn man sich diese Sichtweise der anderen zu eigen mache. Ähnlich die hundertjährige Wissenschaftlerin Rita Levi Montalcini, als sie sagt, dass der Alptraum des Alters nicht wegen der körperlichen Beschwerden entstehe, die es mit sich bringt, sondern hauptsächlich aufgrund der Angst, von der Gesellschaft abgelehnt zu werden.[369]

Je braver sich ein älterer Mensch dem Bild der anderen anpasst, je mehr er sich so verhält, wie man es von ihm erwartet, umso weniger Probleme hat er. Je mehr er sich selbst leben will, umso mehr muss er mit Widerständen rechnen – auch und gerade unter jenen, denen manche Autoren so gern die „Alterslarmoyanz" zugestehen möchten. Besonders dynamische, eigenwillig aktive oder gar exzentrische alte Menschen können oft weder auf das Verständnis ihrer Familie zählen noch mit der Akzeptanz der eigenen Altersgenossen rechnen. Die Reaktionen der Gesellschaft als solche sind gespalten. Als Lippenbekenntnis findet jeder die aktiven Alten toll. Das aber hat schnell seine Grenzen, wenn diese in irgendeiner Weise aus der Norm fallen, die man für sie bereithält.

Der Herausgeber von Hermann Hesses Betrachtungen zum Alter in *Mit der Reife wird man immer jünger* fasst dies in überaus treffende Worte, als er beschreibt, wie Hermann Hesse mit diesem Phänomen zu kämpfen hatte: „Dass ein so kompliziertes und verletzbares Naturell, wie er es war, bei einem Leben von solcher Intensität und Produktivität das Alter von 85 Jahren erreichen würde, war keine Selbstverständlichkeit. Nimmt doch in der Regel mit der Begabung auch die Gefährdung zu und mit der Intensität die Kürze der Lebensdauer, und bleiben doch meist diejenigen, die von der Norm abweichen und eigene, unabhängigere Wege einschlagen, angesichts der Hindernisse und Widerstände, welche die Mitmenschen ihnen entgegensetzen, weit früher auf der Strecke als andere, die sich mit ,der Welt, wie sie nun einmal ist', abzufinden, sich ihr anzupassen und zu unterwerfen vermögen."[370]

Bedarf es schon in jungen Jahren der Courage, seinen eigenen Weg zu gehen, gilt dies umso mehr, wenn man siebzig, achtzig oder gar neunzig Jahre alt ist. Das bedeutet, je früher wir damit anfangen, unseren eigenen Weg zu gehen, umso aussichtsreicher wird es sein, diesen auch im Alter zu leben – wenigstens sind einem die Widerstände da schon vertraut.

Sich selbst leben ist nicht einfach. Das ist die schlechte Nachricht. Die gute: wenn Sie es einmal gelernt haben, macht das Leben richtig Spaß. Und je mehr sie es schaffen, sich selbst aus tiefster Überzeugung heraus zu leben, ohne nach der Meinung der anderen zu schielen, umso weniger hinderlich werden die Widerstände sein, die sich Ihnen entgegenstellen.

Aus persönlicher Sicht teile ich die fordernde Haltung von Hanne Schweitzer, der Journalistin und Gründerin des Büros gegen Altersdiskriminierung, voll und ganz. „Wir sind alle zu passiv, zu brav und zu angepasst", sagt sie im Buch *Die besten Jahre*.[371] Es müsste eine Zeitung über die Lebenssituation älterer Menschen geben, meint sie. Darin würde sie die Geschichte von Brecht über die unwürdige Greisin, die mit siebzig ein neues Leben anfängt, in jeder Ausgabe auf Seite eins abdrucken.

Die normierende Umwelt mit ihren Stereotypen über das Alter und unser eigenes Verhalten als Reaktion darauf – sie sind wie Leitplanken, die unseren Lebensweg säumen. Negativ-Leitplanken auf dem Weg zum Alter. Bereits von jungen Jahren an halten diese Negativ-Leitplanken unseren Lebensweg im Zaum, bugsieren uns auf ein Ziel und auf eine Sichtweise hin, die wir uns nicht ausgesucht haben: das beschränkende, unwillkommene, bedauerliche Alter. Werden wir nicht schon mit dem Phänomen Alter konfrontiert, wenn wir noch in der Blüte der Jugend stehen? Heute mehr denn je? Zu meiner Zeit, als ich Mitte zwanzig war und gerade mein Studium absolviert hatte, gab es noch kein Horrorszenario davon, dass man im Alter nackt und bar jeder Versorgung dastehen würde, so wie man es heute den jungen Menschen pausenlos in die Köpfe hämmert. Dennoch wurde auch mir die Türe eingerannt von Versicherungsvertretern jeder Art: Krankenversicherung, Rentenversicherung, Unfallversicherung, Berufsunfähigkeitsversicherung... Die Angebote und Notwendigkeiten, für „später" vorzusorgen, waren schier endlos – für ein recht unerquickliches „Später" wohlgemerkt. Es ist anzunehmen, dass es heute nicht besser ist, eher das Gegenteil. Mit zwanzig wird man bereits gnadenlos gezwungen, auf die erschreckenden Phänomene des Alters zu blicken. „Denken Sie an die Versorgungslücke! – Und was ist, wenn Sie mit 50 berufsunfähig werden? – Mit Ihrer normalen Rente können Sie sich niemals ein besseres Altersheim leisten." Gebrechlichkeit, Berufsunfähigkeit, Altersheim – da sind sie schon, die Gespenster der Zukunft. Niemand kann leugnen, dass viele Menschen im Alter Versorgung brauchen. Es ist eine Realität, dass man nach der Berufstätigkeit Geldmittel zum Leben benötigt. Es ist eine Realität, dass viele Menschen berufsunfähig werden, noch bevor sie das Rentenalter überhaupt erreicht haben. Doch was ist eine Realität? Eine Realität ist auch das, was man sich erschafft. Realitäten werden auch, bewusst und unbewusst, von Menschen gemacht, nicht nur von Umständen. Man kann sich selbst auf etwas hin konditionieren, das man als zwangsläufig eintretendes Ereignis ansieht und demzufolge bewusst oder unbewusst erwartet. Das ist es, was man gemeinhin mit „self fulfilling prophecy" bezeichnet und was die Psychologen in etwas professionellerem Sprachgebrauch „Verfügbarkeitsheuristik" nennen. Um keine Missverständnisse aufkommen zu lassen, denn mir ist wohl bewusst, dass dieses Thema heikel ist und extrem schnell falsch interpretiert werden kann: es geht hier nicht darum, Menschen Schuld für irgendein Verhalten zuzuweisen, es geht um Systeme und Denkmechanismen. Eine Statistik neuerer Zeit berechnete die Wahrscheinlichkeit für die heute 20-jährigen Männer, bis zur Rente mit 65 Jahren berufsunfähig zu werden: sie liegt bei 43 Prozent.[372] Eine horrende Zahl, wenn man genau darüber nachdenkt. Da haben wir es, werden viele nun sagen. Nein, was wir damit haben, das ist die Angst. Warum fragen wir uns nicht, warum in unserem Wohlstandsland (denn das sind wir gegenüber von Milliarden anderer Menschen) zunehmend Menschen bereits in jungen Jahren berufsunfähig werden? Einer Aufstellung der Deutschen Rentenversicherung aus dem Jahr 2007 kann man entnehmen, dass 33% (!) auf den Grund psychische Erkrankung entfallen.[373] Danach zu fragen, warum dies so ist und was es über unsere Gesellschaft aussagt, wäre vielleicht wichtiger als eine „Vorsorge", die nur die Folgen des Unheils mildert, dieses selbst aber nicht zu verhindern hilft.

Phänomene an den Folgen zu bekämpfen und nicht an deren Ursache, geht schneller und ist bequemer. Das Nachdenken über Ursachen und ein konsequent darauf abstellendes Verhalten kostet Zeit, fordert öffentliche Institutionen und verlangt eigene Verantwortung vom Individuum. Da ist es einfacher, seine Unterschrift unter eine Versicherungspolice zu setzen. Dies sichert einen zwar wesentlich weniger ab, als man meint, aber paradoxerweise vertrauen wir für unsere Zukunft Versicherungsgesellschaften mehr als uns selbst. Und diese sorgen, in höchsteigenem Interesse, dafür, dass wir gar nicht erst auf den Gedanken kommen, genauer nachzufragen. In unserem Land, das sich als Sozialstaat gern von anderen Nationen abgrenzt, gehören Alter, Vorsorge und Sicherheit untrennbar zusammen. Sie sind so fest miteinander verknüpft, dass abweichende Gedanken als gefährlich, unsinnig, ja verantwortungslos angesehen werden. Der Gedanke, dass wir im Alter vielleicht gar keine spezifische Vorsorge brauchen *könnten*, weil wir da noch aktiv und fit sein *könnten*, hat in unserem Land kaum Möglichkeit zu entstehen. Zugegeben, wir selbst wollen es meist auch gar nicht anders. Wir sind so stark auf ein Alter als absteigende Lebenskurve getrimmt, dass es als ein absolutes *Muss* erscheint, bereits in jungen Jahren das inaktive, gebrechliche, kranke Alter vor uns zu sehen und damit zu beginnen, für es vorzusorgen. Wir betrachten diese Leitplanken in unserem Leben als Schutz und merken gar nicht, dass sie uns genauso viel nehmen, wie sie uns vermeintlich geben. Sie nehmen uns Lebensfreude und Optimismus, blockieren Eigeninitiative und Kreativität, zerstören nicht selten das Vertrauen ins Leben.

Ich möchte an dieser Stelle ein anschauliches Beispiel dafür bringen. Ich hatte einmal Freunde, beide Anfang Vierzig, die planten, ein Haus zu bauen. Wir gerieten immer wieder in hitzige Diskussionen, denn ich hielt das, was sie darüber hinaus noch planten, für ein Unding: sie wollten in ihrem Haus bereits eine Rampe vorsehen für später, wenn sie einmal alt wären und auf einen Rollstuhl angewiesen wären. Viele Menschen mögen das für „vernünftig" halten, es ist ja so „vorausschauend". In der Tat: es ist vorausschauend – es schaut schon jetzt auf eine negative, beschränkende Zukunft, die man sich Tag für Tag genüsslich vor Augen führt. Genüsslich deshalb, weil man zufrieden mit sich ist, bereits jetzt die Antwort auf die drohende Beschränkung vorgesehen zu haben. Die Beschränkung selbst steht da nicht mehr so in Frage. In meinen Augen kommt dies einem „mentalen Selbstmord" gleich: man ermordet den Gedanken an ein gesundes Alter. Eine Rampe, auf die man Tag für Tag blickt, zwanzig, dreißig, vierzig Jahre lang, immer im Gedanken: das ist die Rampe, die ich mal benutzen werde, wenn ich im Rollstuhl sitze. Überlegen Sie sich das einmal selbst, lassen Sie diesen Gedanken in sich einsinken. Jeder verlässt und betritt sein Haus mindestens je einmal am Tag, denkt folglich, bewusst oder unbewusst, mindestens

730-mal im Jahr einen solchen Gedanken. Auf zehn Jahre umgerechnet, hätte man den Gedanken an den Rollstuhl im Alter somit mindestens 7300-mal gedacht, in zwanzig Jahren bereits an die 15000-mal. Kann man wirklich noch jenen widersprechen, die sagen: Gedanken schaffen sich ihre Realität?

Zukünftige Gebrechlichkeit, mangelnde Versorgung, wenig Rente sind nicht die einzigen Altersszenarien, mit denen man in jungen Jahren konfrontiert wird. Als ich Ende zwanzig war, stellte sich mir das Thema Kinder. Wollte ich jetzt schon Kinder oder lieber erst später? Besser, nicht so zu fragen. Auch diese Schreckgespenster standen schon bereit, junge Frauen wie mich einzuschüchtern. „Mit dreißig gebären? Um Himmels willen, nur nicht, Sie wollen doch nicht Ihr Leben riskieren!" So oder ähnlich klang es aus jedem Artikel heraus, den ich dazu las. Welche Informationsquelle ich auch fand, ich wurde förmlich mit Angst gefüttert. Immer war nur die Rede von „Risikogeburt", wurde man darauf hingewiesen, dass eine Frau mit Dreißig schon „ziemlich alt" sei, um noch Kinder zu kriegen. Ich tröstete mich damals mit dem Gedanken daran, dass meine Mutter mich zu einer Zeit und in einem Alter auf die Welt gebracht hatte, die mein Dasein – theoretisch betrachtet – fast schon hätten ausschließen müssen. Denn Anfang der Fünfziger Jahre ein Kind erst mit vierzig zu gebären, das war gewiss mehr als nur „Risiko" gewesen. Wer aber macht heute noch einer Dreißigjährigen Angst, weil sie ein Kind gebären wird? Die Gründe dafür liegen, meiner Meinung nach, weniger im medizinischen Fortschritt als in einem Wandel der Einstellung und der Sichtweisen. Heute ist die Frau schon bei jeder vierten Geburt älter als 35, in Großstädten sogar bei jeder dritten.

Gehen wir weiter auf unserem „Weg mit den Negativ-Leitplanken". Als ich die dreißig überschritten hatte, fiel mir auf, dass Bekannte und Freunde immer häufiger das Wort „Alter" in den Mund nahmen. In Erinnerung geblieben ist mir ein befreundeter Buchhändler, der mit 36 Jahren bereits eine Lesebrille hatte. „Nun ja, man wird langsam alt", sagte er oft. Mit 36 schon alt? Wie früh beginnen wir uns eigentlich auf Gebrechen einzustellen?

Wie früh ist „Alter" mit all seinen Begleiterscheinungen zwangs-läufig angesagt? Fragen wir uns gelegentlich, wie viel von dieser Einstellung wir von unserem Arzt übernehmen? Lineares, an der „biologischen Uhr" ausgerichtetes Denken findet man besonders häufig unter Ärzten. Da sie täglich mit dem Verfall konfrontiert sind, und somit auch die biologische Uhr real „bestätigt" sehen, ist es enorm schwierig, ihren Blick auf eine andere Sichtweise zu lenken.

Man versuche nur, mit einem Arzt darüber zu diskutieren, dass gewisse Krankheitserscheinungen nicht unbedingt dem Alter zuzuordnen seien, auch wenn sie sich in einem bestimmten Alter zeigen. Hoffnungslos! Die Logik ist stringent linear: Phänomen besonders häufig ab 60, Patient ist 61, also Krankheitserscheinung altersbedingt. Dass diese Logik nicht mehr stimmt, wenn das Phä-nomen bei einem 30-Jährigen auftritt, stört nicht. Dann nämlich wird mit der Ausnahme argumentiert. Warum aber kann es diese Ausnahme nicht auch bei einer älteren Person geben? In Verbin-dung mit Krankheit ist das lineare Denken von Alter als Ursache umso fataler in seiner Wirkung, als es auf die Krankheit festnagelt. Wenn wir tatsächlich glauben, dass Krankheit zwangsweise zum Alter gehört, wie viel Chance geben wir uns dann selbst, im Alter noch von Krankheiten zu gesunden? Es nagelt uns selbst fest, von innen her, weil wir ab einem bestimmten Alter an das Eintreten der betreffenden Krankheiten glauben. Und es nagelt uns von außen fest in dem Moment, da wir unser Geburtsdatum bekanntgeben. Als ich, mit 56 Jahren, einmal beim Augenarzt war, fragte mich die junge Arzthelferin nach meiner Lesebrille. Ich antwortete, dass ich keine habe. Sie stutzte, schaute mich argwöhnisch an: „Dann haben Sie eine Gleitsichtbrille?" „Nein", antwortete ich, „ich habe auch keine Gleitsichtbrille." Sie begann ungehalten zu werden, versuchte es weiter mit ihrer Fixierung. „Dann haben Sie bifokale Kontaktlinsen!" Nein, auch damit konnte ich nicht dienen. Ich sehe einfach das klein Gedruckte noch, obwohl ich mich, mit meinen inzwischen 59 Jahren, offenbar nicht erdreis-ten dürfte, es zu können. Gelegentlich hat man das Gefühl, dass Mitmenschen es einem übelnehmen, wenn man es wagt, aus der

Norm zu fallen oder gar, ihnen etwas vorzuleben, das sie selbst nicht verwirklichen können.

Das Skurrilste, das mir in diesem Zusammenhang widerfahren ist, hat nichts mit Krankheit zu tun, doch viel mit vergleichbaren Denkmustern. Auch hier nahm man mir etwas gründlich übel. Ein aparter Herr, den ich in Italien bei einem Seminar kennengelernt hatte, interessierte sich für mich. Ich schätzte ihn auf Ende vierzig, also gute 8 – 10 Jahre jünger als ich. Trotzdem nahm ich die Einladung zu einem Rendez-vous an, ich habe kein Problem damit, als Frau älter zu sein. Doch ich hatte die Rechnung ohne den Wirt gemacht. Nach einem schönen Spaziergang mit anregendem Gespräch saßen wir bei einem Capuccino in einem Café. Er fragte nach meinem Alter. Als ich es nannte, rückte er förmlich von mir ab. Erstaunen malte sich auf seine Miene, dann Empörung. „Wie kannst du zehn Jahre jünger aussehen, als du bist!" brach es entrüstet aus ihm hervor. Ich hatte eine Norm gebrochen, an der gerade in Italien noch viele Männer festhalten: sie sind der Beschützer der Frau, in Wissen, Können und Stärke immer ein Stückchen voraus. Jünger sein als die Frau, die man beschützen soll und der man voraus sein will, funktioniert schlecht. Überflüssig, es zu erwähnen: das Rendez-vous hatte keine Fortsetzung. Mein charmanter Interessent konnte es sich einfach nicht vorstellen, mit einer älteren Frau zusammen zu sein. Das Paradoxe daran ist, dass es ihn so lange nicht gestört hatte, wie es ihm nicht – in Form einer simplen Zahl – bekannt gewesen war.

Menschen, die uns spüren lassen, dass wir durch eine andere Denk- und Lebensweise ein unwillkommener Spiegel oder gar eine Bedrohung für sie sind, gehören ebenfalls zu den Negativ-Leitplanken in unserem Leben. So erzählte mir ein 79-jähriger Interviewpartner, dass ein jüngerer Bekannter immer zu ihm sage: „Was du alles noch machst, das könnte ich nicht mehr!" Das aber sei weniger Bewunderung, „er empfindet mich als Bedrohung", war das Fazit. Das Paradoxe daran ist, dass viele der so „Bedrohten" oft gar nicht anders leben oder an etwas anderes glauben wollen, sie einem das positiv Gelebte aber dennoch übelnehmen.

Eine der beliebten Gesetzmäßigkeiten, die in unserem Denken fest verankert zu sein scheinen, lautet, wie bereits mehrfach erwähnt: je älter man wird, umso kränker wird man. Eine Einstellung, die sich aus früheren Zeiten erhalten haben muss, denn jüngere Studien vermögen dies schon seit Jahren nicht mehr zu belegen. Dennoch zeigen Umfragen in der Bevölkerung, dass auch heute jeder zweite davon überzeugt ist, dass ‚älter werden' generell auch ‚kränker werden' bedeutet. Ich selbst weiß, dass sogar das Gegenteil möglich ist, denn ich war nachweislich mit zwanzig wesentlich öfter krank als mit vierzig oder fünfzig. Während ich in meiner Studienzeit im Schnitt fast jeden Monat einmal oder sogar mehrmals beim Arzt war, bin ich heute so selten krank, dass ich nicht einmal einen Hausarzt habe. Nichts *muss* so sein, wie es angeblich zu sein scheint. Doch wenn man dies anderen sagt, schlägt einem nicht selten Ungläubigkeit entgegen. Man wird für jemand gehalten, der sich selbst gut darstellen will oder der das Alter verdrängt. Es ist erstaunlich, wie hartnäckig Menschen oft an vermeintlichen Gesetzmäßigkeiten festhalten wollen, auch wenn es nicht zu ihrem Vorteil ist. Der Mediziner und Psychotherapeut Vittorio Caprioglio zitiert in seinem Artikel über das gesunde Hirn eine interessante Aussage des amerikanischen Tiefenpsychologen James Hillman: „Die Hauptkrankheit des Alters ist die Vorstellung, die wir davon haben."[374]

Auch die Aufenthalte in exotischen Ländern, die meinen Beruf im Wesentlichen ausmachen, bringen Menschen dazu, mir kritisch-ungläubig Fragen zu stellen wie: „Kannst du das überhaupt noch in deinem Alter, die ganzen Reisen und so?" Fragen, die mir skurril erscheinen, empfinde ich sie doch als endlos weit von meiner Realität entfernt. Mobilität ist Teil meines Berufes, mit allem, was dazugehört. Ich kann heute keine wesentlichen Unterschiede zu meinen früheren Auslandsaufenthalten bemerken: das Reisen als solches strengt mich nicht mehr an als früher, die Klimaumstellung macht mir nichts aus, mit dem Essen einheimischer Speisen habe ich kein Problem und krank werde ich selten. Ich kann den halben Tag auf Pisten in unwegsamem Gelände unterwegs sein, auf denen das Fahren zur Durchschüttelpartie wird und wo ohne Vierradantrieb nichts mehr geht, führe, am Zielort angekommen, noch stundenlang Interviews durch und bin auch am nächsten Tag noch fit. Und ich bin nicht die einzige, die mit Ende fünfzig noch in Entwicklungsländern unterwegs ist. Es gibt Experten, Reporter, Forscher, Missionare, Geschäftsleute, die unter ähnlichen Umständen reisen, und dies in noch höherem Alter. Bei dem mir verwandten Berufsbild der Senior-Experten wurde im Jahr 2009 rund ein Drittel der Projekte in Übersee von Experten im Alter 70+ bedient. Das bedeutet, dass das Alter, also die Zahl an Jahren, für sich allein genommen, nichts aussagen muss.

Zugegeben, viele Vorkommnisse geben jenen Personen oder Gruppen, die das Alter so genau zu definieren wissen, schlichtweg Recht. Vieles ist eine Realität oder wurde zur Realität, je nachdem, wie man es sehen will. Das Schlimme daran ist, dass es zur Verallgemeinerung führt und einem Schablonendenken Vorschub leistet. Es geht die Differenzierung verloren. Ab einem bestimmten Zeitpunkt betrachten wir die Dinge, in diesem Raster gefangen, als so normal, dass uns gar nicht mehr der Gedanke kommt, es könnte auch anders sein. Das kann uns immer wieder in die Irre führen. Bei meinem Beruf, der mich, wie gesagt, in weit entfernte Länder führt, bat ich früher, in Sorge darum, dass meiner allein lebenden alten Mutter während meiner Abwesenheit etwas passieren könnte, oft jemand darum, ein Auge auf sie zu haben. Meine Reise nach Haiti werde ich in diesem Zusammenhang nie vergessen. Es war im Jahr 2005, meine Mutter war damals 93 Jahre alt. Ich hatte meinem Neffen eingeschärft, öfter nach ihr zu sehen – immerhin stellte er mit seinen 34 Jahren als junger, rundum gesunder Aufpasser eine bombensichere Garantie dar. Doch eines Tages sollte ich darüber belehrt werden, dass das Leben sich nicht immer an die Stereotypen hält, die wir im Kopf haben. Bei einem Anruf zu Hause musste ich erfahren, dass meinen 34-jährigen Neffen das unwahrscheinliche Los eines Schlaganfalles ereilt hatte, während es meiner 93-jährigen Mutter rundum gut ging. Das auf logische Weise konzipierte Aufpasser-System hatte gründlich versagt.

Um beim Beispiel meiner Mutter zu bleiben: das Schablonen-denken macht an keiner Altersstufe Halt, wird immer enger und immer absoluter, je weiter das Alter des betroffenen Menschen voranschreitet. Bereits als meine Mutter achtzig Jahre alt war, begannen Freunde, Bekannte, Kollegen mich zu fragen: „Und, lebt sie noch zu Hause?" Als sie fünfundachtzig Jahre alt war, verengte sich diese Frage zu: „Aber sie versorgt sich doch bestimmt nicht mehr alleine?" Nachdem sie neunzig geworden war: „Ist sie denn geistig noch klar?" Als sie auf die fünfundneunzig zuging, wurden die Fragen nachdrücklicher: „Jetzt ist sie doch gewiss in einem Heim, oder?" Als sie die fünfundneunzig überschritten hatte, begann Fassungslosigkeit sich in den Ton zu mischen: „Was, sie kocht sich noch ihr Essen?!" Was weitergehende positive Kom-mentare anbelangte, gaben die meisten sich bedeckt, einige sagten, dass ich „Glück gehabt hätte mit meiner Mutter", womit nicht wirklich meine Mutter gemeint war, sondern deren Zustand. Nur ganz wenige beglückwünschten meine Mutter als solche, obwohl ich all jene, die sie nicht persönlich kannten, immer wieder darauf hinwies, wie viel das Interesse am Leben, die Begeisterungsfä-higkeit und ihr eiserner Wille dazu beigetragen hatten, dass sie so lang alleine zurechtkam.

Meine ganz persönliche Einstellung dazu, was alte Menschen können, wenn man wirklich daran glaubt – und danach handelt –, hat jedenfalls das Autonomiebestreben meiner Mutter immer ge-stärkt. Dazu gehörte auch eine Portion Herausforderung und Risiko. Als Tochter mit einem Auslandsjob war ich über die Jahrzehnte hinweg eine wahre Herausforderung für meine Mutter. Mit ständig wechselnden Telefonnummern zurechtzukommen, immer gerade zu wissen, auf welchem Kontinent sich die Tochter aufhält, ob sie in Ruanda ist oder vielleicht wieder in Madagaskar, ob sie gerade in Paris zwischengelandet ist, sich in einem Hotel in Douala aufhält oder schon auf dem Rückweg von Mexiko nach Hause ist – das fordert zur Flexibilität heraus. Ich bin viel dafür kritisiert worden. Eine Tochter, die sich rund um die Uhr um ihre alte Mutter kümmert oder die sich zumindest in Reichweite aufhält, ist gesellschaftsfähi-ger, genießt höhere Wertschätzung. Doch während andere Alte mit

80 Jahren bereits im Pflegeheim lebten, hat meine Mutter bis zum
98. Lebensjahr, mit geringer externer Unterstützung, noch relativ
selbstbestimmt allein gelebt. Ich bin der Überzeugung, dass die
Herausforderungen und Anreize ihr gutgetan haben, dass sie dazu
beigetragen haben, sie geistig frisch zu halten. Im Rückblick bin
ich persönlich froh, dass ich mich nicht durch meine Umwelt habe
beirren lassen. Man hätte mir von vielen Dingen abgeraten. Ob es
nun Verwandte, Bekannte oder Nachbarn waren, immer wieder
fragte man mich, warum ich meine Mutter nicht in ein Heim gebe,
und das zu einem Zeitpunkt, da sie gerade mal achtzig war. Später
ließen Pflegedienste mich durch die Blume verstehen, dass mein
Handeln bereits an Verantwortungslosigkeit grenze. Als ich dann
plante, mit meiner inzwischen 93-jährigen Mutter im Zug bis nach
Italien zu fahren, hielt mich so manch einer wohl für verrückt. Nicht
auszudenken, was da alles passieren könnte! Es ist nichts passiert
und meine Mutter hatte, nicht nur mit 93, sondern danach noch mit
94 und 95 Jahren, jeweils wunderschöne Reisen – eine Freude und
ein Vergnügen, um das ich sie beraubt hätte, wenn ich mich von der
allgemeinen Meinung hätte leiten lassen.

Als ich sie nach einem Schlaganfall im Jahr 2011, da war sie
über achtundneunzig Jahre alt, in ein Heim brachte, schien es so,
als nickte die Umwelt zufrieden. „Ja, so ist eben das Ende für jedermann", schien man sagen zu wollen, und der eine oder andere sagte
es auch genau so. Die Welt war im gängigen Denkschema wieder
in Ordnung. In dieser Ordnung beließ ich sie nicht, als ich nach ein
paar Monaten meine Mutter wieder aus dem Heim herausholte,
weil sie dort dabei war, innerlich zu verkümmern. In einer Art Hu-
sarenakt brachte ich meine nunmehr 99-jährige Mutter von Bayern
nach Baden-Württemberg, mietete ihr eine eigene kleine Wohnung
an und suchte eine private Pflegekraft für sie. Seitdem lebt sie
wieder in ihrer Würde und es ist sogar ein Regenerationsprozess
eingetreten, auch wenn sie nun durch einen Rollstuhl beschränkt
ist. Dazwischen aber lagen endlose Diskussionen mit Ärzten,
Krankenhäusern, Heimen. Denn an die Regeneration einer fast
Hundertjährigen zu glauben und sich für diese auch einzusetzen,
das geht gegen jede „Logik" unseres genormten Denkens.

11. Kapitel

Müsli, Sport oder Gene – woran glauben wir?

„Wie alt wir werden, ist nicht entscheidend, sondern wie wir alt werden, wie wir das Höchstmögliche aus jedem neuen Lebensjahr herausholen". – *K.O. Schmidt*

„Dein Kalender zeigt an, wie die Zeit vergeht. Dein Gesicht zeigt, was du mit ihr gemacht hast." – *Unbekannt*

„Wenn das Gehirn, so wie eine verstopfte Quelle, voll ist mit unnützen Gedanken, entwickelt es sich nicht mehr, blockiert sich und beginnt rasch zu verfallen." – *Vittorio Caprioglio, Mediziner und Psychotherapeut*

„Wollen Sie gern sehr lange leben?", fragt ein Artikel in einem Sonderheft zum Thema Alter, das 2009 von der Zeitschrift *Matrix 3000* herausgebracht wurde.[375] Wenn ja, dann sollten Sie sich als Deutscher lieber im Nachbarland Frankreich niederlassen, denn abgesehen von den Zwergstaaten Andorra und San Marino haben Franzosen in Europa die höchste Lebenserwartung. Weltweit belegt Frankreich damit den 9. Platz, während Deutschland in gehörigem Abstand dazu auf Platz 32 rangiert. Leben „wie Gott in Frankreich" ist ja bereits in unserem Sprachgebrauch ein fester Begriff. Wer weiß, vielleicht hat es damit etwas auf sich.

Sie könnten aber auch in Erwägung ziehen, nach Ekuador auszuwandern, ins Tal der Hundertjährigen. Denn anders als im Fall von Okinawa, wo das Altwerden auf fünf Säulen beruht, die man auch noch selbst verwirklichen muss, sagt man von Vilcabamba, dem Tal der Alten, dass man dort sehr alt werden kann, ohne etwas dazuzutun. Methusalemalter gratis sozusagen. Das mineralhaltige Wasser, die ionisierte Luft und das frühlingshafte Klima seien es, die einen so alt werden ließen, so heißt es. Das klingt verlockend. In der Tat lassen sich dort viele Ausländer nieder, auch Deutsche.

Wundersame Geschichten hört man über die Bewohner von Vilcabamba, die alle außerordentlich alt zu werden scheinen: bis ins hohe Alter kerngesund bleiben, mit hundert Jahren die Zeitung ohne Brille lesen können, ja sogar noch, ohne Potenzprobleme, Sex haben können. Einiges davon ist nachgewiesen, so die Tatsache, dass dort so wenige Menschen krank sind. Oder waren. Genau da liegt vielleicht der Haken. Einmal geboren, hält sich ein Mythos lange. Vielleicht war Vilcabamba tatsächlich einmal ein Gesundheitsparadies. Man fand damals, als man sich vor fünfzig, sechzig Jahren an die Erforschung der Ursachen machte, dass diese in Wasser, Luft und Klima liegen mussten. Schon war der Mythos für die nächsten Jahrhunderte gefestigt. Ich persönlich war vom Tal der Alten ein wenig enttäuscht, hatte ich doch ein Bild, das über pures „einfach nur alt werden" hinausging, hatte geglaubt, dort Männer und Frauen anzutreffen, die superfit aussähen und eine Art Jungsein ausstrahlten, so wie man es auf den Fotos von Okinawa sieht. Doch was ich vorfand, waren alte Menschen, die genauso alt aussahen, wie sie waren, die oft nicht gerade fröhlich wirkten und auch nicht immer hundertprozentig gesund zu sein schienen. Das läge daran, dass die Ausländer oben an der Quelle im Wasser badeten und es somit für alle verschmutzten, erzählte mir Noé Armijos aufgebracht. Deswegen gebe es heute Krankheiten. Er selber sei heute, mit seinen 86 Jahren, nicht mehr stolz auf sein Alter. Die 88-jährige Erminia gab zu, dass sie jetzt nicht mehr ohne Brille lesen könne und der 89-jährige Ernesto Carpio klagte über seine schlechten Augen und über das Asthma, und generell darüber, dass das Alter nicht lustig sei, „weil man dauernd ein anderes Wehwehchen hat". Das Szenario vom Gesundheitsparadies schien mir ein wenig wacklig auf den Beinen zu sein, genauso wie die phantastischen Alterszahlen. Ich gewann den Eindruck, dass die Bewohner von Vilcabamba sich gelegentlich einen Spaß daraus machen, Besuchern etwas vorzuflunkern. Ich habe viele Jahre in Ekuador gelebt, war damals aber nie dazu gekommen, Vilcabamba zu besuchen. Das holte ich mit dieser Reise im Jahr 2010 nach. Aus den lokalen Dokumentationen zu den Alten von Vilcabamba hatte ich mir die Fotos verschiedener Personen und deren kurze Biographie mit jeweiliger Altersangabe angesehen[376]. Da wäre zum Beispiel Augustin Jaramillo, laut lokaler Dokumentation (aus dem Jahr 2009) 98 Jahre alt, und Ernesto Carpio, 91 Jahre alt. Als ich Ernesto Carpio besuchte, sagte er mir, er sei 89 Jahre alt, obwohl er zu diesem Zeitpunkt 92 Jahre alt hätte sein müssen. Ich sprach ihn auf Augustin Jaramillo an, jeder kennt dort ja jeden. Laut lokaler Dokumentation hätte Jaramillo nun 99 Jahre alt sein sollen. Doch Ernesto sah mich erstaunt an: „Was!" rief er aus. „Der ist doch keine 99! Der war doch in der Schule unter mir. Der ist jünger als ich." Nun denn, also vielleicht doch nur 87 statt 99? Einem Journalisten der Berliner Zeitung wie auch einem Kollegen der Süddeutschen Zeitung [377] erzählte Jaramillo im übrigen, er sei 96 Jahre alt. In seinem Ausweis scheint als Geburtsjahr 1913 zu stehen, den ließ der Journalist der Süddeutschen sich offenbar zeigen. Dennoch bleibt ein verwirrendes Gefühl zurück. Es ist erstaunlich, dass ausgerechnet Augustin Jaramillo in allen möglichen Berichten über Vilcabamba auftaucht. Der Journalist von der Süddeutschen Zeitung unterstrich den rundum tollen gesundheitlichen Zustand von Jaramillo, auch die Tatsache, dass er kein Hörgerät brauche. Doch siehe da: den Kollegen von der Berliner Zeitung scheint Jaramillo plötzlich kaum zu verstehen. Er sei zu taub, um die Fragen zu verstehen, schrieb Wolfgang Kunath, besagter Journalist der Berliner Zeitung. Gerade er hatte aber auch ein paar Zweifel, wie es scheint. Vielleicht waren es genau diese möglicherweise unbequemen Fragen, die Jaramillo taub werden ließen… „Manchem, der von draußen kam, fiel auf, dass die Greise kein Aufhebens machten um ihr Alter. Dass es etwas Besonderes sein könnte, brachten ihnen erst die Nachforschenden bei", schreibt Kunath und fügt etwas zweifelnd hinzu, „könnte es sein, dass sie angeben, um die Fremden zu beeindrucken?"[378] Ja, das könnte es durchaus, wie ich mit einem konkreten Beispiel bestätigen kann. Als ich einmal in einem Taxi aus dem Dorf fuhr und wir an einer Mechanikerwerkstatt vorbeikamen, sagte der Fahrer zu mir: „Maximo, der ist 120 Jahre alt. Sehen Sie, wie toll der noch aussieht und wie der arbeiten kann!" Ich blickte auf den Mechaniker, schätzte ihn zwischen 65 und 75. „Niemals im Leben!", antwortete ich dem Taxifahrer. „Wir können ihn auf dem Rückweg fragen", meinte dieser, wohl in der Meinung, ich würde darauf verzichten. „Genau das werden wir tun", antwortete ich. Als wir auf dem Rückweg waren, wollte der junge Mann an der Werkstatt vorbeifahren. „Nein", sagte ich, „wir werden hier anhalten und fragen, genauso wie Sie es vorgeschlagen hatten." Er zögerte, kam dem aber nach. Pfiffig und schnell von Begriff, ging Maximo sofort auf das Spiel der angeblichen 120 Jahre ein. Klar sei er so alt. Ich sah ihn nur an und sagte: „Sie erzählen mir Märchen. Sie sind höchstens 75." Überrascht ließ er den Vierkant-schlüssel sinken, den er in der Hand hatte. Plötzlich kippte der Spaß an der Touristengaukelei in Mannesehre um. „Ich bin bloß 70", meinte er etwas pikiert, jetzt eher darauf erpicht, jünger zu sein, als man ihn, in einem ganz anderen Kontext, eingeschätzt hatte. Nun ja, letztlich ist es auch beeindruckend, einen wirklich fitten, muskulösen 70-Jährigen an einem Motor herumschrauben zu sehen. Und natürlich stimmt es, dass viele Menschen dort früher keine Krankheiten im Alter hatten, und es stimmt gewiss auch, dass viele alt werden und bis ins hohe Alter noch aufs Feld gehen, so wie in anderen armen Ländern auch. Bleibt abzuwarten, ob die Fremden, die sich dort niedergelassen haben, wirklich alle hundert Jahre alt werden. Insofern sollte man sich das Auswandern dorthin gut überlegen.

Aber vielleicht hatten Sie ohnehin nicht vor, sich in Frankreich niederzulassen oder nach Vilcabamba auszuwandern. Dann wer-den Sie sich vermutlich damit auseinandersetzen, wie Sie das Alter, im ganz normalen Lebensumfeld, leben und erleben wollen. Nicht alle Menschen möchten sehr alt werden. Doch alle möchten

„gut" alt werden, also das Alter, das ihnen zustehen wird, sei dies kurz oder lang, gut und glücklich leben. Was genau wollen wir aber, wenn wir an ein gutes Alter denken? Da man sich in der Vergangenheit überwiegend mit den Problemen des Alters befasst hat und der Blick auf die Potenziale erst in letzter Zeit mehr und mehr in den Vordergrund rückt, ist es vielleicht vielen nicht wirklich klar, was genau sie als „gutes Alter" anvisieren. Es gibt verschiedene Optionen, die sich zwar nicht gegenseitig ausschließen, dennoch unterschiedliche Wünsche und Zielvorstellungen deutlich werden lassen: ein möglichst hohes Alter erreichen, im Alter gesund sein und bleiben, im Alter zufrieden leben können, das Alter selbstbestimmt leben, im Alter noch nützlich sein, im Alter aktiv sein, sich bis ans Ende seiner Tage noch als Individuum mit einer ureigenen Bestimmung voll entfalten und auch im Alter noch darin ausdrücken. Mir scheint, dass die Wege dahin unterschiedlich verlaufen, auch wenn sie sich dabei teilweise überschneiden.

Sind es die Gene, die einem in Zukunft helfen werden, oder eher die Ernährungstipps der Hundertjährigen? Ist Asketentum angesagt oder eher Genuss und Spaß am Leben? Vermutlich wurde schon im Verlauf des Buches bis hierher deutlich, dass ich persönlich nicht so sehr an Gene und Ernährung als allmächtige Faktoren glaube. Doch ich will sie an dieser Stelle nicht unterschlagen. Vielleicht hilft es dem einen oder anderen, diesen Überzeugungen zu folgen. Einfach wird es jedoch nicht sein, so viel sei schon dazu gesagt. Nehmen wir die Gene. So das famose Foxo A3, das die Kieler Forscher entdeckt haben und das für Langlebigkeit verantwortlich sein soll. Foxo A3, so sagen sie, das hätten viele Japaner und „einige Europäer". Was aber, wenn man nicht zu diesen privilegierten Europäern gehört? Das Gen im Naturzustand hilft uns also nicht viel weiter. Wir könnten höchstens auf die Genforschung bauen, die eines Tages vielleicht Mechanismen entdeckt, wie das Altern der Zellen gestoppt werden kann. So wurde bereits festgestellt, dass die Lebenserwartung der Hefe auf das Zehnfache verlängerbar ist, wenn zwei Gene ausgeschaltet werden. Wer aber wollte auf so ein unsicheres Morgen warten, zumal nicht sicher ist, ob der Mensch genauso wie die Hefe reagieren mag. Generell stellt sich auch die Frage, ob man die genetischen Effekte nicht überschätzt. Wie wir in einem der vorhergehenden Kapitel gesehen haben, sagt eine Vertreterin der Kieler Forschergruppe, dass Foxo A3 unser Alter nur zu 30% bestimmt.[379] Es würde uns also, selbst wenn wir es hätten, nicht automatisch zu glücklichen Methusalems machen. Vielleicht ist es doch ratsamer, das Augenmerk stärker auf den Lebensstil zu richten und weniger auf die Gene.

Mettbrötchen, Wassermelonen oder Whisky – alt werden nach welchem Rezept?

Na also, da haben wir es. Selbst dann, wenn man zu den glücklichen Foxo-Besitzern gehören sollte, gibt es höchstens 30% Wahrscheinlichkeit für langes, gutes Leben. Also doch lieber den Tipps der Hundertjährigen folgen? Möglichst auch solcher Hochbetagter, bei denen man weiß, dass ihr hohes Alter *nicht* an den Genen liegt. Da gab es doch den „alten Mann aus Menorca", der mit 101 Jahren noch Rad fuhr und fit war bis zum Schluss. Er wurde 114 Jahre alt, hatte einen 101-jährigen Bruder, Schwestern im Alter von 81 und 77 Jahren und einen Neffen von 85 Jahren. Als die Universität von Barcelona die Familie untersuchte, konnten sie keinerlei Hinweise auf eine Gen-Besonderheit finden. Die Mittelmeerkost und die Bewegung seien es wohl gewesen, so das Resümee. Gern wollen wir den Spaniern glauben, denn Tapas, Rotwein und Olivenöl, das klingt interessanter, und vor allem: machbarer, als mysteriös unsichtbare Gene. Doch auch damit kommen wir in die Bredouille. Denn bereits die nächsten Alten raten zu ganz anderen Dingen. Auch sie haben es weit gebracht, obwohl deren Tipps zum Teil recht seltsam klingen. Chester Reed aus den USA zum Beispiel. Er ging Anfang des Jahres 2010 mit 95 Jahren in Rente. Er war in seinem Leben nie krank und will jetzt reisen, bis er 100 ist. Chester Reed schwört auf Wassermelonen, daneben auf basisches Wasser und täglich ein Zwiebelsandwich mit Mayo. Wassermelonen, das ginge ja noch als Lebensrezept, aber Zwiebelsandwich mit Mayo? Da hört sich ein Tipp aus Brasilien doch etwas normaler an. Maria Olivia da Silva wurde 129 Jahre alt. Sie erschien im Jahr 2009 in den Medien als die älteste Frau Brasiliens mit fast 400 Nachkommen. Klingt doch recht ermutigend. Die Chance, dahin zu kommen, hätte man mit „Reis, Bohnen und Bananen". Normaler als ein Zwiebelsandwich mit Mayo. Aber ein Menü bis ins hohe Alter?

Vielleicht doch lieber nach Japan blicken. Tomoji Tanabe war dort im Jahr 2008 der älteste Mann der Welt. Er starb mit 113 Jahren. Sein Geheimnis hört sich spartanisch an. „Weder rauchen noch trinken", so sagte er, das sei das Geheimnis seines langen Lebens. Nun, das war es vermutlich nicht, was wir zu hören wünschten. Wir dachten eher an Sushi und Algen, die als Lebensverlängerer so hoch gepriesen werden, vielleicht auch an Tai Chi oder meditative Versenkung. Das ließe sich immerhin noch mit einer gelegentlichen Zigarette und einem Gläschen Wein verbinden. Doch seien Sie beruhigt, Henry Allingham bringt alles ins Lot. Auch der Brite wurde, genauso wie unser asketischer Japaner, 113 Jahre alt. Sein Lebensmotto hört sich aber ganz anders an. Die Frage nach seinem Rezept soll er einmal augenzwinkernd beantwortet haben mit: „Zigaretten, Whisky und wilde, wilde Frauen". Die wilden Frauen fallen schon mal für das Gros der Frauen weg, und sollten eigentlich auch für verheiratete Männer tabu sein. Bleiben der Whisky und die Zigaretten. Dabei fällt einem sofort das Bild der Französin Jeanne Calment ein, das oft genug durch die Medien ging und sie mit der Zigarette im Mund zeigte. Sie wurde 122 Jahre alt, rauchte noch bis zum Alter von 117 Jahren. Ihr gleich tat es auch der Kubaner Gregorio Fuente, den man mit 104 Jahren, kurz vor seinem Tod, noch mit Zigarette abgebildet sah. Und was den Whisky angeht, sagte die 101-jährige Phyllis Self aus England es mir persönlich: sie trinke gern jeden Abend ihr kleines Gläschen. Von den Ukrainern, die in der Fama stehen, hundert Jahre und älter zu werden, weiß man es schon lange: der Wodka gehört dort zu den Grundnahrungsmitteln. Sah man nicht auch auf dem Video von Antisa Chwitschawa aus Georgien, die 130 Jahre alt sein soll, wie die Enkel ihr das Schnapsgläschen ans Bett brachten? Wer weiß, vielleicht war es auch nur Medizin im Schnapsglas. Doch fest steht, dass es genügend Menschen gibt, die trotz Whisky und Zigaretten alt geworden sind. Nun ja, dass man *trotz* Rauchen und Trinken alt werden kann, ist bekannt. Doch Rauchen und Trinken als *Rezept* für hohes Alter?

Vielleicht doch lieber das ganze Leben lang sich von Fisch ernähren wie Connie Brown, die damit 102 Jahre alt wurde? Bekanntlich ist Fischessen supergesund und soll darüber hinaus auch noch die Intelligenz steigern. Was aber für den, der keinen Fisch mag?

Somit haben wir die Runde um den Erdball gedreht, von Spanien über die USA und Brasilien hinüber nach Japan und wieder zurück in Richtung England, Frankreich, mit Abstecher nach Kuba und Georgien. Und wir sind schlau wie zuvor. Es sei denn, wir entscheiden uns, es unserem eigenen Landsmann nachzutun. Robert Meier, in 2006 der älteste Mann Deutschlands, soll, einem Artikel aus der *VdK-Zeitung* zufolge, mit 109 Jahren noch beste Blutwerte, ein starkes Herz, kein Übergewicht, gesunde Knochen und geschärfte Sinne gehabt haben.[380] Das klingt vielversprechend: nicht nur alt, auch top-gesund. Das Gute daran: sein Rezept klingt richtig deutsch. „Wenn Sie so alt werden wollen wie ich", sagte er, „dann essen Sie Haferflocken. Die sind mein Geheimrezept." Auch Brot mit Zwiebelmett esse er gern und natürlich dazu ein kühles Pils. Die Haferflocken solle man aber ohne Obst essen, fügt er an, denn „zu viel Gesundes ist auch nicht gesund." Na, wenn's ein Hundertneunjähriger sagt. Auch Schokolade soll er gern gegessen haben und die macht ja ohnehin glücklich, wie wir wissen. Außerdem bringt uns die Schokolade so langsam auf die richtig angenehmen Ernährungspisten, auf denen zum Beispiel die 111 Jahre alte Berlinerin Irmgard von Stephani wandelte. Sie aß jeden zweiten Tag ein Stück Torte und trank ab und zu auch ein Glas Wein.

Sie sehen: so richtig eindeutig scheint es auf der Ernährungsspielwiese der Hundertjährigen nicht zuzugehen. Damit wären wir wieder am Anfang, nur um einiges verwirrter als zuvor. Der

Frust über Rezepte und Ernährungstipps fürs Altwerden bekam im Kommentar eines Internet-Users zum Thema Ernährung und Alter statistisch gesehen Schützenhilfe. Wenn alle äßen, was ein Hundertjähriger isst, so schrieb er, würden von 100 Menschen trotzdem noch 99 im Alter von 75 Jahren sterben. In der Tat garantieren uns die Wassermelonen das hohe Alter vermutlich genauso wenig, wie der Whisky dieses unmöglich macht. Und was das Olivenöl anbelangt, weiß man am Ende auch nicht mehr, wem man glauben soll. Erschien doch kürzlich ein Artikel im Internet, der das „Mythos Olivenöl" gründlich aus den Angeln heben will. Dass Olivenöl das gesündeste Öl von allen sei, so heißt es darin, gehe auf Studien der sechziger und siebziger Jahre zurück, in denen Wissenschaftler beobacht hätten, dass Italiener und Griechen seltener herzkrank wurden. Heute wisse man, dass Olivenöl nur reich an einfach ungesättigten Fettsäuren ist, man brauche für die Gesundheit aber auch mehrfach ungesättigte Fettsäuren. Es ist eben wie überall: Forschung findet das zu ihrer Zeit richtige heraus. Was man später daraus macht, liegt bei einem selbst.

Das soll nun nicht heißen, dass gute Ernährung wie auch Sport oder andere „vernünftige" Dinge nicht förderlich seien. Gott bewahre! Niemand soll behaupten, dieses Buch hätte vernünftigem Tun keinen Wert beigemessen oder gar davon abgeraten. Es soll ihm nur den Nimbus des Allheilmittels nehmen, zumal eines verallgemeinerten Allheilmittels. Natürlich gibt es Studien zu Ernährung und Gesundheit, die zu bestätigen scheinen, dass „vernünftiges Verhalten" das Leben verlängert. Brandneue Erkenntnisse sagen uns, dass wir erheblich länger leben können, wenn wir uns nur vernünftig ernähren. Ein schwedisches Gesundheitsinstitut hat herausgefunden, dass durch schlechte Ernährung knapp zehn Prozent an Lebensjahren verloren gingen. Ein Ernährungswissenschaftler aus Jena wandelt dies in die verlockende Aussicht um, bei richtiger Ernährung „auf einen Zuschlag von bis zu 20 Jahren hoffen" zu dürfen.[381] Das klingt phantastisch, wobei Ergänzungen in derselben Meldung uns gleich wieder in Panik stürzen. „Nach Angaben der Deutschen Gesellschaft für Ernährung (DGE)", so heißt es darin, „sind ernährungsbedingte Krankheiten für zwei

Drittel der Todesfälle verantwortlich." Zwei von drei Menschen sterben, weil sie falsch essen? Entsetzliche Erkenntnisse wie diese würden wir uns doch lieber ersparen.

Auch eine andere Studie beschäftigte sich mit dem Tod: eine Langzeitstudie aus dem Jahr 1993, von der *Welt online* in 2008 im Internet berichtete. Bei dieser Studie wurden 20 000 Personen über 45 Jahre befragt und Sterbefälle bis 2006 ausgewertet. Die Forscher kamen zu dem Fazit, dass vier Regeln offenbar das Leben um 14 Jahre verlängern: nicht rauchen, etwas Sport treiben, nur mäßig Alkohol trinken (2 Glas Wein am Tag) und täglich 5 Portionen Obst und Gemüse essen. Schaut man sich dann aber eine Statistik aus Italien an, beginnt man sich erneut Fragen zu stellen. In Italien liegt die Lebenserwartung um einiges höher, als es der europäische Durchschnitt ist, und besagte Statistik stammt aus der demographisch gesehen „ältesten Region" Italiens, Ligurien. Dort rauchen die Alten tatsächlich wenig und trinken auch kaum außerhalb der Mahlzeiten Alkohol. Doch 61% treiben gar keinen Sport und 93% (!) folgen nicht dem „five per day"-Prinzip, also den 5 Portionen Obst und Gemüse am Tag.[382] Der Kreis schließt sich und wir könnten uns die Frage stellen: spielt vielleicht nicht doch das Olivenöl seine famose Rolle?

Sport und Bewegung, wichtige Elemente der Gesundheit, so heißt es. Es ist wahr, ich habe ihnen bis hierher wenig Raum gegeben, vielleicht auch, weil sie bei vielen Alten nicht in den Vordergrund gestellt wurden, oft nicht einmal erwähnt wurden. Es gibt die Meinung: Bewegung sei alles, und natürlich kann man dem nur zustimmen, dass Bewegung fit und gesund erhält. Auch dazu hätten wir ein richtiggehendes Modellpaar: das Ehepaar Fuchs aus Pforzheim, sie 90, er 91 Jahre alt, beide superfit, wie der Artikel in der Pforzheimer Zeitung betonte.[383] Mit dem Ehepaar Fuchs haben wir schlichtweg die Optimalpalette an vernünftiger Einstellung: sie essen nicht nur jeden Tag Obst und Gemüse – ihr Leben ist Bewegung pur! Das geht schon am Morgen los, mit Gymnastik – vor dem Frühstück wohlgemerkt. Zum Einkaufen geht es zu Fuß mit Rucksack, die Treppen zur Wohnung im dritten Stock steigt man täglich hinauf. Der große Garten wird vielleicht am Nachmittag bewirtschaftet und abends geht es zum Tanzen. Da muss jedem Mediziner das Herz aufgehen! Freilich ist so viel Bewegung nur zu schaffen, wenn Leidenschaft im Spiel ist. Und das ist sie hier, denn der alte Herr hat zeitlebens Sport getrieben, war lange Jahre Handballtrainer. Er hat mit 80 Jahren die Prüfung zum Gleitschirmfliegen abgelegt, was ihn umgehend ins Guinness-Buch der Rekorde beförderte, und ist heute noch in elf Vereinen Mitglied. Mit über 60 Jahren beteiligte er sich, zusammen mit seiner Frau, an der Gründung eines Tanzsportclubs, dem 10 Jahre später ein zweiter folgte. In diesem sind sie heute das älteste Tanzpaar. Bewundernswert, in der Tat. Nur: wer soll ihnen das alles nachtun? Zu Fuß einkaufen mag noch angehen und Tanzen ist natürlich auch phantastisch, wenn man denn jemand hat, der mit einem tanzt. Aber Gymnastik vor dem Frühstück? Das klingt in manchen Ohren sehr nach Märtyrertum. Da erscheint die Definition von Bewegung, die einmal in der Zeitschrift *Zeit Wissen* zu lesen war, doch erheblich reizvoller. In einem Artikel mit dem Titel „Glücklich länger leben" werden unter anderem 6 Tipps für ein längeres Leben gegeben. Der erste dieser 6 Tipps lautet: „Wer häufig Sex hat, lebt länger. Was nach einer „Bild"-Schlagzeile klingt, hat einen wahren, aber profanen Kern: Sex ist Bewegung und erhöht den Puls – das hält fit."[384] Das wiederum könnte erklären, warum die Italiener älter werden, obwohl über 60% keinen Sport treiben: wir haben ja im Kapitel über Italien erfahren, dass sie stolz darauf sind, diese Art von „Bewegung" bis ins Alter hinein gut zu beherrschen.

Jenseits von Genen und Ernährung – worum geht es uns, wenn wir nach Rezepten für ein gutes Alter suchen?

Die Kapitel bis hierher machen deutlich, wie fraglich es ist, nach Rezepten fürs Altwerden zu suchen. Auch wenn diese Methusalems 109, 113, 122 oder gar 130 Jahre alt geworden sind, wird sich dennoch kein vernünftiger Mensch nun daran machen wollen, sich in Zukunft von Mettbrötchen, Reis mit Bohnen oder Wassermelonen zu ernähren, auf die Wunderkraft des Whisky zu zählen oder bedingungslos an Haferflocken ohne Obst zu glauben. Wie man es mit dem Olivenöl halten soll, weiß man nicht, und von früh bis abends Sport treiben, ist auch nicht jedermanns Sache. Solche Rezepte sind einfach deswegen nicht möglich, weil sie eine zu isolierte Betrachtungsweise darstellen. Das Leben verläuft bei jedem Menschen anders, jeder folgt eigenen Wertungen, Verhaltensweisen oder Überzeugungen. Was für den einen wichtig und wohltuend ist, kann für den anderen völlig abwegig und damit unter Umständen negativ sein. Und schließlich kann man unabhängig davon annehmen, dass jemand, der seinen Whisky am Abend mit großer Freude genießt, vermutlich mehr positive Essenz in sich ansammelt als jener, der jeden Tag gezwungenermaßen Haferflocken in sich hineinschaufelt, weil diese eben so gesund sind. Ein Manko haben die meisten der biologisch ausgerichteten Studien: sie erfassen nicht die Gesamtheit der Lebenssituation der Personen, die untersucht werden, erfassen nicht alle Faktoren, die eine Wirkung haben. So wird, wie wir gesehen haben, auch in Hundertjährigen-Studien, wie zum Beispiel jenen zu Okinawa, der Fokus überwiegend oder sogar ausschließlich auf Ernährung, Bewegung, Klima oder Schlafgewohnheiten gerichtet. Selten lässt man sich darauf ein, in diesem Zusammenhang auch nach Lebensmut, Optimismus, Spiritualiät oder ähnlichen Faktoren zu fragen. Manchmal würden selbst die Befragten es nicht erwähnen, weil sie ebenso wie die Allgemeinheit auf die *hardware* des Sichtbaren und Nachweisbaren getrimmt sind. So George Dawson, der 103 Jahre alt wurde. Bis zuletzt hatte er einen geraden Rücken, seine eigenen Zähne und eine feste Stimme. In einem Interview mit der italienischen Zeitschrift *Oggi* sagte er, dass es sein gesunder Lebenswandel sei. Er stehe jeden Morgen um 5 Uhr auf, rauche nicht und habe 1928 das letzte Mal Alkohol getrunken. Der Journalist aber, der ihn interviewte, schrieb, dass es etwas gebe, was noch viel überraschender sei: die Fröhlichkeit von Dawson und dass er so vollkommen frei sei von Groll und Bitterkeit, obwohl sein Leben alles andere als Zuckerschlecken gewesen sei. Er hatte noch zu Zeiten des Ku-Klux-Klan die Rassendiskriminierung erlebt, musste als Vierjähriger sklavischen Dienst tun, auf den Plantagen der Weißen Baumwolle pflücken und Zuckerrohr pressen, und schuftete danach im Gleisbau. Und er hat vier Ehefrauen vor sich sterben sehen.

Auch bei Ilse Pätau könnte man mit einer oberflächlichen Betrachtung vielleicht in die Irre gehen. Sie gewann im Jahr 2003 mit ihren 79 Jahren den Schönheitswettbewerb „Miss Senior Berlin" – und das gegen bis zu 20 Jahre jüngere Kandidatinnen. Dabei ging es nicht um Körpermaße, sondern um Stil, Charme, Haltung, Schönheit und Ausstrahlung. Ilse Pätau beeindruckte alle, und alle wollten wissen, wie sie das gemacht habe. Auch sie begann damit aufzuzählen: Gymnastik, Tanz, Bewegung, kein Alkohol, kein Fleisch, kein Zucker, kaum Fett. Würde man hier nun einen Punkt setzen, wäre das die Empfehlung für schönes, topfittes Alter. Doch es gibt einen Zusatz: „Ich habe immer alles mit Freude gemacht", sagt sie. „Und Selbstbewusstsein ist wichtig. Mit Haltung durchs Leben gehen, innerlich und äußerlich." Weiß man denn, ob Faktoren wie Fröhlichkeit, positives Denken, Verzeihen, Liebe, Selbstbewusstsein nicht neben Ernährung und Bewegung mindestens ebenso bedeutend, vielleicht sogar ausschlaggebend sind?

So lenken Drake und Middleton in ihrem Buch den Fokus woandershin: „In ein jüngeres Aussehen zu investieren, zählt nicht viel, wenn Sie im Kopf alt bleiben", schreiben sie. „Wir wären die letzten, die etwas gegen sportliche Betätigung und gesunde Ernährung sagen würden, aber diese Strategien sind nur die Grundlage; sie gehen nicht weit genug, Ihnen zu helfen, ein junges Leben zu führen."[385] Vielleicht kommen wir damit den grundsätzlicheren Faktoren ein wenig näher. *Zufriedene Alte leben länger*, so war ein Artikel aus dem Jahr 2002 überschrieben, in dem von Wissenschaftlern der Yale-Universität berichtet wurde, die 23 Jahre lang über 600 Personen zu ihrer Einstellung zum Alter befragt hatten.[386] Das Ergebnis: wer sein Alter als Last empfand, starb im Durchschnitt sieben Jahre früher als sein zufriedener Altersgenosse. „In der Statistik schlägt damit Unzufriedenheit mehr zu Buche als ein zu hoher Blutdruck oder Cholesterinspiegel. Diese verkürzen das Leben durchschnittlich um vier Jahre", lautete das Fazit. Drei Jahre gerettet durch Optimismus und Frohsinn! Was progressive Wissenschaftler herausfinden, hat so manch einer schon immer gewusst. Ein Clown zum Beispiel.

Der gebürtige Russe Oleg Popow ist ein solcher Clown. Mit nunmehr 80 Jahren tritt er immer noch auf. So ging er im Dezember 2010 mit dem Großen Russischen Staatszirkus auf Deutschlandtournee. Zeit seines Lebens hatte er eine eiserne Gesundheit, trotz des äußerst unsteten Zirkuslebens, trotz unregelmäßiger Mahlzeiten und großer Strapazen monatelanger Tourneen. „Wenn ich Ihnen einen Ratschlag geben darf", sagte er in einem Interview gegenüber der Zeitung *Neues Deutschland*, „ein Leben mit Humor und einer positiven Lebenseinstellung trägt sicher zu einem langen Leben bei."[387] Oleg Popow ist ein Clown, doch keiner der ulkigen. Er lässt das Publikum mit ihm lachen, nicht über ihn, fängt Sonnenstrahlen ein, um sie anschließend im Publikum auszuschütten. Situationskomik mit Herz und Tiefgang. Er hat den Ruf eines „Zirkus-Poeten". Der große Pantomime Marcel Marceau soll über ihn gesagt haben: „Sein Humor ist naiv, sanft und verträumt. Bosheit und Grausamkeit kennt er nicht."[388] Und noch etwas charakterisiert den 80-jährigen großen Artisten: er ist bereit, sich stets Neuem zu öffnen. Obwohl seine Sonnenstrahlnummer ein publikumsträchtiger Evergreen ist, auf den er bauen kann, geht er immer wieder auf die Suche nach Neuem, Aktuellem. „Alles ändert sich, die Mode, die Musik, wir doch auch", sagte er in einem Interview mit der Zeitschrift *Mobil*.[389] Und so arbeitet er an neuen Pointen, auch wenn er sich auf den alten ausruhen könnte.

Es scheint interessant zu werden bei der Entdeckungsreise nach dem Rezept für glückliches Altern. Bleiben wir in der Branche. Kein Clown, aber ebenfalls Zirkusartist: Konrad Thurano. Er starb kurz nach seinem 98. Geburtstag. Bis dahin aber war er aktiv als wohl ältester Seiltänzer der Welt. Er hatte kein besonderes Rezept für Gesundheit, aß normal und machte auch nur ein paar Kilometer auf dem Heimtrainer, so berichtete der *Fränkische Tag* anlässlich seines 98. Geburtstages im Jahr 2007. Ein Jahr davor schrieb *Stern Online*, Thurano strahle immer noch Abenteuer, Vitalität und grenzenlosen Optimismus aus. Seinen Beruf liebe er auch heute noch genauso wie zu Beginn. „Der Beruf lag in mir", sagte Thurano, der seine Entscheidung für das Artistenleben nie bereut hat. „Wenn ich noch einmal lebe, würde ich dasselbe wieder machen."[390] Fröhlichkeit und einen Beruf, den man über alles liebt – auch das ein mögliches Rezept für gutes, hohes Alter. „Was kann es besseres geben als in fröhliche Gesichter zu sehen?", fragt Thurano. „Immer fröhlich sein, vielleicht wird man dann 100."[391] Nun, er hat es nicht ganz geschafft, aber mit 98 ist er nicht mehr weit davon entfernt gewesen.

Frohsinn, Optimismus, ein von Sinn erfülltes Leben. Die letzten Beispiele weisen über biologische Faktoren hinaus. Denn selbst wenn man den Körper lange gesund erhalten kann, wer sagt, dass dies gleichbedeutend sei mit Glück? In diesem Sinne sind manche Appelle in Frage zu stellen, die man gern an das Alter richtet, zum Beispiel der Appell, dass Menschen im Alter „ruhig und gelassen" werden sollen. Ruhe und Gelassenheit scheinen nicht wenige als eine Art „Gütesiegel" des Alters anzusehen. Abgesehen davon, dass es dabei um Werte geht, die nichts mit dem Alter zu tun haben: warum um alles in der Welt soll ein temperamentvoller, lebenslustiger Mensch „ruhig und gelassen" werden, nur weil er die achtzig überschritten hat? Wer hat diese Regel aufgestellt und mit welchem Recht? Ein Mensch, der gerne lacht, tanzt, sich bewegt, der gerne ausgeht und sich unter Menschen glücklich fühlt, würde *seinem* guten Alter gewiss nichts Gutes tun, wenn er all dies einstellte, nur weil er alt wird. In ihrer Allgemeinheit stimmen so oft auch andere Thesen nicht, wenn man sie nur gegentesten wollte. So zum Beispiel heißt es oft, Ruhe und eine gesunde Umwelt seien eine der Ursachen für hohes Alter. Doch dann hört man aus Kuba, dass dort 1800 Menschen leben, die über hundert seien, von denen zwei Drittel in städtischen Gebieten leben. Erst kürzlich ging die Meldung durch die Presse, dass die älteste Frau der Welt – eine Kubanerin, die laut Ausweis am 2. Februar 1885 geboren wurde – ihren 127. Geburtstag gefeiert habe.[392] Wer von kubanischer Lebensweise eine ungefähre Vorstellung hat, weiß, dass weder kubanisch noch kubanisch-städtisch auch nur das Geringste mit ruhig und beschaulich zu tun haben.

Die französische Schriftstellerin Benoîte Groult, die bis heute, im Alter von 92 Jahren, spritzig jungen Charme ausstrahlt, wurde einmal gefragt, was das Geheimnis ihrer Jugend sei: „Unabhängig sein!", erwiderte sie. „Das ist die Quelle von allem. Und etwas machen, das man mit Leidenschaft macht. Ich hatte die Chance, nicht mit 55 Jahren in Pension gehen zu müssen, nicht vor die Tür gesetzt zu werden. Mein Unternehmen, das sind meine Leser und Leserinnen, die mir schreiben, die mir auf der Straße zuwinken, die mir Kraft geben. Daran halte ich mich fest, ich lasse so wenig wie möglich davon gehen, denn wenn man loslässt, nimmt man es nicht wieder auf. So fahre ich mit dem Fahrrad zu meinem Verleger. Der ist entsetzt. Ich merke, dass er nur Angst hat, sein Huhn zu verlieren, das goldene Eier legt. Aber ein Huhn fährt doch gar nicht Fahrrad!"[393] Das Huhn auf dem Fahrrad, genau das offenbart uns den jungen Geist, den humorvollen Esprit, der die alte Dame prägt, die so gar nicht alt zu wirken vermag.

Jugendliche Ausstrahlung, die von innen kommt

In diesem Buch übergehe ich Kosmetik und Schönheitschirurgie komplett, das hat bis hierher wohl jeder gemerkt. Das bedeutet nicht etwa im Umkehrschluss, dass es unwichtig ist, wie man im Alter aussieht. Im Gegenteil, Menschen hohen Alters, insbesondere Frauen, betonten, dass man auch im Alter auf sein Aussehen achten soll, sich nicht gehen lassen soll. Das schönste Beispiel dafür ist vielleicht die 100-jährige Emmely F., die im ZDF-Film *Und plötzlich war ich 100* vorgestellt wurde.[394] „Ich kann mich immer noch sehen lassen, hab' immer noch glatte Haut", sagte die ehemalige Geschäftsfrau stolz. Für ihre Lebensfreude und ihr

Aussehen werde sie von allen bewundert. Sie habe eine gute Figur, alles, was sie anziehe, sehe an ihr elegant aus. Emmely F. hat ihr Bedürfnis, sich schön zu machen, nie verloren und lässt sich auch mit hundert Jahren den Besuch in einem Kosmetikgeschäft nicht nehmen. Doch meines Erachtens liegt ein großer Unterschied darin, ob man auch mit hundert Jahren auf sein Aussehen achtet oder ob man Kosmetik nur als Mittel ansieht, um jung zu bleiben oder zu erscheinen. Eine Frauenzeitschrift startete vor nicht allzu langer Zeit eine Umfrage unter den Leserinnen und fragte, ob diese bereit wären, zehn IQ-Punkte abzugeben, wenn sie dafür schöner werden könnten. Über 1000 Frauen im Alter zwischen 25 und 45 wurden befragt. Das erstaunliche, in meinen Augen besorgniserregende Ergebnis: 65% wären bereit, auf einen Teil ihrer Intelligenz zu verzichten, wenn sie dafür schöner sein könnten.[395] Dazu passt eine Meldung aus dem Jahr 2010: Immer mehr Frauen lassen sich Botox spritzen, hieß es darin, die Zahl der Faltenbehandlungen mit Botox und Füllsubstanzen sei in 2009 um 50 Prozent gestiegen und die Patientinnen würden immer jünger.[396]

Aussehen scheint für die meisten Menschen wichtig zu sein. Vielleicht ist es uns weniger wichtig als den Italienern, aber es ist auch uns nicht gleichgültig. Was also kann man – oder noch mehr: frau – tun, wenn es im Alter nicht nur darum geht, gesund, fit und witzig zu sein, sondern frau gern auch als attraktiv gelten möchte. Wie kommt man dahin, im Alter so attraktiv zu sein wie eine Ilse Pätau, die mit 79 Jahren einen Schönheitswettbewerb gegen bis zu 20 Jahre jüngere Kandidatinnen gewinnt? Die Antwort darauf ist sehr kurz. Sie besteht aus zwei Worten: durch Selbstwertgefühl. Erinnern Sie sich daran, was Ilse Pätau anfügte, nachdem sie alles aufgezählt hatte, wodurch sie so fit geblieben sei: „Selbstbewusstsein ist wichtig", hatte sie angefügt. „Mit Haltung durchs Leben gehen, innerlich und äußerlich." Ob Sie es glauben oder nicht: Selbstwertgefühl hat magische Kräfte. „You need to be sexy at all ages (Sie sollten in jedem Alter sexy sein)", schreiben Drake und Middleton.[397] Das aber werde kaum durch Kosmetik und Schönheitschirurgie bewirkt, so fahren sie fort, denn diese seien relativ nutzlos als Strategie für ein spannendes Alter: sie seien, naja, eben genau das: „kosmetisch" und damit eine auf Wunschgedanken aufgebaute Illusion.[398] Anziehungskraft kommt von innen, von der Einstellung zum Leben, der Denk- und Lebensweise.

Einen wunderbar frechen und äußerst treffenden Artikel gab es dazu einmal in *Brigitte Woman*. „Ab 50 will uns keiner mehr, kein Mann, keine Firma. Ach wirklich? Rund 15 Millionen Frauen in Deutschland sind bereits über 50 Jahre alt. Das sollen alles Mauerblümchen sein?", so beginnt der Artikel von Vera Sandberg. „Wer keinen Bock auf sich selbst hat", fährt sie fort, „darf sich nicht wundern, wenn andere auch keinen Bock auf ihn haben. Jammern übers Altern stößt Jüngere ab, nicht das Datum im Personalausweis. [...] Es gibt Frauen, die sagen geradeheraus: „Ich bin 52!" Noch Fragen? Solche Frauen wirken niemals alt. [...] Keinen Mann? Na und? Wir können uns doch einen suchen. Klar streifen wohlwollende Männerblicke die Jüngeren öfter als uns. Aber Männer wollen nicht nur knackige Hintern und stramme Busen! Sie wollen auch Souveränität, spannende Gespräche und strahlende Augen. Niemand hat gesagt, dass diese Vorzüge mit den Jahren abhanden kommen. Im Gegenteil. Gérard Depardieu meint: ‚Die Libido einer 50-Jährigen ist viel interessanter als die einer 30-Jährigen.' Na also. Dieser Mann hat's kapiert. Und sicher ist er nicht der einzige."[399]

Ein flott von der Zunge geschriebener Artikel. Mir hat er gefallen. Es erinnerte mich an eine Unterhaltung, die ich als Vierzigjährige mit einer arbeitslosen Freundin hatte. Kultiviert, offen, auslandserfahren, Archäologin von Beruf und gerade einmal 41 Jahre alt, war sie dabei, sich auf eine Stelle als Bibliothekarin zu bewerben. Ich riet ihr, in ein professionelles Foto zu investieren, um einen guten Eindruck zu machen. Doch was erwiderte sie darauf? „Oh Gott, nein! Das kann ich nicht machen. Wenn die mich dann in Natur sehen, werden sie entsetzt sein!" Meine Einstellung dazu wäre eher: „So beeindruckend, wie ich in Natur bin, kann gar kein künstliches Foto von mir sein." Der Unterschied scheint nur im Denken zu liegen, doch unser Denken prägt unser Handeln und auf lange Sicht unsere Überzeugungen. Viele haben die Stereotype, die ihnen entgegengebracht werden, schon so verinnerlicht, dass sie diese selbst ausstrahlen. Ich persönlich bin überzeugt davon, dass man genau die Reaktionen von seiner Umwelt zurückbekommt, die man – bewusst oder unbewusst – selbst ausstrahlt. Wenn man sich selbst für alt und hässlich hält, werden andere dem wahrscheinlich folgen und genau das an uns als erstes sehen. Fachleute erklären diesen Mechanismus damit, dass Stereotype wachgerufen, also aktiviert werden müssen, um zu wirken. Unumstritten sei, dass jede Person aufgrund der Erscheinung, des Auftretens oder Verhaltens spontan und automatisch einer sozialen Kategorie (wie z.B. alter Mensch) zugeordnet werde und dass dies in aller Regel zur Aktivierung des entsprechenden Stereotyps führe, schreiben Filipp und Meyer hierzu.[400] Da aber jeder Mensch den unterschiedlichsten Kategorien angehöre und zugleich viele Merkmale besitze, sei es umso mehr von Interesse, auf welches Merkmal sich im gegebenen Fall die Kategorisierung stützt. In einfachen Worten ausgedrückt heißt dies: der Andere wird das als erstes sehen, was besonders sichtbar ist. Stehen Menschen in unseren Breiten einem Afrikaner gegenüber, wird ihnen garantiert das Merkmal „schwarz" schneller in Erinnerung bleiben als sein Alter. Begegnet einem eine korpulente Frau, die außerordentlich fröhlich und herzlich ist, wird man einem Dritten von einer toll fröhlichen Frau erzählen und vermutlich weniger davon, dass sie dick gewesen ist. Auf das Alter angewandt: zeigt man sich beschwingt, beherzt, kreativ, besonders intelligent oder sonstwie als auffallende Persönlichkeit, ist die Wahrscheinlichkeit, dass andere das Stereotyp „Alter" aktivieren, um ein Vielfaches geringer.

Man hört oft, dass Männer eine Frau über 50 nicht mehr ansähen, dass Frauen im Alter gar irgendwann einmal „unsichtbar" würden. Ich behaupte, dass es, auf diese Weise verallgemeinert, nicht stimmt. Ich selbst kann es, für meine Person, nicht bestätigen, halte es aber auch generell für unzutreffend. Natürlich gibt es Frauen, und vielleicht sind es sogar viele, die sich so fühlen und sich somit auch so verhalten, als seien sie nun ab 50 uninteressant geworden. Ganz so wie eine der Frauen aus einer Fernsehreportage, in der Frauen über 50 dabei begleitet wurden, wie sie auf Partnersuche gingen. Diese Frau, sie war Ende fünfzig und lebte in Berlin, war deprimiert, weil seit einigen Jahren kein Mann sie mehr ansähe. Sie versuchte dem mit auffälliger Kleidung entgegenzuwirken, was wiederum auf den Widerstand ihrer Tochter traf, die die präferierte Kleidung ihrer Mutter als „zu jugendlich" ansah. Nun, ein jugendliches Outfit allein wird keine echte Attraktivität herbeizaubern, wenn kein Selbstwertgefühl dahintersteht. So viel ist sicher. Da wird es einem schnell so ergehen wie all jenen, über die sich Journalisten, insbesondere der jüngeren Jahrgänge, gern mokieren: darüber, dass ältere Damen und Herren sich jung geben, sich auffällig schminken, kleiden oder frisieren. Überraschenderweise aber verstummen dieselben Journalisten bei ähnlich auffälligen Details in dem Moment, da sie einem durch und durch authentischen Menschen gegenübersitzen. Zwei interessante Beispiele hierzu, aufs Geratewohl herausgepickt: ein taz-Journalist, der die ehemalige Guerillakämpferin Simeona Punzalan Tapang interviewte, und das Interview einer Journalistin von *Brigitte Woman* mit der französischen Schriftstellerin und Feministin Benoîte Groult. Es scheint nicht gerade das Naheliegendste zu sein, eine 89-Jährige danach zu fragen, ob sie sich vorstellen könne, sich noch einmal zu verlieben oder danach, ob das sexuelle Begehren im Alter nachlasse. Die Journalistin stellte Benoîte Groult solche Fragen, weil deren ganze Person und Persönlichkeit sich genau für solche Fragen anbieten. Das Leben sprüht förmlich aus den Augen dieser witzig-charmanten, inzwischen 92-jährigen Französin, ihre Gesten sind die einer um gute zwei, drei Jahrzehnte jüngeren Frau. Ähnlich im Fall des taz-Journalisten, der im Jahr 2005 die 83-jährige Simeona Punzalan Tapang von den Philippinen porträtierte, die im Jahr 1945 eine Guerillaschwadron gegen die Japaner geführt hatte. Simeona Punzalan Tapang war als Kommandantin bis zum Rang eines Majors aufgestiegen. „So lebhaft wie sie noch heute gestikuliert, ist leicht vorstellbar, dass sie früher eine feurige Rednerin gewesen sein muss, die Bauern überzeugen konnte", schreibt der Journalist in seinem Bericht. „Spricht die 83-Jährige über den Guerillakampf, hört es sich an, als hätte sie ihr Leben lang nichts anderes gemacht."[401] Eine solche Frau darf dann auch mit 83 noch lackierte Nägel haben, ohne dass es anstößig wirkt. Wo sonst schnell Ironie aufkommen könnte, gelegentlich auch beißender Zynismus, wird hier ein ganz anderer Ton angeschlagen: „Die 83-Jährige hat auch dunkelrot lackierte Fußnägel. Das wirkt angesichts ihres hohen Alters weniger affektiert als eher pfiffig verspielt", heißt es weiter. Warum dies so ist, wird am Ende des Artikels von Simeona Tapang gleich selbst verraten: „1943 stand ich in der Blüte meiner Jugend. Wenn mich damals ein Mann von hinten sah, wollte er sofort mit mir anbandeln", sagt sie. „Sah er mich dann von vorn, verunsicherte ihn meine starke Ausstrahlung."

Das Beispiel von Simeona Punzalan Tapang – und es gibt weltweit etliche Simeona Tapangs unter den dynamischen Alten – zeigt, was Persönlichkeit zu bewirken vermag: man sieht zuerst die Ausstrahlung der Person und erst dann das Alter. Kategorisierung wird hintangestellt. Jeder hat bestimmt wenigstens einmal in seinem Leben einen alten Menschen getroffen, dem gegenüber er das Alter vergessen hat oder es ihm gleichgültig war, weil die Person vor ihm so spannend zu sein schien. Das hat zur Folge, dass auch Details anders zugeordnet, anders bewertet werden. So fällt der Kommentar des Journalisten beim Blick auf die rot lackierten Fußnägel von Simeona Tapang anders aus, als dies wahrscheinlich gegenüber einer Achtzigjährigen im Supermarkt der Fall gewesen wäre, die sich selbst alt findet, aber gern jung erscheinen möchte. Auch wenn unsere Umwelt stereotype Vorstellungen über das Alter im Kopf hat, heißt das nicht, dass diese auch automatisch uns gegenüber wirksam werden müssen. Wenn wir es schaffen, uns als Individuum zu zeigen, werden negative Stereotype uns gegenüber weniger schnell oder gar nicht zum Tragen kommen.

Ich bin insofern ganz und gar nicht der Meinung von Eva Jaeggi, die in ihrem Buch *Tritt einen Schritt zurück und du siehst mehr* schreibt: „Gibt es irgendeinen Trost für die verloren gegangene jugendliche Attraktivität? Man kann sich einreden, dass auch alte Gesichter schön sind. Manchmal stimmt es – aber die meisten von uns können mit der Veränderung ihres Aussehens nicht so positiv umgehen. [...] Nein, diese Verleugnungen helfen den meisten nicht

– weder den Männern noch den Frauen."[402] Natürlich, solange man es sich „einredet" ist es in der Tat eine „Verleugnung". Wie soll denn jemand anderes einen interessant finden, wenn man selbst Schönheit und Attraktivität auf Faltenfreiheit reduziert?

Es gibt ältere und alte Menschen, die eine solche Ausstrahlung haben, dass man die Falten oder grauen Haare förmlich „nicht sieht". Am Flughafen von Pisa sah ich einmal ein Plakat in der Größe von circa 4 x 2 Metern, mit dem Gesicht einer Frau, das von vielen Falten überzogen war, die langen, im Winde wehenden Haare waren grau. Der Ausdruck in ihrem Gesicht war schlichtweg umwerfend: sie war definitiv schön. Nebenbei bemerkt wäre es andernfalls ausgerechnet in Italien, dem Land mit dem Credo der Schönheit, nicht an der Wand gegangen. Ein andermal sah ich ein Foto von einem ebenso beeindruckenden Gesicht als Cover eines Magazins einer Krankenkasse. Da war ein Leuchten, eine Kraft von innen, die dieses Gesicht mit Falten wunderschön machte. Ich habe mir das Foto aufgehoben, es lohnt sich, so etwas öfter anzusehen. Wer gern eindrucksvolle Gesichter alter Frauen betrachtet, findet solche im Bildband der Fotografin Ute Karen Seggelke. Darin hat sie Frauen hohen Alters mit Fotos und deren Lebensgeschichten porträtiert. Ob es die Ballettmeisterin Irina Jacobsen ist oder die Kauffrau Else Davidsohn, die Übersetzerin Svetlana Geier oder die Pianistin Edith Kraus, die Schauspielerin Doris Schade oder die Politikerin Annemarie Renger – es sind schöne Gesichter. Es strahlt etwas aus ihnen: positiv gelebtes Leben, Sinn des Daseins, Selbstbewusstsein, Lebensfreude. Bei vielen hat es mit Geben zu tun: sie geben der Welt von ihren Fähigkeiten, von sich. So auch die 70-jährige Barbara Gladysch, eine der Nominierten für den *taz* Panther Preis 2010. Eine Frau, deren Ausstrahlung mich ebenfalls beeindruckte. Sie hat sich in der Hilfe für kriegstraumatisierte Kinder aus Tschetschenien engagiert. Sie war zu der Zeit siebzig, doch wenn man Fotos von ihr sah, blickte man auf neun von zehn Bildern in ein lachendes, strahlendes Gesicht. Sie habe sich ihre kindliche Anarchie bewahrt und wenn sie lache, so lache sie schallend und strahle meistens über das ganze Gesicht, so hieß es damals auf der taz-Panther-Webseite.[403] Die Ausstrahlung, die von innen kommt und schön werden lässt – ein Phänomen, das man oft antrifft bei Menschen, die sich mit Leib und Seele, mit Freude am Leben einer Sache verschreiben. Als ich vor vielen Jahren einmal das Foto der ägyptischen Frauenrechtlerin Nawal El Saadawi in einer Zeitung sah, war ich so beeindruckt, dass ich den Artikel ausschnitt und aufhob. Es zeigte eine 70-Jährige mit schlohweißen Haaren, deren Schönheit gefangen nahm. Die großen Augen schienen die einer spitzbübischen 15-Jährigen zu sein, Temperament und Power im Ausdruck hätten einer aktiven 30-Jährigen zugeschrieben werden können. Heute ist Nawal El Saadawi 80 Jahre alt und man sieht auf ihrer Homepage und im Internet Bilder einer nicht minder attraktiven Frau, deren schlohweißes, dichtes Haar nach allen Seiten absteht. Ihre Ausdruckskraft und ihr Temperament sind die einer viel jüngeren Frau. „I am so cheerful by nature I always wake up singing (ich bin immer so fröhlich, ich wache schon singend auf)", sagt sie von sich[404], und fährt fort, dass sie das wohl von ihrem Vater haben muss und ihrer Großmutter väterlicherseits, denn sie sei schon immer so gewesen, auch im Gefängnis. Auch das muss man dazu wissen: so „sorglos" diese mit Preisen und Ehrendoktorwürden ausgezeichnete Frau auch wirkt, sie stand schon auf der Todesliste der Fundamentalisten. Menschen wie sie sind authentisch, sind in hohem Maße „sie selbst". Ein viel zu wenig beachtetes Lebenselixier.

Man sollte nicht meinen, weil hier nur Frauen zitiert werden, gälten Schönheit durch Persönlichkeit und beeindruckende Ausstrahlung nur bei Frauen. Der im Jahr 2010 achtzig Jahre alt gewordene Verleger Hans-Joachim Gelberg kommt in der Beschreibung, die man von ihm gibt, einer Simeona Tapang oder Nawal El Saadawi schon recht nah. „Mein Verleger Hans-Joachim Gelberg gleicht keinem der Verleger, die ich sonst noch kenne", schreibt der Autor Peter Härtling. „Nein. Er sieht mit seinem Lausbubenkopf, diesem schönen, lebendigen, vom Leben gekneteten Jungengesicht, über dem sich Locken toll kräuseln, eher aus wie ein Tänzer, ein Artist, einer, der vielleicht am Abend im Zirkus als Clown auftreten wird, oder einer, der vor einem schwarzen Vorhang sieben Tauben aus den Taschen seiner weiten weißen Jacke zieht. Ich übertreibe – aber nur ein bisschen. So hab ich ihn gesehn und dachte mir: Der macht Bücher für Kinder."[405] Leidenschaftlich, wagemutig und immer neugierig verfolge der Herausgeber, Autor und Verlagsleiter sein ehrgeiziges Ziel, eine „neue Kinderliteratur" zu schaffen, so ein Magazin für den Buchhandel.[406] „Ein ‚bunter Hund' ist er. Und heute genau achtzig Jahre alt. Und immer noch neugierig, voller Staunen – Zum Kinde gereift", schreibt ein Blogger.[407]

„Zum Kinde gereift" – über diesen Ausdruck lohnt es sich nachzudenken. Er erinnert an das, was Picasso einmal gesagt hat: „Um wirklich jung zu sein, braucht man eine sehr lange Zeit."

Drake und Middleton, die Jugend festmachen an junger versus alter Denkweise, lenken den Blick immer wieder auf die wesentlichen Attribute des Jungseins, die man, mit Blick auf Faltenfreiheit, gern übersieht: „Viele junge Menschen sind natürlich attraktiv", schreiben sie. „Sie sind selbstbewusst, energiegeladen und begeisterungsfähig. Sie haben Pläne, Visionen und jede Menge Selbstwertgefühl. Ihre Kühnheit hat Magie in sich." [408]

Die Magie junger Denkweise, die man bei der Jugend öfter antrifft als bei Älteren. Auf die Gefahr hin, mich nun auf sehr dünnes Eis zu begeben: wenn ältere Männer, selten auch ältere Frauen, sich junge Partner suchen, steuert jeder Kritiker dieser Beziehung, und es gibt derer Scharen, direkt und ohne zu zögern auf den Sex-Appeal des jüngeren Partners zu. Die jugendliche Frische, die glatte Haut, der perfekte Körper, das war es, was den Älteren angezogen hat. Was sonst könnte es gewesen sein! Die ganz andere Magie, von der Drake und Middleton sprechen, wird so gut wie nie in Erwägung gezogen. Wenn die älteren Männer oder Frauen, die es betrifft, sie von sich aus anführen (was nicht selten geschieht), tut man dies als Vorwand ab. Ob sie nun Konstantin Wecker, Franz Müntefering oder Jopie Heesters heißen, große Altersunterschiede bei Paaren werden in Kommentaren dazu so gut wie immer mit Sex und biologischen Faktoren verknüpft, wenn es um die Motive des älteren Partners geht, mit Macht und Geld, wenn es um die Absichten des jüngeren geht. Solche Geschichten „halten natürlich nicht lange", so meint jeder, eben weil es ja nur Äußerlichkeiten sind, die diese Menschen zusammengeführt haben. Wie viele machen sich die Mühe, ein-, zwei Jahrzehnte danach noch nach solchen Paaren zu schauen, ob es sie nicht vielleicht doch noch gibt? Konstantin Wecker war 48, als er seine spätere Frau traf, die 27 Jahre jünger war. Vierzehn Jahre später sind sie immer noch zusammen, glücklich verheiratet. Jopie Heesters war mit seiner 42 Jahre jüngeren Frau neunzehn Jahre verheiratet, erst der Tod trennte sie. Ganze 16 Jahre älter als ihr Partner: Tina Turner (man beachte dabei, dass bei einer Frau gemeinhin jeder Altersunterschied zu einem jüngeren Mann von der Gesellschaft gedanklich verdreifacht wird). Die heute 72-jährige Powerfrau ist mit ihrem Partner Erwin Bach seit 1986 (Sie lesen richtig!) zusammen, also gute fünfundzwanzig Jahre, und wie es scheint: ausgesprochen glücklich. Die Schauspielerin Carmen Renate Köper, heute 85 Jahre alt, ist mit einem 10 Jahre jüngeren Mann verheiratet – und das seit über vierzig Jahren. Auch sie, wie es scheint, recht glücklich.[409] Auch sehr große Altersunterschiede gibt es im „umgekehrten" Verhältnis: Rosl Persson, als Hundertjährige im Buch *100 Jahre leben* porträtiert, war sechzehn Jahre mit einem 40 Jahre jüngeren Mann zusammen, den sie erst im Alter von 66 Jahren kennenlernte.[410] Es ist nicht zu bestreiten, dass es gewiss auch in diesen Paar-Konstellationen Fälle gibt, wo rein äußerliche Attribute die größere Rolle gespielt haben, so wie dies im übrigen auch bei gleichaltrigen Paaren der Fall sein kann. Doch erscheint mir eine Bemerkung interessant, die ein Kollege von mir einmal machte, als er von einem dynamischen alten Herrn sprach, der eine zehn Jahre jüngere Frau hatte. Er stellte die Frage auf, ob ältere Männer, die junge Frauen haben, dynamisch werden, weil sie junge Frauen haben oder ob es anders herum ist: alte Männer, die dynamisch sind, suchen sich gezielt jüngere Frauen aus, weil diese in ihrem Wesen und ihrer Lebendigkeit besser zu ihnen passen. Man sehe sich Paare mit großem Altersunterschied auch einmal unter diesem Aspekt an, und man wird finden, dass nicht wenige der älteren Partner genau diese Dynamik ausstrahlen, die sie von ihren Altersgenossen unterscheidet.

Den Blick weg von äußeren Zeichen des Alters auf ein lebendiges Innen zu lenken, kann Wunder bewirken. Allerdings nützt es nichts, sich dies nur vorzusagen, man sollte es wirklich so empfinden. Wenn man sich bereits als junger Mensch nicht schön fand, ist es vermutlich schwieriger, sich in der Sichtweise umzustellen. Wenn man aber die schwindende Schönheit erst spät „entdeckt" und diese nur dem Alter zuschreibt, hat man gute Chancen. Fehlt die Gewohnheit dazu, weil „der Spiegel einem ja jedem Morgen das Seine sagt", wie eine Freundin von mir es einmal lakonisch ausdrückte, könnte man mit der Übung bei anderen beginnen. Vielleicht hat man andere Menschen, insbesondere ältere, noch nie mit einem Blick angesehen, der auf diese andere Art von Schönheit schaut. Je mehr wir in anderen Menschen Schönheit sehen können, umso mehr werden wir sie letztlich auch bei uns sehen. Jedes Mal, wenn wir unsere Aufmerksamkeit auf solch „magische Attribute" bei alten Menschen lenken, werden wir jenen ein Stückchen gerechter und stärken uns selbst. Es gibt tausenderlei Gelegenheiten dazu. Sie können gleich heute damit beginnen: im Bus, im Zug, im Supermarkt, im Café, auf der Straße, am Abend beim Fernsehen…

Und eines Tages werden Sie nicht mehr vor dem Spiegel stehen und nur noch auf die Falten oder die zunehmend grau werdenden Haare starren, sondern anderes sehen: sie werden sich als Ganzes sehen, werden den Witz sehen oder den Charme, die Lebensfreude oder die Fröhlichkeit, das Selbstbewusstsein oder die Harmonie, die Tatkraft oder den Wagemut. Was auch immer das Positive in Ihnen ausmacht: Sie können Ihren Blick darauf lenken und es so verstärkt zum Ausdruck bringen. Dass man Falten um die Augen als „Krähenfüße" ansehen kann oder als „Faltenkranz der Fröhlichkeit", ist gewiss nicht neu für Sie. Es ist die Anwendung auf sich selbst, an der vielleicht ein Quäntchen fehlt.

„Ich glaube, dass ich auch mit sechzig oder siebzig noch Männer, die mir gefallen, haben werde", sagt die koreanische Künstlerin Moon Suk, die der Meinung ist, dass sie mit dem Alter immer besser werde.[411] Man müsse im Leben alle Aspekte seiner Persönlichkeit bespielen, sagt sie, nicht nur einen einzigen.

Niemals dürfe man die Meinungen anderer wichtiger nehmen als die eigene. Die Unbefangenheit zu sagen, was sie denke und ihren Bedürfnissen ohne Scheu nachzugehen, erhalte sie jung. Sie lebe ihre starke kindliche Seite voll aus, explodiere vor Kreativität und vor Lebenslust. Worte, die an das *young brain* von Drake und Middleton erinnern. Das Resümee von Moon Suk: „Ich finde, ich werde mit jedem Jahr interessanter, klüger, gehaltvoller." Diese Worte könnte sich jede Frau als Credo aneignen.

Das Wesen und die Lebenseinstellung machen für unsere Attraktivität mindestens genauso viel aus wie Faltenfreiheit oder schlanke Figur. Ich persönlich bin der Meinung: sie machen mehr aus als diese. Wenn man sich selbst als Persönlichkeit beeindruckend findet, Lebensfreude ausstrahlt und in Übereinstimmung mit sich selbst ist, wird man genau dieses Lebensgefühl auch anderen vermitteln. Und seien Sie als Frau dessen versichert: dann werden sogar jüngere Männer Sie noch ansehen. Diese schauen dann nicht mehr auf den hübschen Po (den frau vielleicht nicht mehr hat) und auch nicht auf den straffen Busen (den es in dieser Form nicht mehr so gibt) – sie schauen einem ins Gesicht. Das erscheint mir persönlich um Vieles interessanter. Haben Sie mal Fotos gesehen vom Formel-1-Fahrer Mark Webber? Ein unheimlich gut aussehender junger Mann von 35 Jahren. Er ist seit 1996, also seit sechzehn Jahren, mit einer 13 Jahre älteren Frau liiert. Sie habe das Herz ihres Geliebten nicht mit einem charmanten Augenaufschlag erobert, sondern mit ihrer Persönlichkeit, heißt es in Meldungen über das Paar. „Sie ist mein Halt und meine Inspiration", sagt Webber selbst. [412]

12. Kapitel

Wachsen und wagen – auch im Alter

„Vieillir plus de 100 ans et toujours grandir!"
(Mehr als hundert Jahre leben und immer noch
wachsen) – *Titel eines Buches von*
François Fernandez (104 Jahre)

„Meiner Meinung nach sollte man im Leben danach
streben, sich zu vollenden." – *Anne R. (79 Jahre)*

Für viele wird der Titel dieses Kapitels eine Provokation sein, sie zum Widerspruch reizen. Wachsen im Alter? Das klingt in manchen Ohren nicht reizvoll, sind doch viele Menschen der Auffassung, dass man irgendwann, um den Beginn der mittleren Jahre herum, Reife erlangt hat. Worin sollte man im Alter noch wachsen wollen? Ähnlich mit dem Wort ‚wagen'. Hämmert uns unsere Umwelt nicht mit zunehmendem Alter ein, dass Wagen Gefahr bedeutet und somit zum eigenen Wohl wie zum Wohl anderer zu vermeiden sei? Hinter der Ablehnung oder Zurückhaltung gegenüber dem Wachsen und Wagen im Alter steht unsere Vorstellung von Alter als einer kontinuierlichen, unvermeidbaren „Abwärtsbewegung", gepaart mit einem *status quo*-Verständnis von „Erwachsensein".

Es gibt kaum etwas, das dem Alter so sehr abgesprochen wird wie eine „Zukunft". Die 76-jährige Schriftstellerin Ingrid Bachér kleidet es, im Buch *Die besten Jahre,* in knappe, düstere Worte: „Das Alter trägt den Fluch, keine Zukunft mehr zu haben", schreibt sie.[413] Vermutlich sehen viele andere es genauso. Es ist nicht einfach, Menschen zu finden, die das Alter *nicht* als Abwärtsbewegung ansehen. Selbst dann, wenn wir den Vorsatz haben, im Alter aktiv zu bleiben, ist diese Vorstellung unterschwellig begleitet vom Gedanken an den Abbau und den Verfall, den das Alter mit sich bringt – und sei es, dass man dabei auch nur an biologische Faktoren denkt.

Generell gesehen sind der zu erwartende biologisch-physische Abbau und das „Arbeits-Aus", das oft auch als gesellschaftliches Aus empfunden wird, die zwei bestimmenden Faktoren. Den erwarteten biologischen Abbau braucht man nicht zu erläutern. Das gesellschaftliche Aus resultiert daraus, dass mit der Fixierung auf ein bestimmtes Renten- oder Pensionsalter „Verfall" suggeriert wird – Verfall aus der Perspektive von Können, Wissen, Nützlichkeit.

Die zweite Denkweise, die dazu führt, dem Alter keine Zukunft zuzuschreiben, entspringt einem kulturellen Verständnis, das die Entwicklung eines Menschen als zu einem bestimmten Punkt abgeschlossen ansieht: dann, wenn er „erwachsen" ist.

Eine in Großbritannien durchgeführte Umfrage aus dem Jahr 2005 reflektiert diese vorherrschende Sichtweise ziemlich deutlich. Auf die Frage, ob sie verschiedene Aspekte ihrer Persönlichkeit in ihrem Alltag voller entwickeln wollten, antworteten 80% der jungen Menschen (15 bis 24 Jahre alt) mit ja, während bei den über 65-Jährigen nicht einmal die Hälfte, nämlich 43%, dieser Meinung waren bzw. diesen Wunsch hatten.[414] Bei den dazwischen liegenden Altersgruppen verlief die Kurve kontinuierlich abwärts. Entwicklung und Weiterentwicklung ist offenbar etwas, das von vielen mit jung sein gleichgesetzt wird. Nicht wenige würden damit „unfertig sein" assoziieren.

Da also ältere Menschen erwachsen und somit „fertig" sind (nach Meinung vieler Psychologen: sein sollten), bringt man Alter nicht so ohne Weiteres mit Fortentwicklung in Zusammenhang. Das merkt man auch bei den Publikationen zum positiv gelebten Alter. So gut wie alle beschäftigen sich damit, wie man im Alter gesund und fit bleiben kann, wie man noch Freude am Leben haben kann, seine Freizeit gestaltet, sich nützlich beschäftigt. Der Beigeschmack dabei ist allzu oft der, das Schlimme, das sozusagen

„zwangsweise" mit dem Alter zu erwarten sei, zu vermeiden oder dem entgegenzuwirken: wie man sich gesund erhält, um das Alter nicht in Krankheit zu erleben (…die schon auf uns wartet); wie man sich geistig fit hält, um der Demenz vorzubeugen (…die uns sonst droht); wie man noch Freude am Leben haben kann (…da Alter oft Einsamkeit und Depression bedeutet); wie man seine Freizeit gestaltet, um der Langeweile zu entgehen (…die das Alter so oft charakterisiert); wie man sich sinnvoll beschäftigt, um das Gefühl zu bekämpfen, nutzlos geworden zu sein (…welches mit dem Rentenalter einhergehen wird).

Wenig ist dagegen zu finden, was den Fokus auf Weiterentwicklung richtet. Noch weniger findet man dazu, dass zunehmende Lebensjahre Vervollkommnung bedeuten könnten. Dem Alter einen „Weisheits-Bonus" zuzugestehen, ist nicht dasselbe, geht es doch meistens mit der Sichtweise einher, dass „man im Alter eben weise wird". Ein Zugewinn also, der sich von selbst ergibt. Weiterentwicklung aber betreibt man bewusst, und Vervollkommnung stellt ein Ziel dar. Am besten findet man den Unterschied erklärt in Aussagen wie jenen des Aikido-Meisters Motomichi Anno, die bereits im Kapitel über Japan zu lesen waren: Man müsse den Geist polieren, das Herz. Das sei der schwierigste Aspekt, den eigenen Geist zu polieren und zu verschönern. Von jetzt an arbeite er daran, sagte der 72-Jährige. Seinen Geist polieren, sich verfeinern, sich verändern, an sich arbeiten – ein nach innen gerichtetes Verständnis von Weiterentwicklung. Auch aus dem Munde ganzheitlich denkender Naturwissenschaftler kommen Stimmen, die in diese Richtung gehen. „Das Leben ist ein einziger Prozess: der Samen dringt in den Boden ein, schlägt Wurzeln, entwickelt den Stamm, die Blüten, die Früchte und schließlich neuen Samen", schreibt der Arzt und Psychotherapeut Vittorio Caprioglio. „Du nennst es Altern, stattdessen ist es Expansion! Es ist kein Niedergang, sondern Gipfel, Vollendung, Höhepunkt."[415]

Man könnte sagen: die Sicht vom Alter, die der Einzelne letztlich hat, stellt das Ergebnis einer Gleichung dar, bei der es darauf ankommt, welche der beiden Größen im Denken dominanter ist. Die

Gleichung kann entweder lauten: (Abbau + Schwund + Verfall + Verluste) – Aktivität = Stagnation. Oder sie kann lauten: (Aktivität + Ziele + Neugier + Wachsen) – Abbau = Weiterentwicklung. Im allgemeinen ist die erste Gleichung weiter verbreitet.

Neben der Sichtweise von Alter als physiologische und gesellschaftliche Abwärtsbewegung und der Vorstellung eines status quo an Entwicklung beim Erwachsenen gibt es noch eine dritte Komponente, die besonders stark mit der Negation von „Zukunft" verknüpft ist.

„Im Alter wird das Leben schwerer durchschaubar, man hat ja keine Zukunft vor sich. Wenn man etwas plant, denkt man: Oh Gott, ob Du das nächstes Jahr noch kannst!", sagt die 84-jährige Schauspielerin Doris Schade im Buch *Wir haben viel erlebt!*.[416]

Nun, vielleicht ist das Problem dabei gerade, dass man es *denkt*. Denn ob jung oder alt, in Wirklichkeit kann niemand wissen, was das nächste Jahr ihm bringt. Man vermeint nur, es zu wissen, weil man auf Wahrscheinlichkeiten vertraut, so wie auf die Wahrscheinlichkeit, dass ein junger Mensch noch eine lang während Zukunft vor sich hat. Wahrscheinlichkeiten und allgemeine Lebenserwartung sagen aber absolut nichts aus über ein individuelles Schicksal. Wer weiß schon, wann sein Leben enden wird. Es kann für den Vierzigjährigen morgen vorbei sein, so wie es für den Achtzigjährigen noch 20 oder gar 30 Jahre andauern kann. Das Alter hat keine Zukunft? Die Frage scheint mir falsch gestellt. Nicht nur, weil ohnehin niemand sicher weiß, ob er das Morgen erleben wird. Die Frage ist auch: was ist denn „Zukunft"? Sind nicht der nächste Tag, ja bereits die nächste Stunde wie auch schon die nächste Minute „Zukunft"? Und hat der nächste Tag, die nächste Stunde, die nächste Minute es nicht verdient, voll gelebt zu werden? Ein wunderbares Beispiel dafür, wie man seinen Glauben an Zukunft leben kann, zeigen uns Madeleine und Francois. Die beiden lebten in einem Altersheim in Südfrankreich, wo sie sich kennenlernten.[417] Francois war zu der Zeit 95, Madeleine 94 Jahre alt. Das hat sie nicht gehindert, ihrer späten Liebe Ausdruck zu geben: sie heirateten im Jahr 2002 und gingen damit als ältestes Brautpaar in das Guiness-Buch ein. Postwendend beweist uns die Lebensgeschichte von François, dass eine andere Sicht von Zukunft sehr realistisch sein kann. Er starb mit 104 Jahren, lebte also noch fast zehn Jahre. Er hat in dieser Zeit sogar ein Buch geschrieben mit einem Titel, der perfekt zum Thema passt: „Mehr als hundert Jahre leben und immer noch wachsen!"[418]

Die folgenden Kapitel handeln somit im Wesentlichen von einem Leben als Kontinuum: von Entwicklung, Voranschreiten, Sinnsuche und Vervollkommnung. Man könnte auch sagen, sie handeln vom „Sinn" des Daseins. Das heißt letztlich auch, dass die Grenzziehung „Alter" an Bedeutung verliert. Die einen setzen, über die künstlich aufgerichtete Altersgrenze hinweg, das fort, was sie schon immer als „ihr Leben" betrachtet haben, die anderen entdecken den Sinn des Daseins erst danach, die dritten schließlich erleiden einen Einbruch oder Umbruch weit vor der magischen Zahl 65, der sie zur Korrektur ihres Weges zwingt.

Erich Renner formuliert es in seinem Buch *Methusalems Weltreise* auf ähnliche Weise „Es gibt Menschen, die schaffen es, ihrer späteren Existenz einen völlig neuen Sinn zu geben. Andere haben eine Sinnorientierung, die sie Zeit ihres Lebens trägt. Wieder andere müssen sich mit gegenläufigen Ansprüchen auseinandersetzen, die durch die Differenz innerer Bestimmung zu äußeren Erwartungen verursacht werden. Eine Regel scheint dennoch erkennbar. Man muss für sein Alter vorsorgen, das gilt nicht nur im materiellen Bereich, es gilt in besonderer Weise für die Sinnfrage."[419]

„Seinsvorsorge" – eine krisenunabhängige Lebensversicherung

Wenn Menschen eine Sinnorientierung haben, die sie Zeit ihres Lebens trägt, fanden sie diese meist, irgendwann einmal, in jungen Jahren. Es ist dann wie ein roter Faden in ihrem Leben. Bei allen

Persönlichkeiten, die ich für dieses Buch interviewt habe, war dieser rote Faden zu spüren, der jeweils völlig verschieden aussah: die Arbeit als Lebensinhalt bei Connie Brown, Kommunikation mit anderen Menschen bei Phyllis Shelf, das Schreiben als Traum bei Claus Günther, Kreativität und Visionen bei Christian Gruhl, Tanz und Musik bei Gisela Lauenroth, Altruismus und Hilfe bei Dr. Pünder und so fort.

Leider lassen viele alte Menschen im Alter den roten Faden aus den Händen gleiten, wie Ellen Langer in ihrem Buch *Counterclockwise* ausführt: „Für viele alte Menschen geht Altern wohl einher mit einer Verengung der Definition von sich selbst. Veränderungen in Fähigkeiten, in Gelegenheiten oder Perspektiven führen Ältere wohl dazu, ihre Aufmerksamkeit auf die gegenwärtigen Beschränkungen zu richten, indem sie sich damit vergleichen, was sie ‚früher zu tun pflegten'. Ein solches Verständnis von Alter als einem Prozess zunehmender Beschränkung oder zunehmenden Verlustes entsteht daraus, dass Verhalten (behaviour) mit Identität gleichgesetzt wird. Mit anderen Worten: man definiert einen Aspekt des Seins (self) nur als ein begrenztes und spezifisches Set von Aktivitäten."[420]

Ellen Langer plädiert dafür, das „Selbst" im Alter nicht aufzugeben. Wenn Krankheit oder Behinderung dem scheinbar ein Ende setzen wollen, so fährt sie fort, solle man das Konzept erweitern. Als Beispiel führt sie einen Menschen an, der eine starke Identität als Künstler hat, hier als Maler. „Wenn dieser nun Arthritis bekommt und den Pinsel nicht mehr halten kann", so schreibt sie, „so wird eine unverständige Betrachtung seiner Situation dazu führen, dass man ihm rät, sich damit abzufinden, dass er eben nicht mehr länger Maler wird sein können. Man mag ihm dann dabei helfen, ein neues Hobby zu finden oder ihn dazu animieren, sich über vergangenes Wirken zu freuen. Anstatt ihn dazu aufzufordern, sich mit dem Ende seiner Karriere als Maler abzufinden, sollte er ermutigt werden, die Art und Weise, wie er malt, neu zu überdenken." Dann führt sie aus, wie er mit verschiedenen Techniken experimentieren könnte, zu denen er die Hand nicht oder nicht in dieser Form benötigt. Er könne dann weiterhin das Konzept „Maler" erweitern, und zwar auf der Grundlage eines Blickes in die Tiefe: was bedeutet für ihn, „Maler" zu sein? Was von sich will er in der Kunst ausdrücken? Was ist ihm wichtig als Botschaft an die Welt? Das würde dazu führen, dass er unter Umständen das Malen gar nicht aufgeben müsste, ganz bestimmt aber nicht die Kunst als solche.

Diese Sicht erinnert stark an das „Anpassungstrio", das die Geriatrie „Selektion, Optimierung und Kompensation" nennt, also die Auswahl oder bewusste Begrenzung von Zielen und Verhaltensbereichen, die Stärkung vorhandener Kompetenzen und Reserven sowie die Nutzung neuer Handlungsmittel, um Beeinträchtigungen auszugleichen oder ihnen entgegenzuwirken. Meiner Meinung nach geht Ellen Langer aber darüber hinaus, indem sie alles auf das wesentliche Element abstellt: den roten Faden im Leben dieses Künstlers. Überlegungen, die auf das abstellen, was oder wer er *sein* möchte, scheinen mir weiter zu führen als der bloße Ausgleich eines physischen Handicaps.

Arbeit als Lebensaufgabe

Der Sinn des Lebens. Er hat nicht selten mit Arbeit, Aufgabe oder Lebensaufgabe zu tun.

„Jeder Mensch braucht eine Aufgabe und nicht ein geruhsames Leben." Diesen Ausspruch soll Tolstoi gemacht haben. Für manche Menschen ist der Sinn des Lebens eine Berufung, für andere eine Leidenschaft, für die dritten eine Vision. Manche begründen ihn im Religiösen, andere in einer Weltanschauung und wieder andere in einem pragmatisch, aber intensiv gelebten „Da-Sein". Ein interessantes Beispiel für zwei von diesen Alternativen, die sich wunderbar an Vater und Sohn illustrieren lassen, sind der Schauspieler Karl-Heinz Böhm und sein Vater. Während Karl-Heinz Böhm schon bald aus der Schauspielerei ausstieg, führte sein Vater, ebenfalls Künstler, das, was ihm Lebensinhalt war, bis ins hohe Alter hinein fort. Als Schauspieler war Karl-Heinz Böhm, der Kaiser Franz Josef in den „Sissi"-Filmen mit Romy Schneider, berühmt geworden. Doch schienen ihn spätere Rollen nicht zu befriedigen. Nachdem er im gesellschaftskritischen Film „Martha" des Regisseurs Rainer Werner Fassbinder eine glänzende Rolle gehabt hatte, begann er sich immer stärker für globale Probleme zu interessieren und gründete mit 53 Jahren die inzwischen sehr bekannte Hilfsorganisation „Menschen für Menschen", die er als 83-Jähriger noch leitete.

In einem Interview mit der Zeitschrift *Fliege* im Jahr 2008 erzählte Karl-Heinz Böhm von seinem Vater, der Dirigent war und bis kurz vor seinem 87. Geburtstag noch dirigiert habe. Er soll zu seinem Sohn einmal gesagt haben: „Wenn du anfängst, an deine Rente oder Pension zu denken, kauf dir lieber gleich ein Grab oder einen schönen Sarg, denn dann ist eh alles bald vorbei."[421] Beide dachten gleichermaßen nicht an ihre Rente. Das Ergebnis dessen aber ist jeweils sehr unterschiedlich.

„Arbeit ist mein Leben", sagte auch die 102-jährige Connie Brown zu mir. Genau das Gleiche würden Chester Reed sagen, der mit 95 Jahren in Rente ging, oder Arthur Winston, der bis zu seinem 100. Geburtstag arbeitete. Und hätte irgendjemand von Hermann dem Hühnerzüchter gewusst, bevor dieser mit seinem Quad verunglückte, und hätte ihn gefragt, warum er mit 101 Jahren immer noch zu seinen Hühnern, Schafen und Kaninchen fahre, hätte dieser vermutlich geantwortet: na, weil sie doch gefüttert werden müssen.

Man findet sie überall: Menschen, die bis ins hohe Alter hinein arbeiten. Manche kennen es nicht anders, andere sind nur so glücklich, für die Dritten schließlich stellt es den hehren Sinn ihres Daseins schlechthin dar. Alles nur *workaholics,* Menschen, die fixiert sind, „nicht loslassen können"? Nein, fixiert sind die Kritiker, die es ihnen vorhalten, genauso fixiert wie eine Gesellschaft, die mit dem Rentenalter eine pauschale Sicht von Arbeit und Alter normiert. Wie unsinnig eine solche Sichtweise ist, kann man erkennen, wenn man sie probehalber rückwirkend auf große Künstler, Wissenschaftler oder Staatsmänner anwendet. Eine paradoxe, jedoch auf dieser Linie völlig „logische" Schlussfolgerung, bei der man Michelangelo vorhalten könnte, dass er schon sehr auf seine Kunst fixiert gewesen sein muss, um mit 75 Jahren noch zu malen. Giuseppe Verdi konnte dann wohl nicht loslassen, da er als 79-Jähriger weiterhin komponierte, und Benjamin Franklin muss fürwahr ein echter workaholic gewesen sein, mit 78 Jahren immer noch an seiner Erfindung bifokaler Gläser herumzubasteln. Erscheint Ihnen das alles abstrus und hanebüchen? Trösten Sie sich: mir auch. Genau dieser Effekt war beabsichtigt, um das Unsinnige an so manchen Überlegungen oder Erwartungen aufzuzeigen. Denn die Forderung, die man an alte Menschen richtet, dass sie im Alter damit aufhören müssten, sich über ihre Arbeit zu identifizieren, ist in ihrer Pauschalität genau das: hanebüchen. Insofern lasse man Kritiker ruhig reden, sie finden sowieso an allem etwas auszusetzen.

Horcht man in sich hinein, weiß man meist ganz gut, was die Arbeit, die man vor dem sogenannten Rentenalter verrichtet oder verrichtete, für einen selbst bedeutet. Es kann sein, dass man entdeckt, dass einem die Arbeit, außer Gelderwerb, nicht wirklich viel bedeutet. In diesem Fall gilt das, was hier geschrieben steht, kaum mehr. Dann hat die Arbeit nichts mit Lebensaufgabe zu tun und man würde vielleicht am Ende seines Lebens bereuen, der Arbeit so viel Zeit gewidmet zu haben. Eine australische Sterbebegleiterin hat ein Buch herausgebracht, in dem sie ihre Erfahrungen zusammengetragen hat, dazu, was Sterbende am meisten bereuen. Auf Platz zwei steht der rückblickende Wunsch, sie hätten weniger Zeit mit Arbeit verbracht; das hörte die Autorin überwiegend von männlichen Patienten.[422]

Stellt Arbeit wahren Lebenssinn dar, kann die Fragestellung eine andere sein, sich möglicherweise sogar umkehren. Dann ist vielleicht nicht danach zu fragen, warum man die Arbeit aufgeben solle, nur weil man irgendein Alter erreicht hat. Dann könnte die Frage auch lauten: Besteht der Sinn des eigenen Lebens vielleicht nicht gerade darin, genau diese Aufgabe weiterzuführen? Eine mögliche Sichtweise, die man jedoch äußerst selten in gängigen Publikationen findet. Nur das Ehrenamt hat darin seinen Platz. Nobel auch dieses, ohne Zweifel. Aber die Fragestellung, die dem zugrundeliegt, ist nicht dieselbe, auch wenn es, oberflächlich betrachtet, so aussieht. Was kann man der Welt noch von sich geben? Im Hinblick auf eine Lebensaufgabe geht diese Frage sehr weit und sehr tief. Wir haben es bei Menschen wie Bertrand Russell, André Monod oder Nawal El Saadawi gesehen. Aber es muss nicht immer ein großes Anliegen sein. Erinnern wir uns an Konrad Thurano, den 98-jährigen Zirkusartisten, der seine Entscheidung für das Artistenleben nie bereut hat, der genau dasselbe wieder machen würde, wenn er noch einmal lebte.

Bereitschaft zum Wandel als Lebenselixier

Leben bedeutet stete Bewegung, nur Totes bewegt sich nicht mehr. Sich bewegendes Leben fordert heraus zur Anpassung an geänderte Umstände, zum Wandel. Dass Wandel nur etwas mit Jugend zu tun hat, ist eine fatale Fehlinterpretation des Daseins. Diese Fehlinterpretation können wir uns heute weniger denn je leisten. In einer sich rasch wandelnden Zeit wie der unsrigen werden die Fähigkeit und die Bereitschaft zum Wandel bald zu einem Grunderfordernis werden, wenn sie das nicht bereits sind. Wandel ist somit sowohl Angebot als auch Erfordernis. Drake und Middleton nennen die Bereitschaft zum Wandel *adaptive navigation*, sich anpassende Navigation. „Die konventionelle Herangehensweise an das Leben ist die", so schreiben Drake und Middleton, „dass wir uns etwas vornehmen und dann geradewegs darauf zusteuern. Das funktioniert so lange, wie das Leben sich nicht einmischt." Sich anpassende Navigation bedeute, sich weiterhin Ziele zu setzen, aber darauf eingestellt zu sein, dass der Wind einen unterwegs woanders hinblasen könnte. „Sich anpassende Navigation erfordert Geschick, schnelle Reaktionen und Entscheidungen, aber, vor allem, eine Offenheit dem Wandel gegenüber."[423]

Ein beeindruckendes Beispiel für eine solche angepasste Navigation fand ich im Buch *Die besten Jahre*: die 79-jährige Rentnerin Anne R.. Das Schicksal hat sie hart herangenommen.

Ihr erster Mann starb an Krebs, ihr zweiter auch. Danach schien alles zu Ende zu sein. Sie war damals 58 Jahre alt und hatte keinen Beruf. Sie wollte nicht mehr leben. Doch sie gab sich einen Ruck, fand den Weg zurück ins Leben. Sie suchte sich einen Job, auch wenn dies erstmal nur Kinderbetreuung war. Nebenbei absolvierte sie ein Fernstudium für moderne Kunst, machte eine Ausbildung als Laienschauspielerin und gründete eine Literaturgruppe. „Ich fing wirklich ganz neu an", sagt sie. „Wenn man sich öffnet, bereit ist, auf andere zuzugehen und etwas Neues auszuprobieren, kann man dies auch im Alter." Derzeit lerne sie, einen Laptop und das Internet zu bedienen. „Ich glaube, ich bin für jüngere Leute ein Vorbild", sagt sie, „ich kann ihnen die Angst vor dem Alter nehmen und gebe immer den Ratschlag, man muss etwas für sich tun, um körperlich fit und geistig neugierig zu bleiben, und sich nicht vor neuen Aufgaben scheuen." Ihr bemerkenswertes Fazit: „Meiner Meinung nach sollte man im Leben danach streben, sich zu vollenden."[424]

Für Drake und Middleton ist die Aufgeschlossenheit dem Wandel gegenüber eine grundlegende Weisheit der Jugend und jungen Denkens, die von Menschen mit alter Denkweise gern bekämpft wird. Auch wenn jung nicht synonym ist für „junge Denkweise", findet man tatsächlich unter jungen Menschen mehr Bereitschaft zum Wandel als unter alten. In einer Umfrage aus Großbritannien (die im übrigen ähnliche Ergebnisse auch für Frankreich brachte), bejahten 68% der jungen Menschen (15-17 Jahre) die Frage, ob sie immer nach neuen Dingen suchten, doch nur 19% der über 65-Jährigen. Die Zahlen für die dazwischenliegenden Alterskategorien fielen jeweils kontinuierlich ab. Interessanterweise lagen sie bereits bei den 25- bis 34-Jährigen bei nur 46%.[425] Letzteres sollte, so meine ich, zu denken geben. Es erinnert an das Buch von Meredith Haaf und die Beschreibung ihrer Generation, die weniger flexibel und entdeckungsfreudig zu sein scheint, als man vermuten möchte. Alter in seiner Beschränkung hat eben nicht nur mit „alten" Menschen zu tun…

Wandel ist etwas, dem Menschen gern widerstehen. Das wissen wir heute. Nicht umsonst entstanden ganze Methoden- und Schulungsrichtungen, die die Bereitschaft zum Wandel gezielt zu fördern suchen und Namen tragen wie zum Beispiel *Change Management*. Wer auf das Leben neugierig ist und bleibt, richtet sich auf Zukunft aus – eine exzellente Voraussetzung, um Wandel zuzulassen. Als ich Ute Karin Seggelke, die Autorin von *Wir haben viel erlebt! – Jahrhundertfrauen erzählen aus ihrem Leben*, fragte, ob die von ihr interviewten und fotografierten hochbetagten Frauen etwas gemeinsam hätten, da antwortete sie: „Die Neugier. Sie waren noch so neugierig auf das Leben." Die Neugier auf das Leben tauchte auch bei den von mir geführten Interviews immer wieder als einer der Faktoren auf, mit denen das positive und dynamisch gelebte Alter begründet wurde.

Viele ältere und alte Menschen haben vergessen oder verlernt, neugierig zu sein – vielleicht auch, weil sie glauben, dass es im Alter keine Zukunft geben könne, dass das Leben ihnen nichts Neues oder Erfreuliches mehr bringen könne. Ein Mensch, der neugierig auf das Leben ist, geht permanent auf Entdeckungsreise, jammert weniger über verpasste Chancen, denn es könnten sich morgen ja neue ergeben. Die gespannte Erwartung, was der nächste Tag, die nächsten Jahre wohl bringen mögen – ein wahres Lebenselixier. Das Leben als äußeres und inneres Abenteuer, etwas, das man gemeinhin der Jugend zuschreibt und das sie, in sehr jungen Jahren, tatsächlich beherrscht, vielleicht auch, weil sie risikobereiter ist. Denn sich auf einen Wandel konkret einzulassen, dazu braucht es auch ein Quäntchen an Bereitschaft zum Wagnis. Die von Drake und Middleton zitierte Umfrage brachte zu der Frage, ob man gern Risiken auf sich nehme, weil dies für ein spannendes Leben wichtig sei, ein überaus klares Bild abnehmender Risikobereitschaft: Es bejahten 92% der 15- bis 17-Jährigen gegenüber blassen 30% bei den über 65-Jährigen! Bei den Jahrgängen dazwischen war der Prozentsatz bis etwa zum 34. Lebensjahr noch relativ hoch[426], fiel dann aber bei den über 45-Jährigen auf etwa 50% ab.[427] Da die Frage im Zusammenhang mit Spaß, Genuss und Freude am Leben gestellt wurde, widerlegt dieses Ergebnis ein wenig jene Autoren, die meinen, dass die heutigen Alten so sehr auf Spaß, Genuss, Abenteuer und Erleben aus seien. So ungemein viele scheinen es doch nicht zu sein.

Was Wandel im Alter bedeuten kann, und wie er sogar im hohen Alter bewerkstelligt werden kann, das zeigen uns Männer und Frauen wie Else Davidsohn, Alois Kleinheinz oder Hugo Schwarz. Die 103-jährige Else Davidsohn hatte als Jüdin alle schrecklichen Erlebnisse der Nazizeit mitgemacht, sie emigrierte, ihre Familie wurde so gut wie ausgelöscht. Als ihre Freundin fürs Leben, mit der sie 65 Jahre lang zusammen war, stirbt, verliert Else Davidsohn allen Lebensmut und Optimismus. „Ich war doch schon 95 Jahre alt und wollte mich eigentlich nicht mehr neu einrichten", sagt sie. Doch sie steht wieder auf. „Es überrascht mich immer noch, dass sich das Leben doch wieder gemeldet hat. Aber was soll man machen. Jetzt bin ich frecher und fröhlicher als zuvor. Ich weiß nicht, wie es möglich war, dass ich mich doch noch umstellen konnte und nun ganz zufrieden alleine leben kann. Ich sehe, wie die Menschen meckern, und da denke ich: Eine muss ja fröhlich sein."[428]
Ein ähnlicher Verlust im hohen Alter auch bei Alois Kleinheinz. Seine Frau verunglückte ein halbes Jahr, nachdem sie Goldene Hochzeit gefeiert hatten. Das traf ihn schwer, aber er sagte sich: jetzt beginnt ein neuer Lebensabschnitt. Da war er 89 Jahre alt.[429]
Einen alten Baum verpflanzt man nicht? Nun, das kommt auf den Baum an. Wenn dieser Hugo Schwarz heißt, straft er die Redensart Lügen. Er zog mit 88 Jahren noch einmal um, gänzlich freiwillig.[430]

Nicht festhalten am Altbekannten, steter Neubeginn und gelegentlich auch mal etwas riskieren. Ein Rezept für das Jungbleiben, das vielleicht mehr Erfolg zeitigt, als sich nach bestimmten Diäten zu ernähren, gewiss aber mehr Erfüllung mit sich bringt. In der Kunst gehört Veränderung und Neues zum Alltag. Kunst und Kreativität sind nahezu synonym. Kreativität ist aber genau diese Offenheit für andere Sichtweisen, die Bereitschaft ein Risiko einzugehen und sich auf Neues, Unbekanntes einzulassen. „Für mich ist ja eigentlich jede Aufführung ein neuer Anfang. Sie wird geboren mit dem ersten Wort, wenn der Vorhang aufgeht, und wenn er fällt, ist sie gestorben", sagt die 84-jährige Schauspielerin Doris Schade im Buch *Wir haben viel erlebt!* „Beim nächsten Mal will ein anderes Publikum wieder neu erobert werden. Das ist das Leben und das ist gestorben mit dem letzten Wort."[431] Wer auch im Alter jung bleiben möchte, sollte Kreativität als Inbegriff der Ausrichtung auf Neues in ihrem wahren Sinn verfolgen, sich nicht beschränken auf das, was gemeinhin als „kreativ" angesehen wird. Malen, Basteln, Gedichte schreiben – all das ist sicher gut und besser als nichts. Wahre Kreativität hat aber viel mit Infragestellen zu tun, mit Herausforderung und Risiko.

Es geht um mehr als das, was uns mit Sudoku und Kreuzworträtseln abverlangt wird. Denn weder Sudoku noch Kreuzworträtsel fordern uns dazu heraus, irgendetwas in Frage zu stellen. Sie verändern nichts in unserem Bewusstsein. „Kreuzworträtsel sind wenig geeignet, mentale Kräfte zu steigern", sagt Wolf Oswald, emeritierter Professor der Psychogerontologie an der Universität Erlangen-Nürnberg.[432] „Entscheidend dafür ist, dass ein Lernprozess in Gang kommt, ist der Neuigkeitswert einer Aufgabe oder Tätigkeit." Veränderung ist angesagt. Am besten sei es, so der Professor, jeden Tag etwas Neues zu machen. Ähnlich der Gedächtnistrainer Carsten Brandenberg, der ein bisschen „Herz" in das Ganze bringt: „Wir müssen die tägliche Routine verlassen. Bei Automatismen ist das Gehirn wenig gefordert. Alles, was Sie mit dem Herzen tun, mit Leidenschaft machen, wird sich im Gedächtnis einprägen", sagt er. Und wenn man schon bei Altbekanntem bleiben will: ein Hobby, das man mit Leidenschaft pflege, so Brandenburg, sei eines der besten Gedächtnistrainings überhaupt.[433] Das soll nicht heißen, dass Liebhaber von Kreuzworträtseln diese nun beiseite legen sollen. Ähnlich für den, der echten Spaß an Sudoku findet. Hier geht es darum, dass man diese Dinge einzig mit dem Gedanken des Trainings macht, weil man glaubt, sich dadurch geistig fit und jung zu erhalten.

Drake und Middleton erklären es mit etwas drastischeren Worten und gehen noch weiter. „Sudoku und Kreuzworträtsel sind gut, aber sie bedeuten, dass wir nur schneller darin sind, etwas zu sagen oder zu tun, das tief innen altbacken ist", schreiben sie. „Geistiges Fitnesstraining wird vermutlich wenig dazu beitragen, uns davor zu bewahren, ein verdrießlicher alter Mann oder alte Frau zu werden. Sie werden uns nicht dabei helfen, bei Trends und Ereignissen auf dem Laufenden zu bleiben oder uns davor bewahren, überholt zu sein. [...] Junge Dinge tun, garantiert uns auch nicht, die Jahre zurückzuspulen. Jung zu handeln kann förderlich sein, natürlich, aber wie verjüngend kann das wirklich sein, wenn Sie alte Werte und Meinungen in Ihrem Gehirn umherspuken haben? Oder nehmen wir den Reisenden zu fernen Orten. Abenteuerlust ist absolut empfehlenswert, aber es ist nicht alles. Wenn es nicht einhergeht damit, etwas von anderen Kulturen zu lernen, wird es wenig dazu beitragen, den Geist zu verjüngen. Zwei Wochen Karibikkreuzfahrt auf einem Luxusdampfer wird kaum Ihr geistiges Alter verringern."[434] Und sie fassen zusammen: „Das authentische Elixier kann nicht in Cremes, Brustimplantaten, Kreuzworträtseln oder Spritztouren zu Popkonzerten gefunden werden. Das sind Schnelllösungen, die eine Fassade von Jugend verleihen, nicht mehr. Das wahre Geheimnis, jung zu bleiben, liegt darin, eine junge Denkweise zu entwickeln und zu behalten. Oder anders herum, wenn Sie den Traum von anhaltender Jugend erreichen wollen, müssen Sie die Art zu denken ändern."

Träume fragen nicht danach, wie alt du bist – sie fragen danach, was du zu wagen bereit bist

Anknüpfend an das vorherige Kapitel könnte man sagen: wer den Traum eines innerlich jungen Alters verwirklichen möchte, sollte nicht darauf verzichten, seine Träume im Außen zu leben. Denn genau diese fordern von uns Wagnis und Neugier. Das Wagnis kann schon im Kleinen beginnen, und Träume können auch erst einmal nur Wünsche sein. Die australische Sterbebegleiterin, die ein Buch über ihre Erfahrungen mit Sterbenden herausgebracht hat, sagt, dass auf Platz eins der von sterbenden Menschen bereuten Versäumnisse stünde, eigene Wünsche nicht erfüllt zu haben. In den Gesprächen mit sterbenden Menschen habe die Autorin festgestellt: Wer immer nur die Erwartungen des eigenen Umfelds erfüllt, bereut es am Lebensende, manche Chance nicht genutzt und persönliche Träume nicht verwirklicht zu haben. Dazu gehöre auch der dritte Punkt der Versäumnisse: Viele Sterbende bereuen es, ihre Gefühle unterdrückt und ihre eigentlichen Wünsche nicht klar formuliert zu haben. Das Ergebnis seien Frust und unerfüllte Beziehungen, was den meisten jedoch zu spät bewusst wurde.[435]

Träume sind untrennbar mit Zukunft verbunden. Vielleicht geben viele ihre Träume im Alter auf, weil sie nicht mehr an eine Zukunft für sich glauben. Und ihre Mitmenschen scheinen oft ebenfalls zu glauben, dass alte Menschen keine Träume mehr haben. Anders lässt sich eine Nachricht wie die folgende kaum erklären. Im Januar 2012 gewannen zehn Altenheimbewohner, im Alter zwischen 78 und 92 Jahren, zusammen 20 Millionen Euro, was im Einzelnen Gewinne zwischen 1,3 und 4,2 Millionen bedeutete. Ganz Holland frage sich, so die Meldung, was die Rentner-Millionäre mit ihrem neu gewonnenen Reichtum machen würden.[436] Würde sich ein ganzes Land das auch bei 40- oder 50-Jährigen fragen? Natürlich weiß man, dass viele Lottogewinner überfordert sind vom plötzlichen Reichtum. Dennoch: welche Fülle von Träumen könnten gerade Menschen im hohen Alter sich damit noch verwirklichen, ist der Bedarf an finanziellen Ressourcen doch gerade bei ihnen oft am ausgeprägtesten.

Michel Fournier, der 64-jährige Franzose, der seinen Stratosphären-Sprung trotz harscher, kostspieliger Rückschläge immer wieder versucht, würde keine Minute darüber nachdenken, was er mit all dem Geld machen könnte. Er verfolgt seinen Traum schon ein Leben lang. „Ich bin so aufgeregt, mein Traum wird wahr, nach 20 Jahren voller Arbeit und Opfer", schrieb er kurz vor dem Start zum letztem Experiment, das dann leider erneut scheiterte. Auch als er es ein viertes Mal versucht, ist das Schicksal ihm nicht hold. Beobachter meinten, das sei vermutlich die letzte Chance des heute 66-Jährigen gewesen. Ob sie mit dieser Prognose wohl richtig liegen? Der 75-jährige Hans Preussler, dessen Traum es war, einmal eine richtig lange Seereise zu machen, hatte als „Typ-2-Diabetiker" Angst, ob die 11000 Meilen mit einem Containerschiff durch die Karibik nicht zu riskant seien. Doch er hat das seltene Glück, eine Ärztin zu haben, die ihm zurät, und macht es. Das Fazit: „Ich habe mich seit Jahren nicht so wohl gefühlt wie auf dieser Reise und danach."[437] Um das zu erleben, musste er über seinen Schatten springen.

Träume haben viel mit Risiko zu tun. Mit über 80 Jahren Rente und Erspartes investieren, um einen Traum zu verwirklichen, das wagt nicht jeder. Das Ehepaar Gruhl aus Dresden hat genau dies getan, für den Traum, ein Vollwertkost-Restaurant zu eröffnen.

Dem einen mögen fehlende finanzielle Ressourcen oder Krankheit ein Hindernis sein, das er aus dem Weg räumt, um seinen Traum zu verwirklichen. Dem anderen stehen vielleicht Stereotype über das „Alter" entgegen. So zum Beispiel im Sport, dem vermutlich gnadenlosesten Bereich, wie uns das Beispiel von Steffi Jones zeigte, der 35-jährigen, schon sehr „alten" Fußballerin. Hier nun das Kontrastbeispiel dazu, die Degenfechterin Imke Duplitzer. „Alter schützt nicht vor Erfolg" hieß es Mitte 2010 in einer Nachricht des ZDF-Sportstudios zum Sieg der 35-Jährigen bei den Europameisterschaften in Leipzig.[438] Nervenstark und mutig habe sie im „sportlichen Rentenalter" zuerst bei den Deutschen Meisterschaften die sieben Jahre jüngere, haushohe Favoritin von der Planche gefegt und dann bei den Europameisterschaften die ebenfalls jüngere Konkurrenz. Das Geheimnis ihres Erfolges wurde auch gleich mit verraten: sie habe nach fast 20 Jahren Leistungssport wieder Freude am Training und am Wettkampf gefunden. Beseelt von einem inneren Feuer, wieder dabei sein zu wollen, hat sie ihren Traum wahr gemacht. Eine starke Persönlichkeit scheint hinter dem zu stehen. Imke Duplitzer wird als eigenwillig und unbequem beschrieben. Sie gehörte mit zu jenen, die in Peking die Eröffnungsfeier aus Protest gegen die chinesische Menschenrechtspolitik boykottiert hatten. Das könnte uns einen Hinweis darauf geben, wie sehr es unter Umständen auch von uns selbst abhängt, wie und ob die Umwelt uns zu beschränken vermag.

Einen unglaublichen Beweis an ungebrochenem Traum zeigte, am anderen Ende des „Sportleralters", der 100-jährige Alfred Proksch, als er zu den Masters in Lahti antrat. Der Diskuswerfer aus Österreich hatte den Traum, mit 100 Jahren noch einmal dabeisein zu können. Da er zuletzt erhebliche Beschwerden beim Gehen hatte, ließ er sich, eigens um noch einmal teilnehmen zu können, ein neues Knie machen. Im Film *Herbstgold* beschreibt er ganz genau, wie er es bewerkstelligen wollte, bei den Masters anzutreten, er entwirft Schritt für Schritt, Geste für Geste. Und genauso macht er es dann auch. Er tritt an – am Rollator gehend! Er positioniert sich vor dem Kreis, schubst den Rollator zur Seite, tritt in den Kreis, holt aus und wirft.

Wo Altersstereotype gleich in doppelter Ausfertigung auf Träume prallen, sind wir in der Modewelt. Mode, das bedeutet: jung, schön, kreativ, zukunftsorientiert. Kein Platz für Alte. Und doch vermag Leidenschaft auch diese Barriere zu brechen. Heinrich S., mein Interviewpartner, der gern anonym bleiben wollte, war Zentraleinkäufer im größten Textil-Einkaufsverband Europas. Diese Tätigkeit beendete er mit 65 Jahren, obwohl andere schon mit 60 Jahren aus ihrem Job „hinausbugsiert" wurden, wie er es nannte. Doch unmittelbar nach Renteneintritt bekam Heinrich S. Angebote weiterzumachen. Er war Unternehmen der Branche aufgefallen. Distinguiert im Auftreten, höflich, elegant, kreativ – und vor allem: auf respektvolle Weise Menschen zugewandt, erschien Heinrich S. einem der größten Hosenfabrikanten in Deutschland als der ideale Mann für eine neue Aufgabe: Markterschließung in den neuen Bundesländern. Diese Tätigkeit führte er bis kurz vor seinem 70. Lebensjahr durch, mit großem Erfolg. Einer der neuen Firmenkunden sagte später zu ihm: „Es war Ihre Art, die uns veranlasst hat, die Hosen aufzunehmen." Mit Taktgefühl und Kompetenz war es ihm gelungen, einen Markenartikel für die Bekleidungsgeschäfte in den neuen Bundesländern einzuführen. Der Unternehmer, der Heinrich S. für diese Aufgabe geworben hatte, sagte zu ihm: „Andere beneiden mich, weil ich Sie eingestellt habe." Heinrich S., der nicht mehr junge und so erfolgreiche Modemittler, der bewies, dass sich auch in der Arbeitswelt im Alter noch Träume erfüllen können.

Denn für ihn, der auch mit 83 Jahren noch von der Modewelt als seiner großen Leidenschaft schwärmt, war das, was sich ereignet hatte, die Erfüllung eines Traumes, von dem er heute noch zehrt.

Ein anderes interessantes Beispiel: Christa Höhs, früher Model, war mit Anfang 50 aus den USA zurückgekehrt und hatte sich auf verschiedene Stellen beworben. „In den USA war bereits selbstverständlich, was in Deutschland noch als undenkbar galt: dass Menschen ab fünfzig für Produkte werben, deren Zielgruppe sie sind", schreibt die Süddeutsche über sie. „Dass sie mit Anfang fünfzig als Seniorin gelten könnte, wurde ihr erst klar, als sie wieder nach Deutschland zurückkam. Christa Höhs landete in München, sie war erst 53, sie sah super aus, und sie hatte Lust auf was Neues. Aber sie war ‚zu alt'. Zu alt für die werberelevante Zielgruppe bis 49, zu alt für Model-Aufträge, zu alt für einen anderen Job.[439] „Ich kriegte sehr schnell mit, was da lief in Deutschland. Dass man Leute ab 50 einfach beiseite schob. Und da wurde ich bockig", sagt sie. Und Christa Höhs ging in die Offensive. Sie gründete 1994 in München die Agentur „Senior Models", in der auch Models im Alter von 91 Jahren arbeiten.

Eine andere Art von „traumhafter" Entwicklung: Ed Melcarek, der mit Anfang Fünfzig auf die Straße gesetzt worden war und sich danach zu einem der erfolgreichsten Troubleshooter der Unternehmenswelt entwickelte, hat dadurch seinen Traumjob gefunden, wie er auf seinem Blog schreibt.[440] Das heißt: Träume können gelegentlich auch ungefragt zu einem kommen und sich verwirklichen – wenn man sie als solche erkennt. Sein Erfolgsgeheimnis: „Ich bin schließlich dahin gelangt zu glauben, dass eine gute Formel für Erfolg in unserer Zeit die ist, zu schauen, was jeder andere macht und genau das dann nicht zu tun", schreibt er. „Bei mir funktioniert es." Hinzufügen muss man, dass er aber auch daran glaubte, dass man in der Arbeitswelt, trotz eines relativen „Dinosaurieralters", Erfolg haben kann. Als sich ihm die Idee bot, setzte er darauf und investierte nicht wenig in diesen Traum.

Was haben diese Beispiele mit Lebensträumen zu tun, wird so mancher vielleicht fragen. Nun, der Wunsch ist der kleine Bruder eines Traumes. Mit über 50 oder gar 60 Jahren in einem Job oder mit einem Unternehmen neu anzufangen, das kommt der Verwirklichung eines Traumes schon sehr nahe. Insofern kann man auch eine andere Kategorie von Menschen hier unterbringen, deren Vorstellungen und Ziele einen Traum nahekommen, dem Traum davon, als Rentner oder Pensionär in die weite Welt zu reisen, dort nützlich zu sein: die Senior Experten. Die Senior Experten sind Männer und Frauen im Rentenalter, die für zumeist kurzzeitige Tätigkeiten und Aufgaben angefragt werden. Einer Auskunft des Senior Experten Service (SES) zufolge entfielen im Jahr 2009 nahezu die Hälfte der Projekte (752) auf Länder in Übersee (Lateinamerika, Afrika, Asien, Pazifik). Die Tätigkeit der Senior Experten kann man sich in etwa so vorstellen: eine Schule in Kamerun sucht einen Ausbilder fürs Drehen, ein Unternehmen in China möchte die Herstellung von Kugellagern verbessern, bei einer indischen Anfrage kann es um Tiefkühlprodukte gehen, aus Chile fragt jemand einen Spezialisten für Sanitärkeramik an und Nigeria braucht jemanden, der Straßenbauplanung unterstützen kann. Ein Drittel der Projekte in Übersee wurde von 180 Experten im Alter 70+ bedient. Siebzehn von ihnen waren zwischen 75 und 78 Jahre alt. Viele von ihnen hatten schon Auslandserfahrung, insbesondere in Übersee bzw. Entwicklungsländern. Doch immerhin hatte nahezu ein Viertel (23%) nur Auslandserfahrung in unseren Breiten (Europa, Ostblock) oder USA/Kanada und 14% hatten überhaupt keine Auslandserfahrung. Das bedeutet, gut ein Drittel von ihnen (67 von 180 Senior Experten) wagten den Sprung, im Alter von über 70 Jahren, in völlig unbekannte, weit entfernte Länder wie Mexiko, Bolivien, Nepal, Ghana oder Paraguay zu reisen, um dort ein paar Wochen oder auch Monate zu arbeiten. Aus fachlicher Sicht betrachtet, kann man das auch kritisch sehen, kann sich durchaus die Frage nach der Effektivität solcher Hilfe stellen, wenn jemand für ein paar Wochen in einem Land eingesetzt wird, das er nicht kennt und das kulturell so andersartig ist. Aber hier geht es nicht um die fachliche Seite, sondern um den Wagemut des Einzelnen. Und dieser ist fraglos groß und bewundernswert. Die älteste weibliche Senior Expertin war mit 80 Jahren im Einsatz. Der älteste männliche Senior Experte ist ein Professor für Bildende Kunst, der im Jahr 2011 in Armenien auf dem Gebiet der Buchrestaurierung tätig geworden ist: als 88-Jähriger.

Als ich nach meinem Studium nach Afrika in die Entwicklungshilfe ging, bekam ich oft Briefe von Freunden, die mir schrieben: „So etwas würde ich auch gern mal machen!". Ich schrieb ihnen zurück: „Bist du bereit, dafür das Risiko einzugehen, dein gewohntes Umfeld hinter dir zu lassen, deine Karriere aufzuschieben, bei der Rückkehr vielleicht keinen Job zu finden?" Ich kenne niemanden unter ihnen, der es getan hätte. Und in den 12 Jahren, da ich mich im Ausland befand, hat mich auch, außer einer Kollegin, niemand besucht, hat niemand die wunderbare Gelegenheit ergriffen, eine andere Kultur authentisch kennenzulernen. Nach den Jahren als Entwicklungshelferin war es mein beruflicher Traum, entwicklungspolitische Gutachterin zu werden und diese Tätigkeit damit zu verbinden, Artikel und Bücher zu schreiben. Ich sandte meinen Lebenslauf an Organisationen und begann damit, Rezensionen für Zeitungen zu schreiben. Doch kein Auftraggeber will einem Anfänger ein Gutachten anvertrauen und auch Zeitungen schauen zuerst, ob der Name des Autors Bekanntheit verrät. Die Monate vergingen, ich hatte keinen Auftrag und die Absagen von circa 20 Zeitungen stapelten sich bei mir, während das Guthaben auf meinem Sparbuch schmolz. Denn zu allem Überfluss war ich so stolz, mich bereits als Selbstständige zu fühlen, das heißt: ich wollte kein Arbeitslosengeld. Als mir schließlich der erste Auftrag angeboten wurde, hätte ich fast einen Herzstillstand erlitten: ausgerechnet nach Zaire sollte ich gehen, ein Land, das in allem nur düstere Schatten warf und in eine Gegend, in die Tausende traumatisierter Menschen vor dem schrecklichen Genozid im Nachbarland Ruanda geflüchtet waren, und ich hatte nicht die mindeste Ahnung, was man von mir erwartete. Ich gebe zu, die Angst beherrschte mich. Gleichzeitig wusste ich: das war meine Chance. Ich sprang ins kalte Wasser. Es war verdammt kalt, aber ich habe überlebt und es schuf die Basis für meinen Traum. Jahre später lud man mich zu Seminaren ein, zu denen junge Menschen kamen, die den gleichen Beruf ausüben wollten wie ich. „Ich möchte auch so etwas machen wie Sie", sagten sie mir. Und ich fragte zurück: „Wie viel ist Ihnen die Freiheit als Selbstständiger wert? Sind Sie bereit, dafür den Preis zu zahlen? Können Sie mit der Vorstellung leben, dass Sie als Selbstständiger heute nicht wissen, welche Einnahmen Sie morgen haben werden?" Eine ganze Reihe von ihnen wollte dann lieber auf ihren Traum verzichten. Warum schreibe ich das, war ich zu jener Zeit doch alles andere als alt. Auch wenn ich als 43-Jährige für die Arbeitswelt als alt gelten konnte, war ich dennoch nicht alt im Sinne dieses Buches. Ich schreibe es, weil ich der Überzeugung bin, dass es dem Alter seinen Schrecken nimmt, wenn man im Leben bereit ist zu wagen. Doch diese Haltung beginnt man kaum erst im Alter zu entwickeln. Wenn man bis zum 65. Lebensjahr auf Sicherheit, Planbarkeit und Vorhersehbarkeit gebaut hat, ist es eher unwahrscheinlich, dass man ab diesem Zeitpunkt zum Hasardeur wird. Es sei denn, das Leben zwingt einen dazu, indem es den Boden unter den Füßen wegzieht. So wie es das bei den Menschen tat, von denen im nächsten Kapitel die Rede ist.

Das ganze Leben umkrempeln – an der Schwelle zum Alter

„Ein schönes Alter ist gemeinhin der Lohn für ein schön gelebtes Leben", soll Pythagoras gesagt haben. Niemand wird es leugnen wollen: ein „gutes" Alter zu erleben, hat viel damit zu tun, wie man davor gelebt, gedacht, gehandelt hat. Für all jene, die ihre Arbeit als Lebensaufgabe auffassen, die den Sinn ihres Daseins schon früh erkannten oder die ihr ganzes Leben lang einen Traum verfolgten, den sie im Alter verwirklichen, stellt das Altwerden weder Bruch noch Schrecken dar. Manchmal aber werden Menschen vom Schicksal herausgefordert, wenn sie auf das Alter zugehen. Die einen erschreckt es und sie gehen daran zugrunde. Den anderen aber ist es eine Chance, die sie zu ergreifen wissen.

So wie Sigmar Petry. Über ihn berichtet im Jahr 2000 die überkonfessionelle Zeitschrift *Publik Forum*. Eingekeilt zwischen linearer Planung und geordnetem Lebensrahmen, wird Sigmar Petry, zu seiner Zeit Ingenieur bei der Telekom, eines Tages brutal aus der Bahn geworfen. Ihm droht die Erblindung. Zu diesem Zeitpunkt ist er sechzig Jahre alt. Elf erfolglose Operationen bringt er hinter sich, um sich dann schließlich in sein Schicksal zu ergeben und schweren Herzens den vorzeitigen Ruhestand zu beantragen. Doch einmal, ein einziges Mal, will er es noch versuchen. Das Wunder geschieht. Die zwölfte Operation gelingt, er kann wieder sehen. „Ich bin dankbar, dass ich damals krank geworden bin", sagt er, „denn sonst wäre ich in dem Arbeitsstress geblieben und hätte ganz wenige Möglichkeiten gehabt, etwas anderes zu überlegen." Dieses „Andere" ist eine Idee, die ihn blitzartig befällt, als er einige Zeit darauf einen Artikel liest, über Eirene, den internationalen christlichen Friedensdienst. Für ihn war klar: das musste er machen. „Ich wollte ein bisschen aus meinem Gefängnis ausbrechen", sagte er später, „speziell das Gefängnis, in dem ich durch meine Herkunft, mein Leben, meine Klasse sozusagen eingebunden bin, das Gefängnis der Sicherheit, der Planbarkeit des Lebens, der Vernunft." Mit 62 Jahren setzt er hoch, um diesem Gefängnis zu entfliehen: er geht für ein Jahr in ein Obdachlosenprojekt der Catholic Workers in Texas. Sigmar Petry scheint bei seinem Engagement und seinem neuen Leben geblieben zu sein. Auf einer sehr aktuellen Webseite des Friedensdienstes der Älteren von Eirene findet man ihn jedenfalls heute, viele Jahre danach, als Ansprechpartner der Organisation aufgeführt.

Anderen sendet das Leben noch früher Signale, um zur Änderung aufzurufen. Glücklich, wer sie zu deuten weiß: er kann auf ein frohes, erfülltes Alter zugehen und sieht dabei auch noch jung aus. So wie der 47-jährige Robert, der im Jahr 2009 im ZDF, in der Reihe „37°", vorgestellt wird, die den Titel trägt: „Nochmal richtig Gas geben". Im Grunde geht es in der Sendung nicht um ihn allein, sondern um drei Männer, die das Altwerden jeweils auf unterschiedliche Weise angehen. Während die anderen beiden

Männer im Alter von 43 und 50 Jahren Angst haben vor dem Alter und alles dafür geben würden, nochmal jung zu sein, möchte Robert nicht wieder 30 oder 20 Jahre alt sein. Er hat seine Lektion gelernt und dabei gewonnen. Von Beruf Möbeldesigner, hatte Robert alles, was man sich wünscht: einen gut bezahlten Job, eine Familie, Kinder, ein Haus. Doch irgendetwas stimmte nicht. Es fehlte etwas. Die solide, gutbürgerliche Existenz zwingt ihn in die Knie. Er wird krank. Erst die Krankheit bringt ihn dazu umzudenken, sich einzugestehen, dass das nicht das Leben ist, das er wollte. Er beginnt, sich zu fragen, wo die Werte tatsächlich liegen im Leben. „Ich habe nicht mehr mein Leben gelebt", so fasst er die Situation zusammen. Und er handelt, zieht Schlussstriche unter Beruf, Familie, Eigenheim. Eine schwere Entscheidung, die, so sagt er, von seinen Töchtern bis heute nicht verstanden wird. Doch sein Leben ist stimmig geworden. Er hat sich stärker der Kunst zugewandt, arbeitet nun freischaffend weiter als Möbeldesigner, macht eine Ausbildung in Shiatsu-Massage. Er hat sich dem Leben und Sein von innen heraus zugewandt, hat sich völlig auf das Neue eingestellt, das ihn erwartet. Wer ihm begegnet, trifft einen feinsinnigen, sehr jung wirkenden Mann, der offen auf viele Themen des Lebens einzugehen weiß. Man spürt und weiß es: er braucht sich nicht um das Alter zu sorgen. Es wird ihm nichts antun.

Neue Aufgaben können gelegentlich auf völlig unbekannten Wegen daherkommen. So wie bei Sabine Ball, ehemals Frau eines Multimillionärs. „Ziele braucht jeder Mensch. Ich hatte 46 Jahre die verkehrten", sagte die 83-Jährige 2009 in einem Interview in der christlichen Zeitschrift *Stadtgottes*. Sabine Ball meinte damit ihr Leben vor 1972, das andere um nichts in der Welt aufgegeben hätten, denn sie hatte 1953 einen Millionärssohn geheiratet. Liebe sei es nicht gewesen, gab sie später zu, der Reichtum habe sie fasziniert. Das Luxusleben, das dann folgte, war schön wie der Schein – und langweilig, wie sie später sagt. Nach zehn Jahren dann die Scheidung, unter anderem wegen der Alkoholsucht ihres Mannes. Sie beginnt, nach dem wahren Sinn des Lebens zu suchen, findet ihn erst fast ein Jahrzehnt später. Da ist sie schon

Ende vierzig. Ein paar Jahre kümmert sie sich in New York um Drogenabhängige, eröffnet dann in Kalifornien ein Haus für misshandelte Frauen und kehrt schließlich mit 63 Jahren nach Dresden zurück. Als sie die vielen Obdachlosen, Junkies und verwahrlosten Jugendlichen sieht, gründet sie mit 68 Jahren den Sozialverein „Stoffwechsel". Die ehemalige Millionärsgattin, die, kurz nachdem der Artikel über sie erschienen war, einen Herzinfarkt erlitt und starb, war so etwas wie die „Mutter Teresa von Dresden" geworden. Ihr Vater habe sie immer ermahnt, ehrlich zu sich selbst zu sein, sagte sie in dem Interview, doch sie habe lange gebraucht, um dies leben zu können: „Ich musste Umwege gehen, damit ich selbst erleben konnte, wie verblendet ich war." Man kann also lange auf dem falschen Weg gewesen sein und trotzdem, selbst im Alter noch, auf den richtigen Weg kommen. Alles hängt von der Konstellation im Einzelfall und von einem selbst ab.

Auch Leni Riefenstahl war vielleicht lange auf dem falschen Weg, auch wenn sie dies immer bestritten hat. Ihre Nähe zum Nationalsozialismus und zu Adolf Hitler haben die Schauspielerin und Filmregisseurin zu einer kontroversen Figur gemacht. Diese Vergangenheit hat sie Zeit ihres Lebens verfolgt. Sie war unablässig bemüht, diese Vergangenheit und den Vorwurf abzuschütteln, dass sie die nationalsozialistische Ideologie glorifiziert habe. Ohne in den politischen Diskurs eintreten zu wollen, ist an dieser Stelle das, was Leni Riefenstahl verwirklichte, erwähnenswert: sie hat versucht, im hohen Alter ihr Image umzukrempeln, und das mit Erfolg. Sie drehte einen Dokumentarfilm „Impressionen unter Wasser" und wurde als Unterwasserfotografin bekannt. Um diese Unterwasser-Aufnahmen machen zu können, hatte sie 1974, als 72-Jährige, ihren Tauchschein unter Angabe eines falschen Alters erworben. Laut Wikipedia absolvierte Leni Riefenstahl über 2000 Tauchgänge, fotografierte noch als 94-Jährige Haie vor Cocos Island (Costa Rica) und trat der Umweltorganisation Greenpeace bei. [441] Ihr spätes Leben als Unterwasserfotografin war somit erstmals ein Leben, in dem sie nicht direkt von der NS-Zeit eingeholt wurde. Zwar wurde ihre Vergangenheit weiter in der Öffentlichkeit thematisiert, allerdings ohne dabei die Unterwasseraufnahmen in eine direkte Verbindung zur faschistischen Ideologie zu setzen. Somit konnte sie sich wohl ihren Traum im hohen Alter noch erfüllen. Leni Riefenstahl hatte Mitte der fünfziger Jahre auch damit begonnen, sich für Afrika zu interessieren. Im Alter von fast 60 Jahren machte sie sich auf die Suche nach den Nuba. Sie besuchte die Nuba dann über viele Jahre hinweg regelmäßig, erlernte sogar deren Sprache. Der Wunsch, die Nuba wiederzusehen, ließ sie im Alter von 97 Jahren noch einmal in den Sudan reisen, eine gefährliche Mission, da der Sudan sich im Bürgerkrieg befand. Sie überlebte einen Helikopterabsturz, bei dem sie schwere Verletzungen davontrug. Das hinderte sie nicht daran, weiterhin den Wunsch zu hegen, noch einmal dorthin zu reisen. Leni Riefenstahl starb mit 101 Jahren.

Erfülltes Alter, auch wenn Krankheit zum ständigen Begleiter geworden ist?

Optimismus, Lebenssinn und Aufgabe, Wandel und Neugier – alles schön und gut, mag so mancher denken. Was aber, wenn Krankheit nicht nur ein vorübergehender Auslöser ist, sein Leben umzukrempeln, sondern zum ständigen Begleiter geworden ist? Wie soll ich da noch Alter positiv leben können? Eine Frage, die sich gewiss viele stellen, zumal all jene, denen das Proklamieren aktiven Alters gegen den Strich geht, gerade weil sie gebrechliche und kranke Alte vor Augen haben.

Zugegeben, für viele ist es schwer, Alter auch dann noch positiv zu sehen, wenn Krankheit, Leid und permanente Beschränkung damit einhergehen. Es ist schwer, dann noch Antrieb von innen zu erhalten. Doch man sollte auch die negativ gepolten Einflüsse von außen nicht unterschätzen, die unseren Lebensmut zusätzlich schwächen oder gar aushöhlen. Unsere unmittelbare Lebensumwelt beeinflusst uns. Je älter man wird, umso öfter wird man im engeren Umfeld mit den Krankheiten und dem Leid anderer konfrontiert. Es ist nicht einfach, sich dem zu entziehen. Einige Menschen hätten im Alter nur das Thema Krankheit, sagten viele der von mir interviewten aktiven alten Menschen. „Von meinen drei Freunden haben zwei resigniert", sagte der 83-jährige Heinrich S.. „Der Grundton ist ‚wenn's doch bald vorbei wäre' und die Erwartung liegt darin, dass man sie bedauern solle." Heinrich S. hatte das Glück, noch bis zum 70. Lebensjahr beruflich gefragt zu sein, studierte danach Theologie, um für sich Klarheit zu schaffen über religiöse Fragen, die ihn Zeit seines Lebens beschäftigt hatten. Er vertritt die Meinung, dass man sich auch im Alter noch Ziele setzen muss, kreativ sein sollte. Er musste mit dem Leben kämpfen und mit dem Tod. So hat er selbst eine schwere Krankheit durchgestanden und seine Frau mit Alzheimer sterben sehen. Freunde und Verwandte sind „abgefallen", weil sie mit der Situation nicht fertig wurden, so sagt er. Seitdem sucht Heinrich S. Hilfe in einem Trauerkreis, der Tod seiner Frau hat ihn schwer getroffen. „Das Leid geht nie weg", sagt er, „aber man darf sich ihm nicht hingeben. Es ist falsch zu resignieren." Bei all dieser leidvollen Erfahrung im Alter hat er sich, von sich aus, für das Interview über dynamisches Alter gemeldet. Auch der 86-jährige Augenarzt im Ruhestand Hermann Pünder aus Hamburg, der im nachfolgenden Kapitel unter dem Titel „Nicht so viel über Krankheiten reden" porträtiert wird, macht ähnliche Erfahrungen mit den Reaktionen von Bekannten und Freunden. „Meine Altersgenossen reden ununterbrochen über Krankheit", sagt er. „Ich habe einen Bekannten, der darauf eingeht. Er freut sich riesig, wenn andere ihn anrufen und ihm von ihren Krankheiten berichten. Er bemitleidet gern. Wenn man aber positiv ist, das will er gar nicht hören." Auch hier wie bei Heinrich S.: Dr. Pünder selbst wie auch seine Ehefrau wurden mit schwerer Krankheit und Schicksalsschlägen konfrontiert. Er ist also nicht einer, „der gut reden hat", wie Menschen immer dann gerne bemerken, wenn sie anderen vorhalten, dass sie nicht das erlebt hätten, worüber sie sprächen.

Die Einschränkungen im Alter seien die „umgekehrte Reihenfolge dazu, wie man ins Leben kommt, wo ich auch alles erst lernen muss", sagt Claus Günther, ein ebenfalls im folgenden

Kapitel porträtierter Schriftsteller. Er hat mit dem Schreiben seinen Lebenstraum verwirklicht und bedient heute eine ganze Palette an Aktivitäten, unter anderem ist er auch als Zeitzeuge tätig. So aktiv er auch ist, rundum gesund ist er nicht und er könnte ausreichend darüber jammern, wenn er es wollte. Er müsse ein Hörgerät tragen, habe drei Bypässe und durch einen bei einer Operation eingeklemmten Schlauch seien Zähne lose geworden, so berichtet er. Auch sei er kürzlich beim Sprinten gestürzt. Bei ihm sei es nach der Herzoperation wie eine Zäsur in seinem Leben gewesen, wo er sich fragte: wer bin ich, was mache ich, was lasse ich mit mir machen. Dann aber gehe es wieder aufwärts. Das sei als Aufgabe zu sehen, man dürfe sich nicht aufgeben. „Diese Einschränkungen muss man hinnehmen und trotzdem nicht resignieren", sagt er. „Man muss sich weiterhin interessieren und sich selbst akzeptieren."

Man könnte die Liste fortsetzen. Doch vielleicht ist aus diesen Beispielen bereits das klar geworden, was die Divergenz von Realitäten anbelangt. Es gibt immer wieder Stimmen, die sich auf die sogenannte „Realität" des Alters berufen und vertreten, dass dynamisches Alter eine Illusion sei. Solche Stimmen lesen sich so wie der Klappentext des Buches von Sabine Bode: „Für alte Menschen jedoch, die ihre Altersgenossen genau im Blick haben, sind das alles Illusionen. Und auch jeder erfahrene Hausarzt sieht täglich, wie wenig die vitalen und glücklichen Weißhaarigen auf den Werbefotos der Pharmaindustrie die Realität älterer Menschen wiedergeben."[442] Nun, wenn man die Realität an denen festmacht, die man im Wartezimmer eines Arztes antrifft, hat man nicht „die" Realität, sondern einen Teil der Realität gesehen. Selbst wenn dieser Teil der größere sein sollte, was durchaus sein mag, ist es immer nur ein Teil. Abgesehen davon, dass auch Menschen wie Claus Günther, Heinrich S. oder Dr. Pünder in solchen Wartezimmern anzutreffen sind, was nicht viel aussagt, wie man sieht.

Wenn mit zunehmendem Alter Freunde und Bekannte immer öfter die Krankheit zum Gesprächsthema machen, braucht es eine gehörige Portion innerer Stärke und positiver Ausrichtung, um sich nicht mit hineinziehen zu lassen in das, was ich als Gift für unsere Seele und für unseren Willen bezeichnen würde. Dieses Seelengift kann brutal daherkommen, aber auch zuckersüß. Die süße Variante ist jene, die uns bemitleidet und uns bereitwillig aufnimmt in den Club der Alten und Kranken. Die härtere Variante lautet: „Damit musst du dich jetzt abfinden!" Ich erinnere mich noch sehr genau an den Tag, da meine Mutter, mit 86 Jahren, nach einem Schlaganfall im Krankenhaus lag. Ihre Sprache war unverständlich geworden, ein Arm schien gelähmt, sie konnte nicht mehr gehen. Eine junge Verwandte war zu Besuch gekommen. „Nun, damit musst du dich jetzt abfinden", sagte sie zu meiner Mutter, „Das ist jetzt leider so." Ich wies sie darauf hin, dass sie mit so einer Einstellung besser nicht mehr zu Besuch käme, denn das sei es nicht, was meine Mutter bräuchte und was sie zu hören wünschte. Ich kannte den eisernen Willen meiner Mutter und behielt Recht. Sie schaffte es, ohne Rehabilitierungsmaßnahmen (diese werden über 85-Jährigen ja nicht gerade fraglos angeboten) wieder so weit gesund zu werden, dass sie noch 13 Jahre lang alleine zu Hause leben konnte.

Der eine ist krank, behindert, gebrechlich und sieht dies als besiegeltes Schicksal an, das ihm ein trauriges Alter beschert. Der andere ist genauso krank und behindert, und hat einen so starken Willen zu leben, dass er es selbst dann noch schafft, sich und seine Träume zu leben.

Ein sehr beeindruckendes Beispiel ist Renate Ratzel. Zeit ihres Lebens hatte sie einen Traum, dem Krankheit entgegenzustehen schien. Renate Ratzel wollte schon immer nach Südamerika, um den Menschen dort zu helfen. Diesen Traum hatte sie wohl schon sehr früh. Doch Renate Ratzel wurde mit eingeschränkter Sehkraft geboren, erblindete mit 43 Jahren ganz. Das scheinbar unüberwindlich groß gewordene Handicap vermag es dennoch nicht, sie ihren Traum vergessen zu lassen. Mit 50 Jahren fliegt sie zum ersten Mal nach Chile. Sie baut dort, zusammen mit einer Missionarin, einen Kindergarten, richtet eine Suppenküche ein und eine Tagesstätte für schwerbehinderte Jugendliche. Von 1994 ab fliegt sie jedes Jahr nach Südamerika. Nachdem sie vor ein paar Jahren in den Ruhestand gegangen ist, verbringt sie nun längere Zeiten in Peru, hilft in Suppenküchen, gibt Kurse für Mütter, organisiert Alphabetisierung.. Sie möchte so lange in Peru weiterarbeiten, wie es ihre Gesundheit erlaubt und solange „Gott sie lässt". Vielleicht trifft man sie eines Tages auch als Achtzigjährige dort noch an. „Mein Schutzengel wurde schon immer heftigst überstrapaziert", sagte die sehr gläubige Frau im Interview für die Zeitschrift. „Ich möchte, dass die Leute, mit denen ich zu tun habe, erkennen, dass das Leben ein ganz großes Geschenk ist und dass wir nicht einfach nur da sind, sondern für etwas da sind."[443]

Ein zart-gebrechliches und gerade deshalb berührendes Beispiel: Lucia Westerguard, eine 96-jährige Zirkusartistin und Straßenmusikantin „Ich trage mein Alter mit Fassung", sagt sie im Buch *Wir haben viel erlebt!* „Wenn alles weh tut, tue ich mir leid, weil ich das nie so gewohnt war." Als Akrobaten sind Lucia Westerguard und ihr Mann bis ins hohe Alter noch aufgetreten; beim letzten Auftritt war er 99 Jahre alt, sie zehn Jahre jünger. Straßenmusik hat Lucia Westerguard schon immer gemacht. Immer wieder zieht es sie, auch als 96-Jährige, noch auf die Straße. „Wenn ich ein bisschen kräftiger bin, gehe ich wieder mit dem Saxophon auf die Straße. Ich möchte wieder spielen, weil das meine ganze Kraft war. Die Leute, die zuhören, sind wahnsinnig nett und freuen sich. Wenn sie mich auf der Straße sehen, fragen sie: Wann kommen Sie wieder zum Spielen, Frau Lucia. Wir vermissen Sie am Graben, in der Kärntner Straße."[444] Das erinnert an die östliche Weisheit: „Siebenmal hinfallen, achtmal aufstehen", die bereits in jungen Jahren hilfreich sein kann, um sich nicht unterkriegen zu lassen. Im Alter wird diese Einstellung umso wertvoller werden.

Ein ebenso berührendes Beispiel aus demselben Buch: die Autorin und Erzählerin Lenka Reinerová. Sie ist 92 Jahre alt. „Ich kann mir nicht vorstellen, nicht aktiv zu sein", sagt sie. „Es ist tröstlich, bis zum Schluss aktiv bleiben zu können." Lenka Reinerová ist seit fünfzig Jahren krebskrank. Sie sei vielleicht der Beweis dafür, dass man auch mit dieser Krankheit fertig werden könne, meint Lenka Reinerová, natürlich mit Hilfe der Medizin, aber man müsse auch ein bisschen dazu beitragen: „Wir haben nur das eine Leben, man muss also tunlichst etwas daraus machen, sonst hätte es keinen Sinn."[445]

Das wohl bekannteste und vielleicht auch extremste Beispiel eines Menschen, der sich trotz schwerster Behinderung nicht aufgab, mag der heute 69 Jahre alte britische Physiker Stephen Hawking sein. Viele kennen das Bild des völlig bewegungsunfähigen Hawking, der durch eine Erkrankung des Nervensystems mit 26 Jahren bereits auf einen Rollstuhl angewiesen war. Knapp 20 Jahre später verlor er die Fähigkeit zu sprechen. Den Sprachcomputer, den er daraufhin für die Kommunikation wie auch für seine wissenschaftliche Arbeit nutzte, steuert er inzwischen nur noch mit der Bewegung seiner Pupillen. Von Medizinern wurde ihm bereits in jungen Jahren der baldige Tod vorausgesagt. Dieser lässt seit über 40 Jahren auf sich warten, vielleicht auch weil Hawking ihn nie richtig begrüßen wollte.

Ein Beispiel wie das von Hawking an dieser Stelle – und das sei hier ausdrücklich unterstrichen – soll nun nicht heißen, dass es allen möglich wäre oder gar: sein sollte, es ihm nachzutun. Die innere Stärke muss schon enorm sein, um so etwas zu bewerkstelligen. Doch ganz nach der Lehre der Harvard-Professorin Ellen Langer kann jeder, der es versuchen will, dem Credo folgen: wenn einer so etwas schafft, schaffe vielleicht auch ich es.

Insofern ist dieses Kapitel nicht dazu gedacht, jenen einen Spiegel vorzuhalten, die das nicht schaffen, sondern jene zu ermutigen, die es wagen wollen.

13. Kapitel

„Ich bin noch derselbe, der aus mir ‚rausguckt'" – Warum *diese* Alten nicht alt sind.

„Wenn ich noch einmal lebe, würde ich dasselbe wieder machen." – *Konrad Thurano, Zirkusartist (98 Jahre)*

„Du nennst es Altern, stattdessen ist es Expansion! Es ist kein Niedergang, sondern Gipfel, Vollendung, Höhepunkt." – *Vittorio Caprioglio, Mediziner und Psychotherapeut*

Sich selbst leben – auch wenn es sonst keiner versteht. Auch das könnte der Titel für dieses Kapitel sein, denn die hier aufgeführten Männer und Frauen tun dies oder haben genau dies getan.

Die folgenden Interviews wurden alle zwischen Juli 2009 und Oktober 2010 geführt. Alle Angaben, das Alter inklusive, beziehen sich somit auf den Zeitpunkt des Interviews. Einige der Personen, mit denen ich später noch in Kontakt stand, machten mich darauf aufmerksam, dass das eine oder andere im Interview heute nicht mehr zutreffe. So zum Beispiel schrieb mir Dr. Ulshöfer, dass er doch inzwischen schon 81 Jahre alt sei und nicht mehr 79. Claus Günther wies mich darauf hin, dass das Fünf-Meter-Brett im Schwimmbad ihn heute nicht mehr reize; dafür habe er inzwischen einen Poetry Slam-Wettbewerb gewonnen. Das Ehepaar Gruhl berichtete mir, dass eine Reihe der Modernisierungsarbeiten in ihrem Gästehaus inzwischen durchgeführt seien, auch dass das Fernsehen dagewesen sei und einen Bericht über ihr Restaurant gebracht habe. Meinerseits habe ich erfahren, dass zwei der interviewten Personen inzwischen verstorben sind, die älteste und der jüngste unter meinen Interviewpartnern: die 102-jährige Connie Brown und der 70-jährige Jürgen Schönfeld. Das ist der Lauf der Dinge in einem dokumentarischen Buch. Interviews sind immer auch Momentaufnahmen. Der Authentizität dieses Momentes wegen habe ich alle Porträts so belassen, wie sie sich zum Zeitpunkt des Interviews darstellten.

„Warum soll ich langsamer tun, nur weil ich über hundert bin? Ich weiß, was das Beste ist, und das ist: Arbeiten." – *Connie Brown (Großbritannien), 102 Jahre*

Dass ich Connie Brown begegnen durfte, sehe ich als ein Geschenk des Lebens an. Connie Brown lebte in Pembroke in Wales, wo sie ihren Fish & Chips-Laden bis zu ihrem Tod betrieb. Sie starb ein paar Monate nach meinem Besuch bei ihr, im Alter von 102 Jahren. „Warum soll ich langsamer tun, nur weil ich über hundert bin?" Das war bei Connie Brown nicht nur eine rhetorische Frage. Für sie war Zeit ihres Lebens klar: Arbeit war das Beste für sie. Das war es, was sie liebte, was sie brauchte, was sie jung erhielt.

Wenn ich ehrlich bin, hatte ich geglaubt, dass die britische Presse ein klein wenig übertreibe. Eine 102-Jährige, die in ihrem Lokal steht und Fisch und Chips verkauft? Ich konnte es mir nicht recht vorstellen. Im August 2009 machte ich mich auf nach Wales, um mir selbst ein Bild zu verschaffen. Pembroke ist ein kleiner Ort am Atlantik, am westlichsten Zipfel von Südwales. Der Nahverkehrszug, der einen dorthin bringt, überschreitet, an der „Grenze" von Wales zum benachbarten England, eine Kulturgrenze. Das wird einem in dem Moment bewusst, da man die Schilder und Texte in walisischer Sprache nicht mehr lesen kann. Man ist bei den Kelten angekommen. Das Keltenland – vielleicht ist dort doch so etwas möglich, wie eine 102-Jährige beim Fischfrittieren an ihrem Verkaufsstand anzutreffen. Das sind Gedanken, die einem auf der lange währenden Fahrt nach Pembroke durch den Kopf gehen. Als ich, in Pembroke angekommen, die sich lang hinziehende Hauptstraße durch den Ort hinablaufe, sehe ich das Schild *Brown's Snack Bar* schon von Weitem, die kleine Schlange Menschen davor ebenfalls. Es ist Mittagszeit, die Leute stehen an, sich ihr *Take away* für die Mittagspause zu holen. Nähergekommen, luge ich an der Schlange der anstehenden Personen vorbei ins Innere. Da ist sie, Connie Brown, im weißen Kittel hinter der Theke und wickelt Fish & Chips ein für die Kunden. Ich kann es schier nicht glauben, gerade weil es so alltäglich aussieht. Als ich ihr später gegenübersitze und wir uns bereits geraume Zeit unterhalten haben, bleibt der Eindruck des Alltäglichen, Normalen, ja Banalen erhalten. Diese 102-Jährige lebte schlicht ihr Leben, das da hieß: Arbeit. Nichts ist spektakulär an ihr, es gibt keine Hundertjährigen-Gene (ihre Schwestern starben früh), sie hat weder viel über ihr Alter nachgesonnen noch irgendwelche Dinge betrieben, um gesund alt zu werden, weder trieb sie Sport noch ernährte sie sich sonderlich ausgewogen. Sie esse viel Fisch, doch kein Gemüse, pflegte sie in jedem Interview zu betonen. Auch die Wünsche und Träume, die sie hatte, klangen durchschnittlich. Sie würde gern mal eine Kreuzfahrt machen, sagte sie, und einmal mit einem Flugzeug wohin fliegen. All das klingt wenig aufregend. Dennoch war die Begegnung mit ihr etwas Besonderes. Es ging viel Sanftheit von ihr aus und Freude, eine Art innerer Ausgeglichenheit. „I enjoy my life (ich habe Freude an meinem Leben)", sagte sie. Bis zuletzt war Connie Brown mit ihrem Leben zutiefst zufrieden. Das war vielleicht das weniger Banale an ihr.

Den Fisch und Chips-Kiosk eröffnete sie im Jahr 1928, zusammen mit ihrem Mann. Er starb früh, im Alter von 59 Jahren. Auch verlor sie eines ihrer beiden Kinder, ihre Tochter, die mit 8 Jahren an Diphtherie starb. Der Fish & Chips-Laden wurde später von ihrem Sohn erweitert, ein Restaurant wurde angebaut. Da der Sohn vor einiger Zeit an Parkinson erkrankte, führt heute seine 70-jährige Frau das Restaurant. Der Fish & Chips-Kiosk aber wurde immer von Connie Brown selbstständig geführt, bis hin zur Buchhaltung. Sie beschäftigte lediglich eine alte Bekannte, die im Geschäft mithalf. Diese, 77 Jahre alt, arbeitete für ein paar Stunden am Tag mit, weil es ihr Spaß machte. Stolz erzählt Connie Brown von ihrer Auszeichnung durch die Queen, wie sie in den Buckingham Palace eingeladen worden war, wie die Queen sie empfangen hatte. Die MBE[446]-Nadel, die sie als Auszeichnung für ihr Business im hohen Alter erhalten hat, trug sie seitdem am Kragen ihrer Kittelschürze. Großen Spaß macht es ihr auch, mir die Fotos von ihrem hundertjährigen Geburtstag zu zeigen, bei dem sie in eine Lederjacke gesteckt worden war, einen Helm aufgesetzt bekommen hatte und sie dann auf dem Beifahrersitz einer Harley Davidson eine Rundfahrt machen durfte.

Connie Brown lebte alleine, auch wenn nicht weit entfernt von Sohn und Schwiegertochter. Sie mache alles, sagte sie: waschen, bügeln, ihre Buchhaltung. Dass sie nicht mehr problemlos laufen konnte, störte sie am meisten. Dennoch bewältigte sie täglich die Stufen in ihrer Wohnung. Was denkt sie über das Alter? Sie habe nie über das Alter nachgedacht, meint sie, was ihr aber auffalle, das seien die vielen Kranken, die es heute gebe. Sie selbst war kaum jemals krank in ihrem Leben. Auch über den Tod hat Connie Brown nicht oft nachgedacht. Wenn doch, dann war es ein Fragen danach, ob sie wohl nach dem Tod ihren Mann und ihre Tochter wiedersehen würde. Sie hoffte es, war sich aber nicht sicher, ob sie daran glauben sollte. Als ich ihr sagte, dass ich durchaus zu denen gehöre, die daran glauben, kamen plötzlich Erinnerungen zurück: ein Ereignis, an das sie lange nicht mehr gedacht hatte. „Damals, am Ende des Krieges, nahmen wir Menschen bei uns auf", erzählt sie. „Zu uns kam ein Paar mit einem Baby. Es war sehr krank und die Eltern wussten nicht, was sie tun sollten, ob sie es ins Krankenhaus bringen sollten, ob es sterben würde. In dieser Nacht erschien mir meine verstorbene Tochter. Sie hatte das Baby in ihren Armen, legte es in sein Bettchen zurück. ‚Er kommt nicht herüber', sagte sie dabei zu mir. Das Baby ist dann tatsächlich nicht gestorben." Diese Erinnerung, die so plötzlich durch unser Gespräch wieder aufgetaucht war, beschäftigte Connie Brown noch eine ganze Weile. „Dass ich mich an das wieder erinnere, nach über 60 Jahren!", wiederholte sie immer wieder, fassungslos. Vielleicht hat die Erinnerung daran, dass ihre verstorbene Tochter als Kind zu ihr gesprochen hat, den Glauben daran gestärkt, dass sie diese auch nach dem Tod wiedersehen wird. Etwas, das für Connie Brown von großer Bedeutung war, und das ich ihr vielleicht als Geschenk unseres Gespräches dalassen konnte, bevor sie starb.

„Ich muss noch fünfzig Jahre leben, wenn ich alles verwirklichen will" – *Christian Gruhl, 80 Jahre*

Man sagt oft, schöne Menschen hätten es leichter im Leben. Was Christian Gruhl und seine Ehefrau Ursula angeht, könnte man gut daran glauben. Christian Gruhl, galant, schlank und gutaussehend, erinnert mit seinem Haarzopf ein wenig an Karl Lagerfeld. Gesprächig und kontaktfreudig, wie er ist, kann man ihn sich als Aufsehen erregende Begleitung zu jedem Galaabend gut vorstellen. Seine Ehefrau Ursula macht weniger Worte, ihr Wesen aber hat genauso Strahlkraft und Frische. Sie hat wesentlich mehr von einem jungen Mädchen als von einer über achtzigjährigen Frau an sich. Das Ehepaar hat es im Leben weit gebracht. Die Schönheit ist gewiss nicht der Grund dafür. Bedeutsamer scheint die sprudelnde Kreativität zu sein, durch die Christian Gruhl besticht, und die positive Lebenseinstellung, die beide als so wichtig im Leben ansehen. Vor allem aber auch: die erfrischende Nonkonformität des Ehepaars. Nonkonform, das war Christian Gruhl schon in jungen Jahren. Aus der ehemaligen DDR stammend, fiel er dort durch Vorfälle auf, die ihm den Vermerk „Widerstand gegen die Staatsgewalt" einbrachten. Später sollte er zum Uranabbau verpflichtet werden, „ging aber nicht hin". Die Folge: es gab keine Lebensmittel-Karten mehr für ihn. Nach einer Hausdurchsuchung in den elterlichen Wohnungen durch die Polizei und die

Stasi flüchtet Christian Gruhl mit seiner Verlobten und späteren Ehefrau. Ein Kaninchen hilft beim waghalsigen Unternehmen. Clever und kreativ, wie Christian Gruhl ist, hatte er sich dieses ungewöhnliche „Fluchtzubehör" ausgedacht, um die Volkspolizisten zu täuschen, denn: wer flüchtet schon mit einem Kaninchen.

„Er denkt gänzlich unvermaßt und imponiert durch innere Freiheit", so soll ein graphologischer Gutachter einmal die Persönlichkeit von Christian Gruhl analysiert haben. In der Tat sind Kreativität und Freiheitsdrang die Markenzeichen von Christian Gruhl. Er hat so viele Ideen, dass diese ihn nachts oft nicht schlafen lassen. „In sieben Ordnern sind alle Ideen, die ich habe, nummeriert und abgeheftet", sagt er. „So ist erstmal Ruhe und ich kann schlafen. Andernfalls vergisst man es oder es belastet einen." Die Spannbreite seiner Ideen ist weit, reicht von technischen Neuerungen über Werbe- und Partyartikel bis hin zu Puppentheaterfiguren. In seinem Leben hat er schon diverse Erfindungen zum Patent angemeldet, so zum Beispiel den Vorläufer des heutigen GPS: eine mechanische Einrichtung zum Kartenlesen in Fahrzeugen. Das war 1964. Später folgten die Idee für Tiefkühlkost, ein Gerät, das anzeigt, ob aufgewärmte Kost schon einmal aufgetaut worden ist, oder der Flying Scooter, ein Autoscooter, der nur mit einem Steuerknüppel bedient wird. Dieser inspirierte ihn zur nächsten Erfindung: Rollstühle für Altenheime, die ohne Akku funktionieren, sich stattdessen über im Flur angelegten Schwachstrom speisen. Viele seiner technischen Erfindungen stammen noch aus früherer Zeit, da er als Ingenieur seine Firma im Anlagenbau in Stuttgart leitete. Ein „Kreativitäts-Set" aus jüngerer Zeit ist dagegen der Markenschutz, den er im Jahr 2006 anmeldete für ein sächsisches Warengruppen-Design in Weiß-Grün, ähnlich dem Weiß-Blau der Bayern. Ein grünes Sachsen-Dreieck, ein „Freistaat-Design", das alles ziert oder zieren könnte: Tischsets, Teller, Servietten, Sofakissen, Krawatten, T-Shirts, Partywimpel, Verpackungen. Er hat es dem Land Sachsen angeboten, damit sie Werbung machen können wie die Bayern mit ihrem Weiß-Blau. Christian Gruhl träumt auch davon, mit seinen Ideen für ein neues Puppentheater bei Sandmännchen im Fernsehen zu landen. Seine

Figuren, Stabpuppen mit Köpfen aus Obst und Gemüse, sprechen über so etwas wie den Wurm im Apfel, der damit garantiert gesünder ist als der schöne Apfel ohne Wurm. Den Text dazu hat Christian Gruhl schon geschrieben. Genauso wie er schon die Inhaltsangabe zu einem Buch entworfen hat, dessen erstes Kapitel „Gesundheit fängt im Kopf an" heißt.

Kreativität und Alter gehen nicht zusammen? Jeder, der das meint, kann es nicht mehr aufrecht erhalten, nachdem er Christian Gruhl getroffen hat. Wenn sie etwas ändern könnten, in ihrem Umfeld oder in der Gesellschaft, was mit dem Alter zu tun hat, was wäre dies? So lautete eine der Fragen, die ich den Interviewpartnern vorab geschickt hatte. Christian Gruhls Antwort passt zu ihm. „Dummheit bekämpfen", stand da. Bei seinem Format kann er sich diese Antwort leisten. Mit dem Alter als solchem hat er sich nicht näher befasst. „Manchmal begegne ich Leuten, von denen ich meine, sie seien älter als ich, um dann festzustellen: sie sind ja 15 Jahre jünger!", sagt er und gibt als Erklärung dafür: „Ich guck ja aus mir so raus wie früher, nur der Körper ist älter."

Beim (vorerst) letzten großen Vorhaben des Ehepaars, ihrem Vollwertkost-Restaurant in Dresden, kam auch seine Frau stärker ins Spiel. Als Heilpraktikerin steht sie mit Überzeugung hinter der Idee, dass Vollwertkost gesund erhält. Meist aber bringt es nicht viel, anderen nur davon zu erzählen. Besser wäre es, so dachte das Ehepaar, wenn man es vormachte. Die Idee für ein Vollwertkost-Restaurant begann zu entstehen. Ursprünglich war dies in Süddeutschland geplant, wo die Gruhls früher lebten. Sie hatten vor, in ihrem Wohnzimmer, das eine Fläche von 92 m² hatte, damit zu beginnen. Dann aber konnten Grundstücke in den neuen Bundesländern zurückerworben werden und sie beschlossen, das Restaurant in Dresden zu eröffnen, wo sie inzwischen zwei Häuser erworben und saniert hatten. Das Restaurant gibt es seit 2008, es heißt *Chicoree*. Doch den kleinen Bankkredit, den sie damals beantragten, den haben sie dafür nicht bekommen. *Kreditnehmer zu alt*, würde die Kurzformel der Begründung heißen. Für ein Bankhaus handelte es sich um einen lächerlich geringen Betrag von 10.000 Euro. Dieser sollte im Wesentlichen den Trockendampfgarer finanzieren, der zu jener Zeit mit 7.500 Euro beziffert war. Doch die Bank verlangte, dass ein Koch Mitinhaber werden sollte, der als Garant für die Rückzahlung stehen sollte – ein jüngerer Koch natürlich. Die Gruhls wollten ohnehin einen Koch beschäftigen, da sie ursprünglich Mittagstisch anbieten wollten und sie selbst nicht jeden Tag kochen können. Aber für ein Vollwertkost-Restaurant kann man nicht egal welchen Koch nehmen, man braucht einen, der diese Art von Küche versteht. „Wir haben es mit einem Koch versucht", sagt Christian Gruhl, „aber der hat nicht gut gekocht. Wir kochen zwar fisch- und fleischlos, doch er war reiner Veganer, hat nicht einmal Honig verwendet." Am Ende finanzierten sie alles über ihre Rente und kochen nun auf Vorbestellung. Da gibt es Dinkel-Brötchen zur Zucchinisuppe, Kartoffelgratin, Fenchel-Gemüse oder gebackene Tomaten, eine Holunder-Nachspeise mit Grießklößchen. Das mehrgängige Menü ist aber nicht bloßes Essvergnügen: Christian Gruhl und seine Frau sind „Vollblut-Apostel" ihrer Lebensweise, versorgen ihre Gäste mit Tipps, Hinweisen und Rezepten, mit Informationen über gesundes Bio-Vollkorn-Getreide, Dinkel und Kamut, über Molke und reines Wasser sowie über ursprüngliches Hunza-Kristall-Salz, das sie auch in ihrem Restaurant verkaufen. Hinter all dem steht eine Lebenseinstellung, die nicht nur auf gesunde Ernährung schaut. Christian Gruhl ist ein überzeugter Anhänger der Lehren vom positiven Denken. Die Bücher von Joseph Murphy und K.O. Schmidt kennt er gut. „Ärger ist die beliebteste Selbstmordmethode, sagt K.O. Schmidt", zitiert er diesen aus dem Stegreif. Christian Gruhl findet, dass die Medien dem Negativen zu viel Raum geben, dass Menschen zu viel jammern und wehklagen. Für ihn und seine Frau scheinen Klagen und Jammern ungefähr so weit entfernt zu sein wie die Erde vom Mond. Weder lamentieren sie darüber, dass die Bank ihnen keinen Kredit gegeben hat, noch beschweren sie sich darüber, dass frühere Freunde und Bekannte wenig Kontakt suchen, weil sie die Ideen der Gruhls nicht verstehen. Auch gesundheitliche Einschränkungen sind nicht Thema, obwohl die eine oder andere es auf Grund der Folgen sein könnte. So fiel Christian Gruhl bei der Sanierung des Hauses in der Friedhofstraße, in welchem sich das

Restaurant befindet, aus dem zweiten Stock. Das kann man sich als 8 m tiefen Freiflug vorstellen. Es bescherte ihm Trümmerbruch an beiden Fußgelenken, in den Folgen heute noch spürbar. Das hindert ihn nicht daran, weiter eifrig Pläne zu schmieden, die sehr wohl auch körperlichen Einsatz erfordern. Und da gibt es viel zu tun. Im zweiten Haus, in dem die Gruhls Zimmer vermieten, muss die hauswirtschaftliche Versorgung sichergestellt werden, Kabel sind zu legen, um den Gästen Internetanschluss zu ermöglichen, ins Bad soll eine Fußbodenheizung kommen und die Toiletten sollen mit einem Klosomat[447] versehen werden. Daneben muss der Rasen gemäht werden und die Obstbäume warten darauf, abgeerntet zu werden. Und dann sind da noch Umbauten und Erweiterungen, die zum *Chicoree* hinzukommen sollen. Christian Gruhl möchte das Restaurant, das derzeit in einem kleinen Raum untergebracht ist, erweitern und dazu den Keller ausbauen. Später soll ein Gartenlokal hinzukommen, eine Eisdiele. Die Tische dafür sind schon gekauft, das Eis produzieren sie bereits. Verständlich, dass hier keine Zeit ist, um zu klagen oder nach hinten zu schauen. Christian Gruhl ist ein Mann, der, wie er selbst sagt, „sich an Zielen orientiert, nicht an Problemen". „Ich muss noch 50 Jahre leben, um all das zu verwirklichen, was ich im Kopf habe", sagt er. Man glaubt es ihm gern.

Als Achtzigjähriger noch beruflich zwischen Kaliningrad und Ghana unterwegs? So what! – Friedrich Thimm, 86 Jahre

Ja genau: *so what*! Was sonst soll Friedrich Thimm darauf sagen, wenn man ihn auf seine vielen Reisen anspricht, die ihn als Siebzig- und Achtzigjährigen nach Osteuropa, Asien, Afrika oder Lateinamerika führen! Er war sein Leben lang in der weiten Welt unterwegs. Warum also sollte das aufhören, nur weil der Kalender ein bestimmtes Alter anzeigt? Der Gesundheit wegen? Weil

Reisen mühevoll ist? Oder weil man den Lebensabend gemütlich auf dem Sofa verbringen sollte? Nichts davon zieht bei Friedrich Thimm. Nichts davon kennzeichnet den agilen Herrn von 86 Jahren, der mir in einem Café in Frankenthal in der Pfalz gegenüber sitzt. Er ist kaum je krank, das Reisen empfindet er weder bei tropischer Hitze noch bei Schnee und Eis als anstrengend und ein Sofa weckt bei ihm beileibe keine sehnsüchtigen Gefühle. Diese verspürt er eher, wenn er an das Kinderheim in Kaliningrad denkt, wo er den Menschen mit seinem Fachwissen als Gewerbelehrer für Holztechnik unter die Arme greift, oder wenn er sich an Indien erinnert, wo er einem Betrieb dabei half, die Qualität in der Produktion von Stilmöbeln zu sichern.

Friedrich Thimm ist einer der Senior Experten, von denen im vorhergehenden Kapitel die Rede war. Er war schon in den 60er Jahren als junger Mensch im Ausland tätig, begleitet von seiner Ehefrau und den zwei Söhnen. Zuerst waren es ein paar Jahre in Pakistan, wo er als Gewerbelehrer im Bereich Land-Holztechnik lokales Fachpersonal aus- und fortbildete. Dann ging es nach Togo, wo er eine Gewerbeschule mit unterschiedlichen Fachrichtungen leitete. Danach arbeitete er in Deutschland in einer Organisation, die Fachleute aus Übersee fortbildet, was ebenfalls mit vielen Dienstreisen verbunden war. Mit 65 Jahren musste er dann „in Rente" gehen. Unsere Gesetze sehen so etwas eben vor. Doch Friedrich Thimm hatte keine Lust auf das Altenteil. Er bewarb sich beim Senior Experten Service. Eine Vielzahl von Reisen folgten. Venezuela, Ghana, Sibirien, Türkei, Indien, Sambia, Litauen – die Liste der Länder, in denen Friedrich Thimm in all den Jahren seines „Alters" gearbeitet hat, ist lang. Wenn man ihn von seiner Tätigkeit reden hört, von den Projekten, seinen Reisen, den weiteren Plänen, die er hat, dann fragt man sich: woher nimmt die Gesellschaft das Recht, einem Menschen im Alter Grenzen zu setzen? Friedrich Thimm jedenfalls hat keine. Und er braucht sie auch nicht. Wenn man dem Mann, der vor einem sitzt, das „Alter" nicht an den weißen Haaren und den paar Falten im Gesicht ansehen würde, käme man überhaupt nicht auf die Idee, einen 86-Jährigen vor sich zu haben. „Man wird älter, nicht alt!", sagt er und beweist dies Tag für Tag all jenen, die mit „alt" zunehmende Krankheit und nachlassende Leistungsfähigkeit verbinden. Er selbst verbindet das Wort „alt" damit, dass ein Mensch kein Interesse mehr für irgendetwas aufbringt, dass man die Neugierde für das Leben verliert. Für Friedrich Thimm ist das Neue Teil seines Lebens, denn jedes Land, jeder Einsatz, jede Reise konfrontiert mit immer neuen Eindrücken, Erlebnissen, Erfahrungen. Er macht auch heute noch circa vier bis fünf Reisen im Jahr.

Doch das ist nicht alles. Friedrich Thimm würde auch jeden Sportfanatiker in helle Verzückung versetzen: er taucht, fährt Wasserski und surft – und das als 86-Jähriger! Jedes Jahr macht er sein Sportabzeichen, man sieht es seinem federnden Gang an. Als wäre dies nicht genug, fliegt Friedrich Thimm auch noch und absolviert jedes Jahr die vorgeschriebenen Flugstunden mit der Cesna, um seinen Flugschein zu erhalten. Ein 86-Jähriger, der noch einen Flieger in der Luft hält? Auch hier werden Stereotype buchstäblich aus der Luft gefegt. „Als ich das letzte Mal bei der Tauglichkeitsprüfung war", so berichtet Friedrich Thimm schmunzelnd, „hörte ich, wie der Fliegerarzt zu seiner Sprechstundenhilfe sagte: *Gucken Sie mal, was der für eine Leistung bringt – dem könnte so mancher 50-Jährige nicht das Wasser reichen!*" Darauf ist Friedrich Thimm stolz, und er hat allen Grund dazu.

In Bewegung bleiben, sich immer wieder Neuem öffnen, das Alter ignorieren, weil es für ihn in diesem Zusammenhang schlichtweg keine Bedeutung hat – das sind einige der Elemente, die den pfiffigen, hellwachen „alten" Herrn vor mir zu dem machen, was er ist: ein lebendiger, aktiver Mensch, der Wichtiges zum Leben beiträgt. Genau dieses Letztere ist wohl auch der Motor in ihm: die Verantwortung, die er schon immer übernommen hat, um mit seinem Wissen, seinen Fähigkeiten, seinem Leben zu einer besseren, menschlicheren Gesellschaft beizutragen. „Das war für mich schon immer wichtig", sagt er, „mich für Benachteiligte zu engagieren." Nicht das „Ich" als Egozentriertheit sollte im Mittelpunkt stehen, sondern der Nächste. „Alte Menschen erinnern sich sehr wohl an ihre Jugend, obwohl sie sich oft kaum an gestern erinnern", sagt er, „vielleicht hängt es damit zusammen, dass sie damals Wichtiges leisteten, es in ihrem Alter aber kaum noch Wichtiges für sie gibt."

Friedrich Thimm jedenfalls beweist, dass nichts so sein muss, wie man es zu sehen gewohnt ist. Weder ist es ein Gesetz, dass man im Alter krank und risikoscheu wird, noch muss es so sein, dass sich das Leben im Alter zusammenzieht auf eine winzig kleine, ichbezogene Welt. Für Friedrich Thimm ist der Lebensradius jedenfalls noch enorm groß, reicht locker um den halben Erdball. Ganz alte Schule, wenn es um Höflichkeit geht, ist auch hier nichts von „alt" zu sehen. Noch ehe ich mich dessen versehe, hat er, als er mich zum Bahnhof begleitet, meinen Koffer in der Hand und trägt ihn mit unglaublicher Behändigkeit die Bahnhofstreppe hinauf. Ich muss mich sputen, ihm hinterher zu eilen. Das üblicherweise im umgekehrten Fall an alte Herrschaften gerichtete *„Warten Sie, ich helf' Ihnen mal!"* in Sekunden von ihm auf den Kopf gestellt – so wie Friedrich Thimm eben alle Stereotype zum Alter auf den Kopf stellt.

Die berufstätige Bewohnerin des Seniorenwohnheims – Elisabeth Hintrager, 86 Jahre

Dynamisch, fit, aktiv oder gar berufstätig? Das hat fürwahr nichts mehr mit Menschen zu tun, die in einem Seniorenwohnheim leben, so mögen viele denken, allen voran vielleicht die Bewohner von solchen Heimen selbst. Elisabeth Hintrager kann uns eines Besseren belehren.

„Ich wohne hier, im Seniorenwohnheim mit betreutem Wohnen, ja, aber die sehen mich immer nur herein- und hinauslaufen", sagt sie lachend. „Ach die, die ist doch berufstätig!, so denken wohl die meisten hier von mir."

Elisabeth Hintrager ist Stadtführerin in Tübingen. Und nicht nur das. Sie schreibt, hält Vorträge, weiß alles über Sonnenuhren, veranstaltet heitere Nachmittage in Altenheimen, macht poetische

Rundgänge, wirkt bei Ausstellungen mit. Es fällt schwer, die dynamische, redefreudige und äußerst aktiv wirkende Frau mit dem Wort „Altersheim" in Verbindung zu bringen. Warum ist sie hierher gezogen? „Man sollte so etwas tun, solange man es noch selber machen kann." Das ist ihre Überzeugung. Eine Überzeugung, die freilich davon ausgeht, dass jeder früher oder später ohnehin in ein Heim ziehen muss, was ja nicht zwangsweise so sein muss und was man sich, ehrlich gesagt, auch bei ihr nicht vorstellen kann. Aber Elisabeth Hintrager ist vorsichtig, und sie ist Pragmatikerin. „Ich habe hier alles, was ich brauche", sagt sie. „Ich wohnte zuerst außerhalb von Tübingen, fand nur schwer einen Parkplatz in der Stadt. Wie sollte ich das mit meiner Tätigkeit als Stadtführerin anstellen? Also zog ich in die Stadt. Und da ich mehrere Freundinnen hatte, die zu spät in ein Heim gezogen sind und sich folglich sehr schwer damit taten und nichts mehr wiederfanden, beschloss ich, es gar nicht erst so weit kommen zu lassen." Soviel erfährt man zur Einleitung, auch weil man schnell genug war, als erstes zu fragen. Denn schnell muss man bei Elisabeth Hintrager sein.

„Wer sind Sie? Wo wohnen Sie? Was möchten Sie wissen? Was für ein Buch schreiben Sie? Wie sind Sie auf die Idee dazu gekommen?" Man schluckt, stutzt, beginnt Auskunft zu geben. Verlief ein Interview nicht irgendwie andersherum? Aber so ist Elisabeth Hintrager. Schnell, direkt, scharf denkend. Man versucht, sich auf die völlig andersartige Situation umzustellen. Hat jemand mal gesagt, ältere Menschen seien etwas langsam, könnten nicht mehr schnell denken? Man wünschte sich alle Zweifler zu einem Besuch bei dieser bald 87-jährigen Frau. Sie würden es nicht mehr wagen, ihr Vorurteil aufrechtzuerhalten. „Wenn Sie die Artikel über mich gelesen hätten, dann hätten Sie vermutlich kaum mehr Fragen, oder?", fährt sie fort, erhebt sich und eilt von dannen, um kurz darauf mit einer dicken Mappe wiederzukommen. Zeitungsausschnitte jeden Formats quellen daraus hervor. Die Stadtführerin von Tübingen, die griesgrämigen Senioren die Stadt zeigt und sie zum Lachen bringt – der Tenor der meisten Artikel, wie sie sagt. „Alle Artikel befassen sich fast ausschließlich mit meiner Tätigkeit als Stadtführerin", sie sagt es ein wenig klagend. Zu Recht, denn Elisabeth Hintrager auf ihre Rolle als Stadtführerin festzunageln, bedeutet, ihre Fähigkeiten einseitig zu interpretieren, ihre Persönlichkeit zu verkürzen. Wenn der Ausdruck „blitzgescheit" irgendwo seinen Platz hat, dann vermutlich in einer Charakterisierung dieser Frau. Mit akkurat und nach altem Stil gelegter Frisur, mit geblümtem Rock und generationengerechter Damenbluse bekleidet, wirkt Elisabeth Hintrager auf den ersten Blick genauso, wie sie sich in ihrer knappen Art selbst abgrenzt: „Ich bin konservativ, Sie sind modern." Konservativ, das mag ja sein. Wer das aber mit engstirnig und beschränkt in Verbindung bringt, läge hier daneben. Elisabeth Hintrager hat ein so umfassendes Wissen, dass man sich unweigerlich ein wenig klein vorkommt. „Sie wissen nicht, was ein Astrolabium ist? Na, dann erklär' ich Ihnen das mal." So in etwa geht es, über zwei Stunden hinweg. Sie weiß zu allem etwas zu sagen, ob es nun um ihre große Liebe, die Sonnenuhren, geht oder um die Geistesgrößen, die der Tübinger Theologischen Stiftung entsprungen sind, ob das Thema Hermann Hesse lautet oder die Geschichte Südwestafrikas, ob es um das Erleben von Prag, Florenz oder die Lüneburger Heide geht, ob das Thema Pflanzen in der Bibel lautet oder die traditionelle Herstellung von Schwäbischen Springerle (was, auch Sie wissen nicht, was Schwäbische Springerle sind? Dann kann ich Ihnen das jetzt erklären: es ist ein traditionelles schwäbisches Weihnachtsgebäck). Elisabeth Hintrager kommt einem vor wie ein wandelndes Lexikon. Nicht von ungefähr fällt der Blick beim Eintreten in ihre Wohnung als erstes auf Regale, voll gestellt mit Büchern und Reihen von Ordnern. Und wer meint, ein Mensch mit Ende achtzig überblicke nichts mehr, dem sei empfohlen, sich einmal von Elisabeth Hintrager ihr akkurat durchdachtes Ordnungssystem aufschlüsseln zu lassen. Kein Wunder, dass sie Panik verspürte, als eine betagte Freundin, die mit neunzig Jahren in ein Heim zog, all ihre Bücher und Unterlagen verlor, weil ihre Kinder das von ihr Aussortierte mit dem Zurückbehaltenen verwechselten und ihr alle Kartons mit den Fachbüchern ihres verstorbenen Ehemannes in das Heim brachten. Wenn das jemals Elisabeth Hintrager passieren würde, wenn ihre Unterlagen verloren gingen, ihre Sonnenuhrsammlung dezimiert, ihre antiken Springerleformen beschädigt würden – es würde sie ins Herz treffen.

„Als Tochter zweier Schwaben 1923 in Berlin geboren", heißt es in einem Artikel über sie. Wieder eine Verkürzung ihrer Persönlichkeit, denn diese hat entscheidend mit der Vergangenheit zu tun, mit ihrem Vater, einem offenbar bemerkenswerten Mann. Von ihm mag sie die Liebe zum Schreiben, das Interesse für Geschichte geerbt haben. Denn Oskar Hintrager, früher Vize-Gouverneur von Südwestafrika, hat mehrere Bücher veröffentlicht, insbesondere zur Geschichte von Süd- und Südwestafrika. Mit dem Gedankengut der Nazizeit nicht einverstanden, hatte ihr Vater dafür gesorgt, frühzeitig aus dem Dienst entlassen zu werden. Ein wenig gegen den Strom zu schwimmen, das ist vielleicht auch an der Tochter hängen geblieben, hielt sie doch als erste Frau vor männlichem Publikum einen Vortrag über das Astrolabium von Wilhelm zu Hirsau. Ihr Vater starb mit 90 Jahren, gesund und im vollen Besitz seiner geistigen Kräfte und, wie sie betont: mit all seinen Zähnen (und zwar ohne Implantate, denn das war 1960 noch nicht sonderlich verbreitet). Ist auch sie so gesund wie ihr Vater? Sie lacht. „Ich bin gut geflickt!", sagt sie und zählt alles auf, was an ihr schon „repariert" wurde. Es kommt eine beachtliche Liste zusammen und wieder staunt man. Andere würden sich bei solch einer Krankheitsvergangenheit vielleicht verkriechen, sich nichts mehr zutrauen. Sie aber läuft stundenlang durch Tübingen, anderen Senioren (und nicht nur diesen) voran. „Irgendwann einmal ist es zu Ende damit", antwortet sie auf die Frage, was sie denn tun würde, wenn sie einmal nicht mehr so gut zu Fuß wäre. „Dann werde ich Vorträge halten und ich werde schreiben. Das habe ich mir schon überlegt. Das Tagebuch meiner Großmutter habe ich bereits abgeschrieben."

Alles durchdacht, die zukünftigen Aktivitätenschienen sind schon gelegt. Soviel ist jedenfalls klar: Elisabeth Hintrager wird auch als 95-Jährige nicht nur mit anderen Heimbewohnerinnen darüber reden, was man wohl zu Mittag kochen solle.

„Ich lebe meinen Lebenstraum!"
– Claus Günther, 79 Jahre

Wie sieht ein Mann aus, der sein Leben lang den Traum hatte, kreativ zu sein, zu schreiben, den Spaß am Leben auszudrücken? Nun, er trägt in diesem Fall weder eine Zopffrisur noch hat er auffallende Allüren, er kleidet sich nicht avantgardistisch und lebt offenbar auch kein freizügiges Leben. Sein Name ist Claus Günther und er sieht aus wie viele andere seines Alters auch. Er trägt Strickpullover, hat wenig Haare auf dem Kopf, ist schwerhörig und wenn man in ihn reinschauen könnte, würde man drei Bypässe sehen. Das Bild eines alten Herrn. Nun, zumindest so lange, wie dieser nicht den Mund auftut. Dann nämlich ist es vorbei mit dem Bild des alten Herrn. Da wird es spritzig, pointenreich, originell. Das ist dann der Mann, dem im Fragebogen zum dynamischen Alter die Liste der Gründe für positiv erlebtes Alter nicht lang genug ist, der seine eigenen Gründe anfügt: „kreativ sein und bleiben", „lernen", „Neues ausprobieren", „Internet!" – man übersehe dabei das Ausrufezeichen hinter dem letzten Wort nicht. Spätestens da wird der 79-Jährige schelmisch jung gebliebene Schriftsteller sichtbar, der sich selbst als humorvoll, aufgeschlossen, neugierig-interessiert, wissbegierig, kreativ und kontaktfreudig bezeichnet. Als junger Mensch wollte Claus Günther Journalist werden. Doch er landete in der Schriftsetzerei, wurde später Druckereikaufmann, gelangte mit 39 Jahren in eine Werbeagentur und wechselte schließlich ins Verlagswesen, „aber immer auf der technischen Seite", wie er sagt. Das aber war es nicht, was er wollte. Schließlich kam er dazu, für eine Firmenzeitung zu schreiben, was er über das Rentenalter hinaus fortsetzte. Doch auch das war nicht das, was er suchte, was ihn befriedigte. Er gab nicht auf, probierte weiterhin Neues aus. Mit siebzig fing er an, auf plattdeutsch zu schreiben. Endlich erregt er die Aufmerksamkeit eines Verlages. Man druckt Geschichten von ihm. Er kommt auf die Idee, sich Limericks auszudenken. Ein Angebot für ein Buch folgt. Mit 78 Jahren gewinnt er den zweiten Preis in einem Wettbewerb für plattdeutsche Geschichten, die im

Ohnsorg Theater vorgetragen werden. Claus Günther kreiert weiter, hat nun die Idee, für die Flussschifferkirche in Hamburg ein Lied zu schreiben, ebenfalls in Form von Limericks. Vom Komponieren hat er keine Ahnung, „also klau ich die Melodie", gibt er freimütig zu. Als nahezu Achtzigjähriger beginnt Claus Günther sich für das Slammen zu begeistern, eine Art Dichtung wie zu Rap-Tanzen. Und er hat Erfolg damit. Zwei Verse daraus als kleine Kostprobe:

„Körper-Sprache" (Stil: Rapgesang)

Ich. Ich bin. Ich bin stolz. Stolz – worauf?

Ich bin stolz auf meinen Körper! Leider habe ich nur einen.
Aber der ist fast vollkommen, denn ich steh auf eig'nen Beinen.
Und mein Kopf, aus dem ich spreche, der ist völlig obenauf.
Weil er vordenkt, was ich sage, ist er ziemlich stolz darauf.
Selbst mein Mund hat mir versprochen, dass er nicht
*   versprechen will,*
sich nicht einmal zu versprechen! Wenn ich schweige,
*   ist er still.*

Ich bin stolz auf meinen Körper, wenn ich auch nur einen habe.
Diesen aber frag ich täglich: „Na, wie geht's dir, alter Knabe?
Woll'n wir joggen, woll'n wir tanzen, woll'n wir Frauen
*   imponier'n?*
Du bist zwar nicht mehr der Jüngste, doch du wirst mich
*   nicht blamier'n!"*
Und mein Körper, voller Eifer, wird sich seiner selbst bewusst,
und er strafft sich, so wie keiner – doch dann hat er keine Lust.

Klingt richtig gut, wenn man sich das als Sprechgesang mitdenkt, den entsprechend im Rhythmus schwingenden Kopf dazu. Andererseits: Ist Rap und Slammen nicht etwas für junge Leute? Wie kommt ein fast Achtzigjähriger dazu, sich mit so etwas zu befassen? Ist er da nicht fehl am Platz? So manch ein Psychologe würde gewiss bedenkliche Miene machen. Ist da nicht wieder so einer, der nicht weiß, wo er altersmäßig hingehört, der die Illusion von Jugend nicht loslassen kann, der gar nie erwachsen geworden ist? Und auch ein Journalist fragt schon mal: „Sind Sie nicht zu alt für so etwas?"

Das Literaturcafé *Mathilde* in Hamburg, wo Poetry Slam veranstaltet wird, sieht das ganz anders. „Bei uns slammen 80-, aber auch 18-Jährige und wer gewinnt, ist immer offen", steht in der Internet-Ankündigung einer Veranstaltung von März 2011. Und weiter: „Claus Günther gehört zu den ältesten Slammern, wirkt aber zeitlos und misst sich mit jedem Poeten. Seine Domäne ist die Satire; was er schreibt, trägt er vor:" Sie präsentieren Claus Günther als einen der beliebtesten Autoren ihres Slams, geben diesem ein neues Format, im Doppelpack, jeweils ein Vertreter der älteren Generation zusammen mit einem deutlich Jüngeren, die gemeinsam einen Abend ohne Wettkampf gestalten. Generationenübergreifend einmal auf ganz andere Weise. Die meisten Zuhörer sind junge Leute. Deren Feedback soll sehr gut sein. Vielleicht, weil Humor und Satire zeitlos sind? Wer wollte schließlich dem Witz und dem Charme der Sprache Grenzen des Alters ziehen? Claus Günther gewiss nicht, hat er doch erst mit siebzig so richtig angefangen damit, diesen sprachlichen Charme in all seinen Facetten spielen zu lassen. Und wieder kehren wir zurück zu dem Mann, der den Fragebogen zum dynamischen Alter auf seine eigene, gewitzte Weise ausfüllte. „Es ist alles relativ", schrieb er auf die Frage, ob ihm schon einmal im öffentlichen Leben negative Äußerungen begegnet seien, die auf sein Alter gemünzt gewesen wären. „Ich wollte mit der Bekannten meines Vetters anbandeln – sie lehnte ab. Ich fragte meinen Vetter nach dem Grund. ‚Och nö', habe sie gesagt. ‚Nicht mit so'm Alten.' Sie war 16, ich war 20 Jahre alt."

So vieles ist relativ. Zum Beispiel auch der Tod. Ist die Beschäftigung mit dem Tod nicht etwas, das eindeutig zum Alter gehört? Claus Günther schüttelt den Kopf. Er habe sich früher mehr damit beschäftigt als heute. Als 18- oder 20-Jähriger habe er zum Beispiel an das Jahr 2000 gedacht und habe sich gefragt, ob er, als dann 69-Jähriger, noch leben würde. Auch während der

Kriegszeit sei er, als Kind, mit dem Tod konfrontiert gewesen. „Während einer Kinderlandverschickung tauchten Tiefflieger wie aus heiterem Himmel auf", erzählt er, „und ich habe gedacht: Wieso schießen sie auf Kinder?"

Wenn man auf der einen Seite vom Tod spricht, was ist dann für ihn Leben? Er antwortet mit einem Bild aus einem Video, das er einmal gesehen hat: „Vergrößerung in der Höhe über den Erdball hinaus, und Verkleinerung weit in die Tiefe des Menschen hinein". Das sei für ihn das Spektrum Leben. Sich selbst als Individuum zu verwirklichen, ohne egoistisch zu werden und ohne zu vergessen, dass auch andere existieren, vielleicht sogar über unsere Erde hinaus. „Unsere Erde ist ein Zufallsprodukt", sagt er, „in ferneren Welten gibt es vielleicht noch ganz andere Existenzen. Dieses Globale ist für mich Mysterium, Unendlichkeit, Unbegreiflichkeit, Schöpfung."

Sich über die Grenzen hinausdenken, Unbekanntes erkunden, Neues ausprobieren. Das ist Claus Günther. Da wundert es nicht, dass seine Definition von alt und jung lautet: Alt ist man, wenn man aufhört, neugierig zu sein. Er sei verrückten Ideen nicht abgeneigt, sagt er, zum Beispiel mal als Laienschauspieler mitzumachen. Auch reize es ihn, im Schwimmbad mal vom Fünf-Meter-Brett zu springen. „Es guckt mich immer an", beschreibt er diesen Wunsch schmunzelnd in seiner plastisch-humorvollen Art. Bis dahin macht er dann schon mal andere verrückte Sachen, bei denen er, wieder mal, der Älteste ist. Im Schwimmbad wäre er dann jedenfalls schon, sollte er sich die Sache mit dem Springen noch überlegen: Claus Günther rutscht mit Begeisterung die 106 Meter lange Rutschbahn hinunter. „Und das zehnmal hintereinander", sagt er und ergänzt, „das sind zehnmal 60 Stufen hinauf, bevor man herunterrutscht!" Es gebe wohl genug Leute, die Ersteres für riskant und Letzteres für unpassend hielten, aber das schere ihn nicht – ganz einfach deswegen nicht, weil es ihm Spaß macht. In seinem Alter zehnmal sechzig Stufen hoch? Schüttelte beim Slammen der Psychologe den Kopf, wäre es hier gewiss der Hausarzt. Ist das nicht sträflicher „Leichtsinn"? Doch was ist das, was wir so gern als „Leichtsinn" bezeichnen? Dem Wörterbuch der deutschen Sprache nach ist es: zu große Sorglosigkeit, Unbe-kümmertheit. Gern wird Leichtsinn auch in Verbindung mit dem Wort „jugendlich" gebraucht. Die Jugend ist leicht-sinnig. Man könnte auch sagen: leichten Sinnes. Klingt das nicht schon anders? Schmeckt es nicht irgendwie nach Lebensfreude? Sicherheitsbe-wusstsein ist das Gegenstück zu Risiko, zu Wagnis und Entde-ckerfreude. Ärzte und andere vernünftig-vorsichtige Menschen raten dazu, auf viele lebensintensive Dinge und Erfahrungen zu verzichten. Ob aber Vorsicht in jedem Fall die beste Lebensme-dizin ist, daran kann man berechtigte Zweifel haben. Claus Gün-ther denkt jedenfalls nicht daran, dem Entdecken des Lebens mit achtzig einen Schlusspunkt zu setzen. So manche Erkenntnis mag ihm dabei Recht geben. So fragt er einmal, neugierig wie immer, eines Tages seinen Elektriker: „Sagen Sie mal, Sie kommen doch viel in Häusern rum: Was machen eigentlich die anderen Männer in meinem Alter?" Die Antwort war: „Die sterben, Herr Günther!"

„Man ist alt, wenn man aufhört, neugierig zu sein." – Dr. Otfried Ulshöfer, 79 Jahre

Wenn man nicht wüsste, dass Claus Günther und Otfried Ulshöfer absolut nichts miteinander zu tun haben, könnte man auf die Idee kommen, sie hätten sich abgesprochen. „Was die treibende Kraft in meinem Leben ist?", wiederholt Dr. Otfried Ulshöfer die an ihn gestellte Frage. „Es ist jedenfalls nicht die Religion, obwohl ich aus einem Pfarrhaus stamme. Es ist die Neugier. Man ist alt, wenn man aufhört, neugierig zu sein." Schon mal gehört, das mit der Neugier. Da muss etwas dran sein. Beruflich kommt Dr. Ulshöfer aus einer ganz anderen Ecke als die bis hierher porträtierten Per-sonen: er war Verwaltungsmann und Kommunalpolitiker. Als der frühere Oberbürgermeister von Ludwigsburg wurde er zweimal gewählt, das macht 16 Jahre Amtszeit. Er wurde gedrängt, sich ein drittes Mal aufstellen zu lassen. Doch er lehnte ab. Er denkt, nicht mehr tolerant genug zu sein gegenüber der Meinung anderer. Ich frage ihn, ob er glaube, dass man mit dem Alter intolerant werde. „Meine Frau hat da eine andere Erklärung", erwidert er. „Sie sagt, dass sich mit zunehmendem Alter die Eigenschaften verstärken, die zuvor schon latent da waren." Otfried Ulshöfer schon immer ein latent intoleranter Mensch? Man hat Schwierigkeiten damit, es sich vorzustellen. Einem Außenstehenden erscheint er als freundlicher, umgänglicher Mann. So beschreibt er sich auch selbst, hängt dann aber an, „der einen eigenen Kopf hat und in aller Freundlichkeit versucht, sich durchzusetzen". Vielleicht versteckt sie sich ja hier, die sogenannte „Intoleranz". Obwohl man es immer noch nicht recht glauben mag. Ich habe Dr. Ulshöfer in beruflichem Bezug kennengelernt, war sozusagen einmal Auftragnehmerin des Vereins, dem er vorsteht und der ein Entwicklungsprojekt in Burkina Faso fördert. Solche privaten Vereine haben oft eine starke Fixierung auf „ihre" Ideen von Hilfe, verschließen sich nicht selten übergreifenden Erkenntnissen. Das aber konnte ich bei Otfried Ulshöfer beim besten Willen nicht entdecken. Er zeigte sich als jemand, der offen ist für Argumente, auch wenn sie gegen seine Meinung stehen. Natürlich hat er Vorstellungen davon, wie die Welt besser werden könnte, es wäre ja auch schlimm, wenn er diese nicht hätte. So ist er der Meinung, dass jeder junge Mensch einmal ein halbes Jahr in einer fremden Kultur gelebt haben sollte, wo man sich auf andere Sichtweisen, auf anderes Denken einlassen muss, „wo man nichts mehr deuten kann". Sein eigener Aufenthalt in Indonesien, er war dort früher einmal drei Jahre in der technischen Zusammenarbeit tätig, habe ihn am meisten geprägt, so sagt er. Das sollte jeder erleben, „dann würde man hier nicht so mit Fremden umgehen", womit er Intoleranz und Fremdenfeindlichkeit anspricht. Wenn es etwas gibt, das charakteristisch ist für das positive Erleben einer fremden Kultur, dann ist dies: Toleranz. So sehr man also auf die Suche geht nach der von Otfried Ulshöfer befürchteten Intoleranz, man kann sie nicht finden. Vielleicht ist er mit sich selbst zu streng oder er wurde in seinem Politikerdasein mit Ideen konfrontiert, die nicht mehr mit seiner weiten Weltsicht konform gehen wollten. Sein Engagement für die sogenannte „Dritte Welt" könnte da eine Rolle spielen. Otfried Ulshöfer reiste bereits mehrfach nach Afrika, beruflich wie privat. Das Afrikaprojekt, verbunden mit seinen guten Sprachkenntnissen, ermöglichte es ihm, neue Kontakte zu knüpfen, neue Freunde zu finden, was er besonders reizvoll findet. „Ich will nicht auf dem Sofa sitzen", sagt der 79-Jährige, „sondern mich nützlich machen mit meiner Lebenserfahrung." In der Korrespondenz mit französischsprachigen Projektträgern kann man sein gutes Französisch bewundern, das er jahrelang an der Volkshochschule lernte und das er selbst für gar nicht so gut hält. Etwas zu kritisch mit sich selbst, vielleicht auch hier.

Wie sieht der ehemalige Oberbürgermeister das Alter? Er sieht es in der Dualität: in manchen Bereichen die nachlassenden Funktionen einerseits, der Impuls, die verbleibende Zeit optimal zu nutzen, andererseits. „Ein junger Mensch sieht, ohne groß zu reflektieren, die Welt für sich offen, er sieht, was er leisten will, Begrenztheit im Leben ist für ihn nicht vorhanden. Ein alter Mensch ist sich der Begrenztheit bewusst, doch auch er kann noch Möglichkeiten nutzen", so sieht seine Definition von alt und jung aus. Alt sei jemand, so Dr. Ulshöfer, der keine Perspektive mehr hat. Wie man von Dritten hört, die Dr. Ulshöfer aus seiner Zeit als Kommunalpolitiker kennen, war er als Oberbürgermeister sehr beliebt, wurde über Parteigrenzen hinweg respektiert. Man hat auch heute, Jahre danach, keine Mühe, dies nachzuvollziehen.

„So alt, wie ich aussehe, werde ich nie" – Jürgen Schönfeld, 70 Jahre

So wie Connie Brown weilt auch Jürgen Schönfeld nicht mehr unter den Lebenden. Er starb ein paar Monate nach diesem Interview ganz plötzlich an einem bis dahin nicht erkannten Krebsleiden. Das ist das Schicksal eines Buches, das sich ausschließlich auf alte Menschen konzentriert. Obwohl, nein, in seinem Fall stimmt es nicht, denn Jürgen Schönfeld ist mit Abstand der Jüngste in dieser Reihe. Im Prinzip hätte er gar nicht in dieses Buch mit aufgenommen werden dürfen, dessen Konzept

80+ anvisiert. Was veranlasste mich trotzdem, Jürgen Schönfeld einzureihen? Vielleicht das, was in der Überschrift steht. Als ehemaliger Postangestellter und schlichter Hobbymaler war Jürgen Schönfeld kein „spektakulärer" Fall, lässt er sich weder mit der super-dynamischen Stadtführerin aus Tübingen vergleichen noch mit dem unternehmungslustigen Ehepaar Gruhl aus Dresden, und schon gar nicht mit dem Lebensstil der alten Damen über 95 aus Großbritannien. Und doch war etwas an ihm, das faszinierte, gerade weil er sich nicht mit den anderen, ihr Alter wesentlich problemloser lebenden Personen vergleichen lässt. „Wenn's nicht ganz zum Weinen reicht, soll man lachen", dieser Ausspruch von La Rochefoucauld sei einer seiner Lieblingssprüche, sagte er. Wenn man sein Atelier betrat, wusste man gleich, warum. Kalt war es da, zum regelmäßigen Heizen reichte die kleine Rente nicht. Er leistete sich diesen Luxus eines Raumes für sein Malen, achtzig Euro zahlte er für sein kleines Reich. Die vierzehn Euro im Monat für die Heizung brachten ihn bereits an den Rand des Möglichen. Das kleine Atelier in einem einfachen Magdeburger Mietshaus quoll über vor Büchern, Zeitschriften, Aktenordnern und natürlich Bildern, Pinseln und Farbtuben jeder Art. Dazwischen das weiße Tuch mit den blauen Tupfern und der großen Schrift auf gelbem Grund: dpg – Deutsche Postgewerkschaft. So leidenschaftlich, wie er Zeit seines Lebens die Malerei betrieb, so leidenschaftlich war er auch Gewerkschafter. Ein engagierter Mann, der davon schwärmte, wie solidarisch Gewerkschaftsarbeit in der Vergangenheit war. „Früher war die Kameradschaft größer und es gab weniger Individualismus", sagte er. „Heute ist der Egoismus gestiegen, der *american way of life* lässt Solidarität in den Hintergrund treten. Jüngere Menschen haben keine Lust mehr mitzumachen, es herrscht eine allgemeine Interesselosigkeit." Das Trauern eines alten Mannes um die schöne Vergangenheit? Ein wenig schon, wenngleich das, was er sagt, nicht nur ihm als Altgewerkschaftler auffällt. Jüngere Gewerkschaftsmitglieder, die alt genug sind, die Wende bewusst miterlebt zu haben, bestätigen das, was er sagt: „In der DDR hat sich viel im Betrieb abgespielt, da gab es Freundschaften auch nach Feierabend. Die Kollegen haben sich untereinander getroffen, es gab finanzielle Mittel für Theatergruppen, Malzirkel, Tanzgruppen. Heute ist dazu keine Zeit mehr. Heute gibt es tausenderlei Möglichkeiten, seine Freizeit zu gestalten."

Jürgen Schönfeld, ein gleichbleibend freundlicher, zuverlässiger Mann, der seinen Vorstellungen von mehr gesellschaftlicher Gerechtigkeit auch im Ruhestand Gesicht verlieh, indem er sich weiterhin an Aktionen der Gewerkschaft beteiligte, sich für die Sorgen und Wünsche der alten Gewerkschaftsmitglieder einsetzte. Als Vorstandsvorsitzender der ver.di-Seniorengruppe für ehemalige Post- und Telekombeschäftigte war er mit seinem solidarischen Geist ein Bindeglied und ein Vorbild für die Jüngeren.

Gewerkschaft und Malerei? Vielleicht ist man da voreingenommen, verbindet man gemeinhin kämpferisches, politisches Engagement nicht unbedingt mit einem Hingezogensein zur Kunst. „Ich bin ein farbenfreudiger Mensch", sagte er. „Das will ich mit meiner Malerei ausdrücken. Solange man lebt, gibt es doch Schönes: schöne Menschen, schöne Blumen, schöne Kirchen. Solange man Schönes zu sehen in der Lage sei, werde man nie alt, das hat doch Kafka schon gesagt." Er saß vor mir, mit aufmerksamem Blick und glänzenden Augen, ein Lächeln auf den Lippen. Die weißen, buschig abstehenden Haare erinnerten ein wenig an Einstein, die pfiffige Miene auch. Sein Äußeres konnte nicht über sein Alter hinwegtäuschen, und doch hatte man keinen alten Mann vor sich. Seine glänzenden Augen verrieten: dieser Mensch lässt sich vom Leben berühren. Sein Körper war alt, er litt an Diabetes, kämpfte gegen die Gicht, doch seine Gesten waren nicht die eines alten Mannes. Seine Hände gar, fleckenlos und glatt, wirkten jung, wie die eines Vierzigjährigen, vielleicht weil sie sein ganzes Leben dazu gedient hatten, Schönes auf die Leinwand zu bringen. Ebenso wie die Augen, die das Schöne sehen wollten und die Jürgen auch mit 70 Jahren nicht im Stich ließen. „Ich brauche keine Brille", sagte er, „so mache ich eben weiter, solange es geht." Er bekam öfter mal Auftragsarbeiten, vor allem für Bilder mit Ansichten vom Magdeburger Dom, doch in Zukunft wollte er dies nicht mehr machen. Die ländliche

Idylle hatte es ihm angetan, der Provencegarten von Van Gogh war eines seiner Lieblingsbilder. Nie malte er ein Bild, ohne die Geschichte dazu zu kennen, sie anderen zu erzählen. Was würde er machen, wenn er einmal nicht mehr würde malen können, fragte ich ihn. „Museum, Fotos, Natur", erwiderte er, „und man kann ja auch mal ein Buch zur Hand nehmen." Dann fügte er mit einem kleinen entschuldigenden Grinsen an: „Kollegen sagen von mir: wenn du mit dem Malen aufhören musst, bist du tot." Vielleicht war der menschlichste Akt zu seinem Lebensende das, was eine seiner Kolleginnen tat: sie brachte ihm, in den letzten Tagen seines Lebens, Farben und Pinsel in das Hospiz.

„Dieses wunderbare Leben, das kennen die nicht!" – Gisela Lauenroth, 87 Jahre

Hanne Schweitzer, die Gründerin des Büros gegen Altersdiskriminierung, die die Geschichte von Brecht über die unwürdige Greisin gern mehrfach abdrucken würde – vielleicht wäre sie die richtige Ansprechpartnerin für Menschen wie Gisela Lauenroth, eine Frau, die sich nicht so verhalten möchte, wie ihre Umwelt es von ihr erwartet. Wo hat man schließlich in unseren Landen so etwas gesehen: eine 86-Jährige, die als Disc Jockey tätig ist! Hanne Schweitzer hätte ihre helle Freude an Gisela. In lockerem T-Shirt und in knallbunte Leggings gekleidet, steht diese vor ihrer Stereoanlage, legt temperamentvoll gestikulierend eine CD ein. „Ich liebe Musik!" Nun, das bräuchte sie kaum zu sagen, denn als älteste DJ Deutschlands ging sie mit dieser Liebe durch die Presse. Die Liebe zur Musik, die Liebe zum Leben – beides hat sie von ihrem Vater geerbt. Er sei Tenor gewesen, so erzählt sie, habe Trompete gespielt und auch gezeichnet. Die Bewunderung, die in ihren Worten mitschwingt, ist nicht zu überhören.

Mit 50 Jahren begann Gisela Lauenroth, Platten aufzulegen, im Waldstübli in Badenweiler, dann in einem Café. Später wurde sie in vielen Orten angefragt, Diskotheken begannen sich für sie zu interessieren, sie wurde zu Harald Schmidt eingeladen und zu Johannes Kerner. „Gisela, du bist cool!", riefen Teenies ihr haufenweise zu, wenn sie im Taxi vor den Sendern vorfuhr. Sie habe nur die Leute im Saal anzuschauen brauchen und habe schon gewusst, was für eine Musik sie aufzulegen hatte. „Dieses Talent hatte ich einfach", sagt sie, „und ich würde es mir auch heute noch zutrauen." Doch dazu wird es nicht mehr kommen. Am 3. März 2010 erscheint eine Nachricht im Internet: „Deutschlands älteste DJ geht in Rente".[448] Gisela Lauenroth ziehe sich zurück, heißt es da. Das Bedauern des Journalisten liest man aus jeder Zeile heraus: ob sie vielleicht doch wieder zurückkommt? Sie habe sich ja schon einmal entschieden gehabt, in ein Seniorenheim zu ziehen, sei aber nur eine Nacht darin verblieben. Es habe ihr dort nicht gefallen, so sei sie damals, mit Sack und Pack, wieder aus dem Heim ausgezogen. Es sei ein teurer Spaß gewesen und ihr Enkel habe sie gefragt, wann sie denn endlich erwachsen werde, heißt es weiter in derselben Nachricht.

Heute, ein Jahr danach, steht erneut die Entscheidung für einen Heimaufenthalt an. „Kommen Sie für das Interview", hatte sie am Telefon gesagt, „aber machen Sie schnell, denn in sechs Wochen muss ich in das Pflegeheim." Das Wort Pflegeheim irritiert, das Wort muss ebenfalls. Diesmal scheint es endgültig zu sein. Sitzt man ihr gegenüber, tun sich nur noch Fragen auf. Fragen danach, wer es entschieden hat und warum. Fragen, die einem niemand beantworten wird. Angeblich sei sie in Lebensgefahr, erzählt sie. Sie sei letzthin gestürzt, ja. Worin aber bestehe nun die „Lebensgefahr"? Sie sei doch schon öfter mal hingefallen, sei hart im Nehmen. „Niemand klärt mich darüber auf, worin denn nun diese Lebensgefahr besteht, die es notwendig macht, in das Heim zu gehen", beklagt sie sich. „Der Arzt sagt, er brauche mir das nicht zu sagen." Man beginnt das Drama zu ahnen, das sich abspielt zwischen dem Individuum und der Gesellschaft, zwischen Sein und System. Die Maschinerie von Versorgung und Pflegesystem ist in Gang gesetzt worden, sie wird kaum aufzuhalten sein. Gisela Lauenroth im Pflegeheim? Man kann es sich nur schwer vorstellen. Sie habe ihr künftiges Zuhause im Pflegeheim begutachtet, sagt sie, das winzige Zimmerchen, „in das nichts mehr reinpasst", die Toilette mit der Brause darüber, die auch der Mann von nebenan mit benutzen wird. Und da sie in das kleine Zimmer nichts mitnehmen kann, verkauft sie Hab und Gut, verschenkt Kleidung und Schuhe – „zu jedem Outfit hatte ich den passenden Schuh". Selbst von ihrer Musiksammlung wird sie sich trennen, von CDs, DVDs, Videos. „Alles schmeiße ich in den Müll", sagt sie. „Ich will das gar nicht mehr ansehen." Eine Entscheidung, die weniger mit der Größe des zukünftigen Zimmers zu tun hat als mit dem Empfinden, im Leben an einem Tiefpunkt angelangt zu sein. Ob in München, Berlin oder Hamburg, nach den Auftritten seien immer die Journalisten gekommen, hätten sie beglückwünscht. Ihr Umfeld aber habe sie nie wirklich verstanden. Ein Zwiespalt, bei dem man stark sein muss, um nicht draufzugehen, sagt sie. „Ich hab keinen, der mich überhaupt versteht." Einen Augenblick lang sieht man nur Traurigkeit in der Miene, die sonst vor Lebenslust nur so strahlt. „Das Lockere, das kennen die hier gar nicht, die stören sich schon dran, wie ich mich anziehe. Dieses wunderbare Leben, das kennen die nicht."

Menschen, die wie Gisela Lauenroth aus der Norm fallen, werden von den Medien gefeiert, kommen in der Kunstszene gut an, vermögen fremdes Publikum zu begeistern. Für das alltägliche Umfeld aber sind die Lebenslust, das quirlige Verhalten und die sonderbare Lebenseinstellung einer 87-Jährigen eher unbequem – so wie alles, was aus der Norm fällt, erst einmal unbequem ist und stört. Ich frage, was ich schreiben darf von dem, was sie erzählt. „Alles. Schreiben Sie, was Sie denken", erwidert sie. „Mir ist das egal. Schlimmer kann's doch nicht kommen." In der Tat muss sie es als schlimm empfinden, denn eigentlich wollte ich sie zu ihrer Tätigkeit als DJ befragen, aber sie kommt immer wieder auf ihre jetzige Situation zurück. In der Nacht gehe sie spazieren, so sagt sie, hadere mit dem lieben Gott, dass er all das zugelassen habe: dass sie Schulden machte, ohne es zu wissen, dass die Bank ihre Karte eingezogen habe, dass sie ins Heim muss. Ein Lebensgefüge, das man in einem zweistündigen Interview nicht durchschauen kann, auch wenn Vieles von dem, was als Begründung für Entscheidungen im Raum steht, seltsam erscheint. Wieder tun sich Fragen auf. Mit diesen Fragen im Herzen, die ein klein wenig bitter schmecken, sehen wir zu, wie Gisela eine neue CD einlegt. *Yellow bird* – die Melodie schwingt in den Raum. Sanft schmeichelnd hüllt sie für einige Minuten die unerbittliche Wirklichkeit ein. „Ist das schön!" Gisela tanzt mit, wiegt sich in den Melodien der Vergangenheit, die ihr so viel bedeuten, die ihr Trost geben und vielleicht auch ein wenig Kraft. Obwohl sie ihr kaum all die Kraft wird geben können, derer es bedarf, um das durchzustehen, was sie als „ganz tief unten" bezeichnet. Ein Leben, das nicht so aufgegangen ist, wie sie es sich vorgestellt hatte, weil ein Abgrund sich aufgetan hat zwischen Norm und Individualität und weil sie, ohne etwas dagegen tun zu können, auf der falschen Seite des Abgrundes gelandet ist. Eine schmerzhaft krasse Dichotomie zwischen Wirklichkeiten, die nie zusammenkommen können, bei denen aber einer der Verlierer ist. „Man sagt mir jetzt, ich hätte alles falsch gemacht", sagt sie mit ihrer hellen, angenehm weichen Stimme, die zwanzig Jahre jünger klingt, als sie ist. Einer Stimme, von der man ahnen kann, wie sie ein Publikum in ihren Bann schlägt, die jetzt aber hoffnungslos klingt. Was es denn sei, das sie falsch gemacht haben soll, frage ich. Sie schaut auf. „Alles", sagt sie. „Mein ganzes Leben." Die letzten Worte klingen nach im Raum, in dem es still geworden ist. *Yellow bird* ist schon lange verklungen. Ob ich noch Fragen hätte, sie sei nun müde, dieser seltsame Muskel im Nacken habe wieder begonnen zu schmerzen. Ja, der Schmerz des Muskels. Vielleicht aber auch ein Schmerz der Seele. Eine letzte Frage. Was sei eigentlich so anders an ihr? Ein kurzes Licht in ihren Augen. „Was ich von meinem Vater geerbt habe", erwidert sie, „die Leichtigkeit des Lebens." Sehnsucht klingt aus diesen Worten, die Sehnsucht nach dem Menschen, der sie wohl verstanden hätte.

„Das Geheimnis ist, immer beschäftigt zu sein, Leute zu treffen und mit Menschen umzugehen. Das ist es, was ich liebe." – Phyllis Self (Großbritannien), 101 Jahre

Mit Menschen umgehen, Leute treffen – das, was Gisela Lauenroth jung erhielt, ist auch das Geheimnis der über hundert Jahre alten Phyllis Self. Dank der enormen Nachrichtenfreudigkeit der britischen Presse, wenn es um hohe Geburtstage geht, hatte ich die 101-jährige Besitzerin des Gartencenters in Chippenham ausfindig gemacht. Auf jedem Foto, das von ihr veröffentlich wird, sieht sie aus wie eine gut erhaltene ältere Geschäftsfrau, die 85 oder auch 87 Jahre alt sein könnte. Als ich ihr schließlich in ihrem Büro gegenübersitze, weiß ich: die Fotos sind nicht geschönt. Phyllis Self wirkt in nichts, wie man sich jemand über 100 vorstellt. Aufmerksam und freundlich lächelnd sitzt sie da auf ihrem Bürostuhl und harrt meiner Fragen. Aufgeschlossen beantwortet sie diese, nachdem sie gut zugehört und kurz darüber nachgedacht hat. Sie kümmere sich um Personalfragen, sagt sie und zeigt auf die Schublade mit Hängeregistern. „I like to meet people!" (Ich liebe es, mit Menschen umzugehen). Sie betont es später immer wieder. Es ist insofern nicht wichtig, wie viel Phyllis Self sich mit diesen Hängeregistern beschäftigt oder ob sie sich im Wesentlichen persönlich um die Angestellten kümmert. Fest steht: Der Umgang mit Menschen ist das Kennzeichen von Phyllis Self schlechthin. Es sei so etwas wie ihre Berufung, sagt sie, sie sei schon immer gut gewesen im Organisieren und im Umgang mit Menschen. Man glaubt es ihr sofort. Die freundliche Geschäftsfrau strahlt Offenheit aus und Zugewandtheit. Da sie gesundheitliche Probleme mit den Beinen hat, kaufte ihr Sohn ihr einen Buggy, damit sie sich im weitläufigen Gartencenter mühelos auf Rädern bewegen kann. Doch so oft wie möglich laufe sie zu Fuß durch das Geschäft, sagt sie, denn sie liebe es, sich mit ihren Angestellten zu unterhalten, und natürlich auch mit Kunden. Die 101-Jährige fährt auch Auto, allerdings nicht mehr mitten in das Stadtgetümmel hinein, wie sie lächelnd präzisiert. Phyllis Self war die Frau eines Farmers. Pflanzen und Blumen waren schon immer ihr Hobby. Auch ihre beiden Söhne, John und Christopher, lernten jeweils Gartenbau und Landwirtschaft. John war es, der im Jahr 1972 das Gartencenter gründete. Als er dann aber, zwei Jahre später, auf die Bermudas ging, übernahmen sein Bruder und seine Mutter das Geschäft. Phyllis' Ehemann starb früh; sie war zu jener Zeit 64 Jahre alt. Heute besitzt die Familie zwei Gartencenter, die mit zu den größten im Südwesten Englands gehören. Sie beschäftigten 220 Personen, von denen zehn über 65 Jahre alt sind. In England beschäftigten viele Firmen Leute über 65, sagt Phyllis Self. Sie selbst habe sogar ein paar Angestellte, die über 70 Jahre alt seien. „They are very knowledgeable", sagt sie über diese, sie seien sehr sachkundig. Phyllis Self arbeitet sechs Tage die Woche, ganz normale acht Stunden am Tag. „Britain's oldest boss is working her usual nine-to-five on her 100th birthday", titelte Daily Mail im November 2007 – Großbritanniens ältester Chef arbeite an ihrem 100. Geburtstag ihre acht Stunden. Sie habe keinerlei Absicht, das Arbeiten aufzugeben, sagt Phyllis Self schmunzelnd, denn das erhalte sie schließlich jung. Die britische Presse bringt in jedem Bericht über sie ihre Antwort auf die Frage, wie sie es geschafft habe, hundert zu werden: das Geheimnis sei, sich immer beschäftigt und aktiv zu halten, Leute zu treffen und mit Menschen umzugehen. Auf die Frage, wie sie alt und jung definiere, antwortet sie, dass alt oder jung sein eine Frage der Mentalität sei. Alt sei man dann, wenn man sein Leben nur noch auf sich zentriere und sich nicht mehr für andere interessiere. Man müsse fähig sein, wie junge Menschen zu denken und deren Ansichten anzuerkennen. Das bedeute es, jung zu sein und zu bleiben. Auf die Frage, wie alt sie ihren Geist (spirit) fühle, antwortet sie: 50. Für Phyllis Self, die inzwischen 11 Urenkel hat, ist die Familie das Wichtigste im Leben. Dennoch würde eine Rolle als bloße Großmutter sie nicht zufriedenstellen, betont sie. Sie ist auch nicht der Meinung, dass alte Menschen sich ihrer Beschränkungen bewusst sein sollten und ihr Leben dementsprechend darauf einrichten sollten. „It is not the way to look at life (das ist nicht die Art, wie man das Leben betrachten sollte)", kommentiert sie es.

„Mit 80 durch die Wüste" –
Wilhelm Simonsohn, 91 Jahre

Ich habe es versucht, doch es gelang mir nicht: es ist schier unmöglich, das südländisch anmutende Temperament von Wilhelm Simonsohn auf einem Foto festzuhalten. In zu rascher Folge brechen sich die Gesten Bahn, verebben in dem Moment, da man die Kamera zückt, um genau dann wieder ins Weite zu greifen, wenn sie beiseite gelegt wird. Unbewegte Bilder, das ist ohnehin nichts, was diesen Mann charakterisieren könnte. Ein Film ist da schon geeigneter. Diesen gibt es inzwischen auch. Denn der 91-jährige Wilhelm Simonsohn gewann den ersten Preis in einem vom Deutschen Historischen Museum, Generali und der Wochenzeitung *Die Zeit* veranstalteten Biografie-Wettbewerb. Daraus wurde ein spannender, gut gemachter Zeitzeugen-Film. Zwar sieht man da kaum die schönen, lebendigen Gesten dieses Mannes – vielleicht brachten sie für den Kameramann zu viel „Unruhe" ins Bild oder Wilhelm Simonsohn hat versucht, bei diesem wichtigen Zeitdokument sein Temperament bewusst zu zügeln. Doch zum Glück kommen im Film wenigstens die anderen Wesensmerkmale von Wilhelm Simonsohn zur Geltung: die leuchtenden Augen, die feste, wohlklingende Stimme, der begeisterte Redefluss. Das innere Wesen von Wilhelm Simonsohn scheint wie mit geballt-jugendlicher Löwenkraft aus ihm herauszuspringen, wenn er nur den Mund auftut.

Im Biografie-Wettbewerb hat er als Zeitzeuge beeindruckt. Als Kind zu einer Familie gegeben, erfuhr er mit 15 Jahren, dass sein Adoptivvater Jude war – ein äußerst national gestimmter Vater, dem dieser nationale Stolz aber nichts nützte: sein wirtschaftlicher Ruin ist unvermeidbar, sein Abtransport in ein KZ-Lager ebenfalls. Obwohl er, durch die Initiative seines damals als Soldat dienenden Sohnes bedingt, bald aus dem KZ entlassen wird, geht er daran zugrunde. Wilhelm Simonsohn, der seinen richtigen Vater nie kannte und seine leibliche Mutter erst im Alter traf, verlor so mit zwanzig Jahren auch seinen Adoptivvater. Seine Autobiografie „Ein Leben zwischen Krieg und Frieden" beschreibt aber auch, wie er im Krieg seine große Leidenschaft verwirklichen kann: das Fliegen. Allerdings erhält diese Leidenschaft einen bitteren Zug, als sich ihm, in der Nachtjagd eingesetzt, der lichterlohe Schein bombardierter Städte ins Herz einbrennt. Die Grausamkeit des Krieges erlebt zu haben, macht später einen überzeugten Pazifisten aus ihm. Wilhelm Simonsohn ist heute aktiv in der „Zeitzeugenbörse Hamburg" tätig. Diese hat es sich zur Aufgabe gemacht, jungen Menschen in den Schulen die Lebenserfahrungen ihrer „Großväter" „aus erster Hand" nahezubringen. Wilhelm Simonsohn, als über 90-Jähriger, ist besonders gefragt, da er die Entwicklung zum Nationalsozialismus bewusst miterlebt hat. In Hamburger Gymnasien stellt er sich den Fragen von Schülern, die so provokativ klingen können wie: „Waren Sie damals ein Nazi?" Der Biografie-Wettbewerb und seine Tätigkeit als Zeitzeuge machten es auch, dass Wilhelm Simonsohn heute sogar eine Homepage hat[449].

Im vorliegenden Buch, wo es mehr um die Gegenwart und die Zukunft geht als um die Vergangenheit, richtet sich das Augenmerk auf andere Dinge, zum Beispiel darauf, dass Wilhelm Simonsohn mit über 90 Jahren ein Gedächtnis hat wie ein Elefant oder dass er Visionen hat von zukunftsträchtigen Solarenergie-Projekten. Und noch etwas interessiert in diesem Zusammenhang. Er begann nach seiner Pensionierung mit etwas, das man gemeinhin mit jung und verwegen assoziiert und das andere in seinem Alter eher aufhören als beginnen würden: das Reisen mit dem VW-Bus durch die Sahara. „Ich hatte den VW-Bus schon bepackt und startklar gemacht, als ich meinen letzten Arbeitstag noch gar nicht hinter mir hatte", sagt er, „und kaum war ich in Pension, da ging es auch schon los."

Der Maghreb hatte es ihm und seiner Frau besonders angetan: er blieb zwanzig Jahre lang ihr Lieblingsreiseziel. Davor hatten sie schon mehrere Reisen nach Afrika gemacht, nach Kenia und Tansania – Flugreisen. In jüngeren Jahren waren es also bequeme Reisen, die strapaziöseren Reisen hatten sie sich für das Alter aufgehoben. Im Süden überwintern, eine gelebte Vision. Nur dass dies kein Überwintern nach Art von Mallorca-Rentnern war, am Badestrand oder mit Cocktail am Swimmingpool. Mit Abenteuern und auch Widrigkeiten vollgepacktes Erleben bis zum 82. Lebensjahr – wen wundert es da, dass Wilhelm Simonsohn sich heute nicht mit einem Notrufsystem anfreunden kann.

Wasser, Luft, Erde – diese drei Elemente begleiten sein Leben: ein Vater, der zur See gefahren ist, er selbst in den Lüften, als Pilot im Krieg, und dann der herausfordernde Landweg durch die Wüste als Pensionär. Geradeso als stünden sie dafür als Symbol, begegnet man in seiner Wohnung sozusagen auf jedem Quadratzentimeter den passenden Artefakten zu diesen drei Elementen: detailgetreue Schiffsmodelle, Modelle von Flugzeugen, die er selbst im Krieg geflogen hat, Fotos aus Afrika, die die Zimmerwände in die Fototapete eines Reisebüros verwandeln. Seine Frau, die seine Reiseleidenschaft teilte und ihn überallhin begleitet hat, „nervte" es, wie er sagt, dass er unentwegt improvisierte. Doch genau das hat ihn jung erhalten, denn Improvisation ist Kreativität, und kreative Menschen altern weniger schnell als andere.

Sein kreatives Denken, verknüpft mit seinen Reisen, hat in ihm die Idee keimen lassen, dass man viel mehr tun müsste, um sich Sonnenenergie nutzbar zu machen. „Wir machen unseren Globus kaputt, wenn wir weiterhin auf fossilen Brennstoff setzen, wir nutzen nur ein Zehntausendstel der Sonnenenergie!" Wilhelm Simonsohn redet sich bei einem seiner Lieblingsthemen in Fahrt: die Vision alternativer Energiequellen. „Es tut sich was", sagt er, „aber es ist viel zu wenig und geht viel zu langsam." Ihm schwebt das Bild vor, die Sahara zu nutzen. Monumentale Sonnenenergie-Anlagen unter Einbindung der nordafrikanischen Staaten, das wäre sein Traum für unsere Erde. Dafür schreibt er sogar einen Brief an die Bundeskanzlerin. „Sie merken: ich habe noch Visionen", bemerkt er stolz.

Nun soll man nicht meinen, Wilhelm Simonsohn sei körperlich topfit und könne sich seinen ungebrochenen Lebensmut deswegen gut leisten. Dem ist nicht ganz so. Auf der einen Seite geht es ihm in der Tat gut. Er kann sich allein versorgen (seine Frau verlor er vor mehreren Jahren), kann alles problemlos essen, hat noch alle Zähne, wie er stolz betont, und schafft es auch, sich auf dem Heimtrainer bis zur Erschöpfung abzustrampeln. Doch die Wege, die er mühelos gehen kann, werden immer kürzer. Das Lesen geht so gut wie gar nicht mehr. Wilhelm Simonsohn leidet an Makuladegeneration. Er braucht ein Lesegerät, um überhaupt noch etwas entziffern zu können. Die Aufzeichnungen zu seiner Biografie hat seine ältere Tochter für ihn gemacht. Die Vorstellung zu erblinden macht ihm manchmal richtig Angst. Es gebe Phasen, da er morgens aufwache und daran denke, dass er irgendwann einmal abtreten müsse und wie schön es wäre, wenn er dann einfach nur einschlafen könnte. Die Lebensfreude aber, die er ausstrahlt, ist nicht fürs Interview aufgesetzt. Wie ist sein Optimismus zu erklären? Er sei seinem Schicksal dankbar, sagt er. Daneben ist Wilhelm Simonsohn überzeugt davon, dass seine Lebenskraft an den Genen liege. Die Gene bestimmen seiner Meinung nach alles. „Es könnte sein, dass ich von August dem Starken abstamme", fügt er schmunzelnd an, „der hatte immerhin 300 uneheliche Kinder!" Schicksal, Gene oder vielleicht doch Lebenseinstellung? Die Gene überzeugen nur halbwegs. Sie können einen alt werden lassen, aber garantieren sie auch ein glückliches, dynamisches Alter? Genforscher sagen da etwas anderes. Ihnen zufolge bestimmt Erbgut überhaupt nur zu etwa 30 Prozent das Alter. Am Ende des Gesprächs gesellt sich doch noch eine andere Erklärung zu den Genen hinzu. „Mein Großvater war nach Brasilien ausgewandert. Er starb mit 90 Jahren bei einem Sturz vom Pferd", erzählt Wilhelm Simonsohn. „Ich würde da nicht einmal hochkommen, auf ein Pferd", schließt er lachend.

Na, da haben wir es: die Gene nur in Maßen. Er wurde zwar genauso alt wie sein Großvater, aber auf ein Pferd hochkommen würde er doch nicht mehr. Stattdessen gibt es bei ihm ein anderes „Hochkommen", eines, das nichts mit biologischer Fitness zu tun hat. „So häufig war ich schon absolut unten gewesen", sagt er, „und immer hat es danach wieder einen Aufstieg gegeben." Die Erinnerung an ein Leben, aus dem nicht nur die Tiefen behalten wurden, sondern auch – und gerade –, dass es immer wieder aufwärts geht.

„Nicht so viel über Krankheiten reden und denken!" – Dr. Hermann Pünder, 86 Jahre

„Ich bin nicht ungewöhnlich", erwiderte er spontan, als ich dazu ansetzte, das Anliegen dieses Buches zu erläutern. Nein, in der Tat: das ist er nicht. Dr. Hermann Pünder gehört nicht zu der Gruppe von Menschen, die im Alter ungewöhnliche Dinge tun. Weder besteigt er 4000er-Gipfel noch ist er durch den Ärmelkanal geschwommen, er ist nicht berufstätig geblieben, hat kein Geschäft eröffnet und hat auch nicht vor, die Sahara zu durchqueren. Und dennoch ist der ältere Herr mit dem vertrauenswürdigen Gesicht ein hervorragendes Beispiel, wie man Alter – und vielleicht auch das Leben an sich? – wunderbar leben kann.

Ein Haus mit Garten, in einem Hamburger Wohnviertel. Mir gegenüber sitzt ein Mann von 86 Jahren, ehemals Augenarzt. Er hat mir den Platz mit Blick ins Grüne angeboten, „damit Sie einen schönen Blick haben". Das Ungewöhnliche im Gewöhnlichen. Es beginnt manchmal mit Kleinigkeiten. Ich bin sicher, dass genau dieser Platz sein eigener Stammplatz ist, denn genau vor mir liegt ein Brief, darauf eine Lesebrille. Das Ärzteblatt und die Bücher auf dem Tisch, *Anna Karenina* von Leo Tolstoi, *Ein ungezähmtes Leben* von Jeanette Walls, liegen nicht dort, wo er jetzt sitzt. Festhalten am Gewohnten, und sei es nur der Lieblingsplatz, kennzeichnet viele Menschen, zumal mit zunehmendem Alter. Doch bei Hermann Pünder scheint einiges anders zu sein. „Neues ist mein Steckenpferd", sagt er gleich zu Beginn. „Ich bin sehr neugierig, interessiere mich für alles." Dann zählt er auf, welche neuen Felder er nach seiner Pensionierung mit 68 Jahren zu erkunden begann. Um genau zu sein, müsste man schon ein paar Jahre zuvor ansetzen. Denn Hermann Pünder erlernt mit 60 Jahren das Golfspielen. Ist Golfspielen nicht sowieso etwas für ältere Herren?, will ich wissen. In meinem Kopf ist ein Golfplatz eindeutig mit grauhaarigen Spielern verknüpft, solchen die mit kariertem Pullover bekleidet sind, einen Siegelring tragen und eine Baskenmütze auf dem Kopf haben. Aber nein, beim Golfspielen dominiert die Altersgruppe der

30- bis 40-Jährigen, klärt er mich auf. Wie er „in seinem Alter" überhaupt dazu komme, damit anzufangen, so hätten Kommentare seines Umfeldes gelautet. Vielleicht doch ein ungewöhnlicher Mann? Ich hätte nicht gedacht, dass „ungewöhnlich" schon beim Golfspielen beginnen kann. Doch Hermann Pünder lässt sich nicht beirren. Er macht weiter damit, Neues zu erkunden. Nachdem er pensioniert ist, studiert er erst einmal Geschichte, etwas, das ihn schon immer interessiert hat. Dann, mit Anfang siebzig, legt er sich einen Computer zu, beginnt mit digitaler Fotografie. Er zeigt mir hervorragend gemachte Fotobücher, von wegen: Menschen im Alter können mit digitaler Technik nicht umgehen. Mit Anfang achtzig schließlich lernen er und seine Frau Bridge spielen – ein wunderbares Gedächtnistraining, wie er findet. Was ihn aber wirklich begeistert, das ist das Internet. „Das ist eine neue Welt!", seine Augen blitzen. „Ich finde das unglaublich toll! Was man da alles mit machen und finden kann! Vor jedem Kurzurlaub, den meine Frau und ich machen, suche ich Informationen im Internet zusammen, drucke alles aus und lege es meiner Frau hin. Früher musste man dicke Bücher wälzen. Jetzt steht meine ganze Brockhaus-Sammlung im Keller. Ich finde das so wunderbar. Ich bedauere jeden, der das nicht hat." Und da er alle Menschen glücklich sehen möchte, versucht er unablässig, andere Menschen seines Alters vom PC zu überzeugen. „Die meisten sagen: ich bin doch nicht verrückt, in meinem Alter noch mit dem PC anzufangen!" Er sagt es bedauernd. „Nicht einmal meinen vier Jahre jüngeren Bruder habe ich überzeugen können, er will nicht mitmachen." Doch immerhin gelang es ihm, seinen acht Jahre jüngeren Bruder herumzukriegen. Darüber freut er sich.

Sich für andere zu freuen, ist ohnehin ein ganz besonderes Merkmal von Hermann Pünder. So verwundert auch seine Antwort nicht, die er auf die Frage gibt, was in seinen Augen wichtig sei im Leben. „Viel geben!", kommt es ohne auch nur eine Sekunde des Zögerns. „Freude schenken, das ist wichtig", setzt er nach, „viel gemeinsam im Familienverband machen, sich selbst zurückstellen, nicht immer nur an eigene Sachen denken." Vielleicht sei er auch deshalb Arzt geworden, meint er. Wie aber kann er das heute noch, da er nicht mehr als Arzt praktiziert, frage ich. „Das ist überall möglich! Beim Einkaufen, beim Friseur, im Sport, beim Gottesdienst – überall kann man mit den Menschen reden, manchmal auch helfen, wenn sie einen um Rat fragen. Ich war schon als junger Mensch so, habe später für eine Pfarrgemeinde Familien besucht, die Hilfe brauchten." Er sagt es mit Überzeugung und man nimmt es ihm ohne zu zögern ab, das Engagement für die Mitmenschen, die Hinwendung zum anderen. War er nicht auch einer der wenigen, die mir beim Interview etwas zu trinken angeboten hatten? Nein, man muss dies nicht erwarten, schließlich tritt man als Interviewer an den anderen heran, will etwas von ihm. Niemand ist verpflichtet, einem solchen Besucher Tee anzubieten. Dennoch glätten solche Kleinigkeiten das menschliche Miteinander. Man freut sich ganz einfach über die nette Geste, die Aufmerksamkeit. Und den, der es anbietet, führt es – für einen winzigen Augenblick seines Lebens – ein klein wenig weg von der Zentriertheit auf sich selbst. Genau das sei es, was alte Menschen oft nicht mehr können, meint Hermann Pünder: das Leben von sich weg zu sehen, sich selbst nicht in den Mittelpunkt rücken. „Die meisten Menschen um mich herum, in meinem Alter, sind so ich-bezogen", sagt er. „Sie reden nur über Krankheiten, haben keinen Blick mehr für das Schöne im Leben." Liegt es daran, dass er Arzt ist, dass er mehr über Krankheiten hört als andere? „Natürlich werde ich als Arzt ununterbrochen damit konfrontiert, aber sie reden auch sonst viel darüber, auch untereinander." Zum einen sei dies ein Kausalitätsbedürfnis des Menschen, Zustände des Unwohlseins zu erklären, doch es läge vielleicht auch daran, dass manche einsam seien. Über Krankheiten zu reden, sei dann so etwas wie ein Hilferuf, dass man ihnen etwas geben soll, Aufmerksamkeit geben soll, Zuwendung. Ob er selbst so darüber sprechen könne, weil er vielleicht von Krankheiten verschont geblieben sei, frage ich. Doch nein. Sowohl er als auch seine Frau haben bereits schwere Krankheiten durchgemacht. Seine erste Frau starb sehr früh, litt an Depressionen, seine jetzige Frau machte eine schwere Krankheit durch, er selbst hat eine künstliche Hüfte. Das wäre Grund genug, das Leben mit Klagen zu verbringen. Hermann Pünder aber sieht das anders. Wenn Sie etwas in Ihrem Umfeld oder in der Gesellschaft ändern könnten, was mit dem Alter zu tun hat: was wäre dies? So hatte eine der Fragen im Fragebogen gelautet, den Dr. Pünder vorab für mich ausgefüllt hatte. Seine Antwort damals: nicht zu viel über Krankheiten sprechen und denken. „Ich selbst bin bei Krankheiten sehr tapfer", sagt er. „Ich bin ein artiger Patient, versuche, schnell gesund zu werden."

Nein, Krankheit als Anker für Aufmerksamkeit und soziales Dazugehören, das ist fürwahr nicht sein Denken. Ganz folgerichtig definiert er auch jung und alt vom Denken her. „Das Denken macht den Unterschied zwischen jung und alt", sagt er. „Junge Menschen denken weniger negativ. Sie riskieren auch mehr. Wenn ich mit 86 Jahren eine dreitägige Radtour von 150 km mache, kann ich vorher darüber nachdenken, was da so alles passieren kann, wie gefährlich es ist usw. Und dann werde ich es sein lassen. Man sollte aber nicht immer gleich an alles Negative denken sondern positives Denken im Täglichen praktizieren."

Ein sorgloser Draufgänger? So sieht Hermann Pünder eigentlich nicht aus. Des Rätsels Lösung liegt in der kritischen Einschätzung des Einzelfalls. Eine Einschätzung, die nicht draufgängerisch sein, aber auch nicht einem ängstlichen Duckmäusertum gleichen sollte. „Der Mensch muss versuchen, sich selbst einzuschätzen", sagt Hermann Pünder. „Wenn er Gehbeschwerden hat und noch alles mitmachen will, wird er alle stören, das fände ich unmöglich. Auf der anderen Seite muss jemand nicht dem Bild des unfähigen Alters entsprechen, wenn dem tatsächlich nicht so ist. Ich kenne einen Augenarzt in meinem Alter, der in den USA lebt und heute noch operativ tätig ist. Gefährlich und riskant? Keine Spur! Er hat eben noch völlig ruhige Hände." Eine Differenzierung zwischen dem, was „man" nicht mehr tut, weil das Umfeld und die Gesellschaft schlichtweg der Meinung ist, dass „man" das im Alter nicht mehr kann, und dem, was „ich" als Individuum im Einzelfall eben doch noch tun kann oder nicht. Oft wird dies einem Kampf gegen Stereotype gleichkommen, da die Gesellschaft leider noch von vorgefassten Meinungen über das Alter geprägt ist und selten bereit ist, wirklich zu differenzieren. Gern wird dann alten Menschen vorgeworfen, sie überschätzten sich. Das kann der Fall sein oder auch nicht. Wenn ein 86-jähriger sagt, er habe eine „Astronauten-Sehschärfe", wird, wie bereits an anderer Stelle angemerkt, so manch einer abwinken und sich denken. „Typisch Alte, halten sich noch für jung und fit." Doch manchen dieser Alten kann eine Fehleinschätzung schlichtweg nicht unterstellt werden. Hermann Pünder unterstrich jedenfalls den von ihm verwendeten Ausdruck der „Astronauten-Sehschärfe" lächelnd und mit Nachdruck: „Sie können mir glauben", hatte er gesagt, „ich kann das beurteilen, schließlich bin ich Augenarzt."

Hermann Pünder, kein ungewöhnlicher Mann, wenn man auf seinen Alltag schaut, doch ungewöhnlich genug, wenn es um die Denkweise geht. Und da gibt es noch etwas, das außergewöhnlich erscheint, etwas, das in Zusammenhang mit seinem früheren Beruf steht. Hermann Pünder hat, als er noch als junger Arzt in einer Klinik praktizierte, seinem Umfeld im Krankenhaus untersagt, älteren Menschen in anbiedernd vertraulichem Ton gegenüberzutreten. „Komm mal her – Mütterchen – du – das ‚Wir' in der Anrede, all das fand ich völlig unmöglich", sagt er. „‚Ist das vielleicht Ihre Mutter?', habe ich das Pflegepersonal dann gefragt, ‚sie hat einen Namen, also sprechen Sie sie gefälligst damit an.'" Man braucht nur einen Tag in einem Krankenhaus oder in einem Pflegeheim unterwegs zu sein, um zu ermessen, von welcher Bedeutung das ist, was Hermann Pünder damals tat und wie er heute noch denkt. Auch in dieser Hinsicht könnten viele von ihm lernen.

„Verwandte und Freunde empfinden mich als ‚lästig' höflich", hatte er im Fragebogen noch angefügt. Nur höflich, weil es die Etikette so will? Man gewinnt einen anderen Eindruck von Dr. Pünder. Bei ihm hat es viel mit Achtung zu tun.

Steh auf und versuch es wenigstens! – Hilda Kemp (Großbritannien), 98 Jahre

Hilda war gar nicht geplant als Interviewpartnerin. Es ergab sich. Bei einem beruflichen Aufenthalt in England besuchte ich Freunde in Southampton und erzählte ihnen von diesem Buch. Ich fragte sie, ob sie nicht von der 94-jährigen Doris Long aus Portsmouth gehört hätten, die sich von Hochhäusern abseilt. Ich tat dies in der Hoffnung, Doris Long vielleicht über meine Freunde aufspüren zu können. „Nein, die kennen wir nicht", sagten sie, „aber Hilda, die wäre interessant für dich. Die ist richtig taff!" So kam ich zu Hilda.

Hilda Kemp, eine kleine, zierliche Frau von 98 Jahren, ist hundertprozentig das, was man sich unter einer *British Lady* vorstellt: adrett im alten Stil gekleidet, ein Perlenkettchen um den Hals und ein Brillantring am Finger, die Haare perfekt altmodisch zur Dauerwelle frisiert. Ihr Haus steht diesem antiquiert gepflegten Bild in nichts nach, mit den rosa Teppichen und dem roten Plüschsofa, den gehäkelten Spitzendeckchen, die jedes Möbelstück zieren, und der Tapetenleiste mit Rosenmuster unter der Decke. Dazwischen Stehlampen mit Fransen und Plastikblumen in jeder Ausführung. Das Bild eines Lebens aus einer anderen Epoche. Doch Hilda selbst ist nicht aus einer anderen Zeit. Sie lebt im Hier und Jetzt, und sie sprüht vor Leben. „Ich trage unheimlich gern schöne Schuhe", sagt sie, „aber jetzt nicht mehr so mit Absätzen, sehen Sie!" Und schon ist sie aufgesprungen vom Sofa, steht vor mir und zieht die Hosenbeine nach oben, damit ich die hübschen kleinen Pumps aus schwarzem Wildleder bewundern kann. Dann steigt sie gleich ein in das, was sie, neben schönen Schuhen, noch begeistert: sie sei Mitglied in der Musical Society, erzählt sie, habe erst kürzlich Cinderella gesehen. Das sei toll gewesen. In ihrer Jugend sei sie Sängerin gewesen, habe an Wettbewerben teilgenommen. „Dann aber heiratete ich und das war's dann", fügt sie mit einem kleinen Bedauern in der Stimme hinzu. Sie singt heute immer noch, wenn auch nur im Kirchenchor. Musik scheint in der Familie zu liegen, ihre 53-jährige Tochter führt eine Tanzschule. Jazzballett, präzisiert Hilda und strahlt dabei über das ganze Gesicht. Hilda lebt allein in ihrem Haus, die Tochter lebt *next door*, nicht weit entfernt von ihr. Einmal im Monat komme jemand, um großen Hausputz zu machen, sagt sie, den Rest mache sie selbst. Man ist beeindruckt, denn das Haus sieht tipp-topp aus, gepflegt, ordentlich, alles an seinem Platz.

Und das nicht für den Besuch, denn dieser war sehr kurzfristig angekündigt worden. Hilda ist eine gute, langjährige Freundin meiner Bekannten, da geht so etwas. Seit wann sie denn allein lebe, frage ich sie. Die Zahl der Jahre ist groß: sie war erst 65 Jahre alt, als ihr Mann starb. Über dreißig Jahre allein. Die lebenslustige alte Dame reizt mich zu einer Frage: ob sie danach nicht einen Freund gehabt habe. Die Antwort darauf, ganz Hilda. „I didn't want to wash dirty socks!" (Ich hatte keine Lust, schmutzige Socken zu waschen), sagt sie mit einem schelmischen Grinsen.

So wie viele Briten, sind auch Hilda und ihre Tochter in der *Charity* aktiv, in der Wohlfahrt. Ihre Tochter hilft beim Austeilen von Essen an alte Menschen. Hilda, die ehemalige Krankenschwester, hilft im Krankenhaus. Sie sei Mitglied der Freiwilligenorganisation *League of Friends*, sagt sie, helfe seit 52 Jahren bei Ladenjobs mit. So geht sie zweimal die Woche zum Krankenhaus, um den dortigen Laden zu führen. „Das ist ein Laden, der 2000 Pfund am Tag umsetzt", bemerkt sie stolz, ihre Arbeitsstunden seien von 8 bis 15 Uhr. „Ich hasse es, in der Wohnung zu bleiben, mag nicht missmutig nur im Sessel rumsitzen." Nein, in der Tat, Hilda missmutig in einem Sessel sitzen sehen, das kostet gehörige Vorstellungskraft. Sie strahlt Lebensfreude aus und Optimismus. Man schaut sich im gepflegten Mittelklasse-Haus um, fragt sich, ob ihr Optimismus daher stammt, dass sie es womöglich im Leben leicht hatte. Doch im Laufe des Gesprächs verflüchtigt sich diese Idee immer mehr. Hilda Kemp hatte es ganz und gar nicht leicht. Ihre Eltern seien nicht alt geworden, meint sie. Die Mutter habe mit 47 Jahren Selbstmord begangen, weil sie glaubte, Krebs zu haben. Hilda fand sie am geöffneten Gasofen. Der Vater setzte sich früh nach Jamaika ab. Von den vier Kindern, die Hilda hatte, leben nur noch zwei. Ein Sohn erlitt mit 60 Jahren einen Herzanfall auf dem Motorrad, eine Tochter brachte sich um. Nein, Hildas Leben war alles andere als Zuckerschlecken. Wie also kommt sie zu so einer positiven Lebenseinstellung? „I made myself enjoy my life", sagt sie und betont das *made*. Sie habe sich dazu gebracht, dem Leben Freude abzugewinnen. Sie würde es sich schlichtweg nicht gestatten, den ganzen Tag im Sessel zu sitzen. „Ich überwinde mich selbst", betont sie noch einmal. „Auch an nebligen und dunklen Tagen bleib ich nicht einfach hier sitzen, sondern gehe aus dem Haus, mache meinen Job."

Wie sieht sie das Alter, wie steht es um ihre Gesundheit? Alt oder jung, das sage ihr nichts, erwidert sie. „There is no age" (es gibt kein Alter). Im Krankenhaus würde sie gar nicht sagen, dass sie 98 Jahre alt sei, das würde ihr sowieso niemand glauben. „Ich denke, mein Gehirn geht langsam weg", sagt sie, „ich erinnere mich nicht mehr an alles. Aber ich esse sehr gesund. Fleisch esse ich kaum, ich mag Fisch gern und Leber." Jeden Freitag gehe sie außerdem zur Gymnastik, das hätte sie vor sechs Monaten angefangen, präzisiert sie. Gymnastik mit 97 Jahren beginnen? Man wundert sich. Hilda schüttelt energisch den Kopf. „Gymnastik kann doch jeder machen! Da sind auch Leute dabei, die im Rollstuhl sitzen. Das zeigt, dass man es tun kann, wenn man will!" Ja, der Wille. Das ist etwas, das in Hilda stark ausgeprägt ist. Hilda kommt zu ihrem Lieblingsthema, wie es scheint, denn sie redet sich in Fahrt. „Menschen sind heute verwöhnt und verdorben", beginnt sie, „es ist zu viel verfügbar, Medikamente, Hilfsmittel, schlichtweg alles. Das führt dazu, dass alte Menschen sich im Alter gehen lassen. Wenn ich im Krankenhaus alte Menschen sehe, die mir im Rollstuhl entgegenkommen oder mit Krücken, dann frage ich mich, ob sie es wirklich versucht haben. Sie denken, dass sie es nicht können, aber oft würde es gehen. Dann habe ich Lust, ihnen zu sagen: Steh doch auf und versuch es wenigstens!"

Steh auf und versuch es. Das ist Hilda. Ich schaue auf die Türe des kleinen Wohnzimmers, hinter der die kleine steile Treppe nach unten führt, und denke an jene Freunde von mir, die, gerade mal in den Vierzigern, bereits „wussten", dass sie im Alter würden umziehen müssen, da sie die Stufen in ihrer Wohnung dann „sowieso nie mehr hochkämen".

Eine wunderbare Liebe
– Walter Robotti (Italien), 87 Jahre

Er fiel mir auf durch seine Art zu reden. Es war während der Diskussion zu einem Film, der in Genua gezeigt wurde. Die von der Region Ligurien veranstaltete Themenwoche „Das freie Alter" hatte auch Filme über aktives Altern auf das Programm gesetzt. Wir hatten soeben den schwermütigen tschechischen Film „Leergut" gesehen, wo ein pensionierter Lehrer sich einen Job in der Flaschenannahme eines Supermarktes gesucht hat. Da meldete sich ein Mann von seinem Sitz ganz links außen: „Man kann immer auch im Alter Sinnvolles tun. Ich bin 87 Jahre alt und gehe an Schulen, den Kindern und Jugendlichen vorzulesen. Ich kombiniere das mit Musik als Untermalung." Von Musik begleitetes Lesen? Es erschien mir ungewöhnlich, oder, sagen wir, ein klein wenig innovativ für einen 87-Jährigen. Ich wartete am Ausgang auf ihn, um ihn abzufangen. Er kam mir zuvor. Als er an mir vorbeiging, sah er mich an und blieb stehen. „Sie schauen mich so an", sagte er mit einem spitzbübischen Lächeln. „Sind Sie Lehrerin? Wollen Sie mich für Ihre Klasse engagieren?" Nein, das wollte ich natürlich nicht. Aber der Kontakt war hergestellt. Leicht und schnell, wie immer in Italien. Die Einladung folgte genauso schnell. „Kommen Sie zu mir nach Hause, dann zeige ich Ihnen die Wohnung." Ein wenig verwirrt nickte ich zu seinem Vorschlag. Ich verstand nicht, was die Wohnung mit einem Interview zu aktivem Alter zu tun haben sollte. In Italien trifft man sich eher in der Bar, als jemanden nach Hause einzuladen. Eine Woche später kannte ich das Warum. Der Witwer Walter Robotti, ein schlanker, kleiner Mann mit freundlichem Gesicht und strahlenden Augen: er lebt für seine Frau. „Sie war eine wunderbare Frau, so talentiert, so kultiviert", hatte er bereits bei unserem ersten kurzen Zusammentreffen einfließen lassen. „Für sie untermale ich mein Vorlesen mit Musik." Ich hatte seine Worte vernommen, ihnen jedoch keine außerordentliche Bedeutung beigemessen. Ich hatte ihn schlichtweg nicht verstanden. Delia, Walter Robottis Frau, da war sie, als ich seine Wohnung betrat. Hier wohnte kein alleinstehender Witwer, hier lebte ein Mann in Liebe zu seiner Frau. Sich erst einmal hinsetzen und Kaffee trinken oder gar mit dem Interview beginnen? Nein, alles beginnt und endet mit Delia. Sie war nicht nur Pianistin, sie war auch Malerin, Zeichnerin, Karikaturistin. Er hat nach ihrem Tod ihre Bilder hervorgeholt, hat sie gerahmt, eins nach dem anderen, hat sie aufgehängt, im Flur, im Gästezimmer, im Schlafzimmer, im Arbeitsraum – überall, wo Platz ist an der Wand. Ein lebendes Museum. Denn dass es lebt, daran gibt es keinen Zweifel. „Sehen Sie hier, das ist sie", er zeigt auf ein Porträtfoto. „Ist sie nicht wunderschön?" In der Tat, Delia Mugnaini war eine schöne Frau gewesen. „Und hier, diese Zeichnung, sehen Sie nur die feinen Linien, der Ausdruck! Sie konnte so gut malen, sie war großartig." Zart fährt er über den Rahmen des kleinen Bildes, auf dem eine junge Frau mit einem Pferd mit wenigen Strichen, aber vollendet harmonisch im Ausdruck festgehalten wurde. „Und sehen Sie hier, dieses Aquarell, ist es nicht wundervoll? So zart, so innig!" Seine Augen leuchten, es ist geradeso, als stellte er seine Frau selbst vor, als stünde sie neben ihm, um sogleich lächelnd die Hand auf seinen Arm zu legen. Ich frage, ob sie denn ihre Bilder auch ausgestellt habe. Nein, das habe sie nicht, sagt er, sie fand sich selbst wohl nicht gut genug oder hatte wenig Zeit neben ihrer Musik. Schade jedenfalls, denn ihre Bilder faszinieren. Besonders die Porträts, diese wunderbar zarten, ausdrucksvollen Gesichter, in denen so viel geschrieben steht: Melancholie, Inwendigkeit, sie sind wie fließendes Sein. Es könnten Madonnenbilder sein. Sie verstand es, das Innen im Außen festzuhalten, es wiederzugeben. Sie muss eine phantastische Beobachterin gewesen sein. „Sehen Sie das hier", er zeigt, geradeso als habe er meine Gedanken gelesen, auf eine Karikatur: vier Damen in einem Konzert. Ich pruste laut los. Sie konnte auch das Gegenteil zur Madonna: die Gesichter der vier alten Damen in Nerz und Abendkleid sind in ihrem Ausdruck so pointiert getroffen, dass die Möchtegern-Kulturgenießerinnen förmlich daraus hervorspringen. „Sie hat das bei ihren Auftritten beobachtet" sagt er. „Sie hat das festgehalten, was sie gesehen hat, wenn sie sich dem Publikum zuwandte."

Nach zwanzig Minuten, da wir auch in zwei kleine Räume schauten, wo ebenfalls Bilder und Fotografien von Delia hängen, sind wir im Musikzimmer angelangt. Es steht alles noch genauso da wie zu der Zeit, als sie starb. Er hat nichts angerührt, nichts umgestellt, nur Bilder aufgehängt. Er zeigt mir ein kleines Fotoalbum, wo sie am Arm eines bekannten Maestro zu sehen ist. „Er wollte nur sie", sagt er, „sie war so wunderbar im Begleiten der Stimmen. Wussten Sie, dass es unheimlich schwer ist, Stimmen zu begleiten? Auch wenn zwei das Gleiche singen, es ist nie dasselbe. Ein Pianist, der Stimmen begleitet, muss viel können." Stolz klingt aus seinen Worten. Er war stolz auf seine Frau und ist es immer noch. Seine Bewunderung scheint keine Grenzen zu kennen. „Schauen Sie, das hier hat sie komponiert!" Vor mir liegt ein Libretto. „Edipe Re". Der Mythos als Oper. „Sie hat alles selbst gemacht: den Text für die Oper, die Partituren für das Orchester. Musik ist Mathematik, wissen Sie, da muss alles genau stimmen." Ich schaue auf die zierlich akkurate Schrift und staune, über Delia. Aber durch die Partituren und seine Worte hindurch staune ich auch über ihn, den Mann, der seine Frau Zeit ihres Lebens unterstützte, sie auf allen ihren Konzertreisen begleitete, der auch noch nach ihrem Tod mit solcher Hochachtung von ihr spricht, mit solcher Liebe. Er hat ein kleines, in blaues Leinen gebundenes Büchlein in der Hand. „Sie hat auf allen unseren Reisen Tagebuch geschrieben", sagt er, aber glauben Sie nicht, dass das ein Reisetagebuch wie alle anderen ist. Nein, schauen Sie selbst!" Er klappt es auf. Die skizzierte Landkarte von Irland erscheint, mit fein säuberlich notierten Namen und Daten, einem eingezeichneten Reiseweg. „Das machen alle", bemerkt er und blättert um. „Aber das hier nicht!" Neben einer Seite, vollgeschrieben mit einer so sauberen, gestochen scharfen Schrift, dass einem nur noch das Wort „Kalligraphie" einfällt, prangt ein kleines buntes Bild. „Sie hat die besuchten Orte nicht nur beschrieben, sie hat sie gemalt", sagt er und streicht zärtlich über die Seite, blättert vorsichtig weiter. „Und hier, schauen Sie das, und das, und das...!" Er blättert die Liebe seiner Frau zur Kunst, zum Leben, zum Sein vor mir auf. Eine irische Landschaft in satten Wachsfarben, ein kleines Gasthaus lässig mit Farbstiften skizziert, ein Baum, das tiefblaue Meer. Delia Mugnaini Robotti war nicht nur Pianistin, Komponistin und begabte Malerin, sie muss eine Frau gewesen sein, die bis ins Alter hinein neugierig, innovativ, experimentierfreudig gewesen ist. Als sie das kleine Reisetagebuch schuf, war sie siebzig Jahre alt. Wenn man das lebendige, spielerische Werk ansieht, meint man, dass nur ein junger Mensch dessen Schöpfer gewesen sein könne. Geradeso wie man meint, einen jungen Mann vor sich zu haben, wenn man Walter Robottis Blick begegnet. Er ist siebenundachtzig, doch aus seinen Augen strahlt Jugend.

Nach über einer Stunde schließlich setzen wir uns in der Wohnküche zum Gespräch. Doch im Grunde habe ich das Wesentliche schon erfahren: ich habe das Innere dieses Mannes berührt, das über die Liebe zu seiner Frau sichtbar wird. Eine Frau, über die er mit solcher Innigkeit, Bewunderung und Hingabe spricht, als sei er ein frisch verliebter junger Mann. Ist das nicht genauso wunderbar wie alle anderen Errungenschaften von Menschen in hohem Alter? Er erzählt mir von seinem Schreiben, von den Büchern, die er veröffentlicht hat, zu geschichtlichen Ereignissen der Stadt und, wie sollte es auch anders sein, über seine Frau. Er hat ihr in seinen Büchern einen anderen Namen gegeben, aus Respekt. „Nein, ich kann es mir doch nicht erlauben, über meine Frau mit ihrem wirklichen Namen zu schreiben", sagt er. Und wieder staunt man. Sein neuestes Projekt liegt auf dem Küchentisch: ein didaktisches Buch zum Vorlesen, woraus er auch gleich Kostproben liest. Man ist geneigt, zu dieser melodisch warmen Stimme die Augen zu schließen und sich entführen zu lassen, zum weihnachtlichen Krippenspiel, zum Abendessen unter Freunden, bei dem alle das Dichten beginnen, oder auf das Schiff, das die italienischen Auswanderer in die neue Welt brachte. Er braucht nicht zu versichern, dass die Kinder wie auch die Lehrkräfte begeistert sind von seinem lebensnahen Vorleseprojekt, man glaubt es ihm auch so. Walter Robotti, der frühere Marineoffizier, hat nicht nur eine erfüllende, maßgeschneiderte Tätigkeit für sich gefunden, er ist dabei genauso innovativ, wie seine Frau es gewesen ist. Kein Wunder, dass er beim Wettbewerb für Großvater-Geschichten keinen Preis gewann: seine Art zu schreiben ist zu modern für einen Großvater, so wie die Gesellschaft diesen wohl sieht. Überraschende Wendungen am Ende der Geschichten, Umkehrungen von Ansätzen, skurrile Stilmittel. So wie das Gespräch eines poetischen Betrachters der Weihnachtskrippe mit dem Ochsen, dem der Betrachter ein berühmtes Gedicht zum Weihnachtsgeschehen vorsagt, in welchem sich der Ochs jedoch kaum wiedererkennt und dem er Zeile für Zeile, im Hin und Her zwischen Antike und Moderne, widerspricht. Ein köstliches Vergnügen, bei dem man schier Tränen lacht.

„Kommen Sie, ich zeig' Ihnen noch mein Arbeitszimmer", sagt er, als die Zeit für den Aufbruch gekommen ist. „Ich warne Sie aber: das ist voll von Papieren, überall und in großer Unordnung!" In der Tat quellen in dem stattlich großen Raum überall Papiere hervor, aus den Regalen, auf den Stühlen und auf dem Tisch natürlich sowieso. An der Wand hängen große Bilder in einem gänzlich anderen Stil als jene von Delia, ausgesprochen originelle Kompositionen, so originell wie der Mann, der vor mir steht. „Die habe ich gemalt", sagt er. „Doch das ist lange her." Die Künstlerseele in ihm, die sich als Marineoffizier verkleiden musste, hatte wohl in frühen Jahren versucht, ans Tageslicht zu kommen. Vielleicht fand sie sich dann in seiner Frau Delia wieder. „Sie hat sich immer über meine vielen Papiere und meine Unordnung beschwert", sagt er. Man kann es sich leicht vorstellen, wenn man an ihre akkurate Schrift, an die präzisen Zeichnungen denkt. Er weist auf einen Brief, der eingerahmt an der Wand hängt. „Das hat sie mir mal geschrieben!" Er lächelt, Jahrzehnte nach den Bemerkungen seiner Frau, immer noch ein wenig schuldbewusst. Der Brief kündet von ihrem resoluten Wunsch nach einer Abmachung, darüber, wie viele Plätze in der Wohnung frei bleiben sollten von Papieren. „Sie hatte ja so Recht damit", bemerkt er.

Was für ein Mann, der sich den resoluten Ordnungsaufruf seiner Frau als liebevolle Erinnerung an die Wand hängt! Wie groß kann doch eine Liebe sein, dass sie selbst nach dem Tod des Partners noch so lebendig bleibt. „Sie ist gestorben", sagt er, als wir schon fast an der Tür sind, „aber sie ist immer noch da, sie lebt um mich herum, mit mir. Ich spreche auch mit ihr." Nichts, was wirklichkeitsnäher klänge als das. Als ich schon die Türklinke in der Hand habe, fällt ihm noch etwas ein. „Da sind meine Diplome", sagt er. Ich muss im Eingang hinter einen großen Schrank schauen. Da hängen drei Diplome im Großformat, im engen Zwischenraum zwischen Schrank und Fensterfront, nicht sichtbar, wenn man es nicht weiß. Und im Schrank gegenüber liegen, gut verwahrt und genauso unsichtbar, die Verdienstorden, die er als Offizier erhalten hat und die er bis zuletzt nicht erwähnte.

14. Kapitel

Alt sein beginnt im Denken.
Jung bleiben auch.

Das wahre Geheimnis, jung zu bleiben, liegt darin,
eine junge Denkweise zu entwickeln und zu behalten.
Oder anders herum, wenn Sie den Traum von anhaltender Jugend erreichen wollen, müssen Sie die Art
zu denken ändern." – *Tim Drake & Chris Middleton*

„Einen neuen Schritt zu machen, ein neues Wort zu
äußern, das ist es, was die Menschen am meisten
fürchten." – *Fjodor Dostojewski*

Am Ende dieses Buches angelangt, haben wir eine große Zahl an
bewundernswerten Männern und Frauen hohen Alters kennengelernt. Vielleicht haben wir Lust bekommen, es ihnen nachzutun.
An dieser Stelle sollen somit einige der Grundgedanken zusam-
mengefasst werden, die sich aus den vielen Erfahrungsberichten
herauskristallisiert haben und von den aus meiner Sicht besten
Autoren zum Thema untermauert werden.

Eine der grundlegenden Ideen scheint mir persönlich die Unterscheidung zu sein, die Drake und Middleton aufzeigen zwischen
„young brain" und „old brain". Dabei geht es, wie mehrmals in
diesem Buch präzisiert, bei „young brain" nicht etwa um „junges
Gehirn" oder um „die Jugend", sondern um eine junge, sprich
lebendige Denkweise. Diese kann jeder erwerben und sie in jedem
Alter beibehalten – wenn er es will.
    Die mir zentral erscheinende Definition von Drake und Midd-
leton, die bereits an einigen Stellen in diesem Buch erwähnt

wurde, sei hier noch einmal, diesmal im Original, wiederholt: „Youth is a state of mind", sagen sie über den Begriff „Jugend". „It is about the quality of imagination, the vigour of emotions and the will to action. (Jugend ist ein Bewusstseinszustand. Es geht um den Wert von Vorstellungskraft, um die Kraft von Gefühlen und den Willen zum Handeln)."[450]

Drake und Middleton rufen dazu auf, sich zu fragen, wie viel wir uns von diesen Werten, von diesem inneren „Lebendigsein" bewahren, wenn wir älter werden. Man kann so jung sein und bleiben, wie man wünscht, sagen sie, vorausgesetzt man hat sich die rechte Denkweise zu eigen gemacht. Das Leben intensiv leben und erleben, es nach den eigenen Wünschen gestalten, Neuem gegenüber offen sein, Wandel wagen, handeln, wenn man handeln muss. Wir erkennen darin Menschen wieder, denen wir in diesem Buch begegnet sind: die 91-jährige Benoîte Groult, die ihre Leidenschaft bis ins hohe Alter lebt; die 80-jährige Nawal El Saadawi, die unermüdlich für den Wandel ihrer Gesellschaft kämpft; Sigmar Petry, der mit über 60 Jahren sein Leben umkrempelt; Ruth Flowers, die mit siebzig zur DJ für ein junges Publikum wird; Christian Gruhl, der auch mit 80 noch so viele Ideen hat, dass diese ihn nachts nicht schlafen lassen.

Flexibilität, Authentizität, Wagemut. Das alles klingt nach *Bewegung* im Leben. Vielleicht erkennen wir uns darin wieder und können uns auf ein spannendes, fröhliches Alter freuen. Andernfalls könnten wir uns fragen, ob das, was Drake und Middleton unsere *comfort zones* nennen, auf uns zutreffen könnte: festgefügte Einstellungen, Gewohnheiten und Wertvorstellungen, in denen man es sich, mit zunehmendem Alter, gemütlich eingerichtet hat. *Comfort zones*, so Drake und Middleton, das sind unsere Sicherheitszonen: man wisse, wie alles geht, habe recht, weil man alles kennt, lege Wert auf Autorität, glaube, dass Jugend nichts zu bieten hat. Ich persönlich finde den von Drake und Middleton verwendeten Begriff *comfort zones* äußerst treffend. Gleichzeitig sagt er viel aus über die Schwierigkeit, die damit verbunden sein kann, diese *comfort zones* in Frage zu stellen, denn: wer gibt schon gern Bequemes und Sicheres auf?

Warum aber soll es nötig sein, Gewohnheiten aufzugeben? Und kann es wirklich richtig sein, Einstellungen und Wertvorstellungen zu revidieren, mit denen man im Leben weit gekommen ist? Sehen wir uns dazu an, zu welchen Erkenntnissen wissenschaftliche Ermittlungen aus den USA gekommen sind, die zu definieren suchten, wann jemand als alt wahrgenommen wird oder wirklich „alt" ist (nicht im kalendarischen Sinn, sondern im Sinne von Stagnation). Ein Artikel mit dem Titel „Die Altersbremse" in der Zeitschrift Matrix 3000 lässt uns an diesen knapp zusammenge-fassten Erkenntnissen teilhaben.[451]

Danach ist man alt, wenn man:

- glaubt, alles gelernt zu haben, was für einen notwendig ist
- sich schon einmal dabei erwischt hat zu sagen „Dafür bin ich zu alt"
- man das Gefühl hat, dass im Morgen keine Hoffnung mehr liegt
- man keine Pläne für die Zukunft hat
- man sich nach den „guten alten Zeiten" zurücksehnt, die man für die besten hält
- man kein Interesse mehr an jugendlichen Späßen hat, sondern diese eher als verdrießlich empfindet
- einem das Reden lieber ist als das Zuhören
- man weder Freunden, Nachbarn noch der Gemeinschaft ge-genüber hilfsbereit ist
- man in Streitgesprächen nicht recht hat, aber recht haben will

Auch hier erinnern wir uns an einige der bewundernswerten Menschen aus diesem Buch: an Anna Harplin, die sich mit 91 Jahren nicht zu alt findet, um noch Performance zu tanzen; an Adriana Jannilli, die sich mit 93 Jahren für einen Kurs in Ar-beitsrechtsberatung einschreibt, nachdem sie bereits fünfzig Jahre als Arbeitsrechtsberaterin tätig war, einfach nur, „weil sie den Anschluss nicht verlieren will"; an Madeleine und François, die so sehr an das Morgen glauben, dass sie mit 94 und 95 Jahren heiraten; an Svetlana Geier, die nie sehnsuchtsvoll an ihre Jugend zurückdenkt; an George Dawson und sein Motto, das da lautet: ein kluger Mensch kann sich ändern, nur ein dummer bleibt immer gleich – die Lebenseinstellung eines Mannes, der das Lesen und Schreiben mit 98 Jahren lernte und mit 102 Jahren noch eine Hommage an das Leben schrieb mit seinem Buch *Life is so good.*

Wer trotzdem Zweifel daran hat, ob es gut ist, seine Einstellungen zu ändern, dem sei gesagt, dass uns in Zukunft nichts anderes übrig bleiben wird, als uns aus unseren Sicherheits- und Bequemlichkeitszonen herauszuwagen. In einer sich rasch wandelnden Zeit wie der unsrigen kann man sich immer weniger auf Stabilität verlassen, auf unsere warmen, behaglichen *comfort zones.* Globalisierung, rasante technologische Entwicklung, Wirtschafts- und Finanzkrisen, Ereignisse wie 9/11, Hurrikans, Erdbeben und Tsunamis – all das bringt wachsende Herausforderungen mit sich. Und diese Herausforderungen scheren sich in gar nichts um unser Alter. Je weniger wir darauf eingestellt sind, umso härter kann es uns treffen. Es ist insofern in unserem ureigensten Interesse, unsere *comfort zones* zu hinterfragen – und zwar ganz unabhängig davon, ob wir ein dynamisches Alter anstreben oder nicht.

Gewohnte Einstellungen zu hinterfragen, hat noch mehr Vorteile. Es gebe vier Hauptgründe für den Verfall in unserem Gehirn, sagt der Arzt und Psychotherapeut Vittorio Caprioglio: geistige Starrheit, eine nicht authentische Persönlichkeit, starke Selbstkontrolle und Gedankenmüll. Wenn man der Demenz und Alzheimer vorbeugen will, so Vittorio Caprioglio in seinem Artikel *Cervello sano a ogni età* (Gesundes Gehirn in jedem Alter), brauche es kein Gehirnjogging: es genüge, wenn man das Gehirn von dem befreit, was es verstopft.[452] Damit meint er die vier oben aufgeführten Gründe, von denen der erste uns schnurstracks zurückführt zu den Sicherheitszonen von Drake und Middleton. Geistige Starrheit, so Caprioglio, manifestiere sich unter anderem darin, dass man nie seine Ansichten ändere und immer über alles bestens Bescheid wisse.

Wie aber soll man von heute auf morgen Einstellungen über Bord werfen oder sich von Wertvorstellungen trennen, die einem liebgeworden sind? Das ist schließlich kein leichtes Unterfangen. Richtig. Das ist es nicht. Aber vielleicht kann uns die Grundüberzeugung der 85-jährigen Dramaturgin Christine Razum ermutigen, die sagt: „Finde heraus, was du nicht kannst und dann geh und tu es!"[453] Man muss nicht alles auf einmal tun, schließlich hat man endlos Zeit, bis man die 80, 90 oder 100 erreicht hat. Ein sanftes, schrittweises Vorgehen tut es also auch. Einstellungen und Wertvorstellungen haben viel mit Gewohnheit zu tun: man denkt und handelt immer in der gleichen Weise. Eine Änderung von starr gewordenen Ansichten kann somit über die Änderung von Gewohnheiten erreicht werden, sozusagen „über eine Hintertür". Bereits kleine, einfach zu realisierende Änderungen der Gewohnheiten können auf indirekte Weise große Wirkungen hervorbringen, wenn wir sie bewusst leben. Probieren wir es einmal aus, im Stammlokal etwas anderes zu bestellen als unser Lieblingsgericht, auf dem Weg zur Arbeit einen anderen Weg zu gehen als sonst oder im nächsten Urlaub Städte einmal kreuz und quer zu erkunden, anstatt den vorgefertigten Routen des Reiseführers zu folgen. Viele der in diesem Buch vorgestellten Menschen machen uns flexibles, spontanes Leben vor. Erinnern wir uns an die Berliner Unternehmerin Heidi Hetzer, die keine Lieblingslokale oder Lieblingsplätze hat, weil es „so viel Schönes und Interessantes und vor allem ständig Neues gebe", das sie erleben möchte. Offen und neugierig geht sie auf Menschen zu, auf alte Bekannte wie auch auf neue Bekanntschaften. Spontaneität selbst zu ihrem siebzigsten Geburtstag, bei dem sie sich in letzter Minute überlegt, was sie da wohl machen könnte: Strand oder Erdbeerfeld. Auch die 90-jährige spritzige Schriftstellerin Benoîte Groult liebt die Spontaneität, wäre sofort dabei, wenn ihr jemand vorschlagen würde, einfach mal am Wochenende irgendwohin zu fahren. Sie tut gerne mal „etwas Verrücktes" – die Maxime einer Frau, die das sogenannte „weise sein im Alter" nicht als Weisheit, sondern als Resignation betrachtet. Eine spontane Entscheidung dort, wo wir sonst nur planen, kann ein neuartiges Lebensgefühl vermitteln. Ein erstes neues Gesicht in unserem Bekanntenkreis kann Türen zu einer Änderung öffnen. Doch selbst eine so winzige Kleinigkeit wie die Geste von Hermann Pünder, dem Gast seinen eigenen Stammplatz anzubieten, trägt dazu bei, sich im Leben nicht zu „fixieren".

Wirklich offen sein (und im Alter bleiben) hat viel mit Risikobereitschaft zu tun. Authentizität und Wagnis liegen nicht weit auseinander, das sieht man bei Menschen wie Gisela Lauenroth, Ruth Flowers, Bertrand Russell, Anna Harplin. Wer authentisch ist, riskiert auch immer etwas. Denn nicht immer ist Authentizität in unserer Gesellschaft willkommen. Menschen mit junger Denkweise haben die Courage, sie selbst zu sein. Drake und Middleton nennen die Authentizität einen zentralen Wert im Leben von jungen Menschen. „Junge Denkweise ist weniger verseucht vom Wunsch, um jeden Preis zu gefallen. Menschen mit junger Denkweise sind spontaner und furchtloser, und sie nennen das Kind beim Namen."[454] Die 99-jährige Sœur Emmanuelle zeigt uns wie niemand sonst, was Authentizität und junge Denkweise im Alter bedeuten: sie, die sich als katholische Ordensschwester vom Papst wünschte, dass er Homosexualität akzeptiere und Geburtenkontrolle zulasse und die sich nicht scheute zu sagen, dass Muslime oft eine tiefere Gläubigkeit besäßen als Katholiken!

Man selbst sein, keine Rolle, kein Spiel spielen. Wie viel von dieser Authentizität und Courage verlieren wir im Lauf des Lebens? Werden wir nicht immer „angepasster", je älter wir werden? Auch hier die Erinnerung an das, was Vittorio Caprioglio über den Verfall unseres Gehirns sagt. Sie erinnern sich, der zweite Grund dafür war eine nicht authentische Persönlichkeit. Wir tragen tagein, tagaus Masken spazieren, so Caprioglio, und am Ende wissen wir gar nicht mehr, dass das nicht wir selbst sind. Das Gehirn aber leide darunter, dass es nicht frei sei, sagt er, und es baue ab. „Der wahre Feind unseres Gedächtnisses ist nicht das Alter", schreibt er. „Es ist der Stress und die psychophysische Müdigkeit, die uns befällt, wenn wir uns zu Tätigkeiten zwingen, die wir nicht gerne tun."[455]

Das erinnert uns an den roten Faden im Leben all jener, die wir in diesem Buch kennengelernt haben. Im Leben sei jeder, alt wie jung, dazu aufgefordert, Lebenszeit und Lebenswirklichkeit in Einklang zu bringen, schreibt Erich Renner in seinem Buch *Methusalems Weltreise*: „Es geht um das Formulieren und Beantworten der Sinnfrage. Wer oder was bin oder war ich bisher? Wer oder was werde ich als jemand Älteres sein? Das wichtigste und wohl wirkungsmächtigste Instrument, das in diesem Zusammenhang ins Spiel kommt, sehen Biografieforscher in Selbstdeutungen oder Selbstdefinitionen der Individuen. In ihnen spiegelt sich das Bild, das jemand von sich hat, an dem sich sein Handeln und Verhalten ausrichtet oder an dem er scheitern kann. Bei vielen Menschen treten Selbstbilder nicht ausdrücklich hervor, sie ‚blühen‘ im Verborgenen. Aber sie sind vorhanden, ob man will oder nicht."[456]

Je kohärenter der rote Faden im Leben verfolgt und im Alter beibehalten wird, umso glücklicher wird man das Alter erleben. Und das ist völlig unabhängig von Status oder von einer Wertigkeit, die andere dem verleihen, was wir tun. „Wenn ich noch einmal lebe, würde ich dasselbe wieder machen", sagte der 98-jährige Zirkusartist Konrad Thurano. Kann es eine schönere Aussage am Ende unseres Lebens geben als diese?

Der Sinn des eigenen Daseins hat auch viel damit zu tun, ob man daran glaubt, noch etwas verändern zu können. Drake und Middleton schreiben dazu: „Menschen mit altem Denken (old brains) glauben nicht länger daran, dass sie die kleinste Wirkung auf die Welt um sie herum haben können und kümmern sich mehr um ihren eigenen sozialen Status. Menschen mit jungem Denken (young brains) kämpfen bei jedem Schritt ihres Weges um das Recht, gehört zu werden, den Status quo in Frage zu stellen und die Welt zu verändern."[457]

Bertrand Russell und André Monod, was für wunderbare *young brains*: Bertrand Russell, der mit 89 Jahren ein Massen-Sit-In für den Frieden organisiert und André Monod, der mit 97 Jahren in einen dreitägigen Hungerstreik tritt, um für die Abschaffung der Atomwaffen zu demonstrieren! Aber auch jemand wie Wilhelm Simonsohn gehört zu den *young brains*, wenn er mit 90 Jahren an die Bundeskanzlerin schreibt, um die Nutzbarmachung von Sonnenenergie anzumahnen, damit wir unseren Globus nicht kaputtmachen.

Wenn wir es nun wagen wollten, uns selbst zu leben: wie gehen wir mit dem um, was uns von unserer Umwelt suggeriert wird? Die stereotypen Ideen und Handlungen der Umwelt bleiben ja bestehen, unabhängig davon, ob wir uns ändern oder nicht.

In der Tat wird uns das „Handicap Alter" von der Umwelt suggeriert. Doch erinnern wir uns an das, was Alexandre Jollien sagt, wenn er darauf hinweist, dass wir uns ein Handicap auch „zu eigen machen" können, wenn wir die Sichtweise der Umwelt übernehmen. Negative und vorbelastete Gedanken zum Alter werden uns suggeriert und aufgedrängt, aber wir übernehmen sie meist auch selbst: wir sind ja ständig davon umgeben, haben sie in jungen Jahren schon in uns aufgenommen. Diese Gedanken, die im Tenor mit „ja, man wird alt…" beginnen, sind gnadenlos mit uns. Sie programmieren uns, ohne dass wir es merken. Heraus kommt das, was die Harvardprofessorin Ellen Langer im Englischen *mindset* nennt: eine vorgefasste Denkweise, die zu allem nur eine einzige Sichtweise zulässt, in diesem Fall: das frühzeitig einsetzende, kontinuierlich beschränkende Alter. Wenn wir selbst unser Denken nicht dazu zwingen, Alternativen und andere Erklärungen zuzulassen, wird es uns, in puncto Alter, genau dahin bugsieren, wo wir gar nicht hin wollen, und das auch noch viel früher, als wir ahnen. Wir haben diesbezüglich also zwei Probleme: die Stereotype der Umwelt und die Gedanken in uns selbst.

Frank Schirrmacher hat dazu ein radikales „Rezept". „Ein Komplott gegen den Rassismus des Alterns beginnt also im Kopf", schreibt er. „Die Gesellschaft wird nur solche Ideologien aufgeben, die wir selbst in unseren Köpfen ausgestrichen haben. Eliminieren Sie in Ihrem Kopf den Gedanken, dass das Altern einzig ein sich steigernder Verfallsprozess ist. Bauen Sie Ihre Abwehr, Ihre Wut und Aggressivität gegen Stereotypen auf, die Sie mürbe machen."[458] Ich persönlich gehe absolut konform damit, dass wir die Gedanken des sich steigernden Verfallsprozesses in unserem Kopf eliminieren sollen. Bei der Wut und der Aggressivität, als Ratschlag, bin ich mir nicht mehr so sicher. Ich kann diese Gefühlsregung sehr gut nachempfinden, meine aber, dass Wut in der Begegnung mit unseren Mitmenschen selten Veränderung bewirkt. Insofern denke ich, dass es vermutlich wirksamer wäre, den Stereotypen, die andere an uns herantragen, durchaus offensiv, aber mit souveränem Selbstbewusstsein zu begegnen. Das wird man umso besser können, als man selbst keine dieser negativen, beschränkenden Gedanken in sich trägt. Damit kommen wir wieder zu uns selbst als Ausgangs- und Endpunkt zurück.

Was aber kann man tun, um sich davor zu bewahren, negative Gedanken aufzunehmen? Und wie wird man sie wieder los, wenn man sie schon verinnerlicht hat? Ich würde den Weg dorthin mit dem Bewusstsein zu gesunder Ernährung vergleichen, mit der Wachsamkeit, die so viele Menschen diesbezüglich schon entwickelt haben. Wie genau lesen wir oft Zutatenlisten und Nährwerttabellen auf Fertigpackungen, bevor wir uns zum Kauf und Verzehr entschließen. Wie wachsam sind wir doch, wenn es darum geht, möglichst fettarm zu essen, nicht zu viel Kaffee am Tag zu trinken, wenig Salz zu uns zu nehmen, keinen raffinierten Zucker mehr zu verwenden. Genau diese Wachsamkeit könnten wir auf unsere Gedankenwelt übertragen, ganz im Sinne von: „Welche Gedanken zum Alter nehme ich – im Laufe eines Tages, eines Jahres, ja meines Lebens – zu mir? Welchen ‚Nährwert‘ haben Gedanken über das Alter, die andere an mich herantragen? Welche ‚Schadstoffe‘ enthalten sie?" Sind es positive oder negative Gedanken, dienliche oder unnütze, selbstbestimmte oder fremdbestimmte? Betrachten wir negative Gedanken zum Alter als *junk food*, dessen Verzehr wir verweigern können! Es schafft Platz in unserem Hirn für andere, positivere Vorstellungen. Denn wie soll eine positive Sicht in uns greifen können, solange wir den alten Gedankenmüll mit uns herumtragen, den andere bewusst oder unbewusst über das Alter verbreiten? Auch hier passt das, was Vittorio Caprioglio uns sagt, perfekt dazu, so perfekt, dass ich in seinem Artikel sogar das gleiche Wort fand, das ich

vermeinte, neu kreiert zu haben: *pensieri spazzatura* – „Gedankenmüll". Zwar gibt er diesem Gedankenmüll, im Zusammenhang
mit seinem Artikel, einen anderen Inhalt (zwanghafte Gedanken,
emotionale Blockierungen, Grübeleien, vergangener Ballast...),
doch die Schlussfolgerung ist die gleiche: Gedankenmüll belastet
unser Gehirn.

Den Verzehr negativer Gedanken zu verweigern, mit denen
unser Umfeld uns so gerne füttern möchte, kommt in etwa dem
gleich, was Frank Schirrmacher in seiner plastisch-provokanten
Art so ausdrückt: „Orientieren Sie sich nicht an den älteren Herrschaften in Cafés und auf Kreuzfahrtschiffen! Das wäre ähnlich
absurd, als hätte sich der Hundertjährige Ernst Jünger im Jahr 1995
mit Ratschlägen seiner Großmutter aus dem Jahr 1898 versorgt."[459]

Es hat also auch damit zu tun, wem man glauben, wessen
Meinung man folgen will. Will man sich an der großen Masse
der Menschen und der scheinbaren „Realität" orientieren, auch
wenn diese uns beschränkende und negative Bilder liefern, oder
an dem, was wir selbst glauben und an positiven Beispielen, auch
wenn diese die Ausnahme darstellen.

Nun wird der eine oder sagen: *junk food* brauche ich nicht zu kaufen, aber die Gedanken, die kommen ungefragt, sind einfach da.
Wie kriege ich diese wieder aus dem Kopf heraus? Meine Antwort
darauf wäre: indem man zuerst versucht, negative Gedankenmus-
ter zu entlarven, um sie dann durch andere Gedanken zu ersetzen.
Negative Vorstellungen über das Alter, inklusive aller Stereotype,
sind Denkmuster. Als solche haben sie es an sich, relativ unauffällig
zu sein, auch weil sie oft so „einleuchtend", so gänzlich normal
erscheinen. Um stereotypes Denken zum Alter in unserem Kopf
aufzuspüren, bedarf es nahezu detektivischer Fähigkeiten. Nachdem wir die negativen, programmierenden Denkmuster entlarvt
haben (achten Sie dazu einfach nur mal auf all Ihre Bemerkungen
wie auch die Bemerkungen der Umwelt, die mit Alter zu tun haben...), können wir, in unserem alltäglichen Sprachgebrauch, mit
unserer persönlichen Korrekturarbeit beginnen. Jedes Mal, wenn
wir dabei sind, ein als „offensichtlich" erscheinendes Phänomen

des „Alterns" zu kommentieren, könnten wir unserem Denken Alternativen anbieten. In ein Beispiel gekleidet, könnten wir ein: „Mir tut alles weh. Aha, das Alter!" alternativ ergänzen durch: „An was könnte es denn sonst noch liegen?" Und wenn wir gerade dabei sind, unserer besten Freundin sagen zu wollen: „Was, in deinem Alter willst du noch...?", dann könnten wir ganz schnell bei uns selbst einhaken, bevor sich unser Mund auftut, und stattdessen sagen: „Warum nicht!"

Das tut nicht nur Ihnen selbst und denen gut, mit denen Sie unmittelbar zu tun haben. Es ist auch ein Mosaiksteinchen zu einer humaneren Welt. Wenn Sie diese Denkweise auf jene anwenden, die heute schon alt sind, besonders jene, an deren Fähigkeiten oder an deren Rehabilitation niemand mehr glaubt, eben weil sie „alt" sind und „sich im Alter sowieso nichts mehr ändern kann", bringen Sie diesen alten Menschen Respekt entgegen, schenken ihnen Hoffnung und bewirken damit viel Gutes in unserer Gesellschaft. Denn unsere Gesellschaft ist so stolz darauf, Pflege immer besser zu organisieren, der Mensch als solcher aber geht darin oft unter.

Auch an andere denken und nicht nur sein Leben um sich selbst kreisen lassen, das war auch der Appell einer Reihe von Personen, die für dieses Buch interviewt wurden. Phyllis Self, Friedrich Thimm, Hermann Pünder, Jürgen Schönfeld, Walter Robotti – sie alle haben oder hatten auch den Anderen im Blick: den Angestellten als Menschen, den Notleidenden, den alten Patienten, den Arbeitskollegen, die talentierte Ehefrau.

Wie wir sehen konnten, lohnt es sich, mit seinen Einstellungen und Meinungen flexibel zu bleiben, Gewohnheiten zu hinterfragen und Gedanken in Schach zu halten. Es lohnt sich nicht nur in Bezug auf ein intensiv gelebtes Alter. Wie der Arzt und Psychotherapeut Vittorio Caprioglio uns aufzeigt, sind dies auch äußerst wirksame Methoden, um unser Gehirn gesund und leistungsfähig zu erhalten. Zum Abschluss möchte ich deshalb ein sehr schönes, eingängiges Bild bringen, das uns diesen Zusammenhang noch einmal verdeutlicht. Vittorio Caprioglio verwendet es, um uns – auf andere Weise als die gängige Naturwissenschaft – zu erklären, wie viel unser „sonstiges" Leben mit dem Funktionieren unseres Gehirns zu tun hat. Wenn das Gehirn auf schlechte Weise alt werde und abbaue oder gar erkranke, so erklärt Caprioglio, liege dies daran, dass es sich nicht entwickeln kann, weil wir es blockieren und es auf einem status quo-Zustand fixieren. Er bringt dazu den Vergleich mit einer Quelle, die einen Fluss speist. Von Geburt an, über die Jugend und das ganze Leben bis hin zum Alter, sei das Gehirn eine Quelle, die nie aufhört damit, uns aufzubauen und wieder zu erschaffen, und zwar in einer Weise, die ein uns ganz eigenes „ursprüngliches Projekt" widerspiegelt: unser Bild, das sich entwickelt und mit der Zeit verändert, indem es sich aber stets selbst treu bleibe. Stellen wir uns vor, fährt er fort, dass wir diese Quelle mit Müll verstopfen: fixe Ideen, emotionale Blockaden, Selbstanklagen, Groll, Fiktionen, die wir über die Jahre hinweg aufrechterhalten, starr gewordene Überzeugungen. „Wenn das Gehirn, so wie eine verstopfte Quelle, voll ist mit unnützen Gedanken, entwickelt es sich nicht mehr, blockiert sich und beginnt rasch zu verfallen", schreibt er. „Da sich wiederholende Gedanken ihm immer und immer wieder dieselben nervlichen Abläufe aufzwingen, reduziert es sich auf ein Minimum, verkalkt, reift nicht und verwelkt. Naja, es altert eben auf schlechte Weise."[460]

Die Möglichkeiten, dem Altern unseres Gehirns wie auch dem Altern von uns selbst als Person entgegenzuwirken, sind schier endlos. Das hoffe ich in diesem Buch wenigstens annähernd aufgezeigt zu haben. Man ist weder auf eine bestimmte Methode noch auf eine bestimmte Quantität festgeschrieben. Das Wichtige scheint doch zu sein, das nach innen weisende Grundprinzip zu verinnerlichen und irgendwo anzufangen. Spirituell orientierte Menschen sagen, dass unsere Seele danach hungert, sich zu verwirklichen. Nun haben wir von einem Naturwissenschaftler gehört, dass auch unser Gehirn danach hungert. Dieses reagiert auf die kleinsten Impulse, also auch auf die kleinsten Veränderungen. Eine phantastische Nachricht, so meine ich. Es bedeutet, dass Sie eine Entwicklung zu einem positiv und voll gelebten Alter schon mit Kleinigkeiten in Gang setzen können, zum Beispiel damit, einmal Rot statt immer nur Blau zu tragen oder ein Buch in die Hand zu nehmen, von dem Sie immer der Meinung waren, dass genau dieses Thema Sie absolut nicht interessiert. Und Sie können auf jeden Fall dem Rat folgen, den Oleg Popow, der 80-jährige Clown, uns gegeben hat. Was er uns rät, ist einfach zu verwirklichen, kostet nichts, hat enorme positive Effekte und macht obendrein Spaß: „Ein Leben mit Humor und einer positiven Lebenseinstellung trägt sicher zu einem langen Leben bei."

Anmerkungen und Zitathinweise

1   Jean-François Duval: Les excentrés, in: Philosophie Magazine, Dossier: Et vous, êtes-vous normal?, No.47, Mars 2011, S. 56

2   Robert Bosch Stiftung (Hg.): Altersbilder von Journalisten, Studie des Allensbacher Instituts für Demoskopie, in der Reihe „Alter und Demographie", 2009, S. 27 – danach erklärten 53% der Befragten, Alter spontan mit negativen Erwartungen, Ängsten, Befürchtungen zu verbinden.

3   ebenda, S. 14

4   Schirrmacher, Frank: Das Methusalem-Komplott, Wilhelm Heyne Verlag, München, 2. Auflage, TB II/2005, S. 90

5   Caputo, Iaia: Le donne non invecchiano mai, Feltrinelli Milano 2009, S. 19

6   So z.B. P.B. Baltes in: Filipp, Sigrun-Heide & Mayer, Anne-Kathrin: Bilder des Alters – Altersstereotype und die Beziehungen zwischen den Generationen, Verlag W. Kohlhammer, Stuttgart 1999, S. 64; die Gerontologin Bärbel Schwalbe in: Zeitlupe – Für Menschen mit Lebenserfahrung, Nr. 7-8/2009 (Schweiz)

7   http://www.kino-zeit.de/filme/trailer/herbstgold

8   Liam Parsons: Ruth Frith is the world's oldest competing athlete, 5.9.2011 http://www.couriermail.com.au/questnews/south/ruth-frith-is-the-worlds-oldest-competing-athlete/story-fn8m0tyy-1226129694997

9   http://sport.t-online.de/70-jaehriger-japaner-qualifiziert-sich-fuer-olympia-/id_54504652/index, 4.3.2012

10   Kollewe, Carolin & Jahnke, Karsten (Hg.): FaltenReich – Vom Älterwerden in der Welt, Begleitbuch zur Sonderausstellung im GRASSI Museum für Völkerkunde zu Leipzig, 2009, S. 176

11   Labes, Andreas & Schreiber, Stefan: 100 Jahre Leben – Porträts und Einsichten, Deutsche Verlags-Anstalt München 2010, S. 134

12   ebenda, S. 20

13   S. Jay Olshansky, Leonard Hayflick und Bruce A. Carnes: Die Mär vom Jungbrunnen, in: Spektrum der Wissenschaft Dossier 4/08, S. 12 – in einem Essay gegen die Anti-Aging-Industrie. Nach wissenschaftlichen Erkenntnissen ließe sich „die natürliche Alterung durch kein derzeit angepriesenes Mittel aufhalten", so der Untertitel des Essays.

14   Annette Bieber: Anti-Aging auf Japanisch, in: Senioren Ratgeber 10/2011, S. 26

15   Seggelke, Ute Karen: Wir haben viel erlebt! – Jahrhundertfrauen erzählen aus ihrem Leben, Elisabeth Sandmann Verlag, München, 3. Auflage, S. 125

16   Yurnaldi: Inyiak, 104 ans, maître du silat, in: Courrier International N. 712, 2004, S. 44

17   Schirrmacher, Frank: Das Methusalem-Komplott, Wilhelm Heyne Verlag, München, 2. Auflage, TB II/2005, S. 176

18   Rita Levi Montalcini: Ich bin ein Baum mit vielen Ästen – Das Alter als Chance, Piper Verlag, München, 2. Auflage, S. 58

19   „Ausgangspunkt für die Vermutung, dass das Gehirn gebrauchsabhängig funktioniert, ist die Tatsache, dass es dort quasi Landkarten gibt, auf denen bestimmte Körperteile repräsentiert sind", erläutert so zum Beispiel der Privatdozent Hubert Dinse vom Institut für Neuroinformatik an der Ruhr-Universität Bochum. Schränke beispielsweise ein Gipsverband oder eine chronische Gelenkentzündung die Bewegungsfähigkeit ein, so werde die Gehirnregion, welche die Impulse aus diesem Körperteil verarbeitet, weniger genutzt und verkümmere. Werde die Wahrnehmungsfähigkeit geschult, könne diese Entwicklung gestoppt werden.

20   Julia Koch: Für ältere Semester, in: Spiegel special, Jung im Kopf, 8/2006, S. 94

21   Alexander Smoltczyk: Italiens Oma cum laude, Spiegel Online 20.12.2009

22   Spiegel Online 26.4.2005

23   Spiegel Online 28.2.2007

24   Spiegel Online 24.6.2009

25   Spiegel Online 11.10.2006

26   Hanne Schweitzer: http://www.altersdiskriminierung.de/themen/artikel. php?id=1588&search=new south wales&searchin=6

27   Hanne Huntemann: Und plötzlich war ich 100 – Geheimnis eines langen Lebens, ZDF 37°, 26.10.2008

28   Spiegel Online 17.8.2009

29   Spiegel Online 30.5.2003

30   Spiegel Online 17.6.2006

31   Spiegel Online 24.1.2007

32   Nach eigenen Angaben 104 Jahre, ob er 1906 oder 1913 geboren wurde, ist etwas umstritten

33   Schirrmacher, Frank: Das Methusalem-Komplott, Wilhelm Heyne Verlag, München, 2. Auflage, TB II/2005, S. 101

34   Janko Tietz: Unternehmen Jugendwahn, in: Spiegel special, Jung im Kopf, 8/2006, S. 86

35   Sebastian Ramspeck: Grauer Markt, in: Spiegel special, Jung im Kopf, 8/2006, S. 97

36   Dieter Otten: Die 50+ Studie – Wie die jungen Alten die Gesellschaft revolutionieren, Rowohlt Taschenbuch Verlag, Hamburg 2008, S. 97

37   Hanne Huntemann: Und plötzlich war ich 100 – Geheimnis eines langen Lebens, ZDF 37°, 26.10.2008

38   Norbert Pötzl: Handeln statt jammern, in: Spiegel special, Jung im Kopf, 8/2006, S. 20

39   Jens Grandt: Fähigkeiten? Ach, man muss es machen!, in: Neues Deutschland, 20./21.Februar 2010, S. 19
40   Schäfer, Bärbel & Schuck, Monika: Die besten Jahre, Frauen erzählen vom Älterwerden, Aufbau Verlag, Aufbau Taschenbuch, Berlin, 1. Auflage, 2009, S. 157
41   Seggelke, Ute Karen: Wir haben viel erlebt! – Jahrhundertfrauen erzählen aus ihrem Leben, Elisabeth Sandmann Verlag, München, 3. Auflage, S. 77, 79
42   MDR Sachsen-Anhalt: Wir werden noch gebraucht – Die Alten packen's an, Redaktion: Tom Kühne, 24.4.2010, 27.7.2010
43   Susanne Gerlach: Im Dienst von Nadel und Faden, in: Brigitte Woman 08/08, S. 113
44   www.thesun.co.uk, Alastair Taylor: I'm 102 – see me on Facebook, 15.8.2008
45   www.thesun.co.uk, Harry Haydon, 15.5.2009
46   Del Coso, Francine & Meyer, Catherine (Hg.): Oui, je sais qu'un bonhomme a marché sur la lune (mais c'est quand même très vague...), Editions d'en bas, Lausanne 2009, S. 285
47   Senioren Ratgeber 3/2010, S. 7
48   Video Reuters, 5.1.2012, http://videos.t-online.de/71-jaehrige-arbeitet-als-djane/id_52925048/index
49   Barbara Czermak: 60 – so jung!, in: Die Bunte 29/2009, S. 73
50   Haaf, Meredith: heult doch, Piper Verlag, München, 2. Auflage, 2011, S. 21
51   http://www.stern.de/digital/online/mar237a-amelia-l243pez-aelteste-bloggerin-der-welt-ist-tot-701579.html, 23.5.2009
52   http://computer.t-online.de/popstar-peter-andre-war-einer-von-ivy-beans-lesern-bild-twitter-/id_42391142/index, 28.7.2010
53   http://en.wikipedia.org/wiki/Olive_Riley
54   Labes, Andreas & Schreiber, Stefan: 100 Jahre Leben – Porträts und Einsichten, Deutsche Verlags-Anstalt München 2010, S. 128
55   Jasmin Lörchner: Der Tüftler, dem die Firmen vertrauen, http://wirtschaft.t-online.de/cleverer-erfinder-der-tueftler-dem-die-firmen-vertrauen/id_47704434/index, 92.7.2010
56   http://blog.innocentive.com/2008/08/20/ed-melcarek/
57   Karen Springen and Sam Seibert: Artful Aging, in: Newsweek Magazine, 16.1.2005, S. 45
58   Astrid Weidauer: Beruf: Weiblicher Komponist, in: Berliner Morgenpost Feuilleton, 10.3.1999
59   Hanne Huntemann: Und plötzlich war ich 100 – Geheimnis eines langen Lebens, ZDF 37°, 26.10.2008
60   Schirrmacher, Frank: Das Methusalem-Komplott, Wilhelm Heyne Verlag, München, 2. Auflage, TB II/2005, S. 202

61 Olivier Lalanne: Giorgio Armani – GÉANTS, in: Vogue – Hommes International, Hors Série *La force de l'âge*, Automne-Hiver 2010-2011, S. 195

62 Joachim Mohr: Die Vertreibung der Weisen, in: Spiegel special, Jung im Kopf, 8/2006, S. 92. Unterstrichen wird diese Aussage noch durch ein darauf folgendes Zitat, wonach jemand, der 50 geworden sei und seine Schüler noch verstehe, schlechte Schüler habe. Das ist in meinen Augen, über das Thema Alter hinaus, ein seltsames Verständnis von Pädagogik.

63 http://de.wikipedia.org/wiki/Edward_de_Bono

64 Rita Levi Montalcini: Ich bin ein Baum mit vielen Ästen – Das Alter als Chance, Piper Verlag, München, 2. Auflage, S. 79 ff.

65 ebenda, S. 79

66 ebenda, S. 87

67 Cameron, Julia: Der Weg des Künstlers, Th. Knaur München 1996

68 Seggelke, Ute Karen: Wir haben viel erlebt! – Jahrhundertfrauen erzählen aus ihrem Leben, Elisabeth Sandmann Verlag, München, 3. Auflage

69 http://de.wikipedia.org/wiki/Martha_Graham

70 http://de.wikipedia.org/wiki/Tango_Argentino

71 José Maria Otero: Carmencita Calderón, http://www.todotango.com/english/creadores/ccalderon.asp, aus: GILDA, Mujeres en el tango, 2002

72 Senioren Ratgeber 6/2006, S. 73

73 http://www.gesundsein.com/sct/Vorsorge/34/

74 Franck, Frederick: Zen in der Kunst des Sehens, Ariston München 1999, S. 97

75 Breath made visible, Film von Ruedi Gerber, DVD, 2009

76 http://www.mopo.de/news/models-oma-models-ueberzeugen-auf-dem-laufsteg,5066732,5213920.html

77 http://www.sueddeutsche.de/leben/modemesse-madrid-oma-ist-die-schoenste-1.1002921

78 Julia Bonstein, Kuno Kruse: Abschied vom Jugendwahn, in: Der Stern 41/2004, S. 36

79 Petra Dachs: Ein Model-Job – das ist der Clou, in: VdK Zeitung Bayern, September 2006, S. 19

80 Kollewe, Carolin & Jahnke, Karsten (Hg.): FaltenReich – Vom Älterwerden in der Welt, Museum für Völkerkunde zu Leipzig, 2009, S. 178

81 Nataly Bleuel, Lisa Stocker: Lust auf Sex – oder eher nicht?, in Brigitte Woman 08/08, S. 33

82 Müller, Anja: Sechzig +, Erotische Fotografien, Konkursbuch Verlag Claudia Gehrke, Tübingen

83 http://unterhaltung.t-online.de/tom-jones-und-sein-sohn-wer-sieht-aelter-aus-/id_42399892/index

84 Schäfer, Bärbel & Schuck, Monika: Die besten Jahre, Frauen erzählen vom Älterwerden, Aufbau Verlag, Aufbau Taschenbuch, Berlin, 1. Auflage, 2009, S. 174

85 Isabella Mayer: A 80 anni fuggono per amore, in: Gente, Nr. 37, 2002

86   Christiane von Korff: Freiheit, Gleichheit, Treue, in: Brigitte Woman 08/08, S. 47
87   Senioren-Ratgeber 6/2006, S. 8
88   Barbara Czermak: 60 – so jung!, in: Die Bunte 29/2009, S. 74
89   http://de.wikipedia.org/wiki/Wolke_9
90   Bärbel Schierling: Dritter Frühling im Herbst des Lebens, in: Pforzheimer Zeitung, 23.12.2011, S. 23
91   Schäfer, Bärbel & Schuck, Monika: Die besten Jahre, Frauen erzählen vom Älterwerden, Aufbau Verlag, Aufbau Taschenbuch, Berlin, 1. Auflage, 2009, S. 71
92   http://fr.wikipedia.org/wiki/Th%C3%A9odore_Monod
93   Video YouTube Newsweek 2.2.2011 http://www.youtube.com/watch?v=ZM1scxpmbWQ
94   Doris Weber: Wir könnten diese Welt verändern, in: Publik-Forum 24/2000, S. 48
95   MDR Sachsen-Anhalt: Wir werden noch gebraucht – Die Alten packen's an, Redaktion: Tom Kühne, 27.7.2010
96   Meldung in „Die Aktuelle“, leider ist die genaue Quellenangabe nicht mehr eruierbar.
97   www.thesun.co.uk: Gran, 94, drops off 70th building, 22.4.2008
98   BBC, http://news.bbc.co.uk/2/hi/uk_news/england/hampshire/8065370.stm, 23.5.2009
99   http://www.youtube.com/watch?v=HUTNkEAPmzQ
100 http://www.worldrecordsacademy.org/stunts/oldest_person_to_abseil_world_record_set_by_Doris_Long_101720.htm
101 http://www.prideofbritain.com/contentpages/winners/2009/doris-long.aspx
102 http://www.myspace.com/ruthflowers, youtube: Granny DJ rocks Paris Clubs by CBS
103 http://www.myspace.com/ruthflowers
104 ebenda: youtube, Behind the decks n.2
105 Elke Bodderas: Der Mann, der aus dem Himmel springt, in: Welt Online, 27.5.2008, http://www.welt.de/vermischtes/article2038858/Der_Mann_der_aus_dem_Himmel_springt.html
106 http://unterhaltung.t-online.de/-supertalent-omi-80-arbeitete-bei-telefon-sex-hotline/id_50955346/index, 27.10.2011
107 Maxi Leinkauf: „Finden Sie String-Tangas bequem?“ Der Tagesspiegel, 7.5.2007 http://www.tagesspiegel.de/zeitung/finden-sie-string-tangas-bequem/843242.html
108 http://nachrichten.t-online.de/105-jaehrige-wird-amerikanerin/id_14300424/index, 26.10.2006
109 Nadja Klinger: Die Autokratin, 3.1.2007; http://www.tagesspiegel.de/zeitung/die-autokratin/793506.html
110 ebenda

111 Philipp Kohl: Mit Heidi Hetzer durch 125 Jahre Auto, http://www.bz-berlin.de/kultur/mit-heidi-hetzer-durch-125-jahre-auto-article1192109.html
112 Christiane von Korff: Freiheit, Gleichheit, Treue, in: Brigitte Woman 08/08, S. 48
113 Tanya Lieske: Salzt nach, in: Die Zeit online, 20.3.2007, http://www.zeit.de/2007/13/L-Groult
114 L'Express, 1.10.2008: http://www.lexpress.fr/actualite/societe/Benoîte-groult-mon-secret-de-jouvence-l-independance_579967.html?p=2
115 Rita Levi Montalcini: Ich bin ein Baum mit vielen Ästen – Das Alter als Chance, Piper Verlag, München, 2. Auflage, S. 58
116 ebenda S. 159
117 Gerd Kröncke: Die „Mutter der Müllmenschen", 20.10.2008 http://www.sueddeutsche.de/panorama/schwester-emmanuelle-tot-die-mutter-der-muellmenschen-1.528854
118 Sœur Emmanuelle: J'ai 100 ans et je voudrais vous dire..., Plon, Paris 2008, S. 96
119 ebenda, S. 76-77
120 ebenda, S. 96, 104
121 ebenda, S. 25,19
122 Julia Bonstein, Kuno Kruse: Abschied vom Jugendwahn, in: Der Stern 41/2004, S. 35
123 Otten, Dieter: Die 50+ Studie – Wie die jungen Alten die Gesellschaft revolutionieren, Rowohlt Taschenbuch Verlag, Hamburg 2008, S. 251
124 Julia Bonstein, Kuno Kruse: Abschied vom Jugendwahn, in: Der Stern 41/2004, S. 36
125 Tanja Rest: Gesichter mit Geschichten, http://www.sueddeutsche.de/muenchen/weisshaarige-models-gesichter-mit-geschichten-1.859382-2, 17.3.2005
126 Bruns, Petra und Werner & Böhme, Rainer: Die Altersrevolution – Wie wir in Zukunft alt werden, Aufbau Verlagsgruppe, Berlin, 1. Auflage 2007, S. 13
127 ebenda, S. 139
128 ebenda, S. 138
129 Schirrmacher, Frank: Das Methusalem-Komplott, Wilhelm Heyne Verlag, München, 2. Auflage, TB II/2005, S. 27
130 Robert Bosch Stiftung (Hg.): Altersbilder von Journalisten, Studie des Allensbacher Instituts für Demoskopie, in der Reihe „Alter und Demographie", 2009, S. 14
131 Ergebnisse des Beschwerdetages zu finden auf: http://www.altersdiskriminierung.de/ueberuns/ueberuns.php?id=beschwerdetag
132 Filipp, Sigrun-Heide & Mayer, Anne-Kathrin: Bilder des Alters – Altersstereotype und die Beziehungen zwischen den Generationen, Verlag W. Kohlhammer, Stuttgart 1999 – Das äußerst gründliche wissenschaftliche Werk von Filipp und Mayer hat sich den Altersstereotypen und den

Beziehungen zwischen den Generationen gewidmet. Damit sei, erstmals für den deutschen Sprachraum, der Versuch unternommen worden, die verhaltenswissenschaftliche Forschung nach Bildern des Alters zu durchleuchten, so die Autorinnen. Sie haben dazu Hunderte von Untersuchungen, Studien, Büchern und Fachartikeln ausgewertet; die Bibliographie des Buches allein umfasst 35 Seiten. Man kann also davon ausgehen, dass dies ein Standardwerk zu Altersbildern ist.

133 ebenda, S. 64

134 ebenda, S. 124

135 ebenda, S. 75

136 Jaeggi, Eva: Tritt einen Schritt zurück und du siehst mehr – Gelassen älter werden, Verlag Herder, Freiburg, 2. Auflage, 2009, S. 62

137 Seggelke, Ute Karen: Wir haben viel erlebt! – Jahrhundertfrauen erzählen aus ihrem Leben, Elisabeth Sandmann Verlag, München, 3. Auflage, S. 53

138 Norbert Pötzl: Handeln statt Jammern, in: Spiegel Special, 8/2006, Jung im Kopf, Die Chancen der alternden Gesellschaft, S. 18

139 Filipp, Sigrun-Heide & Mayer, Anne-Kathrin: Bilder des Alters – Altersstereotype und die Beziehungen zwischen den Generationen, Verlag W. Kohlhammer, Stuttgart 1999, S. 192

140 ebenda S. 119

141 ebenda S. 192, 196

142 http://www.zuhause.de/ueberraschende-nachbarschafts-studie-wer-sind-die-besten-nachbarn-/id_53682422/index, 1.2.2012

143 ebenda

144 Filipp, Sigrun-Heide & Mayer, Anne-Kathrin: Bilder des Alters – Altersstereotype und die Beziehungen zwischen den Generationen, Verlag W. Kohlhammer, Stuttgart 1999, S. 164

145 ebenda S. 198

146 Del Coso, Francine & Meyer, Catherine (Hg.): Oui, je sais qu'un bonhomme a marché sur la lune (mais c'est quand même très vague...), Editions d'en bas, Lausanne 2009, S. 290

147 Filipp, Sigrun-Heide & Mayer, Anne-Kathrin: Bilder des Alters – Altersstereotype und die Beziehungen zwischen den Generationen, Verlag W. Kohlhammer, Stuttgart 1999, S. 201

148 Scortegagna, Renzo: Invecchiare, il mulino Bologna 2005, S. 90-91

149 Rahn-Huber, Ulla: So werden Sie 100 Jahre – Das Geheimnis von Okinawa, mvg Verlag, München, 1. Auflage 2009, S. 126

150 Del Coso, Francine & Meyer, Catherine (Hg.): Oui, je sais qu'un bonhomme a marché sur la lune (mais c'est quand même très vague...), Editions d'en bas, Lausanne 2009, S. 290

151 Langer, Ellen J.: Counterclockwise, Mindful Health and the Power of Possibility, Hodder & Stoughton, London 2010, S. 159

152 Hermann Hesse: Mit der Reife wird man immer jünger, Hg. Volker Mi-
     chels, Suhrkamp Frankfurt a.M., 1. Auflage 2003, (Rückverwandlung)
     S. 111
153 Vittorio Caprioglio: Cervello sano a ogni età, in der Zeitschrift: RIZA
     psicosomatica, Februar 2012, S. 60
154 Filipp, Sigrun-Heide & Mayer, Anne-Kathrin: Bilder des Alters – Alters-
     stereotype und die Beziehungen zwischen den Generationen, Verlag W.
     Kohlhammer, Stuttgart 1999, S. 39
155 Badey-Rodriguez, Claudine & Vonk, Ritje: Wenn alte Eltern schwierig
     werden, Patmos Verlag, Düsseldorf 2007, S. 31
156 Das Wörterbuch bietet hierfür an: schräg, quer, voreingenommen, befan-
     gen
157 Jaeggi, Eva: Tritt einen Schritt zurück und du siehst mehr – Gelassen älter
     werden, Verlag Herder, Freiburg, 2. Auflage, 2009, S. 11
158 ebenda, S. 133
159 ebenda, S. 71
160 Otten, Dieter: Die 50+ Studie – Wie die jungen Alten die Gesellschaft
     revolutionieren, Rowohlt Taschenbuch Verlag, Hamburg 2008, S. 129
161 Richter, Ursula: Einen jüngeren Mann lieben, Kreuz Verlag Stuttgart
     1989, S. 18; 77
162 http://www.cinema.de/film/diese-liebe,1330944.html
163 Mehr zur Biografie von Marguerite Duras: Jasmin Carow: Biografie:
     Marguerite Duras, 3.5.2005 http://www.versalia.de/Biographie.Duras_
     Marguerite.23.html
164 Renner, Erich: Methusalems Weltreise – Vom Alter hier und anderswo,
     Edition Trickster im Peter Hammer Verlag, Wuppertal 2007, S. 117
165 ebenda, S. 133
166 Jaeggi, Eva: Tritt einen Schritt zurück und du siehst mehr – Gelassen älter
     werden, Verlag Herder, Freiburg, 2. Auflage, 2009, S. 30
167 ebenda
168 ebenda, S. 30-31
169 ebenda, S. 96
170 Otten, Dieter: Die 50+ Studie – Wie die jungen Alten die Gesellschaft
     revolutionieren, Rowohlt Taschenbuch Verlag, Hamburg 2008, S. 149
171 Bode, Sabine: Wir Alten, Patmos Verlag, Düsseldorf 2008, S. 216
172 Jahrgangsgruppe
173 Otten, Dieter: Die 50+ Studie – Wie die jungen Alten die Gesellschaft
     revolutionieren, Rowohlt Taschenbuch Verlag, Hamburg 2008, S. 62
174 Haaf, Meredith: heult doch, Piper Verlag, München, 2. Auflage, 2011,
     S. 27
175 Spiegel Online, 20.12.2006
176 Annette Bieber: Anti-Aging auf Japanisch, in: Senioren Ratgeber
     10/2011, S.30

177 René Gralla: Rollen statt Pillen – (k)eine Münchhausengeschichte, in: Neues Deutschland, 2./3.Oktober 2010, W13

178 Paul Ziegler: Das ist lustig mit den Omis und Opis, in: Fränkischer Tag, 15.12.2010, Franken 3

179 Drake, Tim & Middleton, Chris: You can be as young as you think – Six steps to staying younger and feeling sharper, Pearson Education Limited, Harlow 2009, S. 113

180 Maria Holzmüller: Jungen Männern renne ich hinterher, Süddeutsche Online, 23.12.2009

181 Filipp, Sigrun-Heide & Mayer, Anne-Kathrin: Bilder des Alters – Altersstereotype und die Beziehungen zwischen den Generationen, Verlag W. Kohlhammer, Stuttgart 1999, S. 16

182 Schirrmacher, Frank: Das Methusalem-Komplott, Wilhelm Heyne Verlag, München, 2. Auflage, TB II/2005, S. 194

183 Otten, Dieter: Die 50+ Studie – Wie die jungen Alten die Gesellschaft revolutionieren, Rowohlt Taschenbuch Verlag, Hamburg 2008, S. 68

184 Renner, Erich: Methusalems Weltreise – Vom Alter hier und anderswo, Edition Trickster im Peter Hammer Verlag, Wuppertal 2007, S. 27

185 http://fr.wikipedia.org/wiki/Claude_L%C3%A9vi-Strauss

186 Hermann Hesse: Mit der Reife wird man immer jünger, Hg. Volker Michels, Suhrkamp Frankfurt a.M. 2003, S. 189

187 Interview mit Andreas Dresen, Beilage zur DVD des Filmes *Wolke 9*, S. 8, Daniel Sander, KulturSpiegel

188 Badey-Rodriguez, Claudine & Vonk, Ritje: Wenn alte Eltern schwierig werden, Patmos Verlag Düsseldorf 2007, S. 37

189 Bode, Sabine: Wir Alten, Patmos Verlag, Düsseldorf 2008, S. 14

190 Dammann, Rüdiger & Gronemeyer, Reimer: Ist Altern eine Krankheit? – Wie wir die gesellschaftlichen Herausforderungen der Demenz bewältigen, Campus Verlag, Frankfurt a.M. 2009, S. 32

191 ebenda, S. 37

192 Bode, Sabine: Wir Alten, Patmos Verlag, Düsseldorf 2008, S. 214

193 ebenda, S. 13

194 ebenda, S. 14

195 Scortegagna, Renzo: Invecchiare, il mulino Bologna 2005, S. 7

196 Robert Bosch Stiftung (Hg.): Altersbilder von Journalisten, Studie des Allensbacher Instituts für Demoskopie, in der Reihe „Alter und Demographie", 2009, S. 14

197 Schäfer, Bärbel & Schuck, Monika: Die besten Jahre – Frauen erzählen vom Älterwerden, Aufbau Taschenbuch, Berlin, 1. Auflage, 2009, S. 43

198 Filipp, Sigrun-Heide & Mayer, Anne-Kathrin: Bilder des Alters – Altersstereotype und die Beziehungen zwischen den Generationen, Verlag W. Kohlhammer, Stuttgart 1999, S. 221

199 ebenda, S. 221

200 ebenda, S. 221

201 http://www.bundesregierung.de/Content/DE/Magazine/MagazinSozia-lesFamilieBildung/063/sd-differenziertes-altenbild-in-den-medien.html
202 Robert Bosch Stiftung (Hg.): Altersbilder von Journalisten, Studie des Allensbacher Instituts für Demoskopie, in der Reihe „Alter und Demographie", 2009, S. 42
203 Barbara Dribbusch: Die Uschi-Glas-Gesellschaft, die tageszeitung, 16./17.Februar 2002
204 BD: Haut und Träume, die tageszeitung, 12./13.Juli 2003
205 taz.die tageszeitung, 25./26.2.2012, S. 18
206 Dammann, Rüdiger & Gronemeyer, Reimer: Ist Altern eine Krankheit? – Wie wir die gesellschaftlichen Herausforderungen der Demenz bewältigen, Campus Verlag, Frankfurt a.M. 2009, S. 35
207 Filipp, Sigrun-Heide & Mayer, Anne-Kathrin: Bilder des Alters – Altersstereotype und die Beziehungen zwischen den Generationen, Verlag W. Kohlhammer, Stuttgart 1999, S. 227
208 ebenda, S. 225
209 http://www.bundesregierung.de/Content/DE/Magazine/MagazinSozia-lesFamilieBildung/063/sd-differenziertes-altenbild-in-den-medien.html
210 Andreas Dresen in: „Produktionsnotizen", Beilage zur DVD des Filmes *Wolke 9*, S. 4, Daniel Sander, KulturSpiegel
211 Aus: „Nacktszenen", Beilage zur DVD des Filmes *Wolke 9*, S. 6, Daniel Sander, KulturSpiegel
212 Jan Tenhaven über seinen Film, Werbeflyer zum Film „Herbstgold"
213 Del Coso, Francine & Meyer, Catherine (Hg.): Oui, je sais qu'un bonhomme a marché sur la lune (mais c'est quand même très vague...), Editions d'en bas, Lausanne 2009
214 Filipp, Sigrun-Heide & Mayer, Anne-Kathrin: Bilder des Alters – Altersstereotype und die Beziehungen zwischen den Generationen, Verlag W. Kohlhammer, Stuttgart 1999, S. 229
215 ebenda, S. 230
216 Julia Bonstein, Merlind Theile: Methusalems Märkte, in: Spiegel special, Jung im Kopf, 8/2006, S. 29
217 Maike Telgheder: Dove kippt das gängige Schönheitsideal, 25.8.2004 http://www.handelsblatt.com/unternehmen/handel-dienstleister/dove-kippt-das-gaengige-schoenheitsideal/2390442.html?p2390442=all
218 Sina Teigelkötter: Glatt geschummelt, in: Brigitte Woman 08/08, S. 18
219 Petra Dachs: Ein Model-Job – das ist der Clou, in: VdK Zeitung Bayern, November 2006, S. 3
220 Norbert Pötzl: Handeln statt Jammern, in: Spiegel Special, 8/2006, Jung im Kopf, Die Chancen der alternden Gesellschaft, S. 15
221 Haaf, Meredith: heult doch, Piper Verlag, München, 2. Auflage, 2011, S. 174
222 Norbert Pötzl: Handeln statt Jammern, in: Spiegel Special, 8/2006, Jung im Kopf, Die Chancen der alternden Gesellschaft, S. 11

223 Schirrmacher, Frank: Das Methusalem-Komplott, Wilhelm Heyne Verlag, München, 2. Auflage, TB II/2005, S. 78
224 ebenda, S. 75
225 ebenda, S. 90
226 ebenda, S. 138
227 Jörg Zittlau: Warum Robben kein Blau sehen und Elche ins Altersheim gehen, Ullstein TB Berlin 2008, S. 108
228 Schirrmacher, Frank: Das Methusalem-Komplott, Wilhelm Heyne Verlag, München, 2. Auflage, TB II/2005, S. 142
229 Spektrum Dossier der Wissenschaft 4/2008: Hundert Jahre und mehr?, S. 40
230 In: Montalcini, Rita Levi: Ich bin ein Baum mit vielen Ästen, Piper München 2001, S. 58
231 Zitiert in: Montalcini, Rita Levi: Ich bin ein Baum mit vielen Ästen, Piper München 2001, S. 93
232 http://de.wikipedia.org/wiki/Werner_Heisenberg
233 Langer, Ellen J.: Counterclockwise, Mindful Health and the Power of Possibility, Hodder & Stoughton, London 2010, S. 11
234 So wie S. Jay Olshansky, Leonard Hayflick und Bruce A. Carnes: Die Mär vom Jungbrunnen, in: Spektrum der Wissenschaft Dossier 4/08, S. 13
235 Dorothea Weiler: „Da gibt es etwas gemeinsames im Hintergrund", über einen Vortrag von Prof. Dürr mit dem Thema „Wesen des Lebens. Differenzierung und kooperative Integration.", in: Heinrichsblatt Nr. 23, 6.6.2010, S. 3
236 Schirrmacher, Frank: Das Methusalem-Komplott, Wilhelm Heyne Verlag, München, 2. Auflage, TB II/2005, S. 93
237 Montalcini, Rita Levi: Ich bin ein Baum mit vielen Ästen, Piper München 2001, S. 29
238 ebenda, S. 58
239 ebenda, S. 60
240 ebenda, S. 63
241 S. Jay Olshansky, Leonard Hayflick und Bruce A. Carnes: Die Mär vom Jungbrunnen, in: Spektrum der Wissenschaft Dossier 4/08, S. 14
242 Langer, Ellen J.: Counterclockwise, Mindful Health and the Power of Possibility, Hodder & Stoughton, London 2010,   S. 13
243 Labes, Andreas & Schreiber, Stefan: 100 Jahre Leben – Porträts und Einsichten, Deutsche Verlags-Anstalt München 2010, S. 168
244 Montalcini, Rita Levi: Ich bin ein Baum mit vielen Ästen, Piper München 2001, S. 44
245 Labes, Andreas & Schreiber, Stefan: 100 Jahre Leben – Porträts und Einsichten, Deutsche Verlags-Anstalt München 2010, S. 166
246 Elke Bodderas: Forscher lösen Geheimnis der Überlebenskünstler,

9.2.2009, Welt Online; http://www.welt.de/wissenschaft/article3171509/
Forscher-loesen-Geheimnis-der-Ueberlebenskuenstler.html

247 „Frau des Monats" in: Senioren Ratgeber 9/2005, S. 66

248 Otten, Dieter: Die 50+ Studie – Wie die jungen Alten die Gesellschaft revolutionieren, Rowohlt Taschenbuch Verlag, Hamburg 2008, S. 51-52

249 Mindset: mentale Prägung, Vorstellung, vorgeformte Ideen, Denkmuster

250 Langer, Ellen J.: Counterclockwise, Mindful Health and the Power of Possibility, Hodder & Stoughton, London 2010, S. 107

251 ebenda, S. 106

252 http://de.wikipedia.org/wiki/Nun_study

253 Siehe auch: Dammann, Rüdiger & Gronemeyer, Reimer: Ist Altern eine Krankheit? – Wie wir die gesellschaftlichen Herausforderungen der Demenz bewältigen, Campus Verlag, Frankfurt a.M. 2009, S. 42 ff.

254 Carol Brayne: Aging with Grace: What the Nun Study Teaches Us About Leading Longer, Healthier and More Meaningful Lives. David Snowdon. New York: Bantam Press, 2001, pp. 256, $ 24.95 (HB) ISBN: 0-553-80163-5.http://ije.oxfordjournals.org/content/31/4/879.full

255 http://www.nikodemuswerk.de/fileadmin/websites/nikodemuswerk.de/download/Artikel_Dietrich_Kumrow_Info3_2009-11.pdf

256 Dammann, Rüdiger & Gronemeyer, Reimer: Ist Altern eine Krankheit? – Wie wir die gesellschaftlichen Herausforderungen der Demenz bewältigen, Campus Verlag, Frankfurt a.M. 2009, S. 62

257 ebenda, S. 70

258 ebenda, S. 56

259 Vittorio Caprioglio: Cervello sano a ogni età, in der Zeitschrift: RIZA psicosomatica, Februar 2012, S. 56

260 Montalcini, Rita Levi: Ich bin ein Baum mit vielen Ästen, Piper München 2001, S. 17

261 Langer, Ellen J.: Counterclockwise, Mindful Health and the Power of Possibility, Hodder & Stoughton, London 2010, S. 17

262 ebenda, S. 17-18

263 Seggelke, Ute Karen: Wir haben viel erlebt! – Jahrhundertfrauen erzählen aus ihrem Leben, Elisabeth Sandmann Verlag, München, 3. Auflage, S. 29

264 VdK Zeitung, November 2006, S. 28

265 Markus Decker: Glücklicher im Alter, in: Kölner Stadt-Anzeiger, 29.11.2011, S. 3

266 Der niedrigere Prozentsatz von 68% Pflegebedürftigen, die zu Hause versorgt werden, die das Statistische Bundesamt veröffentlicht, beruht auf einer Aufstellung, die *alle* Altersgruppen einschließt, davon sind 18% jünger als 65! http://www.destatis.de/jetspeed/portal/cms/Sites/destatis/Internet/DE/Content/Publikationen/STATmagazin/Sozialleistungen/2008_11/2008_11Pflegebeduerftige,templateId=renderPrint.psml#Link1

267 Bode, Sabine: Wir Alten, Patmos Verlag, Düsseldorf 2008, S. 62

268 http://www.destatis.de/jetspeed/portal/cms/Sites/destatis/Internet/DE/
Content/Publikationen/STATmagazin/Sozialleistungen/2008_11/2008_1
1Pflegebeduerftige,templateId=renderPrint.psml#Link1

269 http://www.destatis.de/jetspeed/portal/cms/Sites/destatis/Internet/DE/
Content/Publikationen/Fachveroeffentlichungen/Sozialleistungen/Pflege/
PflegeDeutschlandergebnisse5224001099004,property=file.pdf

270 http://www.destatis.de/jetspeed/portal/cms/Sites/destatis/Internet/DE/
Content/Publikationen/STATmagazin/Sozialleistungen/2008__11/2008_
_11Pflegebeduerftige,templateId=renderPrint.psml#Link1

271 Haaf, Meredith: heult doch, Piper Verlag, München, 2. Auflage, 2011,
S. 174

272 ebenda, S. 175

273 Gerd Gigerenzer und Team: Glaub keiner Statistik, die du nicht verstanden hast, in: Gehirn & Geist, Spektrum der Wissenschaft, 10/2009
– Sie bringen ein Beispiel aus Großbritannien, wo 1995 das Risiko für
Blutgerinnsel nach Einnahme bestimmter Empfängnisverhütungsmittel
bekannt gemacht wurde. Daraufhin setzten viele Frauen die Pille ab, was
zu geschätzten 13000 zusätzlichen Geburten und noch dazu zu 13000
Abtreibungen führte. Das Risiko bestand darin, dass statt 1 von 7000
Frauen, die ein Blutgerinnsel bekamen, es nun 2 von 7000 waren. Das
relative Risiko hatte sich also verdoppelt, während es, absolut gesehen,
nur um 1 von 7000 gestiegen war.

274 Markus Decker: Glücklicher im Alter, in: Kölner Stadt-Anzeiger,
29.11.2011, S. 3

275 Heinrichsblatt, Nr. 22, 31.5.2009, S. 16

276 Montalcini, Rita Levi: Ich bin ein Baum mit vielen Ästen, Piper München 2001, S. 13

277 Filipp, Sigrun-Heide & Mayer, Anne-Kathrin: Bilder des Alters – Altersstereotype und die Beziehungen zwischen den Generationen, Verlag W.
Kohlhammer, Stuttgart 1999, S. 119

278 Dammann, Rüdiger & Gronemeyer, Reimer: Ist Altern eine Krankheit?
– Wie wir die gesellschaftlichen Herausforderungen der Demenz bewältigen, Campus Verlag, Frankfurt a.M. 2009, S. 26

279 Montalcini, Rita Levi: Ich bin ein Baum mit vielen Ästen, Piper München 2001, S. 31

280 Interview mit Bärbel Schwalbe: Sprachkenntnisse heben Grenzen auf,
in: Zeitlupe – Für Menschen mit Lebenserfahrung (Schweiz),
Nr. 7-8/2009, S. 10

281 Petra J. Huschke: Denksport: Unser Gehirn mag starke Emotionen, in:
VdK Zeitung Juni 2009, S. 6

282 Langer, Ellen J.: Counterclockwise, Mindful Health and the Power of
Possibility, Hodder & Stoughton, London 2010, S. 50

283 ebenda

284 Schäfer, Bärbel & Schuck, Monika: Die besten Jahre – Frauen erzählen vom Älterwerden, Aufbau Taschenbuch, Berlin, 1. Auflage, 2009, S. 105-109

285 Renner, Erich: Methusalems Weltreise – Vom Alter hier und anderswo, Edition Trickster im Peter Hammer Verlag, Wuppertal 2007, S. 19

286 Jaeggi, Eva: Tritt einen Schritt zurück und du siehst mehr – Gelassen älter werden, Verlag Herder, Freiburg, 2. Auflage, 2009, S. 117

287 Langer, Ellen J.: Counterclockwise, Mindful Health and the Power of Possibility, Hodder & Stoughton, London 2010, S. 45

288 ebenda, S. 25

289 Otten, Dieter: Die 50+ Studie – Wie die jungen Alten die Gesellschaft revolutionieren, Rowohlt Taschenbuch Verlag, Hamburg 2008, S. 181

290 Langer, Ellen J.: Counterclockwise, Mindful Health and the Power of Possibility, Hodder & Stoughton, London 2010, S. 167

291 ARD: Die Last mit den Eltern, 24.10.2011

292 Senioren-Ratgeber 8/2004, S. 6

293 Langer, Ellen J.: Counterclockwise, Mindful Health and the Power of Possibility, Hodder & Stoughton, London 2010, S. 60

294 ebenda, S. 72

295 Filipp, Sigrun-Heide & Mayer, Anne-Kathrin: Bilder des Alters – Altersstereotype und die Beziehungen zwischen den Generationen, Verlag W. Kohlhammer, Stuttgart 1999, S. 65

296 ebenda, S. 30

297 Dammann, Rüdiger & Gronemeyer, Reimer: Ist Altern eine Krankheit? – Wie wir die gesellschaftlichen Herausforderungen der Demenz bewältigen, Campus Verlag, Frankfurt a.M. 2009, S. 53

298 http://lifestyle.t-online.de/gedaechtnis-ab-45-lassen-die-intellektuellen-faehigkeiten-nach/id_52943644/index – 6.1.2012

299 http://www.kooperation-international.de/frankreich/themes/info/detail/data/22280/

300 Raphaela Birkelbach: Wer ist schon weise?, in: Senioren-Ratgeber 3/2010, S. 42

301 Drake, Tim & Middleton, Chris: You can be as young as you think – Six steps to staying younger and feeling sharper, Pearson Education Limited, Harlow 2009, S. 156

302 ebenda, S. 157

303 „Ce n'est pas vrai que l'on devient sage avec l'âge, c'est une qualité qu'on vous colle. On ne peut plus être fou. Ce n'est pas de la sagesse, c'est de la résignation." Benoîte Groult in „Une féministe qui sait se tenir" von Anne Fulda, 6.10.2008 http://www.lefigaro.fr/livres/2008/10/04/03005-20081004ARTFIG00684-Benoîte-groult-une-feministe-qui-sait-se-tenir-.php

304 Haaf, Meredith: heult doch, Piper Verlag, München, 2. Auflage, 2011, S. 90

305 Norbert Pötzl: Handeln statt Jammern, in: Spiegel Special, 8/2006, Jung im Kopf, Die Chancen der alternden Gesellschaft, S. 16

306 Otten, Dieter: Die 50+ Studie – Wie die jungen Alten die Gesellschaft revolutionieren, Rowohlt Taschenbuch Verlag, Hamburg 2008, S. 72

307 Norbert Pötzl: Handeln statt Jammern, in: Spiegel Special, 8/2006, Jung im Kopf, Die Chancen der alternden Gesellschaft, S. 18

308 ebenda

309 So z.B. Eva Jaeggi in: Tritt einen Schritt zurück und du siehst mehr – Gelassen älter werden, Verlag Herder, Freiburg, 2. Auflage, 2009, S. 128: „Eigentlich gibt es, meiner Meinung nach, nur einen einzigen Grund, uralten Menschen ein lebenswertes Leben zu sichern, und dieser Grund steht beileibe nicht auf sicheren Füßen – weshalb auch in vielen Kulturen alte Menschen schlecht behandelt oder sogar, wenn Mangel herrscht, getötet werden."

310 Renner, Erich: Methusalems Weltreise – Vom Alter hier und anderswo, Edition Trickster im Peter Hammer Verlag, Wuppertal 2007, S. 13

311 Hanne Schweitzer: Altersbilder anderer Kulturen, 17.2.2010 http://www.altersdiskriminierung.de/magazin/artikel.php?id=3526

312 Norbert Pötzl: Handeln statt Jammern, in: Spiegel special, Jung im Kopf, 8/2006, S. 11

313 Filipp, Sigrun-Heide & Mayer, Anne-Kathrin: Bilder des Alters – Altersstereotype und die Beziehungen zwischen den Generationen, Verlag W. Kohlhammer, Stuttgart 1999, S. 61

314 Janko Tietz: Unternehmen Jugendwahn, in: Spiegel Special, 8/2006, Jung im Kopf, Die Chancen der alternden Gesellschaft, S. 84

315 Büro gegen Altersdiskriminierung, 27.5.2010, http://www.altersdiskriminierung.de/themen/artikel.php?id=3676

316 Schäfer, Bärbel & Schuck, Monika: Die besten Jahre – Frauen erzählen vom Älterwerden, Aufbau Taschenbuch, Berlin, 1. Auflage, 2009, S. 213, 255

317 Furini, Luigi: Volevo solo lavorare, Garzanti Libri, Milano 2008

318 8.2.2012, http://wirtschaft.t-online.de/lebensarbeitszeit-in-eu-laendern-deutsche-arbeiten-im-leben-laenger-als-der-durchschnitt/id_53849292/index

319 Joachim Mohr: Die Vertreibung der Weisen, in: Spiegel special, Jung im Kopf, 8/2006, S. 91

320 http://www.altersdiskriminierung.de/themen/artikel.php?id=3321&search=nobelpreis&searchin=all, Hanne Schweitzer 14.10.2009

321 Elinor Ostrom (76) und Oliver E. Williamson (77), Nobelpreis Wirtschaft; Ada Yonath (70) Nobelpreis Chemie.

322 Hanne Schweitzer in: Schäfer, Bärbel & Schuck, Monika: Die besten Jahre – Frauen erzählen vom Älterwerden, Aufbau Taschenbuch, Berlin, 1. Auflage, 2009, S. 43

323 Hanne Schweitzer, Büro gegen Altersdiskriminierung, 15.11.2011, http://www.altersdiskriminierung.de/themen/artikel.php?id=377
324 http://www.antidiskriminierungsstelle.de/DE/UeberUns/ueberUns_node. html;jsessionid=71C88F77EACF12B724A026E75EC45E52.2_cid103
325 Christiane Oelrich: Neuer Job mit 92, in: General-Anzeiger, 20.5.2005, S. 23
326 NPR, 1.7.2010, http://www.npr.org/templates/story/story. php?storyId=128246020
327 http://en.wikipedia.org/wiki/Arthur_Winston
328 Hanne Schweitzer, Büro gegen Altersdiskriminierung: Rente mit 62, 67 oder 70: USA, 25.7.2009 http://www.altersdiskriminierung.de/themen/ artikel.php?id=3160
329 http://www.altersdiskriminierung.de/
330 Meldung Büro gegen Altersdiskrimierung, http://www.altersdiskriminierung.de/themen/artikel.php?id=385, 1.2.2002
331 Armin Leidinger/dpa: Ihr seid ein Rockchor, der muss laut sein, in: VdK Zeitung Bayern, Mai 2010, S. 26
332 http://de.wikipedia.org/wiki/Young@Heart
333 Breath made visible, Film von Ruedi Gerber, DVD, 2009
334 Welt Online, http://www.welt.de/vermischtes/article3723187/Kalender-Girls-strippen-wieder.html 12.5.2009
335 http://www.prideofbritain.com/contentpages/winners/2009/doris-long. aspx
336 Member of the Most Excellent Order of the British Empire
337 The Sun, 27.3.2009, http://www.thesun.co.uk/sol/homepage/features/2342916/Most-daredevil-old-age-pensioners-everoldest-bungee-jumperoldest-abseileroldest-Everest-climberoldest-stunt-manoldest-acrobat.html
338 http://de.wikipedia.org/wiki/The_Zimmers
339 http://www.youtube.com/watch?v=SUOElPWKGHo&feature=relat ed http://www.youtube.com/watch?v=VKBqkDxkv30&feature=related http://www.youtube.com/watch?v=zqfFrCUrEbY&feature=related
340 http://www.stern.de/kultur/musik/vera-lynn-92-jaehrige-saengerin-erobert-britische-charts-1508955.html, 14.9.2009
341 Schirrmacher, Frank: Das Methusalem-Komplott, Wilhelm Heyne Verlag, München, 2. Auflage, TB II/2005, S. 149
342 http://www.telegraph.co.uk/news/uknews/1564534/Boom-in-Britons-reaching-age-of-100.html
343 Elka Sloan: Vereinigtes Königreich, du hast es besser, in: BAGSO-Nachrichten 2/2009, S. 15
344 http://de.wikipedia.org/wiki/Rentenalter
345 Rahn-Huber, Ulla: So werden Sie 100 Jahre – Das Geheimnis von Okinawa, mvg Verlag, München, 1. Auflage, 2009, S. 35, 51
346 Marina Jagemann: Ewige Jugend, in: MyLife 2/2009, S. 101

347 Rahn-Huber, Ulla: So werden Sie 100 Jahre – Das Geheimnis von Oki-
    nawa, mvg Verlag, München, 1. Auflage, 2009, S. 52-101 und 147-169
348 Die BAGSO Nachrichten, 2/2009: Erfahrung zählt, S. 14
349 Rahn-Huber, Ulla: So werden Sie 100 Jahre – Das Geheimnis von Okina-
    wa, mvg Verlag, München, 1. Auflage, 2009, S. 106-107
350 ebenda, S. 106
351 ebenda, S. 135
352 ebenda, S. 113
353 Horst Schwickerath: Im Gespräch mit Motomichi Anno Sensei, Aus-
    zug aus Aikido Journal Nr. 36D, 4/2003, http://www.aikidojournal.eu/
    docs/42/46_946_de.pdf
354 Jaeggi, Eva: Tritt einen Schritt zurück und du siehst mehr – Gelassen
    älter werden, Verlag Herder, Freiburg, 2. Auflage, 2009, S. 41
355 ebenda, S. 41
356 Weites wallendes Gewand, das besonders häufig in Westafrika getragen
    wird
357 Maria Baier-D'Orazio: Altsein dort, wo es das Wort jung nicht gibt, ded-
    Brief, Zeitschrift des Deutschen Entwicklungsdienstes 2/1991, S. 17
358 Scortegagna, Renzo: Invecchiare, il mulino Bologna 2005, S. 42
359 ebenda, S. 99
360 Interview von Paola Maraone für die Zeitschrift Goia, 2.9.2010, http://
    loredanalipperini.blog.kataweb.it/lipperatura/2010/09/02/non-e-un-pae-
    se-per-vecchie-su-gioia/
361 Italien liegt mit einer Geburtenziffer von 9,3% nicht viel weiter vorn als
    Deutschland mit 8,3% (2010)
362 Manuel Gandin: Sereni e fiduciosi dai 60 anni in su, in: Vivere, Dezem-
    ber 2009, S. 14
363 Telesio Malaspina: Lo facciamo meglio noi, in: L'Espresso, 4.5.2000
364 Caputo, Iaia: Le donne non invecchiano mai, Feltrinelli Milano 2009,
    S. 39
365 ebenda, S. 23
366 Interview von Paola Maraone für die Zeitschrift Goia, 2.9.2010, http://
    loredanalipperini.blog.kataweb.it/lipperatura/2010/09/02/non-e-un-pae-
    se-per-vecchie-su-gioia/
367 Severgnini, Beppe: La testa degli italiani, Libri Oro Rizzoli, Bergamo
    2006, S. 186
368 Otten, Dieter: Die 50+ Studie – Wie die jungen Alten die Gesellschaft
    revolutionieren, Rowohlt Taschenbuch Verlag, Hamburg 2008, S. 151
369 Rita Levi Montalcini: Ich bin ein Baum mit vielen Ästen – Das Alter als
    Chance, Piper Verlag, München, 2. Auflage, S. 19
370 Hermann Hesse: Mit der Reife wird man immer jünger, Hg. Volker
    Michels, Suhrkamp Frankfurt a.M. 2003, S. 187
371 Schäfer, Bärbel & Schuck, Monika: Die besten Jahre – Frauen erzählen
    vom Älterwerden, Aufbau Taschenbuch, Berlin, 1. Auflage, 2009, S. 47

372 http://de.statista.com/statistik/daten/studie/28002/umfrage/wahrschein-
lichkeit-der-berufsunfaehigkeit-bis-zur-rente-mit-65/
373 Quelle: Deutsche Rentenversicherung, 2007, in: http://www.verbrauch-
erforum-info.de/berufsunfaehigkeit-statistik.htm
374 Vittorio Caprioglio: Cervello sano a ogni età, in der Zeitschrift: RIZA
psicosomatica, Februar 2012, S. 57
375 Matrix 3000, Sonderheft 9/2009: Natürlich jung, S. 17
376 Christina Lemomi Chaya: Los ancianos cuentan, Editorial Universitaria
2007; Vilcabamba Saludable, 1/2009 (Zeitschrift)
377 Peter Burghardt: Ohne Fleiß, kein Greis, Süddeutsche Zeitung,
19.9.2009, http://www.sueddeutsche.de/leben/ecuador-tal-der-hundertja-
ehrigen-ohne-fleiss-kein-greis-1.44404
378 Wolfgang Kunath: Im Tal der Hundertjährigen, Berliner Zeitung,
30.4.2010, http://www.berliner-zeitung.de/archiv/vilcabamba-in-
ecuador-gilt-seit-den-50er-jahren-als-oase-der-langlebigkeit--das-
lockt-viele-auslaender-und-touristen-an-im-tal-der-hundertjaehrig-
en,10810590,10714072.html
379 Elke Bodderas: Forscher lösen Geheimnis der Überlebenskünstler,
9.2.2009, Welt Online; http://www.welt.de/wissenschaft/article3171509/
Forscher-loesen-Geheimnis-der-Ueberlebenskuenstler.html
380 VdK Zeitung Bayern, Mai 2006, S. 28
381 29.9.2011, http://www.feelgreen.de/laenger-leben-durch-gesunde-er-
naehrung/id_48377646/index
382 Regione Liguria: Passi d'Argento, Colombo Grafiche 2010, S. 75
383 Anita Molnar: Immer im Takt, in: Pforzheimer Zeitung, 16.12.2011,
S. 21
384 Jan Schweitzer und Claudia Wüstenhagen: Glücklich länger leben, in:
Zeit Wissen, Juni/Juli 2011, S. 19
385 Drake, Tim & Middleton, Chris: You can be as young as you think – Six
steps to staying younger and feeling sharper, Pearson Education Limited,
Harlow 2009, S.10
386 Senioren-Ratgeber 11/2002, S. 8
387 Klaus Tscharnke: Poet der Zirkusmanege, in: Neues Deuscthland,
31.7.2010
388 ebenda
389 Dorthe Hansen: Großer Clown, was nun?, in: Mobil 11/2010, S. 104
390 Julia Lutz: Drahtseilakt mit 96 Jahren, http://www.stern.de/panorama/
konrad-thurano-drahtseilakt-mit-96-jahren-555146.html, 7.2.2006
391 Chris Melzer: Artist fühlt sich mit 98 „fit wie eh und je", in: Fränkischer
Tag, 7.4.2007
392 http://videos.t-online.de/127-jahre-aelteste-frau-der-welt/id_53746310/
index
393 L'Express, 1.10.2008: http://www.lexpress.fr/actualite/societe/Benoîte-
groult-mon-secret-de-jouvence-l-independance_579967.html?p=2

394 Hanne Huntemann: Und plötzlich war ich 100 – Geheimnis eines langen Lebens, ZDF 37°, 26.10.2008

395 http://www.bild.de/ratgeber/2011/schoenheit/umfrage-frauen-wuerden-iq-punkte-gegen-schoenheit-eintauschen-1-20911110.bild.html, 9.11.2011

396 http://lifestyle.t-online.de/faltenbehandlung-mit-botox-wird-immer-beliebter/id_42796388/index

397 Drake, Tim & Middleton, Chris: You can be as young as you think – Six steps to staying younger and feeling sharper, Pearson Education Limited, Harlow 2009, S. 88

398 ebenda, S. 9

399 Vera Sandberg: Über 50. Keine Arbeit. Keinen Partner. Schlecht drauf. Muss nicht sein!, in: Brigitte Woman 03/2007, S. 105

400 Filipp, Sigrun-Heide & Mayer, Anne-Kathrin: Bilder des Alters – Altersstereotype und die Beziehungen zwischen den Generationen, Verlag W. Kohlhammer, Stuttgart 1999, S. 79

401 Sven Hansen: Simeona Punzalan Tapang und die Härte des Guerillakrieges, in: Die Tageszeitung, 6.4.2005, S. 5

402 Jaeggi, Eva: Tritt einen Schritt zurück und du siehst mehr – Gelassen älter werden, Verlag Herder, Freiburg, 2. Auflage, 2009, S. 47

403 http://www.taz.de/1/archiv/digitaz/artikel/?ressort=tz&dig=2010%2F07%2F31%2Fa0031&cHash=a2dfce7bc7

404 http://www.marabout.de/Saadawi/Saadawi.htm

405 http://www.buchmarkt.de/content/43404-.htm?hilite=-Beltz-, 27.8.2010

406 ebenda

407 http://goodnewz.de/index.php?option=com_content&view=article&id=195:hans-joachim-gelberg-800&catid=5:bildung&Itemid=5

408 Drake, Tim & Middleton, Chris: You can be as young as you think – Six steps to staying younger and feeling sharper, Pearson Education Limited, Harlow 2009, S. 75

409 Schäfer, Bärbel & Schuck, Monika: Die besten Jahre – Frauen erzählen vom Älterwerden, Aufbau Taschenbuch, Berlin, 1. Auflage, 2009, S. 213, 264-265

410 Labes, Andreas & Schreiber, Stefan: 100 Jahre Leben – Porträts und Einsichten, Deutsche Verlags-Anstalt München 2010, S. 20

411 Schäfer, Bärbel & Schuck, Monika: Die besten Jahre – Frauen erzählen vom Älterwerden, Aufbau Taschenbuch, Berlin, 1. Auflage, 2009, S. 213-216

412 Alexander Kühn: Die Rennfahrer-Frau, die aus dem Rahmen fällt, http://bazonline.ch/sport/motorsport/Die-RennfahrerFrau-die-aus-dem-Rahmen-faellt/story/26664663, 7.10.2010

413 Schäfer, Bärbel & Schuck, Monika: Die besten Jahre – Frauen erzählen vom Älterwerden, Aufbau Taschenbuch, Berlin, 1. Auflage, 2009, S. 32

414 Drake, Tim & Middleton, Chris: You can be as young as you think – Six steps to staying younger and feeling sharper, Pearson Education Limited, Harlow 2009, S. 75

415 Vittorio Caprioglio: Cervello sano a ogni età, in der Zeitschrift: RIZA psicosomatica, Februar 2012, S. 58

416 Seggelke, Ute Karen: Wir haben viel erlebt! – Jahrhundertfrauen erzählen aus ihrem Leben, Elisabeth Sandmann Verlag, München, 3. Auflage, S. 159

417 Senioren-Ratgeber2/2003, S. 7

418 Francois Fernandez: Vieillir plus de 100 ans et toujours grandir ! – http://clapiers.blogs.midilibre.com/livre/, 24.3.2011

419 Renner, Erich: Methusalems Weltreise – Vom Alter hier und anderswo, Edition Trickster im Peter Hammer Verlag, Wuppertal 2007, S. 99

420 Langer, Ellen J.: Counterclockwise, Mindful Health and the Power of Possibility, Hodder & Stoughton, London 2010, S. 171

421 Simone Wiese: Karlheinz Böhm: Dem Leben einen Sinn geben, in: Fliege 4/2008, S. 27

422 http://lifestyle.t-online.de/erkenntnis-im-alter-was-sterbende-bereuen/id_53834884/index, 8.2.2012

423 Drake, Tim & Middleton, Chris: You can be as young as you think – Six steps to staying younger and feeling sharper, Pearson Education Limited, Harlow 2009, S. 30, 31

424 Schäfer, Bärbel & Schuck, Monika: Die besten Jahre – Frauen erzählen vom Älterwerden, Aufbau Taschenbuch, Berlin, 1. Auflage, 2009, S. 120-123

425 Drake, Tim & Middleton, Chris: You can be as young as you think – Six steps to staying younger and feeling sharper, Pearson Education Limited, Harlow 2009, S. 2

426 18- bis 24-Jährige: 89%, 25- bis 34-Jährige: 77%

427 Drake, Tim & Middleton, Chris: You can be as young as you think – Six steps to staying younger and feeling sharper, Pearson Education Limited, Harlow 2009, S. 163

428 Seggelke, Ute Karen: Wir haben viel erlebt! – Jahrhundertfrauen erzählen aus ihrem Leben, Elisabeth Sandmann Verlag, München, 3. Auflage, S. 32

429 Labes, Andreas & Schreiber, Stefan: 100 Jahre Leben – Porträts und Einsichten, Deutsche Verlags-Anstalt München 2010, S. 30

430 ebenda, S. 60

431 Seggelke, Ute Karen: Wir haben viel erlebt! – Jahrhundertfrauen erzählen aus ihrem Leben, Elisabeth Sandmann Verlag, München, 3. Auflage, S. 159

432 Apothekenumschau 08/07: Länger fit bleiben, S. 28

433 Petra J. Huschke: Denksport: Unser Gehirn mag starke Emotionen, in: VdK Zeitung Juni 2009, S. 6

434 Drake, Tim & Middleton, Chris: You can be as young as you think – Six steps to staying younger and feeling sharper, Pearson Education Limited, Harlow 2009, S. 10-11

435 http://lifestyle.t-online.de/erkenntnis-im-alter-was-sterbende-bereuen/id_53834884/index, 8.2.2012

436 http://nachrichten.t-online.de/altenheimbewohner-gewinnen-20-millionen-euro-im-lotto/id_52960048/index

437 Diabetiker-Ratgeber 6/2004, S. 78

438 http://sportstudio.zdf.de/ZDFde/inhalt/2/0,1872,8091810,00.html?dr=1

439 Tanja Rest: Gesichter mit Geschichten, in: Süddeutsche Zeitung, 17.3.2005 http://www.sueddeutsche.de/muenchen/weisshaarige-models-gesichter-mit-geschichten-1.859382-2

440 http://blog.innocentive.com/2008/08/20/ed-melcarek/

441 http://de.wikipedia.org/wiki/Leni_Riefenstahl

442 Bode, Sabine: Wir Alten, Patmos Verlag, Düsseldorf 2008

443 Catharina Conrad: Mit dem Blindenstock nach Lateinamerika, in: Lebenslauf, 7-8/2009, S. 38 (Schweiz/Deutschland, Das christliche Magazin für die zweite Lebenshälfte)

444 Seggelke, Ute Karen: Wir haben viel erlebt! – Jahrhundertfrauen erzählen aus ihrem Leben, Elisabeth Sandmann Verlag, München, 3. Auflage, S. 176

445 ebenda, S. 137, 141

446 MBE: Member of the British Empire

447 hygienisches Dusch- und Föhnsystem in der Toilette

448 http://unterhaltung.t-online.de/deutschlands-aelteste-dj-geht-in-rente-/id_40972164/index, 3.3.2010, DAPD

449 www.wilhelm-simonsohn.de

450 Drake, Tim & Middleton, Chris: You can be as young as you think – Six steps to staying younger and feeling sharper, Pearson Education Limited, Harlow 2009, S. 113

451 Johannes von Buttlar: Die Altersbremse, in: Matrix 3000, Sonderheft 9/2009: Natürlich jung, S. 18

452 Vittorio Caprioglio: Cervello sano a ogni età, in der Zeitschrift: RIZA psicosomatica, Februar 2012, S. 51, 57

453 Seggelke, Ute Karen: Wir haben viel erlebt! – Jahrhundertfrauen erzählen aus ihrem Leben, Elisabeth Sandmann Verlag, München, 3. Auflage, S. 127

454 Drake, Tim & Middleton, Chris: You can be as young as you think – Six steps to staying younger and feeling sharper, Pearson Education Limited, Harlow 2009, S. 156

455 Vittorio Caprioglio: Cervello sano a ogni età, in der Zeitschrift: RIZA psicosomatica, Februar 2012, S. 69

456 Renner, Erich: Methusalems Weltreise – Vom Alter hier und anderswo, Edition Trickster im Peter Hammer Verlag, Wuppertal 2007, S. 89

457 Drake, Tim & Middleton, Chris: You can be as young as you think – Six steps to staying younger and feeling sharper, Pearson Education Limited, Harlow 2009, S. 99

458 Schirrmacher, Frank: Das Methusalem-Komplott, Wilhelm Heyne Verlag, München, 2. Auflage, TB II/2005, S. 177

459 ebenda, S. 128

460 Vittorio Caprioglio: Cervello sano a ogni età, in der Zeitschrift: RIZA psicosomatica, Februar 2012, S. 57

Bibliographie

- Badey-Rodriguez, Claudine & Vonk, Rietje: Wenn alte Eltern schwierig werden, Patmos Verlag, Düsseldorf 2007
- Bode, Sabine: Wir Alten, Patmos Verlag, Düsseldorf 2008
- Bruns, Petra und Werner & Böhme, Rainer: Die Altersrevolution – Wie wir in Zukunft alt werden, Aufbau Verlagsgruppe, Berlin, 1. Auflage, 2007
- Cameron, Julia: Der Weg des Künstlers, Th. Knaur München 1996
- Caputo, Iaia: Le donne non invecchiano mai, Feltrinelli, Milano 2009
- Chaya, Christina Lemomi (Hg.): Los ancianos cuentan, Editorial Universitaria, Vilcabamba 2007
- Dammann, Rüdiger & Gronemeyer, Reimer: Ist Altern eine Krankheit? – Wie wir die gesellschaftlichen Herausforderungen der Demenz bewältigen, Campus Verlag, Frankfurt a.M. 2009
- De Beauvoir, Simone: Das Alter, Rowohlt Taschenbuch Verlag, Hamburg, 4. Auflage, 2008
- Del Coso, Francine & Meyer, Catherine (Hg.): Oui, je sais qu'un bonhomme a marché sur la lune (mais c'est quand même très vague...), Editions d'en bas, Lausanne 2009
- Drake, Tim & Middleton, Chris: You can be as young as you think – Six steps to staying younger and feeling sharper, Pearson Education Limited, Harlow 2009
- Filipp, Sigrun-Heide & Mayer, Anne-Kathrin: Bilder des Alters – Altersstereotype und die Beziehungen zwischen den Generationen, Verlag W. Kohlhammer, Stuttgart 1999
- Franck, Frederick: Zen in der Kunst des Sehens, Ariston, München 1999
- Furini, Luigi: Volevo solo lavorare, Garzanti Libri, Milano 2008
- Haaf, Meredith: heult doch, Piper Verlag, München, 2. Auflage, 2011
- Hesse, Hermann: Mit der Reife wird man immer jünger, Hg. Volker Michels, Suhrkamp Verlag, Frankfurt a.M., 1. Auflage, 2003
- Jaeggi, Eva: Tritt einen Schritt zurück und du siehst mehr – Gelassen älter werden, Verlag Herder, Freiburg, 2. Auflage, 2009

- Kollewe, Carolin & Jahnke, Karsten (Hg.): FaltenReich – Vom Älterwerden in der Welt, Begleitbuch zur Sonderausstellung im GRASSI Museum für Völkerkunde zu Leipzig, 2009
- Labes, Andreas & Schreiber, Stefan: 100 Jahre Leben – Porträts und Einsichten, Deutsche Verlags-Anstalt, München 2010
- Langer, Ellen J.: Counterclockwise - Mindful Health and the Power of Possibility, Hodder & Stoughton, London 2010
- Montalcini, Rita Levi: Ich bin ein Baum mit vielen Ästen – Das Alter als Chance, Piper Verlag, München, 2. Auflage, 2001
- Müller, Anja: Sechzig +, Erotische Fotografien, Konkursbuch Verlag Claudia Gehrke, Tübingen
- Otten, Dieter: Die 50+ Studie – Wie die jungen Alten die Gesellschaft revolutionieren, Rowohlt Taschenbuch Verlag, Hamburg 2008
- Rahn-Huber, Ulla: So werden Sie 100 Jahre – Das Geheimnis von Okinawa, mvg Verlag, München, 1. Auflage, 2009
- Renner, Erich: Methusalems Weltreise – Vom Alter hier und anderswo, Edition Trickster im Peter Hammer Verlag, Wuppertal 2007
- Richter, Ursula: Einen jüngeren Mann lieben, Kreuz Verlag, Stuttgart 1989
- Schäfer, Bärbel & Schuck, Monika: Die besten Jahre – Frauen erzählen vom Älterwerden, Aufbau Taschenbuch, Berlin, 1. Auflage, 2009
- Scherf, Henning: Grau ist bunt, Verlag Herder, Freiburg, 2. Auflage, 2009
- Schirrmacher, Frank: Das Methusalem-Komplott, Wilhelm Heyne Verlag, München, 2. Auflage, TB II/2005
- Scortegagna, Renzo: Invecchiare, il Mulino, Bologna, 2a edizione, 2005
- Seggelke, Ute Karen: Wir haben viel erlebt! – Jahrhundertfrauen erzählen aus ihrem Leben, Elisabeth Sandmann Verlag, München, 3. Auflage, 2008
- Severgnini, Beppe: La testa degli italiani, Libri Oro Rizzoli, Bergamo 2006
- Sœur Emmanuelle: J'ai 100 ans et je voudrais vous dire..., Plon, Paris 2008

Dank

Die Recherche- und Vorarbeiten für dieses Buch haben sich über einige Jahre hingezogen. Ich möchte all jenen danken, die mich bei diesem Buchprojekt ermutigt und unterstützt haben. Allen voran meine Mutter, die fast 100 Jahre alt wurde (es fehlten nur neun Tage). Ihr Wille und ihr Lebensmut, der offene Geist, die Lebendigkeit, die sie sich bis ins hohe Alter bewahrte und das schallende Lachen, das Besucher immer wieder verdutzte, waren mir über Jahrzehnte hinweg Ansporn und lebendes Beispiel.

Danken möchte ich auch allen Freunden und Freundinnen, Bekannten und Kollegen, die mich auf interessante Personen aufmerksam machten, mir Meldungen und Beiträge zum Thema zukommen ließen, mich zu Interviews begleiteten oder mich anderweitig unterstützten, so insbesondere Conni Borrmann, Sabine Zamara, Martina Thoms, Thorsten Nilges, Beate Bunzel-Dürlich, Kerstin Deibert, Ulrike Laube, Dorsi Germann, Christine Klusmann, Ulrike Valentin, Gottfried Horneber, Manuel Rast.

Besonderen Dank auch an Claus Günther, Heinrich S., Robert Klein, Walter Robotti, Ute Karen Seggelke, Heidi Hetzer und Hanne Schweitzer für Informationen, Ratschläge und Interviews. Dank auch an Christian Gruhl und an die Geschäftsführung des *Sophienkeller* in Dresden für die freundliche Genehmigung zum Abdruck des Coverfotos.

Dank über die Grenzen hinaus auch an meine ausländischen Freunde, die mir bei den Recherchen in der Schweiz, Großbritannien, Ekuador, Kongo, Georgien und Japan behilflich waren: Germaine Müller, Pam and Clive Amy, Mercedes Acosta, Vital Mukuza, Alexander Revia, Susumu Otomo.

Und schließlich möchte ich mich bei den zahlreichen Personen bedanken, die mich dadurch anspornten, dass sie sich bereits auf das Buch freuten, als es noch gar nicht gedruckt war.

Ein besonderer Dank an die Personen,
die ich für dieses Buch interviewen durfte.

Claus Günther

Christian und Ursula Gruhl

Dr. Hermann Pünder

Friedrich Thimm

Wilhelm Simonsohn

Walter Robotti

Elisabeth Hintrager

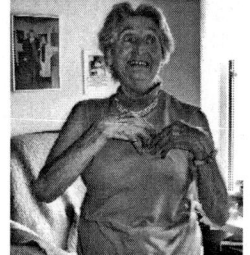

Gisela Lauenroth

Hilda Kemp

Dr. Otfried Ulshöfer

Phyllis Self

Jürgen Schönfeld

Connie Brown

Auf der Suche nach Nimbao

Faszinierend und frustrierend zugleich: die Suche danach, wer wir wirklich sind. Befreiend schließlich die Erkenntnis, dass alles „falsch" zu machen nicht auch bedeutet, Verlierer zu sein.

Der Weg zur Bewusstwerdung, präsentiert als tiefsinniger, spannend geschriebener Roman im Stil eines Märchens für Erwachsene.

Zwei Anwärter auf den Thron eines Reiches machen sich auf die Reise durch fremde Länder, um eine Aufgabe zu lösen, die einen von ihnen zum Herrscher machen wird. Bald wird die Suche nach der Lösung zum Duell zweier spannender Seelenreisen. Ein Roman, bei dem das Unterwegs-Sein in fremden Kulturen verwoben wird mit den sensiblen Impulsen menschlicher Begegnung, an denen wir wachsen können.

Leserstimme
„Das Buch hat eine geniale, glücklich machende Lösung. Es war auch mit meinem 15-jährigen Enkel ein Erfolg!" (Leserin aus Aitern / Schwarzwald)

Weitere Publikationen:

- „Gitarren, Ziegelsteine und Matrosen – Die ungewöhnliche Erfolgsgeschichte eines Ausbildungszentrums im Kongo" (Fachbuch)
- „Aka, was würdest du tun, wenn plötzlich deine Schwiegermutter vor dir stünde?" (Fachbuch)

Homepage der Autorin:
www.consult-and-write.com